本书得到

华中师范大学"人的发展与创造丛书"出版资金资助

湖南省哲学社会科学优秀学术著作出版资金资助（第16届）

湖南大学"985"专项资金资助

人的发展与创造丛书

刘华山　周宗奎■主编

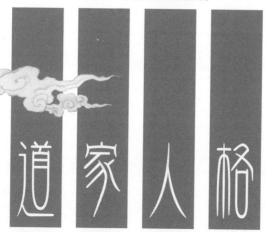

道家人格

概念、测量、功能与反思

涂阳军◎著

中国社会科学出版社

图书在版编目(CIP)数据

道家人格：概念、测量、功能与反思/涂阳军著.—北京：
中国社会科学出版社,2012.11
（人的发展与创造丛书/刘华山　周宗奎主编）
ISBN 978 - 7 - 5161 - 1288 - 5

Ⅰ.①道…　Ⅱ.①涂…　Ⅲ.①道家—人格心理学—研究
Ⅳ.①B223.05②B848

中国版本图书馆 CIP 数据核字 (2012) 第 191553 号

出 版 人　赵剑英
责任编辑　陈　彪
特约编辑　李登贵　等
责任校对　刘晓红
责任印制　戴　宽

出　　版　中国社会科学出版社
社　　址　北京鼓楼西大街甲 158 号（邮编100720）
网　　址　http://www.csspw.cn
　　　　　中文域名:中国社科网　　010 - 64070619
发 行 部　010 - 84083685
门 市 部　010 - 84029450
经　　销　新华书店及其他书店

印　　刷　北京金瀑印刷有限公司
装　　订　廊坊市广阳区广增装订厂
版　　次　2012 年 11 月第 1 版
印　　次　2012 年 11 月第 1 次印刷

开　　本　710×1000　1/16
印　　张　24.5
插　　页　2
字　　数　398 千字
定　　价　58.00 元

序

　　作为该专著作者涂阳军博士的导师，我和他共同经历了本书诞生的全过程。现在，他这本基于博士论文扩展而成的专著就要出版了，我很乐意就此话题谈谈自己的感想。

　　起初我将这一课题交给涂阳军，心中还是有些忐忑的。因为这是一个非常宏大而复杂的课题。他能顺利完成这一课题吗？以怎样的逻辑思路和方法来研究呢？无论如何，一篇博士论文多少需要一些创新，无论是选题、理论建构，还是研究思路、方法和结果。选题是我定的，如何做以及能做成什么样，我确实没把握。令人欣慰的是，这位年轻人很有悟性也很用功，每当他的研究有所进展，就在小组报告，接着是我的点评，还有小组内的热烈讨论以及下一步工作的建议。时隔不久，他又在小组报告……每一次我都能明显地发现进步。如此三四次之后，我就基本放手让他去做了。

　　人格研究的中国化，就是将人格研究植根于中国的社会现实、历史渊源和文化背景之中，这三者之间是一种逐步"还原"的关系。也就是说，文化是最深处的根。中国文化传统纷繁复杂，其中儒家和道家是中国人文化人格的源头，而儒家和道家又是一种相互影响、相互补充的关系。

　　中国人人格中的"中庸"特征以及文人身上的"良知"和"立德成圣"的人生理想，明显受到儒家思想的影响。但儒家的"社会"导向，以及以"仁"释"礼"的社会"二人"建构（仁），在社会动荡或激烈竞争条件下，个体如何保全性命、如何进行自我调节以至自我超越问题上显现出其固有的局限性。而道家重生贵生的态度以及追求精神超脱的理想，将儒家的"社会人"还原为"个体人"，从根本上确立了人之为人的"一人"建构。道家这一根本特征从源头上注定了与儒家的互补关系，两者的交互作用共同铸就了中国人特别是传统文人的人格结构。

　　较之儒家人格，道家人格的研究更为抽象而难以把握。但作者在大量阅读和深入思考的基础上，独具匠心地建构了一种道家人格的结构模型，并进行了一系列的实证研究。该理论模型的立足点就在于作者对道家人性论的深刻领悟和把握。在所有的人格理论中，人性观都是其出发点，是基本前提或假设。研究者所持的人性观不仅决定着他的理论取向，而且影响着他的具体研究途径。因此，道家人性论也是本书作者阐释道家人格结构的理论基础。

　　作者进一步通过对与"水"有关的成语和习语的分析论证了该理论模型的合理性与可行性。在道家思想体系中，"水"可谓是其思想及其人性论在现实世界中的"表征"。老子讲"上善若水，水善利万物而不争"（《老子》第八章），"水"具有深刻的"道"性，更具有禀承"道"性的人性特征。"道"之特性，经由老子对"水"的描述与刻画，在丰富的人性世界中展示了其生动的现实性。老子认为水之特性有七："居善地，心善渊，与善仁，言善信，正善治，事善能，动善时。"（《老子》第八章）故人应善于自处而甘居下地（居善地），心境应像水一样善纳百川而深沉渊默（心善渊），品德应同水一样能助长万物的生命（与善仁），说话应如潮水一样准确有信（言善信），立身处世应如水一样持正平衡（正善治），做事应像水一样调剂融和（事善能），立身行事要善于把握机会，应时而动，应时而止（动善时）。在上述这些特性中，由"水"之性反映出了人之为人的本性：谦、柔、虚，即"谦下"、"柔韧"和"虚静"。通过这一番论述，老子所言的"道"性与人性，就不但具有了内在的一致性，并藉由对自然物"水"的描述而获得了丰富内涵。

　　接着，作者从文化与人格的基本理论出发，通过对比与分析儒道人性论，提炼出道家独特的人性观，结合知、情、意、行的框架，建构了一个包括自然本真人性论以及认知方式、情感体验、意志品质和处事策略在内的道家人格结构。在此基础上，作者又通过对四个样本的实证研究，根据心理测量学的理论和方法，编制了道家人格测量工具，包括词汇形式和题项形式两种版本。以上是对道家人格的静态研究，属于建构理论和编制量表的基础性工作，是回答道家人格"是什么"。在后续研究中，作者进一步探讨了道家人格"为什么"甚至是"怎么样"的动态性问题。

　　作者从三个方面验证了道家人格的功能。在对抗死亡焦虑方面，研究发现道家人格的多种维度与死亡焦虑显著负相关，为了进一步探究其间的因果关系，作者考查了大学生被试对儒、道和中性词汇的反应时，结果再次确证了道家人格词汇在对抗和减轻死亡焦虑中的作用，同时发现儒家人格词汇也显现出与道家人格词汇同样的作用；在缓冲负性情绪方面，研究者通过路径分析结合结构方程模型的方法，发现道家人格的大多数维度均对缓冲负性情绪具有显著的正向作用，并且缓冲焦虑的作用要强于缓冲抑郁的作用；在应对人生挫折方面，研究发现，道家人格大多数维度均与心理成长显著正相关。

　　也许一篇博士论文到此结束也可以了，但作者仍未停下思考的步伐，而是进一步总结和反思，回到儒道互补的理论传统和现实人格。作者从理论上探讨了儒道互补的可能性、必要性和必然性，还调查了道士样本的人格特征。初步确证该假设能够成立后，作者又通过心理传记研究法对儒道互补人格可能的存在形式及内在变动情形进行了考察，最终提出了儒道互补人格与社会环境、个人独特的性格及内在理想之间初步的互动关系模型。

　　总体看来，该著作从道家人性论的基本观点出发，建构了道家人格结构的模型，再进行实证测量和功能研究，最后回到儒道互补的理论传统和现实人格，结构完整，内容充实，方法得当，结论可信，是一篇具有中国文化特色的原创性较高的博士论文。

　　当然，道家人格是一个很大的题目，基于心理学的道家人格研究更增加了方法学的挑战，这本著作是一种大胆尝试的结果，一定存在很多不足甚至错误之处。整体的印象是大而全、庞杂繁琐，不够简明清晰，细节照顾也不够。具体问题上，如关于道家人格结构，作者提出的模型是理论分析的产物，如果结合对现实人物的评鉴和专家访谈来支持模型的建构，将自上而下与自下而上两种策略相互印证，这样得出的结果会更加令人信服。

　　作为一位有志于学术的年轻人，一篇博士论文，可能是其研究生涯的起点，它奠定了一个基础，瞄准了一个方向，开辟了一个领域，结出了一个果实。以后的路还很长，老子讲："反者道之动"，研究固有的不足也许就是其实现自身发展的动力，是实现自身飞跃的条件。作为该文作者的导师，我希望他继续在中国传统文化人格及其现代意义的研究方面深入下去，拓展开去，为中国化的人格与社会心理学研究做出更大的贡献。

郭永玉

2012 年 1 月农历壬辰年春节假期于武昌

自　序

　　人格、中国人的人格及文化人格是我的兴趣之所在。喜欢看书，喜欢看一些传统文化类的书，似乎大多数时候都会对其中有关中国人性格特征的描述备觉"心动"，恰好导师郭永玉教授给了这样一个研究主题，遂写成了博士论文，一气之下，写了太多，在导师的鼓励和帮助下，遂有了形成专著出版的想法。

为什么写这本书

　　人格心理学的研究很多，但对中国人人格进行系统思考的研究不多。中国人格心理学研究走到现在，在与国际人格研究接轨中，似乎越来越多地开始关注中国传统文化中的人格成分与人格因素。中国传统文化博大精深，儒释道三家对中国人心理行为特征的形成、发展、变动等都产生了至为关键的影响，其中尤以儒道互补对中国人人格的影响至为深远，但在儒道互补文化对中国人人格的影响中，道家起到了非常关键的作用。
　　道家对中国人的思维方式及其待人接物的态度产生了根深蒂固的影响。身处道家思想文化影响下的中国人，似乎从很小的时候起，就已经深谙阴阳转化之道。小孩子在丢了"芝麻"而庆幸自己拾到了"西瓜"之时，就似乎已经明了道家思维方式的独特真谛了，成人在乱世存性保生之时，大多会习用道家处事和思维之道来应付世事。道家独特的思维方式，在直接和间接、有形和无形中影响了所有中国人看待自身和周围人人格特征的方式。甚至可以这样讲，中国人对自己和周围人人格的看法，都打上了道家思维方式的印记，而这也极有可能成为中国人人格框架结构体系的根本特征。

　　道家在传统文化影响中国人人格形成中的重要作用,还体现在它与儒家一起影响了中国人因应处世的独特方式。儒家试图以"仁"释"礼"并建构起社会的理性秩序,但在实际现实中,"仁"与"礼"可能会异化为对人性的束缚和桎梏,儒家"内圣外王"的理想,注定只能与封建独裁权力有机结合在一起,在社会历史的轮回中表现出来。这一局限性在儒家内部很难找到解药。但在道家思想体系中,道家重生贵生保生的思想以及以每个人独特的生命价值本身为依归的理念,能够非常有效地提供儒家所不具备的、也无法有效自我超越的处世之态,从而成为自儒家诞生乃至占据绝对主导地位以来,儒家自身不可或缺的补充。就以上两点来看,道家独特的思维方式为中国人人格研究提供了基础性的理论结构框架体系,而与儒家互补的内在特征则使道家成为传统文化影响中国人人格中不可或缺的重要角色。

　　在我读博期间,就已经对传统文化人格的研究主题有所思考,但直到确定要以道家人格为题时,心中仍充满犹豫,既担心研究的难度又担心自己的能力,恐自己无法完成。在惶恐不安中终于完成了博士论文,但回想起来,也确有一些遗憾,一方面在整个研究中,均未对相关人士进行过访谈,我想这肯定会对道家人格结构体系的建构产生影响,另一方面,我并未对儒家人格进行深入研究,就直接通过对道家人格的研究与反思提出了儒道互补人格,有些于理不充分的感觉。除此之外,也还有其他一些不足之处,自己也无法一一论述了,唯有铭记于心,来日再做了。

本书内容概述

　　本研究基于"道家"这一传统文化背景,主要探讨了道家人格的概念、测量、功能及由对道家人格的反思推衍出的儒道互补人格。从道家思想文化影响中国人人性心理行为特征的形成出发,结合人格心理学中每一人格理论内含人性论的特征以及对道家人性论思想所作的分析和阐释,得到了道家思想中描述人的一些典型的心理行为特征,再结合中西方有关描述人的心理的知—情—意—行的分析框架,最终提出了道家人格结构的理论模型。在此基础上,对道家人格进行了操作性界定。以道家人格结构理论模型及对道家人格的操作性定义为基础,根据词汇假设和特质因素论,使用因素分析的方法，从道家老庄经典著作中选取一些描述人的词语，将上述词语作为一种特质，采用探索及验证性因素分析方法，对其进行统计分析，最终编制形成了道家人格量表。然后遵循人格心理学研究领域人格结构、人格功能的逻辑思考路线，以有关道家思想功能的理论研究成果为基础，进一步探究了道家人格在生活事件与负性情绪中的中介缓冲作用，以及在对抗死亡焦虑、应对人生挫折中的作用。通过对道家人格测量中各维度内涵进行分析后发现：道家人格量表多个维度描述的心理行为特征，除具有道家所推崇和主张的内容外，还有儒家的印记。因此，研究进一步提出了道家人格并非单独存在，而是与儒家人格一道形成儒道互补人格。通过对儒道代表人物的传记分析以及对道士群体的人格测量，以及对王安石和嵇康的传记分析，进一步探讨了儒道互补人格的内在变动机制。

　　第一章主要探讨了道家人格结构理论模型。道家人格结构是一个由道、道家人性论及人之心理行为特征所组成的具有层级性的有机结构。道家人格可被定义为：道家人格是指在道家思想文化的影响下，与道家人性论之"自然本真"的内涵一致并表现在知—情—意—行层面的典型的人格特质。

　　第二章主要探讨了道家人格的测量。道家人格量表包括五大领域（自然本真、知、情、意、行）及十一维度（自然、本真；联系、矛盾、变化；静、躁；柔韧；谦退、超脱、寡欲）。其具有较好的信、效度，各维度的内涵、各维度间的关系及二阶因子的内涵均与道家人格结构理论模型的内涵大体一致。道家人格各个维度形成一个有层次的、内在一致的、系统的、动态的有机整体。研究进一步形成了道家人格量表的题项形式，题项形式量表也具有比较好的信、效度。道家人格词汇形式与题项形式在实际测量中可相互替用。

　　第三章主要论述了道家人格的功能。研究发现：道家人格多个维度（自然、联系、矛盾、静、躁、柔韧）在生活事件与负性情绪间的中介效应显著，大多数维度（静、联系、矛盾、柔韧、自然、谦退、寡欲、本真）均与心理成长具有显著正相关，但只有少数维度（联系、矛盾、自然）与死亡焦虑显著负相关。

　　第四章主要通过对道家人格研究的总结与反思，提出儒道互补人格。对道家道教代表人物的传记分析及对道士的人格测量均表明：道家人格并非单独存在，而是与儒家人格一道形成儒道互补人格。通过对王安石和嵇康的传记分析，研究初步发现：儒道互补人格的内在变动与社会环境、个人独特的性格及内在理想三者间的互动有关。

第五章主要是对上述研究内容的讨论与总结，最后提出了研究的不足及未来研究的展望。未来研究应立足于现代社会之现实冲突中与道家人格各维度相关的内容。

致　谢

本书的初稿在我博士毕业之际就已大体完成。当我带着感激之情离开华师、离开郭永玉老师走上工作岗位之时，仍不断得到导师的鼓励和支持。华中师范大学心理学院博士工作室严谨的学术研究氛围，至今仍令我非常感怀，郭老师人格心理学小组的努力和专注，时时提醒着我要不断努力；郭老师严谨而宽容的治学风范，仍令学生十分敬佩和感念。

感谢华中科技大学心理所陈建文老师，学生当初对人格心理学的兴趣和知识，想来大多来自您直接的传授与教导！感谢张晓明老师给予的鼓励和支持！感谢杨一平老师在百忙之中，许多次不限时地听学生讲一些研究和生活中的琐事！

感谢华中师范大学心理学院周宗奎老师，是您的欣然帮助，才让学生梦想成真！十分感谢刘华山老师、江光荣老师、周治金老师、马红宇老师等给予的指导！

感谢湖南大学人事处彭兰老师在专著出版中提供的帮助！感谢湖南大学教育科学研究院余小波老师、姚利民老师、胡弼成老师提供的帮助！

感谢湖南省哲学社会科学研究机构各位专家提供的出版建议与帮助！

感谢中科院心理所张建新老师及其研究团队、北京大学侯玉波老师和湛江师范学院郑剑虹老师提供的所有研究资料与帮助！

问卷收集及数据输入中也得到了许多朋友和同学的帮助，在这里一并表示感谢！但以下几位是需要特别提及的：荆磊（中国药科大学）、传玲（华南农大）、香儿（漳洲师院）、金霞和婷婷（湖北工大）、蔷薇（武汉科技学院）、鹏程（武汉工程学院）、丹丹（江南大学）、朱琳（中山大学）、叶琳（华北水利水电学院）、杨华伟（山东电力高等专科学校）、王铭（武汉大学）、丹丹（中南林业科技大学）、黄艳华和姜艳辉（湖北省肿瘤医院）、彭志敏（武汉老年大学）、虹姐姐（湖南大学）、李晓军、徐云、何菲、郭煦诚、韩磊、李静、黄蕾、平凡、温芳芳、汤舒俊、周春燕、胡小勇、孙灯勇、陈继文、纪凌开、王岚、喻丰、王纪念、陈艳、傅晋斌、周西埇、李研艺及舍友贺科伟、邓铭伟和蔡树才。

感谢中国社会科学出版社的编辑和其他工作者的辛勤劳动！您们提出的许多修改意见，令学生受益匪浅。

涂阳军

于 2011 年 12 月湖南大学教育科学研究院

目　　录

引　言

　　经济生产方式以及建构于其上的上层思想文化体系，对生活于其间的人们对人性的理解、人性的展现方式和内容、心理行为特征的形成产生了重大影响。

　　中国文化历经女娲造人、夸父追日的神话时期，母系氏族、父系血缘宗法、春秋战国、封建历朝历代直至今日，整体上显现出了一种连续的特征。在这种具有整体连续性的文化传承中，儒道互补逐渐居于主干的地位。尽管传统文化的传承中从来就不乏外来文化的冲击，如佛家文化，但这种外来文化在不断冲击和改变自身中，逐渐融入以儒道互补为主干的中国文化，并给中国传统的儒道互补文化染上了些许出世的精神。自鸦片战争以来，中国传统的儒道互补文化以及本土化了的佛家文化，就不断受到西方基督教文化的冲击。传统文化在变化、保守、回归、再变化、再保守、再回归的斗争中，让身处其中的学者和普通大众深感迷惑和无措。而对文化裂变和冲击感受最大、体验最深，反映最强烈的，莫过于那些传统文化研究者和知识精英阶层，他们在价值观、人生理想、思维方式、行为等各个方面，无不印刻了文化冲突的痕迹。而这一反映在人性心理行为层面的、带有冲突性质的特征，又借由他们对文化冲突的认识、阐释及自身的榜样和示范，不断向社会普通人众扩散，最终形成了一种不断变化的、带有文化冲突特征的群体性人格。

　　殷海光先生在《中国文化的展望》（1988）一书中，对自鸦片战争以来中国的文化运动及政治体制改革的历程进行了历时态的分析，最终将落脚点放在了中国人人性或人格的改变上。但究竟如何改造人性，除了许多学者（如鲁迅等）对中国人人性的劣根性发出了令人深省的反思和批判外，也未见有明确清晰的路径。更为遗憾的是，身处中国传统文化中的人格批判者们也不经意中表现出他们所批判的劣根性。如此一来，单纯地改造人性和中国人人格的思路也就渐渐地受到了冷落。英克尔斯在这一问题进行深入思考和研究后认为：一个国家可以从国外引进作为现代化最显著标志的科学技术，但它们往往收获的是失败和沮丧，究其原因，是因为现代化的机构和组织原则、经济制度和管理方法，要真正有效地发挥作用，就决不能容忍传统人所广泛具有的那些特征，而是需要这些国家的人民从心理、态度和行为上，都能与各种现代形式的经济发展同步前进，相互配合（Inkeles，A.，1985，pp. 1 - 13）。由此，这个国家的现代化才能真正完成并取得成功。时至今日，中国经济体制改革及现代化建设事业不断走向深入，国家现代化事业要取得成功，越发需要能与其相适应的、能对现代化建设事业的成功起到促进作用的"现代化"的人性心理、态度和行为特征，同时也急切需要改变与现代化建设不相适应、阻碍事业前进的传统人格心理特征。

就文化学视角而论，人格其实就是个体在特定文化状态下的生存样态。文化人格，也即是个体在接受特定文化熏陶时，通过对特定文化的内化以及个体社会化后所形成的稳定的心理结构和行为方式，具体表现为气质性格、个性特征、价值观念、思维方式等多个方面（杨秀莲，2007）。文化视野下的人格或文化人格，不但直接反映了文化对人格的影响，而且还间接体现了经济生产方式借由文化思想意识对人格所产生的影响。按此逻辑，对文化人格的研究，就比对传统中国人整体人格的研究更具文化针对性，其对文化及经济方式领域内的变革也就具有更强的预测力。

讲中国文化离不开道家。道家思想文化以其独特的思辨视角和哲学底蕴，对中国文化和哲学思想产生了深远的影响，并型塑了中国人心理层面的核心内容（如天人合一、和谐、亲近山水等）以及潜在的价值预设（如不好争端、不崇尚武力等）。在文化大变革及文化间不断冲突、融合的当代，道家思想文化对中国人之人性心理行为特征的形成具有怎样的影响？此种影响反映在人性心理行为层面会显现出怎样的特征？具体体现在哪些方面？有哪些功能？其产生作用的内部机制又如何？它促进还是妨碍、适应了还是未能适应国家现代化的经济运行方式？在此大的变革背景下，围绕着有关道家人格的上述疑问，我们展开了尝试性的初步研究。

从现有有关道家人格的研究来看，不但相关研究的数量非常少，并且均未给出有关道家人格是什么的明确界定（李道湘，1997），这些研究或者将道家人格等同于道家理想人格，仅限于对道家、道教历史文献的归纳和梳理（王国胜，1995；杨玉辉，2004），纵使有与道家人格相关的专门研究，也有相关的专著出版（杨玉辉，2010），仍只是对道家人格特征的理论梳理，并未涉及任何相关的实证议题。因此，由现有的与道家人格相关的研究文献来看，试图从理论与实证两个层面来展开道家人格研究的企图，只能是心有余而力不足，研究既无法从相关文献中得到道家人格是什么的明确启发，也无法借鉴得到道家人格实证研究的基本思路和理论框架。但与道家人格相对的儒家人格，其研究不但数量多，而且内容十分丰富。本研究试图从对儒家人格研究的分析、归纳和总结中，对道家人格与相关概念作进一步的理论分析与对比，得到有关道家人格是什么的启发，并进一步探讨如何研究道家人格的可能思路与方法。本部分研究的目的主要集中在以下两点：其一，为对道家人格是什么进行理论界定提供可资借鉴的参考。其二，为如何研究道家人格提供研究思路与借鉴。

有关儒家人格的研究中，以对儒家理想人格的研究为最多。其中有些研究仅涉及了某位儒家人物的理想人格思想，而有些研究则从儒家理想人格出发，在联系实际中，深入发掘并探讨了其在当今社会中对现实社会生活的指导意义。在关于儒家理想人格的诸多研究中，研究者们无一例外地将士、君子、圣人、贤人、仁人、成人和大丈夫等，纳入了儒家理想人格的范畴，并以"内圣外王"的"圣人"作为理想人格追求的终极目标，将儒家某些伦理道德品质（如仁爱）作为理想人格的要素。但到底以哪些品质为儒家理想人格的元素，则因理想人格对象的不同（或圣人或君子）而颇有差异。有些学者认为是"仁且智"（杨海文，2000），还有些学者主张"儒家'智、仁、勇'统一的理想人格"（李淑贞，1996）。对儒家理想人格构成成分的讨论，又自然转向了有关儒家或孔子人格结构怎样的议题。不同学者提出了各自不同的人格结构论，有单因素论（仁）、二因素论、三因素论、四因素论和五因素论（刘同辉，2006）。新近有学者（景怀斌，2003）在重新归纳儒家典籍后，再次提出了"仁"、"礼"、"知"的三因素结构，并试图结合人格心理学的内容体系，以特质因素的方法论来对儒家人格加以实证研究。但有关儒家人格理想的发展、改变与动力和实现途径等，研究者们往往多从儒家典籍出发，对此议题仅进行了理论的归纳与总结。

表面看来，上述这些研究似乎都对儒家人格、儒家理想人格是什么达成了默契，但实际的情况并非如此。其实，只有极少数研究者对人格一词进行了阐释。而关于儒家理想人格，较多研究者均提出自己的见解，但大都认为理想人格是在某一社会、某种思想文化中，人们最为推崇的人格典型，它典型地体现了该社会及其思想文化的基本特征和价值观念，以及对人的本质、人的价值的最终理解（葛晨虹，1996），古代被称为圣贤，现在叫榜样（潘富恩，1991）。韦政通（2006）从西方"代表人格"（representative personality）的视角出发，对中国古代帝王为代表的理想人格进行了阐释，颇有新意，但无人问津有关儒家人格究竟为何物。从中国传统儒家文化的角度来思考人格及儒家理想人格，极富深意与启迪。朱义禄（1991）在其有关儒家理想人格的专著中，首先就从文化着手阐释了人格的含义，然后自文化与人格交互相融的视角出发，既分析了儒家理想人格随时代背景、时事变迁发生的裂变，又对裂变中的理想人格在应对民族和社会危急时的历史作用进行了深入的阐释。但在其新近的著作中，作者只侧重就儒家理想人格对民族传统文化的积极与消极作用进行了论述（朱义禄，2006）。景怀斌（2007）则侧重从儒家文化对中国人全方位的影响的角度出发，对儒家人格结构进行了深入阐释与心理学的分析。

总的看来，关于儒家人格及儒家理想人格的研究，仍然存在着一些非常棘手且需要深入思考并努力突破的问题。

首先，需要进一步理清人格、儒家人格、儒家理想人格、儒家人格结构、儒家人格要素等各个概念间的内在联系。少数研究完全将上述几个概念人为地割裂开来，然后分段作名词解释。但大多数研究在处理上述几个概念间的关系时，则大体都遵循同样的思路：首先阐述人格或儒家理想人格，然后通过对儒家典藏的分析，再纳入儒家理想人格的要素，随后分析理想人格的实现途径（其中也包括动力、发展与转变等内容），最后结合现实谈其指导意义。类似这样的处理方式所面临的最致命的问题就是：尽管思辨所形成的儒家理想人格结构能够对实证研究起到一定的指导作用，但由此研究路径所产生的儒家理想人格与现实生活中中国人的人格有着相当的距离，最终也就只能停留在理论思辨的层面，无法真正下降至实证研究的水平。另外，刘同辉等人在将理想人格与历史人物的性格加以比照后，发现彼此间几无差异，据而分析认为：在中国传统里，人格的形成差不多是只着重于定型的模拟（刘同辉，2006）。这一定型即为性格典型，其与理想人格保持着稳定的相似关系。因此，如果按此思路强行进行实证研究，并形成儒家理想人格量表或问卷，则可能会面临着因被试的极端偏态而泯灭现实人格的多样性，最终导致缺乏现实意义，研究结果有可能会被"束之高阁"而成为"空中楼阁"。

其次，儒家人格与儒家理想人格往往纠缠不清，在用词上往往也不加区分地互换使用。尽管有些论文的核心内容是关于儒家人格的，但仔细分析其内容，却发现其与有关儒家理想人格的文章的核心内容大同小异。在有关人格的界定方面，也能见到明显的分歧。有些研究完全采纳心理学中传自他国文化的人格定义，而有少部分研究则从文化的蕴涵出发，另起炉灶，提出自己对人格的看法，还有部分研究则综合了上述二者的看法。

再次，如何处理好人格要素与人格特质间的关系，并从宏观上把握并体现出人格的完整性。"仁"、"义"、"礼"等到底是人格要素、人格因素，还是人格特质。从现有的文献来看，除人格特质外，前面二者都有提到。可见，在儒家人格研究者看来，或至少直觉地认为，"仁"、"义"、"礼"不太可能等同于西方的人格特质概念。但在使用"因素"一词时，则可能会引起人的误解，因为它很容易令人联想到因素分析和人格特质论。尽管使用"要素"一词可能会合理地规避这样的问题，但"要素"与特质间关系如何，则不甚清楚。尽管有研究者试图以心理学的概念和词汇来"拟合"儒家人格结构中的各个要素，并力图生成一个理论构架为"中"，而实质内容却为"西"的"怪胎"。这样一来，就可能既破坏了儒家人格结构的整体架构，又难以合乎逻辑地讲清楚纳入结构模型的各心理学概念间的关系。如此则会混淆人格研究中"主位"与"客位"的关系，最终也只能是得不偿失。之所以会有如此结果，恐怕还是因为过分向西方人格研究看齐之故。另外，如何在把握儒家人格要素的前提下，凸显儒家人格的整体性也是一个十分棘手的问题。

结合上面的分析，关于如何进行道家人格研究，有下述几点启发：

第一，道家理想人格为道家人格设定了可能达到的高度，对道家理想人格的探讨可以彰显出道家人格的可贵之处，同时也能为实证研究提供一定的指导和参考，尤其是提供道家人格理论框架的雏形。但如果完全遵循儒家理想人格的研究模式，则实在不具备实证操作的可行性，也无法凸显其现实意义。因此，本研究将对道家人格与道家理想人格作一区分，尽管研究中也会提及道家理想人格的内容，但不拟直接从道家理想人格出发来探讨道家人格。

第二，在概念上必须将人格、道家人格与道家理想人格区分开来。尽管道家理想人格为其设定了人性可以达到的至高点，而有关人格的探讨也能为道家人格提供范畴和含义的借鉴和启发，但道家人格即为道家人格，它并不等同于人格或道家理想人格。

第三，如何保证道家人格的整体性。这一问题在有关儒家人格的实证研究中，如果力图以特质论和因素分析法，外加词汇假设来对具有整体性的儒家人格进行实证研究，则如何保证道家人格完整性这一问题将会尤显突出。从西方各人格理论来看，一个完整的人格理论，应围绕着某一核心点，在人格结构、人格动力、人格改变和人格发展等方面均有所论及。尽管我们不能套用西方人格理论的框架体系来探讨道家人格在人格理论层面的内容，但能为我们思考如何建构道家人格的理论体系提供参考。另外，人格的整体性源自人作为一个个体的整体性，而作为一个整体的人必然包括知、情、意、行等多个方面，是各个方面综合交互的统一体。因此，思考道家人格的整体性，就必须从人的整体性出发，提出一个涵盖人各主要层面的内容，并合乎逻辑的整体性道家人格模型，才能据此模型进行实证研究。在实证研究中要不断反观、甚至修正该模型，最终形成一个既具整体性、又有数据支撑的实证性质的模型。

第四，在有关儒家人格的研究中，许多学者试图通过对儒家经典中典型人物（如君子）的描述来反观儒家人格（张克刚，2003；张秉楠，1989；韩石萍，1998；于福存，1999；周碧晴，2000；燕良轼，2007）。这种研究思路：一方面为儒家人格是什么提供了具体的原型。另一方面，也能为儒家人格提供现实的理论框架和指导。鉴于此，在对道家人格的研究中，我们也可以考虑先对某些典型的道家人物进行研究，以获得道家人格是什么的原型，进而为道家人格的理论结构提供框架和理论指导。

最后，也是最为重要的问题：建构道家人格的逻辑起点何在？关于此点，朱义禄和景怀斌二位的研究，提供了可资借鉴的参考。二位研究者均从文化与人格的交互作用出发来思考儒家人格，只是侧重点略有不同，前者侧重儒家理想人格对文化的影响，而后者侧重儒家文化对儒家人格的影响。因此，在有关道家人格的研究中，我们拟从文化与人格交互作用的视角出发，侧重探讨道家文化对中国人道家人格形成的影响，并结合对人格的分析，最终得到有关道家人格是什么的界定。但值得反思的是，有关儒家人格的研究，尽管无一不是从有关儒家文化出发的，但对其他文化没有或者甚少关注，尤其是与之互补而成为中国传统文化主干的道家文化，以及外来的佛家文化。这种只将儒家人格局限于儒家文化视野的研究思路，妨碍了儒家人格可能的全局视野的展开，并且无法为儒家人格提供可资借鉴的对比，也无法为儒家人格研究提供参照和宽广的文化背景。因此，本书有关道家人格的研究，将力图从中国传统儒释道文化互补，尤其是以儒道互补为主干的中国传统文化视角出发，在儒、释、道三家文化对比中，彰显出道家文化的特性以及道家人格的独特性，以为道家人格研究提供对比、参照，并将其置于宏观而整体的中国传统文化背景之中。

总结起来，对儒家人格相关研究的反思，为道家人格研究提供了以下几点思考：

其一，道家人格研究应从道家文化出发，尤其是中国传统文化中以儒家互补为主干的特征出发，这能为道家人格研究提供基点和可供分析比较的宏观理论背景。中国文化历来就具有儒道互补的特征，这无论是就中国哲学的精神（冯友兰，1996），还是就中国传统文化的主流（李泽厚，1999），抑或就中国人人性心理行为特征而论（林语堂，2009），亦是如此。在谈到中华民族的文化心理结构时，李泽厚先生认为：由儒家思想文化"积淀"而成的由血缘、心理、人道、人格形成了一个以实践（用）理性为特征的思想模式的有机整体，构成了一种民族性的文化—心理结构，它型塑了中国人对待人生、生活的积极进取精神，服从理性的清醒态度，重实用轻思辨（李泽厚，2008）。但李泽厚先生也认为：中华民族文化心理结构是由儒家和道家思想同时构成的。从孔子开其端，至孟子而成的儒家学说构成了中国文化强大的理性精神，它以"外王"的功利策略使人进取济世，但儒家同时又强调的"穷则独善其身，达则兼济天下"，这就为非理性的道家的出世哲学留下了滋生的地盘，这两种表面对峙的儒道思想，同时结合在传统的中国知识分子身上，表面对立而实则互补，成为中国历代知识分子的常规心理及其艺术意念。这种儒道互相补充和对立的格局，相反相成地在塑造中国人的世界观、人生观、文化心理结构和艺术理想、审美兴趣上，（道家）与儒家一道，起了决定性的作用，而庄子哲学中的泛神论哲学思想和对待人生的审美态度充满了感情的光辉，恰恰可以补充、加深儒家而与儒家一致。所以说，老庄道家是孔学儒家的对立的补充者（李泽厚，1981）。

其二，将道家人格与道家理想人格区别开来。道家人格应该既具传统性也具现代性，既具古代性也具现代性，但对道家理想人格的探讨和研究为道家人格提供了理论框架以及道家人格可能达到的人性高度。

道家人格与道家理想人格间关系的实质，也即是古代中国人人格结构与现代中国人人格结构间的关系问题，也即是人格传统与现代性、古代与现代性的关系问题。

与儒家理想人格一样，道家理想人格应该也是人们推崇的人格范型之一，它集中体现了社会的价值标准与基本特征，是人们对人生意义的追求之一，具有超越性的特征，因而会与现实有一定的差距，并不是中国人现实的人格形态。这一观点为儒家人格或儒家理想人格研究者们所大体接受。

道家人格并不是道家理想人格，我们将道家人格理解为是一种存在于此时此空间中的、存在于中国人身上的、一种理想与现实相统一的人格形态。与理想人格相比，它具有更强的现实性，而与仅通过对现实人物的访谈等建构起来的人格形态相比，它又具有理想性与可追求性。说到底，理想人格只不过是一种追求，这种追求中往往包含着现实的成分，而现实追求的终极目标也在于理想的实现。就此方面而论，道家人格与道家理想人格间，可以说是一种现实与理想、追求与实现的关系。也正因为道家理想人格是一种追求，所以往往更多地局限在理论层面加以总结、归纳和探讨，纵使建构起道家理想人格的理论模型，编制形成了道家理想人格量表，其于活生生的一个个现实的人身上，也多少要打些折扣，恐会出现"好看不中用"的结果。要对其加以实证研究，将其从理想的天国下降到现实的环境中，就必须以现实生活中一个个活生生的普通中国人为研究对象，探讨道家理想人格在现实生活中、在现时空的中国人身上体现出来的现实的形态，而这一由道家理想人格下降至现实层面的人格形态，也就正是本研究要加以实证研究的中国人的道家人格。

其三，在具体研究中，道家人格的界定应考虑道家经典中典型道家人物的描述，这些经典中对典型人物的描述为道家人格研究提供具体的素材、原型及可能的理论框架。在所有可能的道家典型人物中，在现实生活中可直接观察到的，恐怕还要数道士了。一方面，许多道士可能自六七岁就已经开始修道，在修习道家道教经典著作老子的《道德经》一书中，道家所推崇的人性心理行为特征，将会慢慢地浸透到他们日常生活中的方方面面。而在行为心理层面的沉淀，最终将使他们表现出比较典型的、异于常人的道家人格特征。但并不据此就认为：道士人格与道家人格就具有同一性，是完全一样的。其主要原因有二：其一，自古为道者，往往多是为生活所迫，不得已而为之，或者因为人间痛苦太多，历经坎坷，看破世事，但又看不破红尘，因此选择入道门。由此而言，与普通人相比，那些选择为道者在未入道之前可能就是一个异于常人群体的特殊群体，其人格特征在某些方面就已经异于常人。其二，从文化影响人格形成的视角来看，身处中国传统道家文化下的中国人，其人格特征当然会或多或少地受到道家文化直接或间接的影响，因而会表现出典型或者不那么典型的道家人格特征。无论典型与否，一定会具有道家文化影响的痕迹。但另一方面，任何身处中国传统文化下的中国人，其人格特征也会受到除道家文化以外的其他文化的影响（譬如，儒家和释家文化），从而也会表现出为儒家和释家所推崇的人格特征。据此，我们可以推测认为：作为典型道家人物的道士，其可能有着比常人更为典型的道家人格特征，但他们也与普通大众一样，将表现出受到其他文化影响的人格印迹。因此，绝不能将道士人格等同于道家人格，或者将道士作为道家人格的原型。

其四，如何在词汇假设—特质论—因素分析的研究路线中，保证道家人格的整体性，是一个非常棘手的问题。儒家人格研究并未有效解决这一问题，但在道家人格研究中，这是一个十分值得注意的问题。

第一章

道家人格的概念

　　如何研究道家人格，首先面临的是如何界定道家人格的问题。由此，对道家人格的界定就成为了本研究的逻辑起点和理论基础，也成为本研究成败及是否合理可行的关键点。本部分研究将道家人格置于人格心理学的视域下，沿着两条思考路线，目的在于得到道家人格的初步界定。第一条思考路线是从道家思想文化影响人格的视角出发，对道家思想文化之核心特征进行了论述，并进一步阐释了道家思想文化对中国人心理行为产生影响的理论解释模型，以及具体的过程、机制、层次和途径。该思考路线回答了道家人格是否存在等问题，系对道家人格如何形成的解答。第二条思考路线从人格心理学中各人格理论内含人性论的基本预设出发，借由对道家人性论及道家理想人格的分析，得到道家人格结构理论模型。该思考路线回答了道家人格是什么、怎么样的问题，系对道家人格内容如何的解答。综合二条思考路线所得到的结果，研究给出了道家人格初步的操作性定义，并对该定义给出了详细的说明与阐释。

一　道家思想文化影响下中国人的人格特征

（一）经济生产方式、文化与人格

　　关于文化如何影响人的心理与行为，中国心理学界存在着不同的观点。汪凤炎（2003）等学者总结认为心理学界有二种不同的主要看法：其一，是将文化作为研究的背景，采取"存而不论"的方式；其二，是以"文化"本身为研究对象，探讨因文化所引发的心理与行为差异背后深层次的文化根源。他认为二者均有偏颇和合理之处，主张"兼取二者之长来研究中国文化心理学"。在解释中国文化心理学时，他提出要将中国文化作为"背景"，将心理学视为"对象"，并主张将中国人的心理与行为放在中国文化大背景下进行研究。据此，我们认为，对道家人格进行研究，理所当然地要以中国道家传统文化为背景，并从文化与人格间的交互为出发点，将视角置于心理学领域当中。但更为重要的是，自道家文化到道家人格，并不是一个一而二分的东西。道家人格当是道家文化传统的自然引申，对道家人格进行研究，必然也要对道家文化本身加以探究。因此，道家文化与道家人格恐难以整合进"背景"与"对象"的关系框中，究其本质而言，它们是二而一的东西。

文化在对经济的适应中型塑着自己，但一旦成形，哪怕仅是在形成中，都会对社会制度、社会实物建设、风俗和所处文化中的人的思想产生影响，这反过来又会促进与经济和文化相适应的社会主流意识和群体性格的形成，进而反过来影响到该文化下的民众对该国文化的选择、经济策略的选择以及社会的经济建设概况。由此一来，由文化、经济和群体性格三者间的相互影响和促动，组成了一个可以无限循环反复的交互影响圈，其中任何因素的变动，都会对其他因素产生影响，表现为这三者既受循环圈外因素的影响，同时圈内各因素也相互影响。以改革开放为例，经济特区的建立引入了先进的经济生产方式和制度，毫无疑问，它会影响到身处此方式和制度下的人的思想和行为方式，群体思想和行为方式的变更，并可能会促成社会主流意识的变化和发展，该影响会波及整个社会。这样一来，与经济相依的社会意识和文化，会慢慢地在对过去文化进行选择、淘汰和吸收中型塑自己新的形象。反过来，它又会对生活于其中的人的思想、行为以及性格特征产生影响，并借此反作用于经济生产方式。

马克思认为，市民社会，也即现实的经济生活，在一切时代都是构成国家的基础以及任何其他观念的上层建筑的基础。人们在社会生产中发生的生产关系的总和，构成了社会的经济结构。与之相适应的，既有上层建筑，如政治、法律制度以及建立的军队、警察、法庭、监狱、政府部门、党派等国家机器和政治组织等，还有社会意识，主要有政治思想、法律思想、道德、艺术、哲学、宗教，等等。两者在本质上是人与人之间政治和思想关系的统一。经济基础是上层建筑赖以存在的根源，是第一性的；而上层建筑是经济基础在政治上和思想上的表现，是第二性的、派生的。两者在同一时空中特定的统一构成特定的社会形态。但不管社会中何种生产方式占主导，也不管人与人在劳动中形成的是何种生产关系，也不管国家体制及社会意识主流其内容为何，究其实质都是附着于身处特定生产方式、具有特定社会意识的人身上，这就表现为在特定的社会中，特定的生产关系和社会意识形态对身处其中的人都有影响，这也即是弗洛姆关于社会性格和社会潜意识形成的基本观点。

弗洛姆（1988）认为，人的基本需要和情感都是人对生存环境的反应，而人在一定时空中满足这些基本需要的方式以及相对稳定的情感倾向，就构成了该人的性格，而其所指的生存环境，则包括政治、经济和文化等环境，其实质也即是马克思所论的经济基础与上层建筑。在对所处社会的环境特征详加分析后，弗洛姆在不同时期提出了不同的人格类型学说，如从同化角度，提出的原创性与非原创性性格，从价值观角度提出的以占有和存在为特征的性格类型。在同一环境条件下生存的个体，往往具有群体层级的共同的人格特征，弗洛姆称之为社会性格，它是一个社会中绝大多数成员所具有的基本性格结构，它具有群体心理的特征和推动群体行为的动力作用，受群体成员共同所处的生活方式和基本实践活动的影响，是群体所处的共同的政治、经济、文化诸因素相互作用的结果，但经济因素在这些因素中更具优势。一定的社会经济基础提供了人所处的社会经济环境，而身处其中的人会由此而形成一些具体的群体观念，当其由社会杰出人士代言形成社会的主流思想时，这也就形成了该社会的意识形态，但由此而形成的社会意识形态又通过所处该条件中的群体的社会性格反作用于经济基础。

在很长的一段时期内，中国古代社会历经了采摘业、狩猎与农耕生产方式相互更替的过程，并最终形成了以农耕为主的农业文明社会。农耕文明得以延续的最关键点就在于农耕生产是否得以延续。而农业生产的顺利进行，需要天时、地利、人和，也即是人与自然、人与人之间的和谐与融通。道家思想文化就在对此经济生产环境的适应中型塑着自己。在老庄看来，人与自然、人与人的和谐，就是要尊重自然和人的"道"性，只有顺应事物本身的本真之性而为，才能"无为"而"无不为"。道家这一思想上层建筑不但适应了，而且还进一步促进了中国古代的农耕生产方式。但自道家思想之核心成形之始，哪怕仅是在形成中，都对当时的社会制度、社会实物、风俗和所处文化中的人的思想产生了影响，而这又反过来促进了与经济和文化相适应的社会主流意识和群体性格的形成。经济基础（农耕生产）、思想文化（道家思想文化）、群体或社会性格（道家人格）三者之关系（郭永玉，1999），见图1：

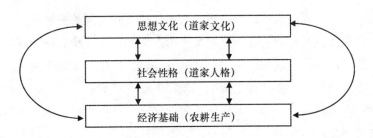

图1　经济基础、思想文化与社会性格的关系

　　就上述模型而论，经济基础，尤其是特定社会特定的生产方式，显然都会对身处该社会中人的心理行为特征产生深刻的影响。譬如，在《人的现代化》一书中，作者所指的现代化的人，无非是指与现代工业化社会相适应的人，而其中最为重要的适应，即是对现代工业大生产，尤其是工厂生产的适应。现代化社会中人的素质，即是由现代社会生产方式决定并与之相适应的人的性格，也即是人的现代化。这些性格既包括那些对传统性格中与现代社会经济生产方式相适应的某些性格的继承和发展，同时也意味着新的性格的培养和形成。随着社会生产方式的改变，其所指的人的现代化的性格仍会不断发展和变化。不仅如此，哪怕是在农业国家所进行的局部农业生产改革，也对那些参与此改革中的人的思想、行为和价值观等人格的多个层面产生影响。不但生产方式能对人的现代化性格的培养产生影响，那些代表社会意识的影响方式，如教育和现代传媒也起到了重要的作用。但相对而言，人的现代化受代表工业生产方式的工厂的影响会更大些。

　　这一观点在里斯曼（2002）所著的《孤独的人群》一书中得到了更深刻的阐释。作者认为在三种不同的社会类型中，均存在着与之相适应的不同的人格类型。如传统导向型、内在导向型和他人导向型。某社会的群体性格是与该社会的历史文化变迁相适应的。当一个国家的文化发生变迁时，与之相对应的群体性格也会改变。很明显，作者此处所指的文化是与社会上层建筑相类似的广义文化。尽管作者突出了文化的作用，但仍十分强调物质生产方式的变化所产生的社会物质的丰富程度的作用。在文化影响群体性格的变迁中，家庭父母及学校教师的角色，大众传媒与工作娱乐以及政治生活环境都起到了重要的作用。

这一来自不同研究的结果表明，人的性格受到其所处的经济生产方式和社会意识的强烈影响，处于该社会中的人们的群体性格会随经济和社会意识的变动而变动。但反过来，业已形成的群体性格，又是否会对社会意识和社会的经济生产方式产生影响呢？回答是肯定的。

尽管火药发明于中国，但中国人仅仅拿来为喜事增添气氛，而西方人则用来研制炸药和火枪。同样的技术，不同的用途，实质上反映了不同社会群体性格的差异。由此导致了在面对同样的对象时，会有着迥然不同的选择，或者有着一样的选择，但结果大不相同。譬如，在《新教伦理与资本主义精神》（Weber，1986）一书中，作者深入探究了清教徒的宗教思想对资本主义精神气质的影响，也即现代化精神生活的精神与清教徒伦理间的关系，清教徒的禁欲主义思想、节俭的行为特征，及受此文化熏陶下形成的清教徒的群体性格特征与现代资本主义精神非常契合，由此而导致资本主义精神对清教徒思想的继承和发展，使之成为资本主义的主流精神。而具有清教徒独特群体特征的人，在现代资本主义中，既推动了新兴资本主义精神的形成，又创造了一套与之相适应的政治、经济体系，以及一套能有效促进资本主义生产发展的科学技术体系。总体而言，在历史的发展与选择中，具有清教徒式群体性格的清教徒们，在推动新兴资本主义政治和文化的形成，促进其新兴生产方式的形成上起到了独特的作用。这一研究充分说明了人性心理层面的特征对经济和文化也会产生深远的影响。

另一有关该点的直接证据来自日本明治维新和中国的戊戌变法。一者成功而另一者则失败了，但原因为何呢？两者同为东方文明的国度，但在面临外国资本主义入侵时，它们在改革道路上则表现出明显的差异来，从而得到了不同的结果。儒教在东传日本后，经过日本国民及本土的改造，已经形成了不同于中国的儒教文化，其突出表现在对儒教仁慈的背弃以及对忠诚的突出强调。在相当长的时期里，忠诚，而非中国儒教的仁慈成为日本国民最重要的美德。就两者的内涵比较而论，前者强调对自己内心伦理道德的服从，而后者则强调对外在的人和事的顺从和献身。当外在的忠诚与内在的良心相违背时，选择违背良心而执行外在的命令成为忠心的具体表现，也成为日本国民突出的群体性格。日本国民在长期与中国以及其他大国的交往中，深感自己的渺小和生存的艰辛，由此而使整个民族形成了一种深深的好学精神和自卑感。两者的交互作用，形成了在面对西方列强时迥然不同的选择，日本国民在忠于国家和民族生存的危机下，深深的自卑感驱使日本不断学习西方的先进技术，而历史沿革中形成的将军幕后主事的政治，也使得日本军事集团对军事技术极感兴趣。在处于西方入侵的民族危机的关头时，日本国民群体性格中忠诚于国家和天皇的精神，在引进、吸收和消化西方先进技术方面，表现出了无与伦比的优势。而传承于儒家的勤劳、智慧和勇敢等性格特征，也促进了国家的繁盛和发展，本民族性格中的自卑与好学，也在相互作用中更进一步促进了这一过程的进行。日本国民获得了一种反映在群体性格中的、社会意识形态方面的推动力来解决自己国家所面临的问题，使得日本的文化和经济获得了发展。

就上层社会意识、尤其是思想文化对社会性格的影响而言，也即就文化视角下的人格而论，尽管文化与人格是互相影响的，如果单就文化影响人格而论，这一视角强调完全或大体从文化出发来阐释人格，大致是指从文化心理学、文化人类学、心理人类学（psychological anthropology）等方面认为文化影响甚至决定人格的西方各家各派来加以阐述。西方有关文化与人格的关系研究中，走过了一条由文化决定论到文化与人格交互作用的道路。

早期米德在其 1935 年的杰作《三个原始部落的性别与气质》一书中，就文化与人格的关系给出了精辟的论述：人类本质确有使人难以置信的适应性，他们对于不同的文化可以精确地、恰当地分别作出反应，所以不同文化中个体间的差异也和同一文化中的个体之间的差异一样，几乎无例外地受各种条件的影响，尤其是童年的早期经历。而各种条件又是受文化所决定的。可见，两性之间的标准化人格之差异就是由有规律的文化所产生的，每一代的男女都会被他们所处的文化环境影响，陶冶其个性，并使之合乎要求（米德，1988）。在文化与人格的关系问题上，米德站到了文化起决定作用的立场上。

其后的著名文化人类学者本尼迪克特（Ruth Benedict）则反对将社会与个体对立起来，认为在社会作用与个人作用之间并没有天然的对抗。尽管并无明确的有关人格界说，但她在谈到文化对个体的作用时，讲到大多数人被依其文化形式而受到塑造，这是因为他们有着那种与生俱来的巨大的可塑性（malleability）。面对他们降生其中的社会的模铸力量，他们是柔软可塑的。无论他们带有西北海岸那种要求自我参照的幻想，还是充满我们文明中这种财产积聚的追求，对于这种特性来说，都无关紧要。总之，个体的大多数都极易接受那种展现给他们的形式。如果没有个人参与其中的文化，任何个体甚至连其潜能的门槛都无法达到（Benedict,1987）。

卡丁纳（Abram Karchiner）则进一步系统提出了"基本人格结构"（basic personality structure）理论。所谓"基本人格结构"是指一个社会的成员因共同的早期养育和训练而具有的共同人格结构。一个民族的基本人格结构是由于那个社会的"初级制度"（primary institutions），如生产方式、家庭婚姻、儿童养育等所形成，而基本人格结构又投射形成了该民族的"二次级制度"（secondary institutions），如宗教信仰和神话传说等。

在人格与文化的关系上，林顿（Ralph Linton）和巴尔诺再次走到了强调文化重要性的一边。他认为人格是"适合于个体心理过程与状态的有组织的聚合体"，这一定义既不包括外部的行为，也不包括对个体环境的影响，更将生理因素排斥在外（拉尔夫·林顿，2007），其实质只包含有内部的心理结构和机制成分。但在对人格加以分析中，林顿则频频用到"反应"、"行为惯性"、"价值"、"态度"、"文化"，可见在林顿看来，人格首先表现为对某一特定情境作出的行为反应，而后成为习惯性的行为模式，这实质上是行为主义的人格观。但与此不同的是，林顿最终将人格提升到文化影响（纵使不是文化决定的话）的高度，认为个体与他人接触，得到文化经验，对其人格过程部分质料发生作用，"当我们比较文化内容与人格内容时，会发现它们之间有明显的相互关系……个体完成发展与自动反应，几乎等同于现实的文化模式"（拉尔夫·林顿，2007）。其主要强调人格形成与变化中文化因素的作用。

巴尔诺（Victor Barnouw）则认为：人格是个体的各种内在力量的较为持久的组织，这些内在力量和个人较为一致的态度、价值、认知模式组

成的复合体有关，通过这一复合体我们可以对个人行为的一致作出部分解
释。此一界定并无独特之处，只不过强调了人格的动力性，但巴尔诺对人
格界定所提出的批评则独具特色，即行为的一致性可以归结于文化或个人
的社会角色，而不是人格所造成的（Barnouw，1989），而语言行为和身
体行为的一致性在较大程度上也可以归结于文化。

燕国材在论及中国传统文化与中国人的性格之间的关系时，也只侧重
从传统文化对中国人性格的单向影响而论，据此将性格划分为了世界观、
现实态度、心理特征与行为方式四个方面（燕国材，1992）。朱义禄则从
人格的文化含义出发，认为人格"是指人在一定社会制度与传统文化中
所形成的、旨在调节人与自然、人与社会、人与人（包括自身）关系的
行为准则，以及在实际行为中所凸显出来的精神素质"。这一人格概念既
包含了人的外在行为，又包含了人内在的精神素质。

综合而论，西方早期有关文化影响人格的机制研究中，西方学者对文
化与人格的关系一般持循环论观点（钟年，1999）。认为文化对人格的影
响遵循着这样一个循环：养育制度——人格——群体人格——文化——养
育……往往从文化影响人格的单一视角出发，强调文化对人格的单向度的
影响（如果不是文化对人格的决定的话），并从文化影响人格的视角来分
析阐释人格的意义。尽管其最终的落脚点还是人的外在行为与内在心理结
构与机制，但不涉及人的生理因素以及生理因素与文化、社会等各个因素
的交互作用。

在奥希（S. Oishi）等人提出的人格与文化的新奥尔波特（Allport）模
型中，特别强调了文化与先天因素对人格的交互作用观，凸显了文化与先
天因素共同交互作用影响人格的过程。同时，也特别强调在文化与先天因
素影响下个体独特的人格核心（自我概念），对两者的反作用及调节作用。
这一模型的提出，有效地弥补了文化影响视角的局限性，并拓展了文化影
响人格的研究视域。该模型强调文化与气质、生理状态等交互而对人的情
感、思维和行动等因素的影响，注意到了自我概念对文化与气质等因素对
人格影响的调节作用，也看到了情感、思维和行动对自我概念形成的影响。
它与文化决定论显然不同，它包容了文化与先天因素对人格的交互作用观，
凸显出人格形成中个体自我的主动性与自主性的作用，因此也容括了人格
形成中的个体自身的作用。但很显然的是，自我概念也受文化与气质等因

素的交互影响,自我概念,譬如认知图式,也对人的情感、思维、认知与行为产生重大的影响。甚至可以说,文化与气质等因素交互影响的是以人的自我概念为核心的,它反映在人的认知、情感、思维、行为等各个层面,而这各个层面的有机体系则形成一个人的人格系统。文化与先天因素对人格影响的交互作用观(杨慧芳、郭永玉、钟年,2007),见图2:

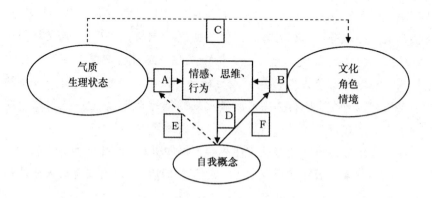

图2　文化与先天因素对人格影响的交互作用

简而言之,就文化影响人格而论,文化视野下的人格应该既体现文化对人格的影响甚至决定作用,同时也应看到影响人格的文化因素是与其他因素(非生理因素)交互作用、共同影响人格的。而由此影响形成的人格因素,会对两者具有反作用和调节作用。这一思考路径就为我们从道家文化影响中国人人格的视角理解道家人格的形成、发展、变化提供了理论依据,即道家人格既受文化与先天因素及许多其他因素的共同交互影响,同时它也会对这些因素发挥影响并产生调节作用。

(二)道家人格形成的过程、机制、层次与途径

中国地理环境极为复杂,地形地貌极其多变,气候也是如此。热带及亚热带气候,世界屋脊喜马拉雅山脉,母亲河长江和黄河,四川盆地、云贵高原、江汉平原,还有长江和珠江三角洲。很明显,人群所处的地理环境对其文化具有重要的影响作用。正是地理因素促使形成了某种生活方式并强加给它一些限制。在某海拔高度之上和某些气候条件之外,小麦就要

让位于大麦了，蒙古草原更有利于牧业而不是农业，温带和热带的平原则宜于稻作。群体必须为了养活自己而从事采摘、狩猎和捕鱼、饲养或商贸活动，但此种赖以生存的生活方式与其独特的文化相连，并为全面解释其他社会现象提供了基础。特定的适合农业的地理环境影响了居住地文化的形成，尤其是当地居民的生活和生产方式，会形成独特的农耕文明社会。在很长的一段时期内，中国古代社会经过了采摘业、狩猎与农耕生产方式相互更替的过程，并最终形成了以农耕文明为主体的农业文明社会。

农耕生产是否得以继续，系于天时、地利和人和。天时者，指的是风调雨顺，《史记》载：舜时选天下贤人治理天下，当时天下大水，舜选有能者治水，而治水成功者禹成为其后继者。禹之所以能从许多有功于社会者中脱颖而出成为最高统治者，从侧面也反映了农业生产中灌溉的核心作用。而自中国古代的巫祝和祭祀活动来看，祭天，尤其是祈求上天适时降雨，成为历朝历代统治者和民众十分关心的问题。中国民间在过年时，仍有以"风调雨顺"为题的大量春联。地利者，乃指土地本身的特质，中国人崇拜黄色，而黄色乃是黄土地高原地区土地的颜色。土地的收入情况非常有赖于土地的肥沃程度。人和者，乃指人必须勤奋、勤勉于土地的劳作，方能有所成。古时因劳动工具的简陋，土地若有所收成，必须有赖于大家的群策群力，共同耕作、播种和收割，而这一生产方式也为保存宗法家族体系提供了条件。《史记》中载：自帝尧开始，就命人制定历法，管理四季农时收成的好坏。这说明古时中国很早就已经有了农耕文明，并且成为当时社会主要的生产和生活方式，获得了当政者的高度重视，自此以后成为中国典型的主流文明形态。司马迁在总结秦之所以成功的规律时，也深刻认识到农耕的优势所在："或曰：'东方物所始生，西方物之成孰。'夫作事者必于东南，收功实者常于西北。故禹兴于西羌，汤起于亳，周之王也以丰镐伐殷，秦之帝用雍州兴，汉之兴自蜀汉。"（《史记·六国年表》）不但如此，整个封建社会时代，中国社会有关理想国的描述，都常常打下农耕社会的烙印。血缘宗法氏族制有着与农耕生产无比的适切性，由此出现了"大同之世"的美好时代。"大道之行也，天下为公。选贤与能，讲信修睦。故人不独亲其亲，不独子其子。使老有所终，壮有所用，幼有所长，矜寡孤独废疾者皆有所养。男有分，女有归。货，恶其弃于地也，不必藏于己；力，恶其不出于身也，不必为己。是故谋闭而不兴，盗窃乱贼而不作。故外户而不闭。是谓大同。"（《礼记·礼运》）但随着生产力水平的提高，血缘宗法制渐趋瓦解，封建国家渐趋形成，私有财产的观念深入人心，社会由"天下为公"变成了为"天下为家"："今大道既隐，天下为家。各亲其亲，各子其子。货、力为己。大人世及以为礼，城郭沟池以为固，礼义以为纪；以正君臣，以笃父子，以睦兄弟，以和夫妇，以设制度，以立田里，以贤勇智，以功为己。故谋用是作，而兵由此起，禹、汤、文、武、成王、周公由此其选也。此六君子者，未有不谨于礼者也。以著其义，以考其信，著有过，刑仁讲让，示民有常。如有不由此者，在执（势）者去，众以为殃。是谓小康。"（《礼记·礼运》）而与此相对应，老子提出了小国寡民理想："小国寡人，使有什佰之器而不用，使人重死而不远徙。虽有舟舆，无所乘之；虽有甲兵，无所陈之。使民复结绳而用之。甘其食，美其服，安其居，乐其俗。邻国相望，鸡狗之声相闻，民至老死，不相往来"（《老子》八十章）。很显然，老子心中的理想国也带有很明显的自然农业生产经济自给自足的特征。

　　经济基础尤其是社会生产方式的变化，引发社会财富的增加，人民生活方式的改变，社会意识形态、国家形态及管理制度的变更。在此大背景下，孔子力图恢复古时宗法氏族之礼，并援仁入礼，由生物性的血缘亲属关系的内涵来支撑、丰富并发展古时之礼和德，因其与封建农耕文明的农业生产方式的契合性，而在汉时一跃而成为当时社会主流的社会意识形态，并进而影响国家制度的构成、内涵及中国人的群体性格。与此相应，道家思想承继了远古母系氏族的思想文化，同时也反映了春秋战国时期特定的背景特征。在父系宗法氏族之前，母系氏族社会就已经存在了很长时期。是时，民不知其父，只知其母，女娲补天、燧人氏钻木取火等传说都反映了这一时期的特征，在辽宁牛河梁红山文化遗址及云南永宋纳西族风俗中，仍可发现许多母系氏族的痕迹。母系氏族时代崇拜女性和讲究阴柔的思想，通过民间宗教、自然和图腾崇拜和巫术等形式，最终在春秋之时，由道家思想家、尤其是老子所系统化成为道家哲学体系，其思想在我们后来道家老庄思想中也多有体现。原始母系氏族时期，人们尊崇女性及女性的繁衍神力，而推崇女性阴柔、好静若处子及谦让不争的人格品质。很显然，这也是道家老子所极力推崇的。《老子》书中曾经用"母"和女性生殖器官来隐喻道和道的产生。闻一多先生有言："我常疑心这（道家）哲学或玄学的道家思想必有一个前身，而（道家的）前身很可能是某种富有神秘思想的原始宗教"（闻一多，1948，p. 143）。此种神秘的原始宗教，也即原始母系氏族社会的遗传物，其不断积淀在远古文化中，经由阴阳、神仙方术之道，再由春秋战国之时独特的时代环境所激发，而成为中华文明的主要源头之一。

尽管我们无法确知母系氏族社会时具体的生产和生活方式，但有理由相信，其上层建筑的社会意识（主要是巫祝、祭祀和各类崇拜活动）也一定受到了当时社会生产方式的决定性影响，并由此而产生了独立于经济基础之外的母系氏族独有的文化特征。这种文化特征一直通过各类祭祀等活动，在社会中不断承继，并在春秋战国时期方成大器，成为一种具体的学术流派。

春秋战国几无义战，完全是赤裸裸地为了土地、财富、权力或女色，新兴封建地方贵族和旧的氏族贵族间矛盾激烈，上层建筑，如礼乐土崩瓦解，社会动荡不安，民不聊生，杀戮四起。乱世之人全性保身都变得极为困难，生死无法掌控。生产力的迅速发展，社会的动荡，也为社会底层之士的兴起提供了基础，社会对下层人民的控制力减弱，原属于贵族的知识开始向平民阶层流动，人们的知识增加，对自我和社会的觉悟普遍增强。天开始由上天落入人间，或者简单地流入自然界中，天文学等自然科学的发展，也为道家透视天的奥秘提供了基础。天从此再也不是不可捉摸的，而是人可以遵循的自然之天，对天的重新认识贯穿于道家思想之中。春秋战国时社会阶层不断分化，整个社会呈现多元化的特征，而其中一些人却继承和发展了道的思想，这些人中既有不谙于世事而求全保生的隐者，也有精于阴阳五行和医药占卜之士。他们或者代表着没落的氏族贵族后裔，在乱世中有着无奈的选择和叹息，如老子和庄子那样，可能也还包括其他一些新兴阶层中的不得志者。从地域来看，道家文化更盛于荆楚、吴越和巴蜀等边陲地区，因为这些地区很好地保存了原始氏族宗教的特色。而从时间来看，自春秋战国时各家各派出现之时起，各家各派就在相互斗争或学习中融合，有些派别在融合中消亡了，有些在融合中改造着自己。儒道两家就在融合中既改变着自己，又因有着互无替代性而独自存在。

道家思想从其孕育之时起，就对上层政治建筑（如汉初的黄老之术）、哲学思想（对关于天人关系的论说）、国民的思想特征（辩证二而为一）、因应处世之道（谦让）等各个方面产生了深远的影响，这一影响既体现在本土的宗教道教中，也体现在普通大众的日常生活中，如中医、古建筑等之中。更为重要的，道家自然无为的思想深入经济领域，其对农业生产方式乃至对现代企业管理都产生了影响。老子自然无为的思想渗透至农业生产之中，形成了独特的"自然农法"，其与科学农法相对，主张遵循自然无为之理而取大自然天然之效。

就思想上层建筑、尤其是道家文化思想对道家人格影响而论，李泽厚先生提出的"积淀说"在解释文化人格心理结构上极具解释力。李泽厚先生（1999）在其系列著作中深入阐释了其所提出的"积淀说"，用以主要解释其美学思想，并在《中国古代思想史》一书中用"积淀说"对中国传统文化影响下中国人民族性的文化—心理结构的形成作出了阐释（李泽厚，2008）。

"积淀说"诞生于中国马克思主义实践哲学的土壤中，它受到西方"集体无意识原型论"、"完形说"及"发生认识论"等学说的影响。其"积淀"一词的提出，主要是为思考理性的东西如何表现在感性中，社会的东西怎样表现在个体中，历史的东西怎样表现在心理中。"积淀"是指把社会的、感性的、历史的东西累积沉淀为一种个体的、感性的、直观的东西。这一思想为我们分析道家文化对中国人群体性格的影响提供了思路，我们可以借此分析道家文化是如何"积淀"、如何形成个体的心理性格特征的。就广义而言，积淀表示所有上述三者的建构过程，但我们主要分析其中的历史化为心理的建构过程。漫长历史"积淀"的结果为：人性——人类独有的文化心理结构，亦即从哲学讲的"心理本体"，它并非产生于中空之中，而是在人类漫长的历史中，以使用和制造工具为核心的社会生产过程中产生出来的成果，是在实践中，逐渐内化自然和社会的结果，是特有的文化心理结构（李泽厚，2002）。在进一步解释"积淀"说时，李泽厚认为，文化谓"积"，由环境、传统、教育而来，或强迫、或自愿、或自觉、或不自觉。这个文化堆积沉没在各个不同的先天（生理）和后天（环境、时空、条件）的个体身上，形成各个并不相同或迥然有异的"淀"。于是，"积淀"的文化心理结构既是人类的，又是文化的，从根本上说，它更是个体的。积淀这三层，最终也是最重要的仍然是个体这一层，它既是前两层的落实处，也是个体了悟人生、进行创造的基础和依据，是"我意识我活着"的见证（赵潇，2007）。之所以"积淀"最终仍是个体的，是因为历史"积淀"的内容最终只能负载于个体。之所以是文化的，因为历史"积淀"的内容即是如此。之所以是人类的，是因为"积淀"的结构为独特的文化心理结构，而非某一人独特的性格特征。

这种"积淀"而成的由血缘、心理、人道、人格形成了一个以实践（用）理性为特征的思想模式的有机整体，具有独立的巨大力量，并最终成为民族的一种无意识的集体原型现象，构成了一种民族性的文化—心理结构。通过教育或政府榜样推广等各种形式，该模式日益渗透在广大人众的生活、关系、习惯、风俗、行为方式和思维方式中，同时也展现为文学、艺术、思想、风习、意识形态、文化形象，成为此心灵结构的对应物，并型塑了人们对待人生的基本精神。就汉民族的文化—心理结构而言，表现为积极进取精神，服从理性的清醒态度，重实用轻思辨，重人事轻鬼神，关于协调群体，在人事日用中保持情欲的满足与平衡，避开反理性的炽热迷狂和愚盲服从……（李泽厚，2008）。如果说儒家的思想模式成为一种民族性的文化—心理结构，那么毫无疑问的是，老庄道家思想也是如此，它型塑了中国人直观二分的相对方相互联系、变化和发展并且和合的思维特征，为人追求本真的风貌，处多变之世而安之若命的自然之态度，不为外物所动的高贵品质，敢于超脱一己的勇气，待人不争先而讲究谦让的大度之风，在苦难的人世间何妨逍遥一把的精神境界。

具体而论，道家思想和文化到底是如何影响中国人人格形成的，也即道家思想文化对中国人是如何设计的？中国传统文化对人的构想与设计，集中体现在各家各派对理想人格的预设与追求中，而儒家文化在中国文化中具有举足轻重的作用。因此，就文化对中国人的设计而言，占据主要地位的还是儒家有关理想人格的建构。但除儒家外，道家对人也有自己独特的理想建构，这一点在本书已有论述。此处只就道家对中国人加以设计的一点独特性加以简论。

道家思想文化对人的设计，首先反映在对"个体人"的预设上（孙隆基，2004）。《老子》说："天地不仁……圣人不仁……"，"是以圣人抱一为天下式""天得一以清，地得一以宁，神得一以灵，谷得一以盈，万物得一以生,侯王得一以为天下贞;其致之,一也。"在老子看来,"道"即为"一"。这一思想反映在人生价值观与生活层面,则体现为贵己重生,慈待万物。其与儒家对中国人的预设相比,在个人自我与社会集体这个维度上,道家明显取前者,其十分重视人的自由、解放与超脱,有些许西方"个人主义"的意蕴,但又不尽然,个人主义与自私自利、背弃社会利益往往只有一步之遥,但老子道家思想显然反对个人欲望无限制地膨胀,反对人役于物,呼吁节制人欲。与西方"个人主义"中彰显自我相比,道家所预设的人是隐逸尘世中的,不轻易、不屑于抛头露面,总是内敛而自谦。

就道家文化对人格影响而言,无论是分而述之,还是分条作详尽的列举,都无法充分展现道家文化影响中国人人格特征形成的整体性与内在的逻辑过程。要合乎逻辑地展现影响的整体性,必须进而探讨在中国人人格特征的形成中道家文化起作用的各个层面,也即受道家文化影响所形成的人格特征的范畴都有哪些。有学者认为,文化对人的影响至少有三个层次:第一层次表现在对人们可观察的外在物品的影响上;第二层次表现在对人们的行为方式的影响上;第三层次表现在文化对人们的价值观、思维方式与潜在假设的影响上,它是文化影响的最高层次,决定着人们的知觉、思维过程、情感以及行为方式(汪凤炎,2003)。美国学者安东尼·华莱士(曹茂译,1998)对此也作了比较类似的论述,只是内容上更为详尽细致些。基于文化影响的视角,到底如何对人格特征加以分类,作者提出了许多分类的标准,如文化类型、民族、地区、相同年龄的群体、一种文明、文化区域、社会阶层、少数民族群体、宗教、部落等,抑或任何不限定的一个或几个相结合的可能的特性。这些分类大多数都是非文化的,尽管人格心理学产生了许多体系、概念。但在人类学家那里,可能最惯于使用的还是以下一些分析结构:精神、世界观、民族气质、价值、国民性、基本人格结构和众数人格结构。这各个不同的分析结构都是与文化体系的变异至为相关的,因此纳入了文化与人格的研究领域,并成为其最为重要的部分。实质上,这多个不同的分析结构,均反映了学者们认为文化对人格产生作用的重要领域或范畴。

进一步就文化对人格影响的具体途径而论,它是通过家庭、学校、社会等系列环节和途径实现,其中也有交互作用来影响人格的(马前锋、孔克勤，2007）。而吕锡琛则对道家影响民族性格的途径以及道家文化内化为民族性格的机制作了比较详尽的总结，认为道家影响民族性格的途径有八：封建统治者的倡导；家庭教育；历代史家的总结训诫；知名人物对道家经典的注解阐释；渗入各学派后转而向社会辐射；儒、道二教的传播；文艺作品的熏染；养生修炼之法的陶冶。也提出道家文化内化为民族性格的机制有以下四点：以事为诚；养生须修德；以身教化民；效法自然（吕锡琛，1999）。

（三）道家思想文化影响下中国人典型的心理行为特征

本部分我们试图通过对中国人人格特征的分析，并结合前面有关道家思想文化特征的论述，拟对道家文化影响下中国人独特的人格特征，也即道家人格，形成一个整体但模糊的印象。尽管我们假定认为，道家文化会对身处其中中国人的人格产生影响，形成独具特色的人格形态。但如果试图将传统道家文化与中国人的人格特征进行一一对应的函数比较，这在理论上是错误的。我们只能说某一人格特征明显受某一思想文化影响，但不能将其绝对化，因为文化间存在着极其复杂的交互影响。另外，就人作为一个整体的特性而论，这一计划也是错误的。但我们可以在上述这些共同的人格特征中，找出明显受到某种文化影响的人格特征。尽管这在理论和实际中也不一定就合理，但十分适合为后继实证研究提供借鉴和参考，并形成道家人格的模糊轮廓。

有关中国人的人格特征的描述研究有许多，一部分来自中西方学者对中国人民族性或国民性的感性看法，如林语堂等人对中国人民族性的认识。另一部分则主要来自心理学、社会学等学科对中国人人格特征的实证研究。如沙莲香对中国人民族性的研究，现代学者王登峰等人对中国人人格的研究。本部分拟选取一些能收集到的、有代表性的有关中国人民族性或中国人人格特征的论说，这些著作或论文分列如下：

费孝通．乡土中国生育制度．北京大学出版社，1998
沙莲香．中国民族性（一）．中国人民大学出版社，1990
吕锡琛．道家与民族性格．湖南大学出版社，1996
王登峰．解读中国人的人格．社会科学文献出版社，2005

李亦园，杨国枢．中国人的性格．中国台湾：桂冠图书股份有限公司，1991

杨国枢主编．中国人的心理．江苏教育出版社，2007

燕国材．中国传统文化与中国人的性格．载杨国枢、余安邦编著，中国人的心理与行为：理念及方法篇．中国台湾：桂冠图书股份有限公司，1993

杨波．中国人的人格结构．人民出版社，1999

［英］罗素．罗素论中西文化．杨发庭等译，北京出版社，2010

［美］亚瑟·亨·史密斯，中国人的性格，周宁译，学苑出版社，1998

［美］明恩溥，中国人的素质，林欣译，京华出版社，2002

林语堂，吾国与吾民，陕西师范大学出版社，2006

林语堂，闲说中国人，北方文艺出版社，2006

［日］桑原隲藏，东洋史说苑，载中国人三书，北方文艺出版社，2006

辜鸿铭，中国人的精神，载中国人三书，北方文艺出版社，2006

鲁迅先生无情地揭露了国民的许多劣根性，如折衷、调和、自私、卑怯、无是非观、阿Q式的精神胜利法等。林语堂在《中国人》一书中将民族特征概括为：稳健、单纯、酷爱自然、忍耐、消极避世、超脱老滑、多产、勤劳、节俭、热爱家庭生活、和平主义、知足常乐、幽默滑稽、因循守旧和耽于声色。梁漱溟在《东西方文化及其哲学》一书中，认为中国人讲究尊卑上下、具有玄学精神、谋私德、容让并安分知足。而在《中国文化要义》一书中，则将中国国民性总结为十点：自私自利、勤俭、爱讲礼貌、和平文弱、知足自得、守旧、马虎（模糊）、坚忍及残忍、韧性与弹性、圆熟老到。庄泽宣在《民族性与教育》一书中，将中国人的民族性总概为：讲迷信、好利、保守、持中、冷淡、和平文弱、勤劳、搏节、委婉、放达、忍耐、实际、缺乏社会意识、宗教信仰与科学发明。

英国学者罗素认为中国国民性具有以下几个特点：善笑、享乐与贪婪、面子、调和顺从民意、忍耐力、诚实、缺乏同情心、怯懦、骚动和平和。史密斯在《中国人的性格》一书中，其将中国人的性格总结为：保全面子、节俭持家、勤劳刻苦、讲究礼貌、漠视时间与精确、易于误解、拐弯抹角、顺而不从、思维含混、不紧不慢、轻视外族、缺乏公心、因循守旧、随遇而安、顽强生存、能忍且韧、知足常乐、孝悌为先、仁爱之心、缺乏同情、社会风波、株连守法、相互猜疑、缺乏诚信、多元信仰。日本学者桑原陷藏在《东洋史说苑》一书中认为中国人：热爱和平、崇尚祖先、忍让妥协、敏感多疑。辜鸿铭在《中国人的精神》一书中，也对有别于其他人的、潜伏在中国人身上的心灵、性情和情绪进行了阐述。

费孝通认为中国人讲人伦、重私德、重家、搞小圈子、团体道德缺乏、喜搞自我主义。文崇一对中国人的性格特征作了如下总结：权威性格、顺从性格、勤俭性格、保守、谦让。钱穆认为中国人重和合、守旧、偏内向、集团性。孙隆基不但提到了中国人的重"和合性"，还指出中国人缺乏自制、口腔化倾向、母胎化和自私的人情。

沙莲香在实证研究的基础上，得出了中国人民族性性格的频数序列，其依次是：勤俭耐劳、安贫乐道；自私自利，虚伪嫉妒；家族至上，权威主义；仁爱慈悲，反躬修己；笼统无知；中庸谦恭、圆熟含蓄；聪慧灵巧，自强不息；至大至刚、和平宽厚。在对中国人的民族性格加以分析总结后，吕锡琛认为中华民族的民族性格主要有以下几个特征：整体直观、重德求善、自强不息、柔弱克己、贵和守中、朴实节俭、随遇而安。

王登峰在词汇假设基础上，通过因素分析的方法，得到了中国人的"大七"人格结构。这七个维度及其各自的子因素分别为：精明干练—愚钝懦弱（精明果敢—退缩平庸、机敏得体—羞怯保守、优雅多才—肤浅愚钝）、严谨自制—放纵任性（坚韧自制—浮躁任性、严谨自重—放纵狡猾、沉稳严肃—活跃放松）、淡泊诚信—功利虚荣（淡泊客观—贪心虚荣、诚信公正—功利虚假）、温顺随和—暴躁倔强（温和宽厚—好斗计较、含蓄严谨—直率急躁）、外向活跃—内向沉静（活跃随和—安静拘束、开朗热情—拘谨多虑、主动亲和—被动孤僻）、善良友好—薄情冷淡、热情豪爽—退缩自私。

宋维真、张妙清等（1993）运用合理建构、实践标准及因素分析等方法，按先确定正常及病态个性量表的框架，然后再确定题项的方法，编制了中国人个性测量表（CPAI）。其主要因素与子因素分列如下：可靠性

（责任感、务实性、宽容—刻薄、乐观—悲观、老实—圆滑、亲情、严谨性、外—内控制点、面子、情绪性及自卑—自信）、人际关系取向（和谐性、人情、节俭—奢侈、灵活性和现代性）、领导性（冒险性和内—外向）和独立性（自我—社会取向、阿Q精神和理智—情感）。后又增加了开放性此一维度，包括六个分量表，分别是新颖性、多样性、多元思考、艺术感、容人度、人际触觉。

杨波在其《古代中国人人格结构的因素探析》一文中，以《史记》及其中的人物为研究对象，借由因素分析的方法，得到了古代中国人人格结构的四因素模型，其各个因素以及其子因素分别如下：仁（义、善良、好礼、刻薄少恩、好利、骄横、严酷、倨、贪、仁、诚、宽容、可信、有德行、暴戾、怀瑾握瑜、妒、廉、温良、多欲、寡廉鲜耻、侈、平易近人、刚愎自用、无私、轻财重义、忠、谦让、狂妄、敦厚、乐善好施、狡猾、奸邪、矜夸、贤良、多诈、守信、专断、擅权变、恭谨、节俭、舞文弄法、豁达、孝、善佞、易怒、谄、贤明、宽缓阔达、好蓄藏、纵淫、吝啬、圣、好客喜士、深谋远虑）、智（沉稳、戆、智巧、轻虑、不细谨、浅见寡闻、精明、知人、粗鲁、愚、敏、文武兼备、狂简、自抑、躁、希世度务、谨、无能、善辩、忍、从容、滑稽多智）、勇（刚毅、刚强、有气敢任、果断、威严、怯懦、好战、腐儒、志念深、侠）、隐（超然避世、笃学、博闻强志、忧愁、儒雅、倔强、端直、清静无为）。

不管是用实证的因素分析，还是人物传记法，抑或是感性分析的方法，也不管是对中国人的人格结构有着明确的建构与界定，还是粗略地给出大体的轮廓，上述各位学者对中国人人格特征有着某些大致相同的看法：中国人爱面子、讲人情、注重道德、节俭勤奋、追求自身内外环境的"和合性"、顺从权威、直观不喜精确、自强坚韧、守旧、恭谦、知足平和、含蓄内敛。这些共同的人格特征中，有些是属于世界观、价值观层面的，有些是属于认知思维层面的，有些属于生活态度层面的，有些属于为人处世层面的，有些属于意志层面的，有些属于情绪情感范畴，还有些人格特征未属于任何层面，而是凌驾于各个层面之上，成为中国人最核心的人格特征，譬如，追求和合性，喜中厌端，讲辩证之法。

在上述这些共同的人格特征中，有许多很明显受到了儒家文化的影响，如爱面子、讲人情、重道德、讲中庸之法、顺从权威、守旧等。而有些则明显是受到了道家文化的影响，如辩证不极端、追求和合之境、谦退、节俭、坚韧、知足、平和、敛藏。如杨波研究中的第四个因素"隐"。另外还有些受到墨、法和西方基督教等文化的影响，譬如在封闭的古代中国，就难看到某些明显带有西方文化特色的人格维度。

总之，道家以"道"为核心的思想文化体系对中国人之行为、思想、价值观、人生观等各个方面都产生了深远的影响，并进而塑造了中国人人格的方方面面，影响了全体中国人人格特征的形成。中国人心理行为层面的许多典型的特征，如辩证不极端、追求和合之境、谦退、节俭、坚韧、知足、平和、敛藏等，无一不深受道家思想文化的影响，也无一不是道家思想对中国人的"预设"和塑造。

二 人格心理学视域中的道家人格

（一）人格与道家人格

谈道家人格就不能不谈人格，人格是道家人格研究的前提与基础。从人格心理学的研究视域出发，人格所具有的一切，道家人格也无不具有。反思人格的概念、特征及其与文化的关系，能对如何界定道家人格提供启发和帮助。关于人格，心理学、哲学伦理学、法律、文学等不同学科领域内的各个学者，往往都有着自己的看法和理解。就不同领域研究者对人格的理解而论，他们对人格含义和范畴的理解往往是异多于同。而就同一领域的不同学者而言，对人格的理解则是同多于异。以往研究者对到底何为人格这一问题的回答，大多或者分领域来加以论述，或者按中西方标准来加以划分，然后分而述之，或者从人格的源流入手，由对西方有关人格的界说再论及中国。当然，也有学者综合上述取径来探讨人格。

既然本研究必对人格加以探讨，而以往对人格加以探讨的取径又各不相同，对人格的论述也各有差异，那么，本研究又该作何取舍呢？第一，本研究是从人格心理学的视角来探究道家人格，将道家人格严格限定于人格心理学研究领域，而且与其他领域有关人格的定义相比，心理学领域内有关人格的界定极具操作性和简洁性。因其源自西方心理学的哲学传统，也使得遵循这一传统的人格心理学研究成果极具中西互比性。第二，由反思儒家理想人格研究的结果可知，从文化与人格交互（特别是文化影响人格）的视角出发，对理解道家人格极为合理可行。综合上述两点，我们可以大致认为，理解道家人格的出发点是文化与人格（或道家文化与人格），而其落脚点则是心理学（特别是人格心理学）领域中的人格。前者为我们从源流上理解道家人格的含义提供深度的说明，可以认为它们回答了道家人格"为什么"的问题。而后者则为我们对道家人格进行实证研究提供了便利，可以认为它们回答了道家人格"是什么"的问题。至于"怎么样"的问题，则是应用部分要加以回答的。结合上面的分析，研究拟只对心理学领域中的人格概念以及文化视角下的人格论说加以探讨，以为理解并界定道家人格提供借鉴和启发。

中国传统文化中有"格"、"品格"等词，却无"人格"一词。"人格"是由西方传入日本，然后再由日本传入中国的。在西方，"人格"一词源自"persona"，其原意是指"面具"。中世纪以后又派生出与人格相关的词"personalitas"（余潇枫，1998）。由中西最新版的权威词典对人格的定义来看，中西有关人格的理解存在着较大的差异。前者强调人格的伦理道德层面，其所形成的人格，实质上是一种以道德品质为核心的道德人格或道德理想人格；而后者则强调人格的独特性、角色性、表演性，是一种自我展示的表演性角色人格。后受苏联的影响，中国心理学界引入"个性"一词，"在中国心理学界运用这两个概念时有些混乱。其实这两个词汇的含义是一致的"（高玉祥，1998）。

上面就人格的中西渊源略作了说明，下面拟将人格心理学领域中有关人格的界说作一列举，然后再作出简要的分析。选取的标准有三：第一，必须是成形的心理学著作，著作比较权威，有一定的影响力。第二，必须对有关人格是什么给出正面直接的回答，而不是仅限于梳理分析他人的观点。第三，所提出的有关人格的定义有一定的代表性，重复的定义将不予列举。大致按著作出版的时间先后顺序，兹将各定义列举如下：

奥尔波特（1937）认为：人格是一个人内在心理生理系统的动态组织，它决定了此人对其环境的独特适应。

奥尔波特（1961）认为：人格是一个人内在心理生理系统的动态组织，它决定了此人所特有的思想和行为。（摘自黄坚厚著，人格心理

学，中国台北：桂冠图书出版社，1999，8，9）

人格是一种惯常行为。（赫根汉著，冯增俊、何瑾译，人格心理学，作家出版社＆海南人民出版社，1988，4）

中国台湾学者杨国枢认为：人格是个体与其环境交互作用的过程中所形成的一种独特的身心组织，而此一变动缓慢的组织使个体适应环境时，在需要、动机、兴趣、态度、价值观念、气质、性向、外形及生理等诸方面，各有其不同于其他个体之处。（摘自陈仲庚，张雨新编著，人格心理学，辽宁人民出版社，1988，48）

"个性"概念的内涵非常广阔丰富，它是人的心理倾向，心理过程的特点，个性心理特征，以及心理状态等多层次的有机综合的心理结构。（高玉祥，个性心理学，北京师范大学出版社，1989，10）

人格是认知、情感和行为的复杂组织，它赋予个人生活的倾向和模式（一致性）。像身体一样，人格包含结构和过程，并且反映着天性（基因）和教养（经验）。另外，人格包含过去的影响及对现在和未来的建构，过去的影响中包含对过去的记忆。（L. A. Pervin 著，周榕、陈红等译，人格科学，华东师范大学出版社，2001，467）

人格是由个体内在且稳定持久的特征构成的体系，它促成行为的一致性。

Personality can be defined as the system of enduring, inner characteristics of individuals that contributes to consistency in their behavior. （Valerian J. Derlega, Barbara A. Winstead, and Warren H. Jones. *Personality*: *contemporary theory and research* (2nd) . Wadsworth Group/Thomson Learning, 1999, 4—6）

人格是个体在遗传素质的基础上，通过与后天环境的相互作用而形成的相对稳定的和独特的心理行为模式。（郑雪主编，人格心理学，暨南大学出版社，2001，6）

人格是个体内有组织并且相对稳定持久的心理特质和机制的集合，它影响到个体与环境（包括内在的心理环境、身体环境及社会环境）的互动以及个体对环境的适应。

Personality is the set of psychological traits and mechanisms within the individual that are organized and relatively enduring and that influence his or her interactions with, and adaptations to, the environment (including the intrapsychic, physical, and social environments）. （Randy J. Larsen, David M. Buss. *Personality psychology*: *domains of knowledge about human nature* (1st). McGraw-Hill Higher Education: 2002, 4）

人格是个体在行为上的内部倾向，它表现为个体适应环境时在能力、情绪、需要、动机、兴趣、态度、价值观、气质、性格和体质等方面的整合，是具有动力一致性和连续性的自我，是个体在社会化过程中形成的给人以特色的心身组织。（黄希庭，人格心理学，浙江教育出版社，2002，8）

稳定的行为方式和发生在个体身上的人际过程。

Personality can be defined as consistent behavior patterns and intrap-ersonal processes originating within the individual. （Burger, J. M. 著，陈会昌等译，人格心理学（第六版），中国轻工业出版社，2004，3）

人格是个人在各种交互作用过程中形成的内在动力组织和相应行为模式的统一体。（郭永玉，人格心理学，中国社会科学出版社，2005，5）

列举并不是为了比较优劣，而是试图通过分析学者们对人格的思考，以获得大家对人格的共同考量，并为理解道家人格提供有益的借鉴与启发。对上述定义加以分析后，能够得到以下几点启示：第一，人格外化于稳定持久并且一贯化的行为模式或方式。第二，有与外部一致性行为相对应的内在心理结构。第三，外部行为与内在心理结构是一个有机的统一体，这一统一体表现为个体差异性。第四，人格既形成于个体与环境的各种交互作用之中，其影响也寓于此种交互作用之中。此处的个体主要是指个体的先天或生物性因素，而环境是就广义而言的，主要是指社会环境。第五，无论人格由什么构成，也无论人格的构成最终形成怎样的结构，人格都是一个统一的整体。另外，由对个体差异性的强调来看，西方学者最为重视，其次是中国台湾学者，最后是中国大陆学者。而与之相反，由对社会影响过程的重视程度来看，则是中国大陆学者居前，中国台湾与西方学者居次。最后，人格的差异性大体呈现在需要、动机、兴趣、态度、价值观念、气质、性格、体质及生理、能力、情绪等方面。

基于文化视野下的道家人格，其落脚点是心理学中的人格概念，该点已在前面有所论及。另外，我们是将道家人格的研究置于心理学（尤其是人格心理学）领域中加以研究的。基于上述两点理由，我们可以认为道家人格与人格具有相同的内涵，人格所具有的特征和内容，道家人格也应一并具有。于是我们结合上述对人格概念的分析，反推得到如何理解道家人格的几点启示：第一，应视道家人格为一统一的整体。第二，道家人格形成于人与环境的各种交互作用，尤其是与文化的交互作用之中。第三，道家人格是一个"形诸于外，蕴蓄于内"的统一体。具体而言，是指道家人格在外部行为方式或模式与内在心理结构是一个有机的统一体，而这一统一体却有着与众不同之点。最后，道家人格的个体特异性也应会体现在需要、动机、兴趣、态度、价值观、气质、性格等多个方面，同时也必须将道家人格的形成置于人与环境的各种交互作用之中。但本书仅侧重文化对人格形成的影响，也即就道家思想文化影响下中国人独特且典型的心理行为特征进行研究。这一方面是因为个体的先天性与后天的社会文化环境的交互作用极为复杂，就算穷尽所有的交互作用，也无法对道家人格是什么提供整体的轮廓，终究还是会面临一些致命的问题，譬如，影响道家人格形成的最重要的因素是什么？道家人格研究的理论视角或出发点是什么？另一方面，就文化与人格的交互作用而论，那些论及人的心理行为特征对文化的影响的内容，一般属于文化学而非人格心理学的研究范畴。最后，也是至为重要的，道家人格中的"道家"是指"道家"这一思想文化流派，以"道"为核心的道家思想文化。

（二）"道"、道家、道家文化

道家思想文化的核心——"道"及其特征。

按《新华字典》和《辞源》，"道"有三义：一为道路之义，二为法则和规律，三为本体意义上的世界本源。就"道"的起源而言，许地山先生（1999）认为：道的原本意义只是道路，是人所行的道路。到春秋以后，"道"才附上玄学的意味，因而产生许多解释。因此，规律性的"道"以及老子本体论意义上的"道"，是后来衍生发展出来的。最初"道"仅指宇宙依以运行的轨则，凡宇宙间一切的现象都是道的示现。现象的道是从创造以至化灭的历程，用现在通用的术语便是时间与空间，但在古道家的名词里便叫做"造化"，造化也就是道的异名。道的威力非常大，万物如果顺应它便是有造化。也即是说万物生灭的程序不乱，各依着应历的途程，该生的时候生，该灭的时候灭，彼此该发生关系的时候发生关系，该互相拒绝的时候互相拒绝。天灾人祸便是没造化。不当病而病，不应老而老，不该死而死，便是没造化，便是无道。顺应是很要紧的。所以说："天地以顺动，故日月不过，而四时不忒。圣人以顺动，则刑罚清而民服"（《周易》第十六卦豫·象）。无论道儒，都把这"道"看为得之则生、失之则死的至宝，自然与人间一切的活动都离不了它。

道家的核心思想是"道"，"道"是道家这一思想文化体系的最高范畴。老子认为，道是先天地万物而生的宇宙本原。陈鼓应先生（2007）认为，《老子》一书中的道有着不同的义涵，如形而上的实存者，规律性的"道"以及一种人生准则、指标或典范。尽管义涵各不相同，却可以贯通起来，形成一个由宇宙论到人生论的有机整体。

老子认为"道"是真实存在的东西："有物混成，先天地生。寂兮寥兮！独立而不改，周行而不殆，可以为天下母。吾不知其名，字之曰'道'，强为之名曰大。"（《老子》二十五章）形上之道，作用于万物时，往往表现为某种规律，这种规律集中体现在老子所说的"反者道之动"（四十章）。一方面，事物的未来的发展趋势于暗含于事物中未显现出来的相对方的促动，表现为"祸，福之所倚；福，祸之所伏"（五十八章）。另一方面，事物在不断前进中，也不断作复归的运动，老子讲："夫物芸芸，各归其根。归根曰静，静曰复命"（十六章），强为"道"名曰"大"，但"大曰逝，逝曰远，远曰反"（二十五章）。万物生于"道"，但仍复归于"道"，作循环往复的运动。当"道"落实于现实层面时，其表现为人类行为的准则和法则。因此"道"之特性，如自然无为，致虚守静，生而不有，为而不恃，长而不宰，柔弱，不争，居下，取后，慈，俭，朴等，无一不是人类行为的准则。表现在人类心理行为层面，具有此类行为特征之人，即是老子所言的"圣人"，他们"持道而行"，顺天而为，无为而终无不为。

总的看来，道家的"道"具有如下几个方面的特征：（1）"道"是天地万物的本源。（2）"道"自然无为而无不为。（3）"道"无形而实存。（4）"道"具有普遍性，无所不在，无时不在。关于"道"之特征，我们用图 3 表示为：

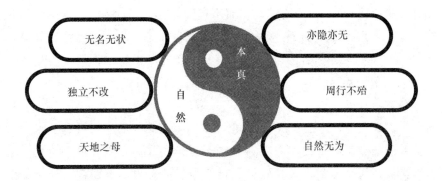

图 3　老子"道"的特征

　　"道"无名无状，却是实体存在物，并不是虚无。"道"为天地之母，乃"玄牝之门"，它"独立而不改"，生万物，万物合道抱德，却不依万物之生灭为转移，万物灭，道仍存。"道""周行而不殆"，循环往复运动不止。"亦隐亦无"，其作用含藏于事物之"反"和"返"之动中。它是"自然"的，所以也是"无为"的，因此无强求的意志和"强作妄为"之举。正因为是"无为"的，所以是"无不为"的，它遵循了万事万物本身的规律，也即"道"。如果我们强用动态图来表示老子所言道的创生与复归的整个过程，可以表示为以下过程（见图 4）：

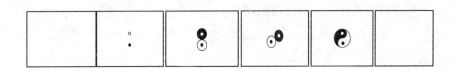

图 4　老子"道"的诞生及变

　　"道"之为物，首先表现为哲学本体意义上的"无"、"有"，也即"道生一"，"一而二"，表明事物的相对方出现。"二生三"指相对方的相互运动，相对方的相互运动和相互转化，即是"三生万物"，"天地动而生万物"，其中以人为最贵。万物含"德"抱"道"，秉持"道"的特性而作循环归复的运动，最终"复归于无"、"复归于道"、"复归于朴"，这样就完成了"道"之本体意义的整个循环过程。"道"在降生万物、体现自身的特征时，"为而不恃，长而不宰"，"有功而弗居"，表现为"自然本真"之态。而"自然本真"实为"道"之最根本的特性。"自然"与"本真"同义，前者为老子所推崇，后者为庄子所倡，两者均是指一种"天然未经雕琢状"，也即是老子所言的"朴"。

在老子看来，自然是人、地、天、道的最高法则。老子讲"人法地，地法天，天法道，道法自然"，它也是统治者与百姓、人与外物、人与自己关系的准则。可以说"自然"是老子哲学的最高原则或中心价值。但自然究竟为何意呢？其实自然就是自然而然的意思，也即自己如此的意思，也即是"自"（自己）加"然"（如此）。老子讲"莫之命而常自然"（五十一章），也即是说自然是不需外在恩赐或控制的，它暗示事物动因的内在性。凡是由内在原因或动力而发生的事物，就是自然的，反之就是不自然的。但如果有外力的作用又该如何呢？也即内部动力和外部作用力的关系问题。老子讲"百姓谓我自然"（十七章），也即是说，尽管有外界统治者的统治作用，但百姓并没有感觉到其作用和影响，也并不认为自己的生活受到了外界统治力量的强的干扰。在这样的力量的间接作用下，我们仍可以认识，事物发展是自然的，其性是本真的。而就人际关系而言，无论是别人对自己的影响，还是自己对别人的帮助和劝告，越是尊重对方的内在动因、越是考虑自愿的原则，就越符合自然的价值标准，而勉强自己接受或强制别人接受都是不自然的。自然意味着运动是平稳有序的，是慢慢而然的，也是可以预见的。老子讲"辅万物之自然而不敢为"（《六十四章》），也即是认为要辅助万物的自然变化，也就是平缓的发展或演化，既不发生突然的变化，也没有突然的中断。由此可以推导而出，无论是就自然的本质，还是就自然的运动而言，其过程与状态，无论是运动的还是静止的，都是和谐的。就静止而言，自然意味着本来如此；就运动而言，自然意味着平缓而不是剧烈地冲突和跳跃。

对道家人格的研究主要是基于道家及其思想文化，而非道教。为避免混淆与误解之嫌，拟从宏观上对此两者加以框定，并从源流对此二者间的关系及各自的发展与传承略加论述。

道家是指先秦诸子百家中的一家，其名得自司马迁的《史记》，而后泛指以"道"为核心的思想体系，其与儒、法、墨等家相对，是中国古代重要的哲学、思想流派之一（中国道教协会、苏州道教协会，1994）。

其作为一个学派，是由春秋时期的思想家老子所创立的。道家的派别很多，主要有养生派、主玄派、逍遥派等六大派（胡孚琛，1995）。另根据传统的看法，还可将道家大致分为老庄道家、黄老道家与玄学道家。

有关道家的基本特征，以《史记·太史公自序》及《汉书·艺文志》中的总结最为人所称道。前者司马迁说：“道家无为，又曰无不为，其实易行，其辞难知。其术以虚无为本，以因循为用。”（《史记·太史公自序》第七十）后者则说道家：“秉要执本、清虚以自守，卑弱以自持”。总的看来，道家具有如下几个最基本特征：（1）以“道”为其思想核心和最高范畴。（2）在天道自然无为、人道顺其自然的天人关系架构中展开自身的思想体系。（3）具有独任清虚、超迈脱俗、绝礼去仁、追求返璞归真的独特的精神气质。（4）以幽深微妙的言语、隐逸之士的心态关怀世情（刘增惠，2000）。

道教是产生于中国的传统宗教，是把古代的神仙思想、道家学说、鬼神祭祀以及占卜、谶纬、符箓、禁咒等巫术综合起来的产物（钟肇鹏，2001）。它形成于东汉，其早期的主要来源有如下几个方面：古代宗教与民间巫术；秦汉以前的神仙传说与方士方术；先秦老庄哲学和秦汉道家学说；古代医学与体育卫生知识（任继愈，1990）。道教以修道成仙思想为核心，其最高信仰是“道”，尊老子为教主，并以老子《道德经》为主要经典。按不同标准道教可进一步细分许多不同的教派，其中最具影响力的教派包括：太平道、五斗米道、天师道、全真道等。道教非常讲究修炼之法，尤以炼丹为最，其对中国古代科学事业、尤其是生理卫生及化学炼制产生了深远的影响。道教丰富的文化内涵也影响到了中华文明的方方面面，如文学、建筑、绘画、风俗及武术等。

就崇“道”而言，道家与道教无甚差别，并且二者都讲究自然无为的行为方式。从思想渊源来看，道教除了后来掺和了些佛教思想与仪式以外，几乎全是出于道家理论（许地山，1999）。尽管如此，两者究其本质而言仍具有极大的区别。我们暂且不论道家理论仅只是道教主要的一部分，单就两者产生的时间及各自的代表人物而言也各不相同。另外，从严格意义上来讲，道家仅仅是一种思想文化流派，而道教则是一个宗教团体，两者在文化形态上具有完全不同的性质。前者道家处于哲学的层面，具有指导的性质，而后者道教承载并将前者发扬光大，两者在历史的整个进展中，休戚与共、相互促进，形成一种交错交融的局面，尽管在历史的某个时期会出现道教兴盛而道家无甚发展的境况。除此之外，二者在某些具体观点上也存在一定的差异，如心性论、生死观等。

道家文化是我国传统文化中的重要支柱。李约瑟博士（1990）也说：中国人的特性中，很多最引人的地方，都是来自道家传统，中国如果没有道家，就像大树没有根一样。这从历史的角度肯定了道家文化的重要价值。谈道家文化，我们不得不先对文化是什么作出解释。

在对历史上各种文化定义进行了归纳并加以分析后，殷海光先生评价到：显然得很，在那些定义中，任何一个定义只说到文化的一个或若干个层面或要点。这也就是说，在那些定义中，没有任何一个足以一举无遗地将文化的实有内容囊括而尽。之所以如此，原因之一，是文化实有的内容太复杂了，复杂到非目前的语言技术所能表达提挈出来（殷海光，1988）。结合对文化的各种定义的分析，他又推论认为：文化及文化价值具有相对性；文化包括层进中的各层；文化并非一成不变的，而是在变动之中；价值观念是文化构成的必要条件。这一推论既包括了文化的共同内容，又总结了文化所具有的共同特征。

结合上述分析，我们可以将道家文化理解为以"道"的思想为核心的文化整体。其承载于氏族时期的远古宗教思想，以"道"为哲理性的最高思维范畴，认为道是万物之根源，"道"是不断流转的，它秉持天人合一的自然主义传统，不争、谦退的处世之道，无为而治的政治理念，天道无亲、慈而重生的人生价值观，节俭的生活态度，以追求一种虚而静的精神自由之境。道家的这一思想渗透并融于政治、经济、宗教、哲学、科学、文学、艺术和民俗等多个方面之中，形成了以"道"为核心的道家传统文化。

道家提出了"无为而治"的政治理念，这对中国政治思想的发展产生了长远的影响。就历史而言，兵荒马乱之后的每一新朝代的统治者们，往往都采纳老子这一政治思想，与民休养生息。而最为直接的影响是汉初采"黄老"之学了其政治指导思想，汉初统治者选择黄之学中的主旨思想——文武兼备、刑德并用、清静无为、与民休息——为主要的政治指导思想，使道家政治思想成为治理国家的主导思想，取得了汉初至武帝朝的盛世局面。

　　道家对中国科技发展产生了极大的影响。道教中许多方士精于炼丹制药，他们是中国化学制药的开拓者，其炼丹制药术也成为中国化学史的源头。道家追求个性解放、精神自由的思想，也为古时人们摆脱儒家伦理的束缚提供了契机，保有了人本真的好奇与探索欲，激发了人的创造性。可以这么说，中国古代的化学、矿物学、生物学、医药学全都发源于道家（余明光、谭建辉，1997）。

　　在文学艺术上，道家表现了对自然美的景仰与向往，其崇尚自然的审美观对中国传统文学艺术创作注入了新的活力，留下了许多不朽的作品。浪漫主义诗歌、超凡脱俗的绘画作品、狂放的音乐流传至今。在思想文化方面，道家为中国哲学建构了作为主体部分的宇宙论和人生哲学。庄子所提出的一系列观点对后代哲学产生了无可比拟的影响。

　　更为重要的是，道家文化中的许多内涵已经融入普通中国人的血液里，成为中国人的一种普遍性格和深层次的心理结构。如道家倡导的"贵柔"、"守雌"、"知足"，成为中国人最为典型的人格特征之一。老子所讲的"不敢为天下先"也为兵家所用，而成为重要的战略战术思想，普通老百姓在因应处世时，也秉承着谦退而进的思想。这些都成为中国文化心理重要组成部分。关于此点，将在随后详加论述。

（三）道家人性论

　　在中西方各家各派有关人格的论述中，对人性的看法都有着十分重要的地位。从人格理论发生、发展的逻辑的来看，对人的本质的看法与所形成的人格理论的性质，往往有着千丝万缕的联系，它们间相互作用并相互制约，成为"人格理论发展史上一条极其重要的规律"（李红，1993）。另外，对人性的看法也是中西人格心理思想"最基本的出发点和立论依据"（刘同辉，2004）。有鉴于此，对道家人格是什么进行进一步的探讨，合乎逻辑的前提是，首先必须得阐明道家有关人、人性的看法以及关于人性能够达到的极限——道家理想人格的阐释。

　　其实，在《老子》一书中并未见有关"性"或"人性"之说，但其思想中包含了许多对人及人性独到的见解，有学者主张道家人性论为"人性自然说"（刘泽华，1992），认为"道家人性论不过是其道论的自然延伸，甚至毋宁说其人性论就是其道论的具体化，以及有机组成部分"

（罗安宪，2007）。有人主张"无善无恶论"或"性超善恶论"（张岱年，1994），另有学者则认为是"性善论"（张金岭，2002）。对上述三种主张详加分析就会知道，"人性自然说"与后二者并不属于一个范畴，后二者均可划归为先秦诸子百家在讲述人性时所预置的善恶的伦理范畴体系中。本研究并不拟对上述人性论之争进行是非对错的分析与探究，尽管各个学者对道家人性论所持观点各异，但从道家人性论的内容来看，还是具有极大相似之处。各位学者大体上都认同道家人性论的本质是"返璞归真"、"去伪存真"、"归根复命"、"体道返性"、"复归于朴"、"反真去伪"。总结起来，道家人性论的内容主要包括：道—德—性、自然本真及人性的追求三个方面，三者共同形成了一个有层次的有机整体。道—德—性体现的是道家思考人性以及建构其人性论的逻辑过程和思考路径，自然本真之"真"与虚伪矫饰之"伪"的相对两极成为道家人性论的本质和核心内容。而人性的追求，也即道家理想人格，则系道家为其建构的人性论所设定的可能企及的最高极限。在老庄经典著作所刻画的典型"得道者"身上，往往承载并体现了这些理想人格的典型特征，它是仁人志士、普通大众矢志不移追求的目标，其内容往往为心理行为层面的一些具体的人格心理特征。

道—德—性

在老子看来，万物皆由道所生，道为万物的根、本源或本体。"道生一，一生二，二生三，三生万物"（《老子》四十二章）。老子又讲："道生之，德畜之，物形之，势成之。是以万物莫不尊道而贵德。道之尊，德之贵，夫莫之命而常自然。故道生之，德畜之；长之育之，亭之毒之，养之覆之。生而不有，为而不恃，长而不宰，是谓玄德。"（五十一章）德成于"道"，就"道"而言，得"道"而有德，而就物而言，得"道"则言性。因此，道—德—性是一以贯之的，在形上为"道"，在形诸于物时则为"德"、为"性"。由"道"而"德"而"性"，就是由一般而具体。"性"不是别的，正是"道"在具体物上的现实显现。由此，"性"亦可谓之曰"道性"。那么"道性"又如何呢？"人法地，地法天，天法道，道法自然"（二十五章），"致虚极，守静笃"（十六章），"常德不离，复归于婴儿。……常德乃足，复归于朴"（二十八章），"含德之厚，比于赤子"（五十五章）。由是观之，"道"之性即为自然，"致虚"、"守静"即合乎自然之道，自然即为万物之"根"。这样一来，"道"之性最终也就落脚到人之性上，人性也即道性，而人性的根本要义就在于复静、返璞、归于自然而得"道"。

庄子所谓性，与德实无本质之别，但细究起来，也有所不同。"通于天者，道也；顺于地者，德也"、"物得以生，谓之德；未形者有分，且然无间，谓之命；留动而生物，物成生理，谓之形；形体保神，各有仪则，谓之性"。① 而《庚桑楚篇》中也讲到："道者，德之钦也；生者，德之光也；性者，生之质也。"可见，庄子也认为道、德、性是一体而几分的。只是在他看来，人性会因人为而失真，"性之动，谓之为；为之伪，谓之失"（《庚桑楚篇》）。为保真则需保持天然之道，就得防范"无以人灭天，无以故灭命，无以得殉名"（《秋水篇》），"谨守而不失"才能"反其真"（《天地篇》）。

总的看来，道家老庄由对自然宇宙运行规律的观照出发，最终将"道"落脚到人身上，道—德—性几位一体的"自然本真"之性，在由"道"下降及"人"之性的过程中，成为一个一以贯之的有机系统。

"真"与"伪"

在《老子》一书中，"真"字出现了三次，分别是在第二十一章："道之为物，……其精甚真"；四十一章："质真若渝"；五十四章："修之身，其德乃真"。三个"真"字分别包含了"物之实在为真，质之纯朴为真"（陈静，1998）二层不同的含义。老子常以"婴儿"来比喻性之"纯朴"。老子讲："知其雄，守其雌，为天下谿。为天下谿，常德不离，复归于婴儿"（二十八章）。以"婴儿"喻"真"，即包含有纯净、纯真、纯洁之意，又表明了人之性的先天生物性。究其本质而言，真即为"自然"，而伪则与其相对。有学者认为："道家标榜的'自然'比较接近古希腊的 Physis（自然、生长）之意，其包含了'自然而然'、'本性使然'和'自然界的'几层含义"（郑开，2007）。就此意义而论，道家的"自然"之性似乎略接近于"生之所以然者谓之性"（《荀子·正名》）、"食色性也"（《孟子·告子上》），也即接近于人进化遗传方面的生物性。但

---

① 文中所有有关《庄子》的章句均引自（清）郭庆藩撰，王孝鱼点校：《庄子集释》（新编诸子集成）。中华书局 1961 年版。

尽管接近"生之自然之质"(《春秋繁露·深察名号》),但不等同于生之性。老子就明确反对纵生物之欲:"五色令人目盲;五音令人耳聋;五味令人口爽;驰骋畋猎,令人心发狂;难得之货,令人行妨"(十二章)。老子呼吁人们要节制自己的欲望,"化而欲作,吾将镇之以无名之朴。无名之朴,夫将不欲。不欲以静,天下将自正。"(三十七章),并要"见素抱朴,少私寡欲"(十九章)。

另外,道家所言之"自然"也具有某种"非社会性"的意味,或者说"自然"剔除了社会性,或者说远离社会的约束与束缚。道家重视的是个体生命的自适与自由(陈静,1998),其与儒家重视人的社会属性相异。庄子以马来喻人性的本真自然之态,特别发人深省:"马,蹄可以践霜雪,毛可以御风寒,龁草饮水,翘足而陆,此马之真性也。"依马之本性,则马得以"陆居则食草饮水,喜则交颈相靡,怒则分背相踶",这是何等的自由与逍遥。但及伯乐相马,对马之真性加以人为的矫制,甚而任意妄为,践踏马之本性,"烧之,剔之,……饥之,渴之,驰之,骤之",最终也只落得个"马之死者已过半矣"(《马蹄篇》)。马是如此,人又何尝不是如此呢?《马蹄篇》中写道:"彼民有常性,织而衣,耕而食……命曰天放。"常性也即自然之性,依常性,人民就能纯朴而自然、自由自在地生活。一旦反人民之常性,则会使民"争归于利,不可止也"。在这点上,道家人性思想与西方人本主义有相通之处,都重视个体的自我本来面目,也都反对社会外部环境等因素对人性的约束与桎梏。

总之,"自然本真"之要旨,一方面体现为对人自然生物性的趋近,但又不完全化为人的生理欲望;另一方面,又包含着远离社会对人的桎梏,弱化人的社会性,彰显出人的自然本真之性来,求得人生的自由自在与逍遥,并力图使万事万物呈现出自身本来的面貌。

人性的追求——道家理想人格

道家所追求的人性是一种自然本真的圆满人性,老庄均将其人生理想寓于特定的人格形态当中,形成了各自的理想人格,其主要体现在老子对"圣人"和庄子对"真人"、"神人"等的描绘刻画之中。老子理想人格的核心是合道同德,追求一种自然无为而无不为的理想人格之境,所提出的"圣人"成为承载其理想人格的理想人物。"圣人"一词在《老子》书中共计出现了 31 次,可见"圣人"在老子心目中具有无与伦比的地位，由对"圣人"人格进行深入地分析可以管窥老子理想人格具体而整体的"容貌"。

"圣人"最为突出的特征是合道同德，无为而无不为。"圣人"能够"抱一为天下式"（《老子》二十二章），从而成为真正的"得道者"和真正的"善道者"，"古之善为士者，微妙玄通，深不可识。"（第十五章）成为真正的"有道者"，"孔德之容，惟道是从"（二十一章）。

"圣人"睿智超凡。老子就以自己为化身，对"圣人"之智进行了描述："吾言甚易知，甚易行。天下莫能知，莫能行。"（七十章）。不但如此，"圣人"明"道"且懂得"道"的规律。那么"道"的规律又如何呢？老子认为：万事万物都是相对的，"天下皆知美之为美，斯恶已；皆知善之为善，斯不善已。有无相生，难易相成，长短相形，高下相倾，音声相和，前后相随。"（二章）而相对方是可以相互转化的，"祸，福之所倚；福，祸之所伏"（五十八章）。但转化也是有条件的，"将欲翕之，必故张之；将欲弱之，必故强之；将欲废之，必故兴之；将欲夺之，必故与之"（三十六章）。而这种运动变化或转化是无始无终，作一种循环的运动，"道生一，一生二，二生三，三生万物"（四十二章）。

"圣人"处世行事"柔韧"，看似无为而实无不为。老子对"水"之"柔"推崇备至："天下柔弱莫过于水，而攻坚强者莫之能胜"（七十八章），至柔之物往往具有无比强大的力量："天下之至柔，驰骋天下之至坚"（四十三章）、"见小曰明，守柔曰强"（五十二章）、"柔胜刚，弱胜强"（三十六章），不但由"道"所及的"物性"是如此，由"道"所及的人性也是如此："人之生也柔弱，其死也坚强。草木之生也柔脆，其死也枯槁。故坚强者死之徒，柔弱者生之徒。是以兵强则灭，木强则折。强大处下，柔弱处上"（七十六章）。

"圣人"抱持着"谦退"的因应处世之道，待人以"慈"为先。其不但不争："水善利万物，又不争"（八章），还不敢为天下先："我有三宝，持而保之：一曰慈，二曰俭，三曰不敢为天下先"（六十七章），并且懂得谦退之道："后其身而身先；外其身而身存"（七章），所以"圣人"终究能够做到："不自见，故明；不自是，故彰；不自伐，故有功；不自矜，故长"（二十二章）。"圣人"以"慈"应万物："善者吾善之，不善者吾亦善之，德善"（四十九章）。以诚待己："圣人常善救人，而无弃人；常善救物，而无弃物"（二十七章）。因此"圣人"能够做到"圣人不病，以其病病。夫唯病病，是以不病"（七十一章）。

"圣人"少私寡欲，奉行质朴节俭的生活方式。老子痛斥了那些"服文彩，带利剑，厌饮食，财货有余"的"盗夸"（五十三章）。认为"'余食赘形，物或恶之'，故有道者不处"（二十四章）。一位真正的有道者还能做到"去甚，去奢，去泰"（二十九章）。在如何对待外物上，老子发出了这样的感叹："名与身孰亲？身与货孰多？得与亡孰病？是故甚爱必大费，多藏必厚亡"（四十四章）。认为真正的"得道者"应该"见素抱朴，少私寡欲"（十九章）。

"圣人"内心保持着"静"、"虚"不"躁"的情绪情感状态。老子认为"重为轻根，静为躁君"（二十六章），"静胜躁，寒胜热。清静，为天下正"（四十五章），"致虚极，守静笃"（十六章）。

在政治上，"圣人"奉行"无为而治"的政治理想。圣人能够"处无为之事，行不言之教"（二章），"使知者不敢为，则无不治"（三章）。因为"为者败之，执者失之"（六十九章），"是以圣人无为，故无败；无执，故无失"（六十四章）。

总之，老子眼中的理想人物应与道、德合一，遵循自然无为的最高原则。圣人之智，明"道"且懂得"道"运行的规律，也即世间万事万物相互对立，彼此联系且不断发展变化，循环往复。在接物上，节俭少欲并善于克制占有外物的欲望，在内心精神境界及情绪情感状态上，力求达到一种清、静、虚的理想的情绪情感状态，保持内心的"静"而不"躁"。在待人方面，谦退不争，敢为人后而不敢身先。

在批判社会和个体异化、人们沦丧于物的社会现实中，庄子建构并提出了自己的理想人格。在《庄子》一书中，承载庄子理想人格的称呼颇多，有"至人"、"圣人"、"神人"、"真人"、"德人"、"天人"、"大人"、"全人"等，尽管名称各异，但都是庄子心目中理想人格的写照，它们都集中体现了"一种遁世、出世、逍遥、无为、超越的……重视自然本性……超越凡尘"（李道湘，1997）的理想人格。另外，在这许多称谓当中，"以'真人'的表述最为完整"（陈默、金艳滨，2005）。庄子所塑造的"真人"形象即为其理想人格（陈丽英，2006）。大体说来，庄子的"真人"有以下几个方面的独特品格：恬淡而虚静；安时而处顺；

"无情"又"无己"；逍遥以自适（若水，1999）。庄子笔下这许多不同称呼者，尤其是通过对"真人"人格特征的重描浓绘，为世人提供了其理想人格的详细而丰富"素描"。真人是依乎道顺乎天之人："真者，所以受于天也。"（《渔父》）[1]但究竟何谓真人？庄子云，古之真人能够"不逆寡，不雄成，不谟士。……登高不栗，入水不濡，入火不热……其寝不梦，其觉无忧，其食不甘，其息深深……不知说生，不知恶死；其出不䜣，其入不距；翛然而往，翛然而来而已矣"（《大宗师》）。表面看来，庄子所描述的"真人"不会用心智去谋划一切，不会以人涉天，能做到齐生死，忘是非，而且与常人有异。

除"真人"外，庄子也极为推崇"至人"。庄子云："至人无己"（《逍遥游》），庄子又讲："圣人无名"（《逍遥游》）。圣人"以天为宗，以德为本，以道为门，兆于变化"（《天下》）。圣人"遭之而不违，过之而不守"（《知北游》）。其能"淡然无极而众美从之"，此即"天地之道，圣人之道"（《刻意》）。庄子又云："神人无功"。"神人"能"乘云气，御飞龙，而游乎四海之外"（《逍遥游》）。庄子说"德人""居无思，行无虑，不藏是非善恶"（《天地》）。纯真如婴儿，混沌如处子，不知财从何来，食从何来。庄子也讲到"合乎大同，大同而无己"（《在宥》）的大人。总的看来，庄子眼中的理想人格，具有恬淡、虚静的自然无为之性。而与老子相比，其理想人格更平添了一股浪漫逍遥而略带悲观出世的色彩。

结合上述老庄对得"道"之"圣人"和"真人"人格特征描述，我们将道家理想人格作了如下总结：这些典型人物在思维方式上明"道"，懂得万事万物相互联系、相互对立和不断变化的规律；情感状态上能够保持内心的"静"而不"躁"；在为事的坚持性上（也即意志品质）上表现为"柔韧"胜刚强，以柔克刚；在接人上讲究"谦退"；在待物方面"少私寡欲"，在对己上讲究"超脱"自己一私，"超脱"自己一己之见，这一方面的论述尤以庄子为多，庄子讲"至人无己"（《逍遥游》）。但就"圣人"与"真人"的整体特征而言，他们又都是"自然"和"本

---

[1]　有关《庄子·渔父篇》的内容均引自陈鼓应（2009）《庄子今注今译》。上海：中华书局。

真”的。

　　总结起来，道家人性论思想主要包括道—德—性、自然本真及人性的追求三个方面，三者共同形成了一个有层次的有机整体。道—德—性体现的是道家思考人性以及建构其人性论的逻辑过程和思考路径，而自然本真之“真”与虚伪矫饰之“伪”的相对两极，则成为道家人性论的核心内容。有关人性的追求，也即道家理想人格，则系道家为其所建构的人性论所设定的可能企及的最高极限。在老庄经典著作所刻画的典型“得道者”身上，往往承载并体现了这些理想人格的典型特征，其内容往往为心理行为层面的一些具体特征，而这也正是将道家人格置于人格心理学视野下可供实测的内容。

道家人性论的意义与反思

　　在西方人格理论发展史上，每一人格理论背后都或显或隐地必然包含着一种对人性的看法。如弗洛伊德精神分析的性恶论，人本的性善论。但由对人性的看法来建构一个有关人格的理论，则并不必然。中国传统儒、释、道等各家对人性的认识，可谓丰富且深刻，既有性善论、性恶论，还有性无善无恶，性有善有恶论。道家自然本真的人性论，既不同于儒家的“仁义”之性，也不同于告子的“生之为性”，既非完全的生物之性，又非完全的道德理性，而是在生物性与社会道德性二者的张力中来阐释和把握人性，将我们对人性的认识引入了另一新的境地，并为建构整个中国人的人格理论提供了独特的思考视角。

　　在大生产的市场经济下，物质的丰富程度与日俱增，人类面临着如何享受大生产带来的物质成果，以及如何处理好物质生活与精神生活的现实问题。道家认为人要保持自然本真之性，不为物欲而丧失了自己，就需要克制个人的生物之性，知足并节欲、寡欲，甚至绝欲。并强调“体道”的重要性，教导人们以各种“心术”内求于己，返归于本真之我，最终超然于外界物之上，而达到人性的解放与自由。道家的“真人”、“圣人”是其自然本真人性的理想人格形态，这些理想人物具有鲜明的人格特征。一方面，这些理想人物有着自由、逍遥的个性特征，不喜拘于物，并对事物保持着不偏不倚的开放态度。另一方面，这些人物往往对现实有着独立、清醒而独特的思考和反思，并充满着批判的意识与精神。而这些人格特征又恰恰是市场经济条件下，中国科学事业得以发展、民主得以前行的至为可贵的国民性。

　　但值得反思的是，道家人性论在生物性与社会性的张力中，往往也极易迷失人之本性。过度强调生物性，则人只会沦落于自私自利的动物，而过度强调社会性，则人会受到社会的过分制约与束缚而有自我丧失之险。如何在此二者间保持平衡，维持自然和谐的状态，是道家人性论无法回答的问题。另外，在中西方文化的碰撞不断深入的今天，如何看待道家人性论与基督教性恶论之关系，思考二者未来可能的相互影响及发展形态，将是一个极具挑战性的难题。

　　最后，道家理想人格对后世也产生了深远的影响，有关道家理想人格的思想丰富了中华民族传统文化中人生价值和人格追求的内涵（郑士民，2006）。道家理想人格追求天然本性、自由意志，崇尚乐天安命，强调清心寡欲，引发了人们对生命尊严和意志自由的向往和追求，升华了人格境界，彰显出了个体的主体意识与独立性的追求。而庄子理想人格中含蕴的"敢于问天的求索精神、遵循规律的理性意识、不为物累的超然品格、物我为一的高超视域、'不与物迁'的独立风骨。……对于今天的科学探索活动仍然具有积极的启示意义"（吕锡琛、邓小峰，2002）。但道家理想人格思想的消极作用也是不言而喻的。就个人而言，过度逍遥快乐显得有些自私而不负责任，悲观避世则有些回避问题的解决而徒添惰性，睿智也须苦行才能有所得。就社会而言，追求自由须与社会所能够或可以提供的限度相结合，方能真享自由，追求个人的价值则不可脱离对社会的贡献。就整体中华民族的性格或国民性而言，中国人讲究隐忍、权谋、不喜争执、居下、节俭、柔顺而坚韧、仁慈、随遇而安、知足常乐、因循守旧、消极避世等无一不浸透着道德思想文化的影响，其中有许多也是道家理想人格的重要特征。

三　道家人格结构的理论模型及对道家人格的操作性界定

　　尽管古代中国没有西方现代意义的人格心理学，但有着丰富的心理学思想。对人性的看法、划分人的类型的思想以及对能力考核、选拔人才的方法是其中最为宝贵、也最引人瞩目的部分。在谈到古代的人格心理学思想时，学者们往往将注意力集中在儒家有关人及人格的思想论述上，而有意无意地忽略了道家的人格思想。美国著名心理学史家墨菲（G. Murphy）就曾指出：从这一观点来看，心理学的历史只能开始于一稳定的文化，这时，人们在高度发展的劳动分工和经济剩余的富饶土地上，才开始转向内部，探索使社会变化得以衍生的知觉与反省的心灵本身的性质。例如，这发生于中国、印度和地中海区域，表现在纪元前500年中国的老子和孔子，印度的《奥义书》，从南意大利到小亚细亚许多城邦的希腊思想家等，在哲学和心理学方面都有惊人的兴起（墨菲、柯瓦奇，1980）。与儒家一样，道家思想中也蕴涵着与人格相关的丰富的思想。

以往学者们在论及古代中国的人格思想时，其出发点往往各不相同。有学者从个体人格需要处理并作出应答的关系（刘同辉，2006）出发，将古代人格思想划分为宏观（包括宇宙观、鬼神观、生死观）、中观（人与其他生物间的关系、财富观）与微观（人性观、价值观等）三个层面。也有学者从对人格的界定出发，将古代人格思想区分为：以世界观（包括人生观、价值观、幸福观、政治观、道德观、自然观等）为内容，由认识、观点、信念与理想四个基本因素组成为核心的第一层次，而以现实态度（对己、对人、对事三个方面）、心理特征（理智、情绪、意志特征）及行为方式为次要的第二、三、四层次的有机整体（燕国材，1992）。还有学者从认知思维、情绪情感欲望、意志和人性等几个方面出发，来对古代的心理学思想加以论述（高觉敷，2005）。更有学者主要从道家中有关人格的思想本身出发，并兼顾人格界定中所提供的框架体系，来对道家人格思想展开论述（吕锡琛，1996）。总的看来，将道家人格思想与现代人格概念固有的框架结合起来，似乎更为可取，这样既避免了因迎合现代人格框架而"不达意"或损意的结果，也避免了因完全抛弃人格框架而带来的不可比较性。

具体而言，道家由对宇宙规律的考察，建构起了由道及德及性的人性论体系，这一体系秉承了道家"自然本真"的核心要义和本质内容，其落脚点是人之人性心理行为层面的具体特征，反映在道家老庄对所推崇的理想人物的刻画之中。其具体内容主要包括以下三个方面：其一为人生观、宇宙观、价值观、生死观、道德观和人性观等；其二为认知思维方式、情绪情感特征、意志品质和行为原则；其三是对人性的追求，也即道家理想人格。此处之所以不采取宏观、中观、微观之分，也不采取以世界观为核心的四层次说，其主要原因就在于道家人格思想的特殊性，道家人格思想以"道"为核心，它是上述道家人格思想三个方面的主轴，并贯穿于道家人格思想的此三个方面。而从所描述的典型理想人物的人性心理行为特征的内容来看，似乎与中西方有关人之描述的知—情—意—行的思考框架契合得非常好，而此框架体系也是中国古代心理思想史中，代表人类心理生活的典型的观点（燕国材，1992）。据上分析，研究建构了道家人性论及道家人格结构理论模型，具体见图5。

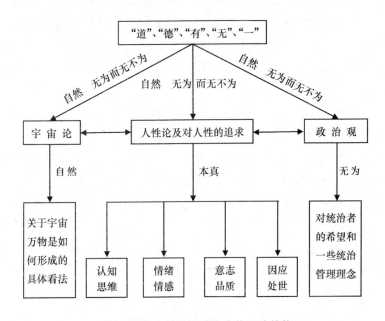

图5 道家人性论及道家人格理论结构

综合上述两条思考路线，即，道家思想文化对中国人人格特征形成的影响，以及人格心理学领域中对"人格"概念的分析和对道家人性论的理解。研究提出了有关道家人格是什么的初步理解：道家以"道"为核心的知识体系对人们的行为、思想、价值观、人生观等各个方面都产生了深远的影响，并进而塑造了中国人人格的方方面面，影响了全体中国人人格特征的形成。道家人格即是此知识体系渗透到普通人日常生活中的心理沉淀物。就人格心理学的研究视野而言，人格所具有的内涵、外延及特征，道家人格也无不具有。

道家人格一方面体现在道家有关人格理想的论说中，这体现了道家人格理想性的一面，但又沉淀于全体中国人的内心深处，这也就体现了道家人格现实性的一面。这样，道家人格就兼顾了理想与现实两个方面，是道家理想人格与中国人现实人格的统一体。

研究中会以道士为对象，但我们并不就此认为，道家人格等同于道教人士的人格。尽管有理由认为，道士因日久研习道家经典，以至将其思想内化为自己的一部分，并由此表现出某些典型道家人格的特征，但道士也并非生活在一个由"道"构筑的真空中，他们毕竟也是现实生活中的人，无论如何，也免不了会受现实其他文化甚至西方文化的影响。

另外，道家人格也不是中国人人格结构中析出的一部分，它本身就是一个整体，具有自己独特的人格结构系统。这一结构系统以"道"为核心，并渗透到中国人的人生观、价值观、因应处世之道、对人性的看法等各个方面，形成了一种以"道"为核心的道家人格范型。

最后，道家思想文化本身的整体性、系统性以及渗透到普通中国人日常生活的全面性与深入性，决定了道家人格的整体性与系统性。因此，作为一种人格范型，道家人格也具有人格的所有特性：整体性、稳定性、复杂性和独特性。

结合上述对道家人格是什么的理解，研究得到了有关道家人格的初步的操作化定义：道家人格是指在道家思想文化的影响下，与道家人性论之"自然本真"的内涵一致并表现在知—情—意—行层面的典型的人格特质。道家"沉淀"在心理行为层面的特征必须"在道家思想文化的影响下"，这也就从根本上排除了哪些或者与儒家、佛家、西方思想文化内涵一致的、一些其他不属于道家人格的心理行为特征，这也就从根本上将道家人格与中国人人格和西方人人格区别了开来。"与道家人性论之'自然本真'的内涵一致"，一方面，表明道家人格知—情—意—行的人格特质以"自然本真"一以贯之，知—情—意—行各个层面的心理行为特征是"自然本真"的自然延伸，都打上了"自然本真"的烙印，而知—情—意—行各个层面从性质上来看，却又都是"自然本真"的，都带有"自然本真"的色彩，这就从根本上保证了道家人格是一个有机的体系和整体的系统。另一方面，这也从根本上保证了道家人格研究的效度，确保了我们研究的是道家人格，而且也保证了道家人格研究的简洁性、可行性、实证性和可操作性。因为在受到道家思想文化及其与其他各思想文化的交互作用的影响所形成的所有心理行为特征中，我们只探讨那些明显受到道家思想文化影响的典型的心理行为特征，这也使得对道家人格的测量变得简易可行，从理论逻辑上限定了道家人格只能是"人格特质"。毕竟，身处道家思想文化中的每个人，其心理行为都必定直接或间接、显在和潜在地受到该思想文化的影响，因此只可能表现出量的差异。有些人具有的道家人格特征可能更典型些，因而在道家人格测量上得分会更高些，而有些人可能并不具有那么典型的道家人格特征，因而在道家人格测量上得分会更低些，但不会有只受道家思想文化或只受儒家思想文化影响，而表现出"纯粹"的道家人格或儒家人格的人。"表现在知—情—意—行层面"，是指与道家思想文化内涵一致且典型的这些人格特质，具有知—情—意—行的领域特定性。具体表现为：在思维方式上明"道"，懂得万事万物相互联系、相互对立和不断变化的规律；情绪情感上能够保持内心的"静"而不"躁"；在处事的坚持性上（也即意志品质）上表现为"柔韧"胜刚强，以柔克刚；在因应处世上，接人"谦退"；待物"寡欲"，对己"超脱"。但就整体而言，它们又都是"自然本真"的，带有道家人性论之"自然本真"的浓厚色彩。这些人格特质之所以是"典型的"，是因为同处同一经济生产方式及传统文化中的人，其心理行为方面的特征往往是许多不同思想文化交互影响的结果，只是有些特征受某一思想文化的影响而更典型些，有些特征则不那么典型。如中国人喜和谐、思维辩证不极端、行事谦退而不好争斗，就明显受到了道家思想文化的影响，而爱面子、讲人情、重道德、讲中庸之法、顺从权威、守旧并崇尚祖先和过去等，就显然受到了儒家思想文化的影响。

　　经由对道家人格的操作化定义，研究得到了可为道家人格的实测提供指导的理论模型，该模型由自然本真、认知思维、情绪情感、意志品质及因应处世（包括待人、接物和对己三个子部分）五大部分或领域构成。按最简洁易懂、最整齐划一、意义最完整、最具代表性的标准，选取了上述有关道家理想人格分析中的一些心理行为特征词，并将它们作为道家人格测量部分各维度的初步称谓，它们分别为：自然、本真（自然本真部分）、联系、矛盾、变化和辩证（认知思维部分）、静躁（情绪情感部分）、柔韧（意志品质部分）、谦退（因应处世部分之待人）、寡欲（因应处世部分之接物）、超脱（因应处世部分之对己）。结合该理论模型，研究编制了道家人格量表。但在正式编制形成道家人格量表之前，研究仍对上述道家人性论及道家人格结构理论模型之合理有效性进行了进一步地考证。其具体思路如下：根据道家以"水"喻人性的思想脉络，通过对含"水"的成语或习语的词汇进行内容分析，以内容分析之结果与上述理论模型进行比对，以对上述道家人性论及道家人格理论结构模型进一步的检验，以求进一步确证其有效性、可行性和合理性。

四 道家人格结构理论模型的确证——对与"水"有关的成语、习语的内容分析

水是生命之源，每个人一生中总有机会被水滚滚之势所打动、震撼并铭刻于心。回想起来，所观者乃自然之水也，所思者乃人生之哲理及启迪也。以自然之水来反思人性，以老子为集大成者，其常以水为譬喻来阐发其"道"的哲学范畴。陈荣捷先生讲"水、牝和婴儿，是老子用以象征之道最著名者"，而有关人性及人格理想、人生哲学的思想，往往也都反映在老子有关"水"的论述之中。在老子看来，"水"集"道"之所有特征于一身。诚如老子所言："水善利万物而不争。处众人之所恶，故几于道"（八章）。水最可贵之处，在于它并不徒然美好，而是以其美好滋润着万物，又无所求，甘于处在他人都厌恶的地方，故而水近于道。看葱葱的野草，繁茂的树林，莫不是竭尽所能向上生长，绝少自愿自处低处；而水一面牺牲自我，携助他人，一面甘于下流，置身于低下。重要的是，这一切皆出于它的本性，从无徒然妄为之举。水的一切特性都在自然无为而无不为中，显现出了其本真之色。这样一来，老子就将具备天性物性的自然物"水"与人性之自然有机地结合了起来，"道性"—"水性"—"人性"成为了一个一以贯之的统一整体。由此一来，人性心理行为的许多特征也就具有了水的特性。老子认为水的特性有七："居善地，心善渊，与善人，言善信，政善治，事善能，动善时"（八章）。故人应善于自处而甘居下地（居善地），心境应像水一样善纳百川而深沉渊默（心善渊），品德应同水一样

能助长万物的生命（与善仁），说话应如潮水一样准确有信（言善信），立身处世应如水一样持平正衡（正善治），做事应像水一样调剂融合（事善能），立身行事要善于把握机会，应时而动、应时而止（动善时）。在上述这些特性中，由"水"之性所反映出来的核心特征，当为"居上却有谦下不争的品性，处弱却包含着无穷的创造动力，处虚静之位却有重锚之力"（黄承贵，2004），也即为"谦下"、"柔韧"和"虚静"。

哲学家维特根斯坦认为，语言为形上学与日常实际经验的中介。而某一文化中所普遍流行的想法与习惯性行为，将以一定的形式与内容存在个人的脑海里，最后表现于日常生活的语言与行为（高尚仁、杨中芳，1991）。而语言是衔接具有社会文化影响的意识形态（或社会文化历史积淀）与个人认知、情感、行为的中介媒体（黄丽莉，2007）。由此通过对语言的分析，就能够让我们了解有关历史与文化积淀的内容，尤其是与心理行为特征有关的内容。根据《高级汉语大词典》的定义，成语系"汉语词汇中特有的一种长期相沿习用的固定短语。来自于古代经典或著名著作历史故事和人们的口头，意思精辟，往往隐含于字面意义之中，不是其构成成分意义的简单相加，具有意义的整体性。它结构紧密，一般不能任意变动词序，抽换或增减其中的成分，具有结构的凝固性，其形式以四字格居多"，它是某一共同文化中人民所共有的一种常识，它是思想的精华和智慧的结晶，如"口蜜腹剑"、"暗度陈仓"等。因其简短有力，可以口授心传，遂成为普通大众日常生活中耳熟能详的内容，如"死心塌地"等。而习语是指"那些常用在一起，具有特定形式的词组，其蕴涵的意义往往不能从词组中单个词的意思推测而得"。习语通常包括成语、俗语、格言、歇后语、谚语、俚语、行话等。其表现形式音节优美，音律协调，或含蓄幽默，或严肃典雅，言简意赅，形象生动，妙趣横生，给人一种美的享受。它是语言的精华，并带有浓厚的民族色彩和鲜明的文化内涵，也包含有人格心理行为的成分。

基于以上论述，我们有理由相信，在历史的传承与积淀中，老子所言"道"之特征，将内含于与"水"有关的成语中。因此，通过对与"水"有关的成语和习语的内容分析，将能够进一步理解"道"性、道家人性论思想，确证有关道家人格的界定以及道家人格结构理论模型的合理可行性，能进一步考察上述道家人格各部分理论假设中的核心要义。

老子特别善于通过对自然物的观察来反观"道"这一抽象的哲学本体,尤其特别强调以"水"来寓"道",用"水"之性刻画"道"之性,将"道"之性寓于对"水"的刻画之中,并通过"水"之性来反观人之"性"。老子讲:"上善若水。水善利万物而不争。处众人之所恶,故几于道。"(八章)因此,本研究通过对含"水"的成语和习语的内容分析,进而对以下一些问题进行探讨:道家人格概念的界定是否合理?道家人格概念界定中,自然本真的人性论及知、情、意、行的四分框架是否合理可行?道家人格概念界定中的各个维度,其内涵是否恰当?研究所选词来源于:(1)汉语宝典(Ⅳ版):本软件由任远软件(www.renyuansoft.com)提供正版,该软件主要内容有:31000多个成语、拼音、成语释义、出处及示例;13000个名言警句及出处;14000余个歇后语等。(2)汉语大辞典(V6.12普及版):本软件由汉辞网(http://www.hydcd.com/)提供正版。该软件的参照资料有:《汉语成语辞海》、《汉语成语大词典》、《中华成语大词典》、《辞海》、《新世纪字典》、《中华诗词》、《歇后语大全》及一些相关网站等。该辞典可查询:成语49630条、歇后语16648条、妙言警句13752条、俗语1929条、谚语1229条等。选词标准为上述词典软件中所有带"水"字的成语和习语。对由上述软件中筛选得到的所有带"水"字的成语和习语,由研究者本人与三位中文专业三年级大学生对相关成语及习语进行内容分析,并对各个词汇按核心意义进行分析、归纳和总结,发现自然物水具有如下一些自然特性及比喻意:

喻镜、静、空明和公平。

镜:览照之义。如,近水楼台先得月;镜花水月;水中捉月。

静:喻人内心静定、恬淡,在生活中则是指简单清贫。如,心如止水;心同止水。淡水交情;交淡若水;君子之交淡如水;萍水相逢;饭蔬饮水;黄汤淡水;黄汤辣水;清汤寡水;餐风宿水;啜菽饮水;饮水啜菽;饮水栖衡;饮水曲肱;饮水食菽。

空明:如,画水镂冰。

公平:如,一碗水端平。

水清与不清:清则进一步引申为做人为官清明廉洁,或形容女子之纯洁不染,或指音乐清雅之至,而不清则为模糊及含糊。清明廉洁:如白水鉴心;臣心如水;出山泉水;浆水不交;廉泉让水;水菜不交;水火无交；水洁冰清；水米无干；水米无交；一廉如水；滴水不羼（形容十分纯正）；一清如水；置水之情（表示人民对官吏公正清廉的期望）。

纯洁不染：如，出水芙蓉；清雅：如，高山流水。

喻少、轻而无力、小、少、浅、轻。如，杯水车薪；杯水粒粟；杯水之敬；杯水之谢；尺山寸水；尺水丈波；滴水难消（指虽菲薄之物也不能受用）；斗升之水；勺水一脔（一勺水，一块肉。比喻量少）。

一滴水成圆形，成为一个整体并且圆润有光泽，如果是单独的一滴水，则存在必定短暂。如，滴水不漏；点水不漏；连汤带水；盛水不漏；水乳交融；油光水滑；露水夫妻。

水流、水势：其一为水流之自然形状，多以水之流来喻时间之无情流逝。其二为水流之势，内含着无穷的力量，水势不可阻挡，只能顺势而为，否则将为水所覆。其三，由水势可进一步引申出水之自然性，尽管水流之势大，力量强，但其并无意志性。也以水势来喻创作之流畅性及处事时的自然性。如，远水不解近渴；一潭死水；流水不腐，户枢不蠹；流水不腐，户枢不蝼；流年似水；流水落花；流水无情；流水游龙；落花有意，流水无情；水枯石烂；水流花落；水流花谢；水流云散；似水流年；桃花流水；车水马龙；抽刀断水；拖泥带水；反水不收；风门水口；风起水涌；覆水难收；滚瓜流水；洪水横流；洪水猛兽；落花流水；买臣覆水（比喻事成定局，无法挽回）；马前泼水；马如流水；逆水行舟；泼水难收；如水赴壑；水激则旱，矢激则远；溯水行舟；悬河泻水；一败如水；一尺水翻腾做百丈波。借水推船；借水行舟；乘高决水；乘顺水船；风行水上；流水行云；水火无情；水流湿，火就燥；水落归漕；顺水放船；顺水人情；顺水顺风；顺水推船；顺水行舟。行云流水；一口吸尽西江水（一气呵成、贯通万法的意思）；水到渠成；水到鱼行；水涨船高；盂方水方（盛水的器皿是什么形状，水也成为什么形状）；水母目虾（比喻人没有主见，人云亦云）。

水广而无形：水面广阔而一望无垠，水之广、水之能够容纳小江、小河，能够藏污纳垢，具有无限的包容力。如，撮盐入水；归之若水；海水不可斗量；海水难量；流水朝宗；山长水阔；水底纳瓜；陆詟水栗（指声威远播，四方畏服）；水中著盐。

水美（自然之可娱可乐之水）：似乎可暗指人精神的超脱性。如，春风沂水；登山临水；观山玩水；乐山爱水；乐山乐水；临水登山；绿水青山；名山胜水；山明水秀；山清水秀；水碧山青；水光山色；山光水色；水明山秀；水木清华；水软山温；水色山光；水石清华；水秀山明；听风听水；秀水明山；游山玩水。

水积喻耐性和坚忍不拔的意志力。如，水磨工夫；滴水成冰；滴水成河；滴水穿石；积水成渊；积土为山，积水为海；十日一水，五日一石；水滴石穿；细水长流。

水时浑时浊，可为水也可为冰，表现出水的复杂性与变动性：如，黄河水清；浑水摸鱼；混水摸（捞）鱼；清水无大鱼；水清无鱼；水至清则无鱼；黄尘清水；冰寒于水；蛟龙戏水（形容灵活变动性）。

用水来喻女性及女性之美，暗喻水之"女性"、"阴柔"之色。如，蒹葭秋水；落花有意，流水无情；秋水伊人；秋水盈盈；山眉水眼；双瞳剪水；水佩风裳；水性杨花；桃花流水；望穿秋水；盈盈秋水；云心水性。

水之独立性、对立性、互补性和黏合性。如，判若水火；河水不犯井水；河水不洗船；江水不犯河水；井水不犯河水；如石投水；如鱼似水；弱水之隔；势如水火；水火不兼容；水火不相容；水尽鹅飞；水里纳瓜；似水如鱼；河同水密；问诸水滨；一衣带水；以石投水；以水济水；以水投石；盈盈一水；鱼水和谐；鱼水深情；鱼水相欢；鱼水相投；自相水火；清尘浊水；不通水火；水火相济，盐梅相成。

用水之冷、水之深、水之艰难险阻来喻人世之冷清、喻人生的困境。如，冰清水冷；簟纹如水；山寒水冷；泼冷水；冷水浇背；冷水浇头；火热水深；蛟龙得水；救民于水火；跋山涉水；千山万水；千水万山；穷山恶水；如蹈水火；如人饮水，冷暖自知；若涉渊水；山长水远；山高水险；山穷水断；山穷水尽；山穷水绝；水火兵虫；水火不避；水火之中；水穷山尽；水深火热；水宿风餐；宿水餐风；拖人落水；拖人下水；引水入墙；遇水迭桥；遇水叠桥；遇水架桥。

水是生命之源，用水来喻万事万物之源和根本性。如，木本水源；如鱼得水；山高水低；无根之木，无源之水；无本之末，无源之水；无本之木；饮水辨源；饮水思源；饮水知源；源头活水；酌水知源；斗水活鳞；涸鲋得水；涸鱼得水。

水深不可测，用以喻水的浓厚与凝重性。如，情深潭水；蜻蜓点水；山高水长；桃花潭水。

喻利害和利益。如，清水衙门；显山露水；鱼大水小（比喻生产不够消费）。

"水"之其他意思：水之无形性：如，水过鸭背（比喻事过之后没有留下一点痕迹）；污泥浊水；沂水舞雩（指知时处世，逍遥游乐）。

将上述各成语和习语，按核心意义进行总结和归纳将得到更为简洁的结果，见图6。

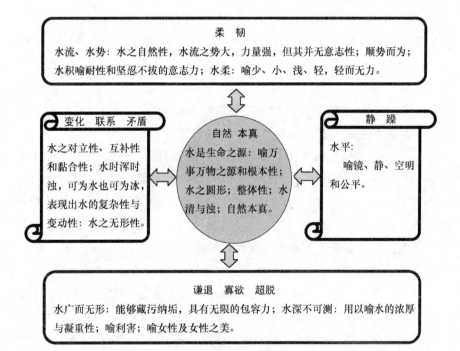

图6　对与"水"相关的成语和习语的内容分析结果

从上述归纳梳理后的结果来看，除极少数成语和成语组，只是间接反映了道家人性论之人格理论结构外，大多数成语及成语组以及各成语组的核心要义，均与道家人格界定中的道家人格理论结构的内涵相符。

由"无源之水，无根之木"及"水之圆形"的内容反映了"道"之本源性、本根性及整体性特征。而由"水之清与浊"反映了道家之"自然本真”的人性观。

由“水流、水势：水之自然性，水流之势大，力量强，但其并无意志性；顺势而为；水积喻耐性和坚忍不拔的意志力；水柔：喻少、小、浅、轻，轻而无力”之意正应合了道家之柔韧之意。

而“以水平来喻镜、静、空明和公平”一组成语，尤其是其中的“静”之意，则与道家人格结构理论模型中描述人情绪情感状态的“静”恰好同意；而“水之对立性、互补性和黏合性；水时浑时浊，可为水也可为冰，表现出水的复杂性与变动性：水之无形性”则与道家人格结构中的认知思维特征之联系、变化与矛盾的思维方式相符。

“水广而无形：能够藏污纳垢，具有无限的包容力。水深不可测：用以喻水的浓厚与凝重性；喻利害；喻女性及女性之美”似乎只表现了道家人格结构中的谦退之意。但如果将“水美（自然之娱乐之水）”作适当引申，也即特指人身处其中时精神的超脱之举，则也表达了道家人格结构的“超脱”之意。尽管含“水”之成语也具有利害和物质利益之义，但并未直接表明道家人格结构中的“寡欲”之意。

以上对含“水”的成语的分析结果再次表明，由理论分析得到的道家人格五部分和十或十一维度的结构及各维度的内涵要义的确是合理的。总的看来，老子以“水”喻“道”的思想已经深入到中国文化和中国人的人性心理层面。通过对与“水”有关的成语的分析，研究复现了来自道家人性论和道家理想人格的道家人格结构理论模型。按词汇假设，与人性差异相关的词语都会被编码到语言中，而那些描述差异特别重要的词汇，在本民族语言中也将更为重要和常用。成语是一个民族语言的高度凝练和总结，尽管短小，却包含了大量内容丰富且十分重要的有关人性差异的描述。本研究通过对与“水”相关的成语的词义的内容分析，再次表明道家思想和文化，已经深深地“沉淀”在了中国人的人性心理和行为层面。这就为本研究从中国传统道家思想文化对人格产生影响的视角出发，对道家人格进行界定提供了进一步的支撑，同时也为本研究从道家人性论和道家理想人格（由理想人物表征）所得到的道家人格结构理论模型，提供了更为有效、合理可行的依据。

总之，通过上述对道家人性论及道家理想人格（老子“圣人”及庄子“真人”）的分析，我们得到了道家人格结构初步的理论模型。然后对此模型进行了进一步的检验，最终得到了可用于指导对道家人格进行测量的维度结构模型，具体见图7。

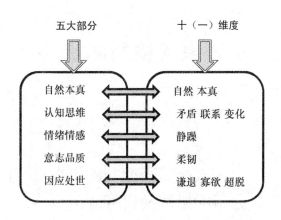

图7　道家人格维度结构的假设

　　道家人格的最终结构包括五大部分：自然本真、认知思维、情绪情感、意志品质及因应处世。与之相应地就包括十或十一个维度：自然、本真；矛盾、联系、变化；静躁；柔韧；谦退、寡欲、超脱。我们无法知道道家人格情绪情感部分的"静"与"躁"到底为一个还是两个维度，但更倾向认为它们是有高度相关的两个维度。总之，对含"水"的成语和习语的内容分析，再次为道家人格界定的合理性提供了确证，这也为对道家人格的测量打下了坚实的理论基础。

第二章

道家人格的测量

一 道家人格量表编制的过程、统计
分析的思路及研究样市

在道家人格的界定中，本研究认为道家人格是一种人格特质。既然是人格特质，那么就可以结合知—情—意—行的理论框架，根据词汇假设，通过对道家经典著作中那些描述人的词语进行分析，再结合因素分析的方法，编制形成道家人格量表，以对道家人格进行测量。对道家经典著作①中描述人的词汇的收集，由作者本人、一位人格心理学方向二年级研究生及两位中文专业三年级大学生各自独立完成，待完成词语收集工作并将词语加以合并后，得到了 486 个描述人的词语，是为道家人格初步词语 1（见附录 1）。就这些描述人的词语，按下述标准进行初步地筛选：这些描述人的词语必须（1）是描述人的词语；（2）体现了老庄思想文化的核心要意；（3）意义必须明晰且完整；（4）非生僻难懂的词；（5）删除同义词（见附录 2）②。初步筛选后得到初步词语 104 个，是为道家人格初步词语 2（见附录 3）。因所剩词汇仍然很多，且在初步试测中，大学生被试

---

① 所用到的道家经典著作为：陈鼓应注译（2007）：《老子今注今译》。北京商务印书馆；陈鼓应注译（2007）：《庄子今注今译》。北京商务印书馆。

分析中只选取了那些描述人的形容词，或者加"的"后能成为形容词的词，如"处变不惊"，不管这些描述人的词语由二字、三字还是四字组成。这些描述人的形容词既可以是上述两本著作的原文，也可以是对原文的译文。

② 该部分筛选工作由三名中文专业大三学生独立评定完成，只要有两名同学认定该词不符合某一标准，即予以删除。

反映认为：有些词语，或者用来形容人（的某一方面）仍不恰当；或者意义仍然有些模糊不清，容易引起歧义。因此予以删除，共删除 24 个词语，所删除的词语如下：

急躁的；悠游自在的；岿然不动的；刻意而为的；怡然自得的；欣然接受的；骚扰的；透澈的；心无旁骛的；华美的；巧饰的；心正气平的；破除自我的；超越主观的；空明的；纯洁的；轻薄的；无成心的；安舒的；柔弱的；喧嚣的；天真烂漫的；独立自处的；主观厘定的；

另外，在初步试测中，有些大学生被试仍然反映，有些词语虽然意义比较熟悉易懂，但在现代不是特别常见，所以建议用现代常用词来加以替代。所替代的词语如下：

原词	替代词
处事不变的	处变不惊的
喜显山露水的	喜炫耀的
自发自主的	自主的
能适应的	适应性强的
轻躁的	轻率浮躁的（后再次改为浮躁的）
虚假的	虚伪的
谦下的	谦让的
沽名钓誉的	求名好利的（后再次改为反向淡泊名利的）

最终形成一个由 80 个词组成的词表，将该词表呈现给一位人格心理学专家（教授，从事人格心理研究十几年）。在此词汇列表的基础上，专家另外补充了三个词汇，它们分别是：韧性的、外柔内刚的和忘我的。最终形成了一个由 83 个词汇组成的词表（附录 4）。再由六名中文专业大三学生及一位人格心理学方向二年级研究生对该词表中的各个词语，按这些词语描述人的心理行为特征之核心要义，各自独立地完成对这些词语的分析和归类任务。在对这些描述人的词汇进行分析和归类时，他/她们对上

述道家人格的操作性定义以及道家人格的理论模型并不知情，举凡归类有不一致和有争议的地方，由作者本人反馈给几位评议者后协商解决，最终仍有争议的词语，由作者本人根据每组词语的核心大意，决定其归属。研究结果发现这些词汇按核心要义，大致可以被归并为七个大类，每一类词汇的核心大意如下：（1）以真、朴、实为核心，反对虚浮、修饰与不实。（2）顺自然之理、变化和外周环境而为，反对强意妄行、干涉、逼临他人或他物。（3）柔韧，反硬、强、坚。（4）不但不与人争，还懂得谦退和辞让，更懂得包容与宽容他人，同时也要注意敛藏自己的锋芒，而达至和光同尘之境，保持人我的和谐。反对彰扬显溢之举。（5）精神上或内心深处主虚、静与逍遥，游于心而凝神专注，反对扰和躁。（6）寡欲、俭和知足，反对贪、奢与不知足。（7）挣脱自我的束缚，追求个人的自主自立。很显然，上述各组词汇的大意分别与道家人格操作性定义中的各维度具有内在的一致性，这些维度包括自然、本真、柔韧、谦退、静而不躁、寡欲及超脱。这又一次表明：道家人格的操作性定义具有有效性和合理可行性。在道家人格的操作性定义中，本研究尽管将道家人格界定中认知思维领域的联系、矛盾和变化理解成一种人格特质，但在上述那些描述人的词语中，并未反映出来。其原因就在于：道家经典著作中体现或反映人之认知思维特征的，并不是描述人的词语，而是一些形象的故事、谚语或一整段话和句子。由此，需要进一步对这些故事、谚语或一整段话和句子进行进一步的分析和提炼，才能有效把握道家所论的认知思维特征的内涵。

上述 83 个词语，形成正式试测的量表。但在正式试测之前，为降低顺序效应对测量的干预，特对上述各词语在以下几个因素上进行了平衡：褒义和贬义；围绕某一核心大意的各相似词汇组中的各个词语的顺序；词语的长短（该词为二字、三字或四字词）。经过平衡后，最终形成了道家人格预测量表 1，按七点 Likert 自评由 1（完全不符合）到 7（完全符合）的形式，在 398 名大学生中进行试测，在限定因素数目为 7 的条件下，按方差极大的主成分分析法，进行正交探索性因素分析，按共同度大于 0.30，因素负荷无双高（都高于 0.35）和双低的标准（都低于 0.30）的标准，重复多次进行探索性因素分析，以进行词汇的删减。

第一次因素分析，删除如下一些词语：有贪欲的；浮躁的；奢侈的；

淳朴的；质朴的；好争为人先的；自主的；审慎的；自专的；宽容大度的；谨慎的；武断的；好与人争执的；固执己见的；烦乱的；平静的；超然的；宽容的；真诚的；躁动的；争强好胜的；贪图富贵的；贪得无厌的；表里如一的；节俭的；忘我的；节制的；饱满的；自知的；与时俱进的。

第二次因素分析，删除如下一些词语：能容人的；矫揉造作的；故作矜持的；虚伪的；满腹心机的。

第三次因素分析，删除如下一些词语：谦下的；专注的；不拘礼法的。

经过三次探索性因素分析，共删除 38 个词语，最后得到 45 个词语：

意志：柔韧（8 个）：有毅力的；持之以恒的；有恒心的；坚忍不拔的；百折不挠的；坚持不懈的；坚韧的；矢志不移的。

对己：超越（6 个）：骄傲自满的；自夸的；自以为是的；浮夸的；妄自尊大的；自我吹嘘的。

待人：谦退（8 个）：外柔内刚的；柔韧的；能忍让的；收敛的；内敛的；辞让的；善内省的；不露锋芒的。

自然：自然（8 个）：处变不惊的；顺应变化的；泰然自若的；随遇而安的；适应性强的；从容的；宠辱不惊的；能屈能伸的。

对物：寡欲（4）：淡泊名利的；淡泊的；少私寡欲的；知足的。

本真：本真（3）：率真的；率性的；真挚的。

情感：静躁（8）：宁静的；安静的；平静的；躁动的；烦乱的；浮躁的；平和的；超然的。

在试测中发现，一些被试大学生反映：在自评中，感觉一些描述人的情绪情感的词汇给人一种非常突兀的感觉，觉得它们与其他描述人的词语比较起来，在评定时有些不知所措，可能影响了对这些词及其后的一些词的评定。鉴此，本研究特将这些描述人情绪情感的词改成了题项，并将计分方法改为情绪情感评定量表通行的四点计分，由 1（完全不符合）至 4（完全符合）。

另外，预测量表 1 中并未包括道家人格操作性定义中的认知思维部分。一些学者认为，儒家思想中的"中庸"观念和道教思想中"阴阳观"是中国人思维方式最直接的体现。各学者按传统文化中不同流派所论

（如儒家中庸与道家辩证）的思维方式的特征，编制了一些用于测量中国人思维方式的量表，而最具代表性的中国人思维方式测量工具主要有三个：第一个工具是赵志裕与杨中芳根据儒家中庸理论编制而成的中庸思维量表（赵志裕，2000）。第二个工具是由彭凯平等人编制的辩证思维量表，该量表具有明显的道家文化底蕴（Spencer-Rodgers, Peng, Wang & Hou, 2004）。第三个工具是侯玉波、朱滢和彭凯平（2003）等人编制的中国人整体思维方式量表，该量表设计的依据是中国文化的特点和东西方思维对比的研究结论，量表编制具有扎实的实证研究基础和积累。就上述几个量表本身的特点及其与道家思想的契合性而论，中庸量表完全基于儒家中庸理论，相对而言，它与道家人格中认知思维方式的特征无甚契合性可言。而就辩证思维量表来看，尽管其具有道家文化底蕴，但很显然，老子所论"道"的运动特征，以及"得道者"之思维特征，并不只是具有辩证这一个方面，还包含比这更广泛的内容。而中国人整体思维量表，既考虑到了中国传统文化儒道互补的特征，更将其置于中西思维对比的理论与实证框架体系之下。因此，就理论建构而言，该量表的各个维度与道家人格结构中思维认知特征的内涵最相吻合。该量表中的联系性项目用于衡量一个人对联系观念的看法，得分越高，表明越倾向于用联系的方式看待事物。变化性的题目用于衡量观念的变化性，得分越高表明变化性越高。而矛盾性的题目用于衡量矛盾的态度和观念，得分越高，表明越喜欢用矛盾的观念看待和处理问题。有研究发现，青少年思维方式的 3 个维度是聚合式的，联系、变化和矛盾聚合成一个特性——辩证思维，研究还发现，成人的思维方式是分离式的，联系和矛盾聚合在一起体现了一定程度的辩证特性，而变化性则分离出来，反映了个体的内在一致性观念（侯玉波、张梦、高歌，2006）。很显然，一阶联系、变化与矛盾维及二阶辩证的思维特征，恰与老子思想的核心特征——相对、联系、变化之辩证法——非常契合（任继愈，1999）。

　　鉴此，本研究有关道家人格认知思维的测量，借用了侯玉波等 2003 年编制的中国人整体思维量表，将其作为本研究中对道家人格认知思维方式特征的测量。最初的整体思维方式量表有 5 个维度，17 个题目，分别从联系性、变化性、矛盾性、和谐性和折中性 5 个维度衡量中国人的思维特性。随着样本量的扩大以及覆盖面的宽泛性增加，5 个维度又进一步聚合为 3 个维度：联系性、变化性和矛盾性。经过几次修改，最终版量表包含 26 个题目、3 个维度，按 7 点利克特计分。研究表明该量表信度、效度以及验证性因素分析的结果，均满足了量表的基本要求，可以很好地衡量中国人的整体思维方式（Hou, Zhu & Peng, 2003）。

将上述中国人整体思维方式量表作为对道家人格中思维方式部分的测量，并加以合并，最终得到了道家人格初测量表 2。它由 8 道以题项形式按 4 点计分、用于测量情绪情感特征的部分（道家人格之静躁或静和躁），一个 37 道以词汇形式按 7 点计分的部分（包括道家人格之自然、本真、柔韧、谦退、超脱和寡欲六个维度），以及 26 道以题项形式按 7 点计分的，用于测量认知思维特征的部分（道家人格之联系、矛盾和变化维）构成（见附录 5）。

就上述合并后的量表，后续研究和统计分析按下述路线进行：（1）对道家人格量表进行项目分析。（2）按原始理论构想，将道家人格初测量表 2 的情绪情感和认知思维部分进行探索性因素分析（样本 1）及验证性因素分析（样本 2），而意志品质（柔韧）、自然本真（自然和本真）及因应处世（谦退、超脱和寡欲）三个部分及其所属的六因素，因都为词汇评定的形式，所以按理论构想的六因素进行探索性因素分析（样本 1）和验证性因素分析（样本 2）。（3）对道家人格情绪情感部分的静躁维、认知思维部分的联系矛盾和变化维，以及道家人格量表词汇形式部分所包含的自然、本真、柔韧及谦退、超脱和寡欲，分别在多个不同质的样本（样本 3、样本 4）中进行验证性因素分析。（4）将道家人格量表所有维度，在样本 1 和样本 2 中，分别进行了探索性因素分析和验证性因素分析。（5）对形成的道家人格最终正式量表，报告各题项与其所属维度及各维度间的相关、内部一致性信度、重测信度及效标关联效度等心理测量学指标。（6）在增加一个道士样本后，研究进一步报告各个样本中道家人格各个维度的平均分和标准差，以及道家人格各维度的得分在各个不同质的样本中的比较。研究所用的统计工具为 spss 13.0 和 lisrel 8.5。研究所用的各样本及相关人口统计学特征如下：

样本 1：武汉三所高校的 372 名大学生。平均年龄及标准差为 20.49 ± 1.27，其中男 234 名，占 62.9%；女 138 名，占 37.1%。一年级 126 名，占 33.9%；二年级 126 名，占 33.9%；三年级 137 名，占

36.8%。管理类专业 137 名，占 36.8%；文科类专业 109 名，占 29.3%；工科类专业 126 名，占 33.9%。

样本 2：福建、南京、广东及武汉六所高校的 940 名大学生。平均年龄及标准差为 20.22 ± 1.88。其中男 391 名，占 41.6%；女 549 名，占 58.4%。一年级 493 名，占 52.4%；二年级 234 名，占 24.9%；三年级 213 名，占 22.7%。管理类专业 225 名，占 23.9%；文科类专业 191 名，占 20.3%；医科类专业 346 名，占 36.8%；工科类专业 178 名，占 18.9%。

样本 3：某老年大学学员。大多来自具有文化提升特征的班级，如电脑班、诗词班、普通话班以及中医班等。男性学员共 68 名，占 28.7%；女性学员 169 名，占 71.3%。平均年龄及标准差为 61.96 ± 8.661。初中及以下文化程度共有 42 名，占 17.7%；高中或中专文化程度共计 98 名，占 41.4%；大专文化程度共 81 名，占 34.2%；本科文化程度共 16 名，占 6.8%。专业技术人员共 124 名，占 52.3%。专业技术人员包括教师 72 名，占 58.06%；医生 44 名，占 35.48%；其他专业技术人员 8 名，占 6.45%。企业人员 19 名，占 8.0%；工人共 40 名，占 16.9%；公务员共 50 名，占 21.1%；无法归类的其他人员 4 名，主要为自由职业者，占 1.7%。

样本 4：133 名被试，其平均年龄及标准差为 33.15 ± 8.24。男 62 名，占 46.62%；女 71 名，占 53.38%。本专科 90 名，占 67.67%；高中或中专 43 名，占 32.33%；公务员 20 名，占 15.04%；工人 20 名，占 15.04%；商业服务人员 31 名，占 23.31%；专业技术人员 62 名，占 46.62%。

二　道家人格量表的项目分析

对道家人格量表进行项目分析所用样本为 100 名大二、大三年级学生，其中男 43 名，女 57 名。按选取题项高低得分 27% 的被试，分别求各自的平均分，然后相减，再除以全距的方法计算题项的区分度。其结果见表 2-1。

表 2 - 1　　　　　　　　　　道家人格量表项目分析结果

情绪情感部分（包括静、躁维）									
题项	1	2	3	4	5	6	7	8	
区分度	0.46	0.44	0.38	0.43	0.45	0.40	0.47	0.32	

道家人格量表词汇形式部分（包括自然、本真、柔韧、谦退、超脱和寡欲维）									
题项	1	2	3	4	5	6	7	8	9	10
区分度	0.46	0.62	0.31	0.48	0.64	0.47	0.49	0.62	0.52	0.55
题项	11	12	13	14	15	16	17	18	19	20
区分度	0.67	0.62	0.60	0.44	0.60	0.42	0.33	0.48	0.35	0.41
题项	21	22	23	24	25	26	27	28	29	30
区分度	0.44	0.52	0.56	0.47	0.41	0.51	0.46	0.52	0.60	0.55
题项	31	32	33	34	35	36	37			
区分度	0.68	0.25	0.52	0.52	0.25	0.40	0.30			

道家人格量表认知思维部分（包括联系、矛盾和变化维）									
题项	1	2	3	4	5	6	7	8	9	10
区分度	0.63	0.55	0.37	0.52	0.48	0.58	0.64	0.52	0.43	0.44
题项	11	12	13	14	15	16	17	18	19	20
区分度	0.48	0.35	0.47	0.56	0.59	0.48	0.52	0.41	0.37	0.45
题项	21	22	23	24	25	26				
区分度	0.38	0.50	0.56	0.37	0.44	0.30				

由上表可知，绝大多数题项的区分度均大于 0.30，仅两道题的区分度低于 0.30，但也大于 0.20，表明道家人格量表各题项具有较好的区分度。

三　道家人格量表的探索性及验证性因素分析

（一）情绪情感部分——静、躁

在不限定因素数目的条件下，对道家人格情绪情感部分的 8 道题，以方差极大的主成分法，进行正交的探索性因素分析。无论是从特征值大于 1，还是从碎石图的拐点来看，均表明抽取两个因素更为适合。在限定因素数目为 2 的条件下，重复上述探索性因素分析，KMO 值为 0.843，Bartlett 球形检验显著（$p < 0.001$），表明适合进行因素分析。因素分析结果见表 2 - 2。

表 2 - 2   情绪情感部分的探索性因素分析

项目	因子负荷		共同度
	躁	静	
题项 1	− 0. 324	0. 689	0. 580
题项 2	0. 054	0. 728	0. 533
题项 3	− 0. 242	0. 718	0. 575
题项 4	− 0. 386	0. 666	0. 651
题项 5	0. 720	− 0. 364	0. 592
题项 6	0. 796	− 0. 055	0. 637
题项 7	0. 780	− 0. 150	0. 631
题项 8	0. 727	− 0. 257	0. 594
特征值	3. 638	1. 155	
解释率	45. 471	14. 438	59. 909

对道家人格情绪情感部分的"静"与"躁"维在样本2、样本3和样本4中分别进行验证性因素分析,结果见表2 - 3 和图8、图9和图10。

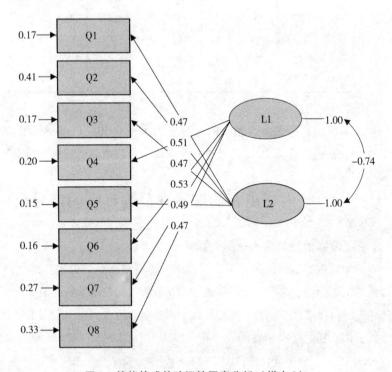

图 8　情绪情感的验证性因素分析（样本 2）

表2-3   情绪情感部分的验证性因素分析

模型	χ^2	df	χ^2/df	RMSEA	GFI	CFI	IFI	NNFI
模型1	80.04	19	4.21	0.058	0.98	0.99	0.99	0.98
模型2	67.36	19	3.55	0.069	0.93	0.92	0.92	0.89
模型3	32.14	19	1.69	0.069	0.90	0.89	0.88	0.89

注：模型1：样本2中进行验证性因素分析的结果；模型2：样本3中进行验证性因素分析的结果；模型3：样本4中进行验证性因素分析的结果。下同。

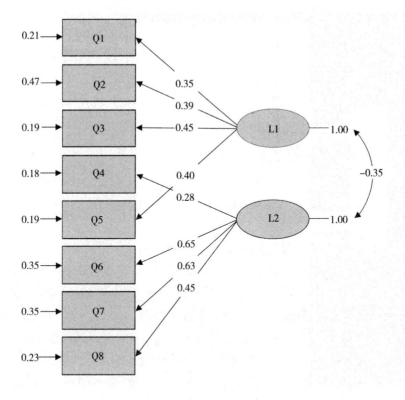

图9 情绪情感的验证性因素分析（样本3）

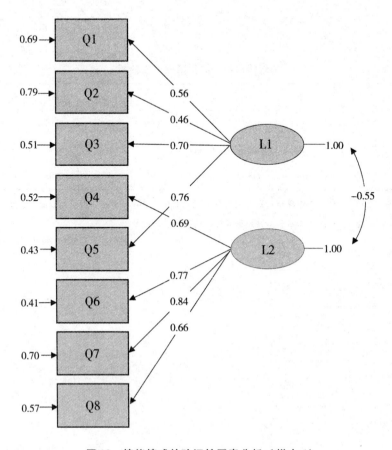

图 10　情绪情感的验证性因素分析（样本 4）

（二）认知思维部分——联系、矛盾与变化

按原始三维度（联系、矛盾性及变化性）的构想，将抽取因子数限定为 3，以方差极大的主成分法，进行正交探索性因素分析，删除在两个维度上的因素负荷都超过 0.35 的四道题（题 4：我认为一个人的个性是终身不变的；题 8：我能够与同我有不同观点的人和睦相处；题 13：方法总比困难多；题 17：我总是需要在现实和理想之间权衡），最终形成一个原始三维度，共 22 道题的思维量表，其中联系性（11 道）、矛盾性（8 道）、变化性（3 道）。按上述方法重新进行探索性因素分析。KMO 值为 0.810，Bartlett 球形检验显著（p < 0.001），表明适合进行因素分析。因素分析结果见表 2−4。

表 2 - 4   认知思维部分的探索性因素分析

项目	因素负荷			共同度
	联系	矛盾	变化	
s1	0.167	− 0.095	0.658	.471
s2	0.172	0.029	0.803	.675
s3	− 0.016	0.094	0.704	.505
s5	− 0.162	0.551	0.038	.331
s6	0.123	0.609	0.005	.386
s7	0.047	0.643	0.077	.422
s9	0.544	0.105	0.048	.310
s10	0.746	− 0.118	0.012	.571
s11	0.658	− 0.193	0.013	.470
s12	0.653	− 0.073	0.124	.447
s14	0.074	0.437	0.104	.207
s15	0.040	0.731	0.063	.539
s16	0.510	0.196	0.173	.328
s18	− 0.046	0.525	− 0.151	.301
s19	0.562	− 0.010	0.030	.317
s20	0.587	0.124	0.023	.360
s21	0.610	0.062	0.155	.399
s22	0.643	0.055	0.050	.419
s23	0.154	0.637	− 0.051	.432
s24	0.602	0.200	− 0.015	.402
s25	0.148	0.637	− 0.050	.430
s26	0.655	0.201	0.030	.470
特征值	4.680	2.948	1.565	
解释率	21.271	13.401	7.115	41.787

对道家人格认知思维的"联系"、"矛盾"、"变化"维在样本2、样本3和样本4中分别进行验证性因素分析,结果见表2-5和图11、图12和图13。

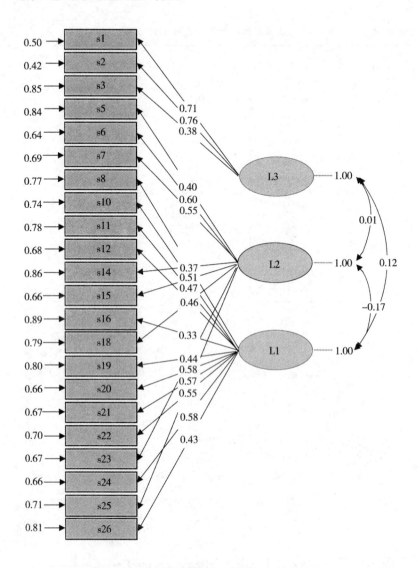

图 11　认知思维的验证性因素分析（样本 2）

表 2 - 5　　　　　　　　认知思维部分的验证性因素分析

模型	χ^2	df	χ^2/df	RMSEA	GFI	CFI	IFI	NNFI
模型 1	459.85	206	2.23	0.057	0.90	0.91	0.91	0.90
模型 2	463.36	206	2.25	0.074	0.89	0.90	0.88	0.89
模型 3	327.56	206	1.59	0.063	0.87	0.88	0.89	0.86

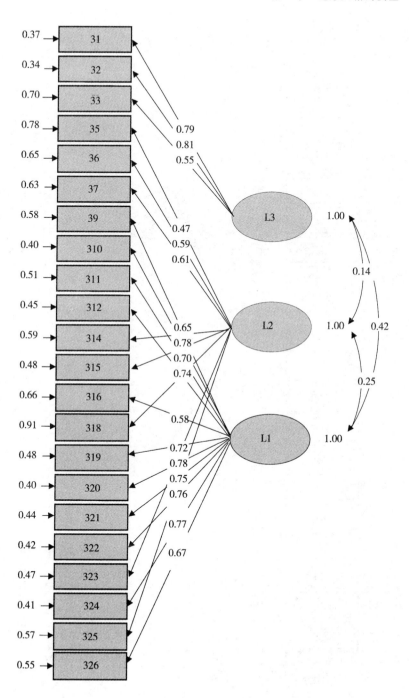

图12 认知思维的验证性因素分析（样本3）

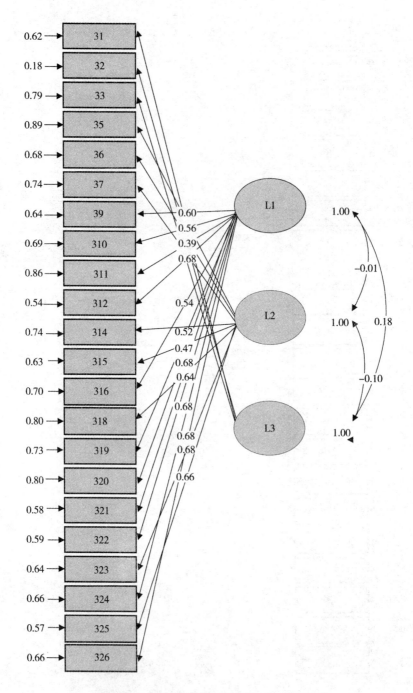

图 13　认知思维的验证性因素分析（样本 4）

（三）词汇形式部分——自然、本真、柔韧、超脱、谦退与寡欲

道家人格量表词汇形式部分，按照原始六维度（自然、本真、柔韧、超脱、谦退和寡欲）的构想，将抽取因子数限定为6，以方差极大的主成分分析法，进行正交探索性因素分析，KMO值为0.822，Bartlett球形检验显著（p<0.001），表明适合进行因素分析。删除共同度小于0.30的五题（题2、题8、题11、题25和题28），以及在两个维度上的因素负荷都超过0.35的四题（题9、题21、题29和题34）。尽管第17题在两个维度上均有高负荷，但为了保证每个维度所属题项数不少于3道，所以仍予以保留。另外从题项本身来看，该题项（题17：真挚的）确实也既反映了道家人格谦退维的内涵，同时也反映了自己个人本真的状态。按上述方法，再次进行探索性因素分析，探索性因素分析的最终结果见表2-6。经过探索性因素分析后，预试中由37道题目构成的道家人格词汇形式部分，最终变成了一个原始六维度，共28道题的量表。它包括道家人格理论构想部分的自然本真、意志品质和因应处世三部分及所属的六个维度，这六个维度分别是自然、本真、柔韧、谦退、超脱和寡欲。

表2-6　　　　道家人格词汇形式部分六维度的探索性因素分析

项目	因素名/因素负荷						共同度
	柔韧	自然	超脱	谦退	寡欲	本真	
z1	-0.030	0.112	0.671	-0.028	-0.261	0.090	0.541
z3	-0.187	0.053	0.761	0.043	-0.036	-0.130	0.637
z4	0.645	0.135	-0.120	0.017	0.190	0.260	0.553
z5	0.191	0.173	0.002	0.128	-0.012	0.746	0.639
z6	0.263	0.075	0.143	0.461	0.173	0.051	0.340
z7	0.061	0.044	0.078	0.617	0.058	0.145	0.417
z10	-0.042	-0.011	-0.021	0.178	0.747	0.134	0.609
z12	0.090	0.084	-0.062	-0.062	0.285	0.723	0.627
z13	0.733	0.054	-0.130	0.250	-0.072	0.040	0.626
z14	-0.076	-0.072	0.635	0.007	0.024	0.040	0.417
z15	0.086	0.211	-0.118	0.230	0.658	0.047	0.553
z16	0.741	0.140	-0.115	-0.008	0.178	0.235	0.669
z17	0.203	0.091	-0.182	0.467	-0.015	0.536	0.588
z18	0.033	0.106	-0.178	0.646	0.270	0.002	0.533

续表

项目	因素名/因素负荷						共同度
	柔韧	自然	超脱	谦退	寡欲	本真	
z19	0.111	0.142	-0.079	-0.021	0.689	0.020	0.514
z20	-0.097	0.019	0.744	-0.014	-0.108	-0.055	0.579
z22	0.795	0.144	-0.081	0.199	-0.094	0.007	0.707
z23	-0.091	-0.056	0.719	-0.271	0.099	-0.140	0.631
z24	0.775	0.071	-0.137	0.066	0.088	0.039	0.638
z26	0.815	0.115	-0.035	0.095	0.003	-0.022	0.689
z27	0.047	0.578	-0.084	0.012	-0.058	0.270	0.419
z30	0.207	0.707	0.154	0.079	0.044	0.013	0.575
z31	0.157	0.708	0.070	0.062	0.271	0.102	0.618
z32	0.123	0.662	-0.017	0.166	0.166	-0.073	0.515
z33	-0.031	0.628	-0.003	0.080	0.013	0.200	0.443
z35	0.173	0.281	0.000	0.488	0.094	-0.258	0.422
z36	0.164	0.544	-0.098	0.308	0.039	-0.153	0.452
z37	0.081	0.165	-0.195	0.659	-0.053	0.057	0.512
特征值	6.021	2.746	2.208	1.649	1.451	1.388	
解释率	21.503	9.808	7.887	5.888	5.181	4.985	55.224

根据探索性因素分析的结果,进行题 17 隶属单一维度和两个维度的验证性因素分析,其结果见表 2.2.6(第一行和第二行)。从各拟合指数来看,模型 1 和模型 2 都可以接受,但模型 2 要好于模型 1。就两个模型拟合指数总体而言,拟合得不算特别好,尤其是 χ^2/df 大于 5,且 GFI 指数小于 0.90。而从模型的修正指数来看,题 30(处变不惊的)如果改成隶属第一个维度(柔韧),将能有效改善模型的拟合度。从该词汇的意义来看,其与第一个维度意志之意相差甚远。因此,将该题删除后,重新进行验证性因素分析。验证性因素分析结果见表 2-7(第三行和第四行):

表 2-7　　　　道家人格量表词汇形式部分的验证性因素分析

模型	χ^2	df	χ^2/df	RMSEA	GFI	CFI	IFI	NNFI	比较	$\triangle\chi^2$($\triangle df$)
M1	2002.69	362	5.53	0.066	0.88	0.93	0.93	0.93		
M2	1902.31	361	5.27	0.064	0.89	0.94	0.94	0.93	12	100.38(1)
M3	1652.48	335	4.93	0.062	0.90	0.93	0.93	0.93		
M4	1556.42	334	4.66	0.059	0.90	0.94	0.94	0.93	34	96.06(1)

注:M1:题 17 负载于单一维度;M2:题 17 负载于两个维度。M3:删除题 30 后,题 17 负载于单一维度;M4:删除题 30 后,题 17 负载于两个维度。

　　从模型 3 和模型 4 的各拟合指数来看，模型 3 和模型 4 的拟合均比较好，并且模型 3 和模型 4 均优于模型 1 和模型 2，模型 4 的拟合要好于模型 3。尽管相比较而言，题 17 负载于两个维度的模型 2 和模型 4 都分别要好于与之相对应的模型 1 和模型 3，但为了后继统计分析的简便，并且考虑到模型 3 本身就是一个拟合较好的模型，因此，在后续研究中，仍然将题 17（真挚的）作为单维处理。验证性因素分析的结果见图 14。

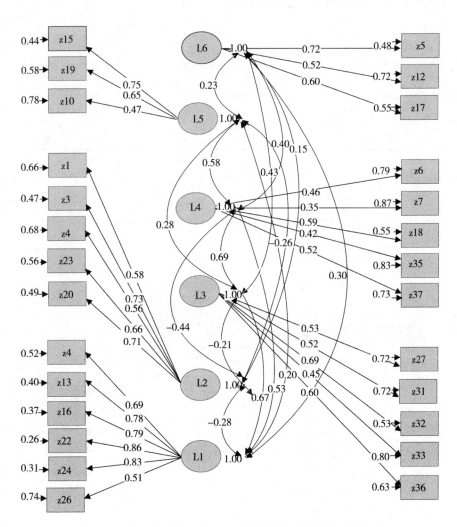

图 14　道家人格量表词汇形式部分的六因子验证性因素分析

（四）自然本真部分——自然、本真

　　按照原始理论构想，研究又在样本 2、样本 3 和样本 4 中，分别对道家人格的自然本真（包括自然和本真两个维度）、意志品质（仅有柔韧一个维度）及因应处世（接人：谦退；对己：超脱；待物：寡欲）分别进行了验证性因素分析。自然本真部分（自然和本真维）的验证性因素分析结果见表 2-8 和图 15、图 16 和图 17。

表 2-8　　　　　　　　　　自然本真的验证性因素分析

模型	χ^2	df	χ^2/df	RMSEA	GFI	CFI	IFI	NNFI
模型 1	101.09	19	5.32	0.067	0.95	0.96	0.96	0.96
模型 2	87.48	19	4.60	0.061	0.91	0.93	0.93	0.90
模型 3	45.67	19	2.40	0.097	0.87	0.89	0.89	0.86

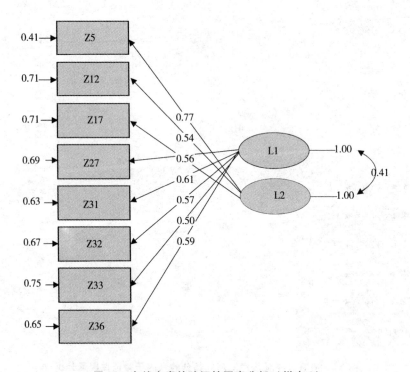

图 15　自然本真的验证性因素分析（样本 2）

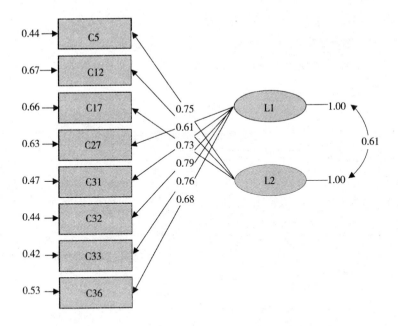

图 16　自然本真的验证性因素分析（样本 3）

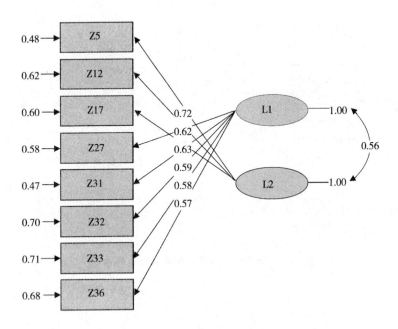

图 17　自然本真的验证性因素分析（样本 4）

（五）意志品质部分——柔韧

意志品质柔韧维的验证性因素分析结果见表 2 - 9 和图 18、图 19 和图 20。

表 2 - 9　　　　　　　　意志品质的验证性因素分析

模型	χ^2	df	χ^2/df	RMSEA	GFI	CFI	IFI	NNFI
模型 1	45.63	9	5.07	0.073	0.97	0.98	0.98	0.97
模型 2	32.77	9	3.64	0.083	0.96	0.98	0.98	0.97
模型 3	38.47	9	4.27	0.913	0.93	0.90	0.91	0.92

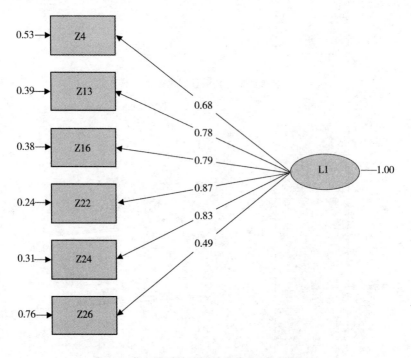

图 18　意志品质的验证性因素分析（样本 2）

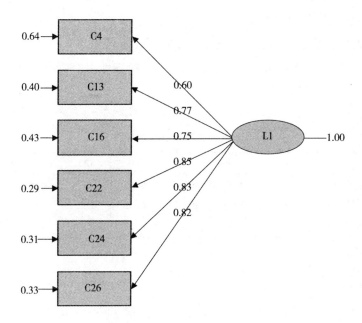

图 19　意志品质的验证性因素分析（样本 3）

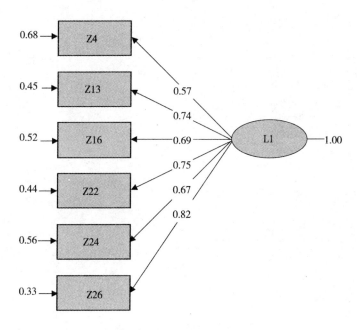

图 20　意志品质的验证性因素分析（样本 4）

(六)因应处世部分——谦退、超脱与寡欲

因应处世部分(谦退、超脱和寡欲)的验证性因素分析结果见表 2 - 10 和图 21、图 22 和图 23。

表 2 - 10 因应处世的验证性因素分析

模型	χ^2	df	χ^2/df	RMSEA	GFI	CFI	IFI	NNFI
模型 1	166.25	62	2.68	0.057	0.93	0.94	0.94	0.92
模型 2	165.56	62	2.67	0.085	0.90	0.92	0.92	0.90
模型 3	92.28	62	1.49	0.057	0.89	0.87	0.88	0.89

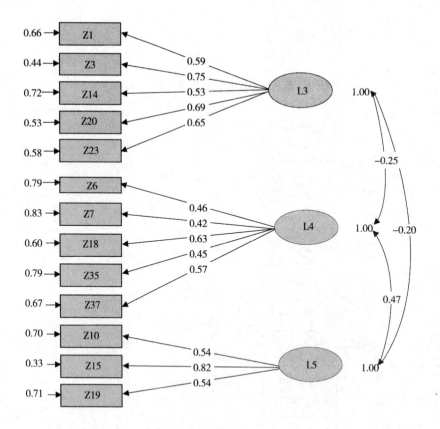

图 21 因应处世的验证性因素分析 (样本 2)

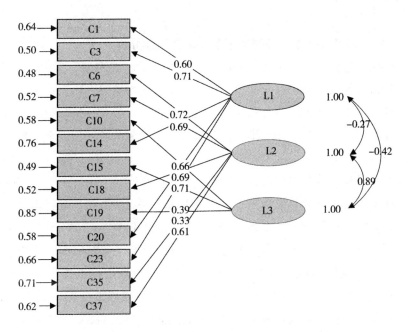

图 22 因应处世的验证性因素分析（样本 3）

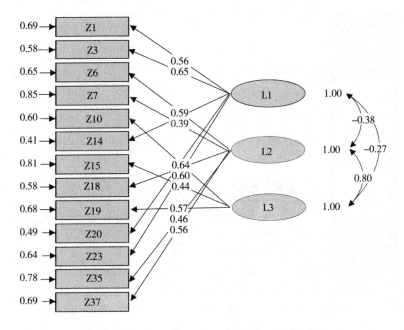

图 23 因应处世的验证性因素分析（样本 4）

(七) 道家人格十一维的探索及验证性因素分析

根据上述对自然和本真、联系、矛盾和变化、静和躁、柔韧、谦退、寡欲和超脱各维度进行探索性及验证性因素分析的结果,研究初步表明道家人格情绪情感部分的静与躁为两个独立的维度。因此,研究接着对道家人格五大部分的所有十一个维度,分别进行了探索与验证性因素分析,但因各部分计分方法不一 (有些四点计分,有些七点计分),遂将被试在各题项上的得分加以标准化后,以标准分进行分析。

在不限定因素数目的情况下,以方差极大的主成分法,进行正交探索性因素分析。特征值大于 1 的因子共 13 个,但第 11、12 和 13 个因子不好解释,且题量特别少 (仅二到三道题),而且所属各题项按原始构想都应属于“谦退”维度。而前 10 个因子则与原始理论构想的维度结构相符。接着按原始十一维度的构想,重复进行探索性因素分析,第 11 个因子仍然不好解释,而且原始构想中情绪部分的“静”“躁”两个维度,在结果中聚合为了一个维度,前 10 个因子仍与原始理论构想相符。上述两次分析结果均表明,当因子数为 10 时,解释起来将更为合理些,也与原始理论模型更契合些。遂在限定因子数目为 10 的条件下,重复进行探索性因素分析,KMO 值为 0.868,Bartlett 球形检验显著 ($p < 0.001$),表明适合进行因素分析。结果发现,除原始构想中情绪部分的“静”“躁”两个维度聚合为“静躁”一个维度,题 18 和题 37 在“谦退”维负载较低,以及极少数题项有双高负荷 (按大于 0.35 的标准) 外,原始构想的维度结构都得到了比较清晰地复现。探索性因素分析结果见表 2 - 11。

表 2 - 11 　　　　道家人格量表十维度的探索性因素分析

项目	因素名称/因素负荷									
	柔韧	联系	矛盾	静躁	超脱	自然	寡欲	谦退	本真	变化
Zscore (q1)	0.120	0.124	0.006	*0.585*	0.139	- 0.008	0.166	0.157	0.231	0.068
Zscore (q2)	0.087	- 0.210	- 0.034	*0.312*	0.221	0.118	0.240	**0.413**	0.133	0.039
Zscore (q3)	0.084	0.056	- 0.045	*0.706*	00.001	- 0.020	0.148	0.121	0.111	0.106
Zscore (q4)	- 0.039	- 0.030	0.139	*-0.715*	0.066	- 0.093	0.065	0.022	0.040	- 0.017
Zscore (q5)	0.139	0.165	- 0.005	*0.643*	0.016	- 0.011	0.148	0.187	0.221	0.100

续表

项目	因素名称/因素负荷									
	柔韧	联系	矛盾	静躁	超脱	自然	寡欲	谦退	本真	变化
Zscore（q6）	-0.009	-0.061	0.274	*-0.697*	0.072	-0.178	-0.004	0.032	0.012	0.022
Zscore（q7）	-0.059	-0.100	0.140	*-0.652*	0.159	-0.087	0.079	0.076	0.116	0.079
Zscore（q8）	-0.014	-0.014	0.253	*-0.556*	0.161	-0.147	-0.023	0.082	0.148	0.071
Zscore（z1）	-0.034	-0.014	0.024	0.043	*0.646*	0.043	-0.145	0.091	0.155	-0.047
Zscore（z3）	-0.005	-0.078	-0.026	-0.065	*0.747*	0.006	-0.130	0.011	-0.123	-0.048
Zscore（z4）	*0.610*	0.094	-0.015	0.086	-0.060	0.149	-0.034	0.203	0.182	-0.010
Zscore（z5）	0.061	0.142	0.024	0.089	-0.037	0.215	0.045	0.140	*0.717*	0.029
Zscore（z6）	0.189	0.049	0.122	0.167	-0.051	0.120	0.134	*0.399*	0.158	-0.059
Zscore（z7）	0.138	0.193	0.028	-0.013	-0.040	-0.001	0.091	*0.538*	0.109	-0.096
Zscore（z10）	0.056	0.175	-0.032	0.136	-0.040	0.130	*0.609*	-0.024	0.119	0.056
Zscore（z12）	0.006	0.081	0.009	0.021	-0.043	0.098	0.067	0.039	*0.750*	0.060
Zscore（z13）	*0.826*	0.072	-0.101	0.067	-0.068	0.044	0.053	0.085	-0.030	0.016
Zscore（z14）	-0.067	-0.038	0.041	-0.047	*0.650*	-0.094	0.025	-0.175	-0.055	-0.020
Zscore（z15）	0.015	0.015	-0.004	0.058	-0.120	0.057	*0.751*	0.167	0.113	0.090
Zscore（z16）	*0.775*	0.092	-0.077	0.034	-0.034	0.140	0.074	0.107	0.136	0.016
Zscore（z17）	0.189	*0.305*	-0.009	0.007	-0.135	0.284	0.177	0.054	*0.492*	0.017
Zscore（z18）	0.203	0.266	0.107	0.076	-0.108	0.256	*0.378*	0.118	0.023	-0.035
Zscore（z19）	0.103	-0.006	-0.062	0.009	-0.140	-0.002	*0.760*	0.063	-0.035	-0.017
Zscore（z20）	-0.061	-0.058	0.065	-0.095	*0.716*	0.025	-0.013	-0.126	-0.075	-0.017
Zscore（z22）	*0.877*	0.100	-0.066	0.054	-0.051	0.065	0.071	0.070	0.028	0.016
Zscore（z23）	-0.045	-0.194	0.026	-0.060	*0.678*	0.010	-0.104	-0.042	-0.041	0.004
Zscore（z24）	*0.836*	0.078	-0.074	0.063	-0.022	0.116	0.046	0.058	-0.040	0.004
Zscore（z26）	*0.811*	0.095	-0.079	0.106	-0.021	0.111	0.112	0.053	-0.019	-0.019
Zscore（z27）	0.160	0.125	-0.023	0.115	0.045	*0.643*	0.016	-0.068	0.203	-0.030
Zscore（z31）	0.125	0.011	-0.153	0.173	-0.030	*0.610*	0.079	0.236	0.105	0.103
Zscore（z32）	*0.303*	0.041	-0.055	-0.029	-0.010	*0.453*	0.286	*0.320*	-0.043	0.043
Zscore（z33）	0.096	0.150	-0.017	0.075	0.035	*0.721*	0.085	-0.035	0.113	0.016
Zscore（z35）	0.199	0.035	0.061	0.049	-0.188	0.176	0.054	*0.463*	-0.094	0.001
Zscore（z36）	0.136	0.118	0.084	0.090	-0.013	*0.550*	0.049	*0.303*	0.051	0.007
Zscore（z37）	0.059	*0.368*	0.136	-0.020	-0.147	0.282	*0.352*	0.060	0.036	0.038
Zscore（s1）	0.046	0.146	0.058	0.109	0.022	-0.029	0.018	0.052	0.101	*0.745*
Zscore（s2）	0.041	0.047	0.001	0.023	-0.064	0.008	0.104	-0.026	0.079	*0.802*
Zscore（s3）	-0.058	0.024	0.059	-0.041	-0.068	0.086	-0.008	-0.041	-0.062	*0.658*
Zscore（s5）	-0.058	0.116	*0.557*	-0.054	-0.027	-0.065	-0.066	-0.036	0.096	0.040

续表

项目	因素名称/因素负荷									
	柔韧	联系	矛盾	静躁	超脱	自然	寡欲	谦退	本真	变化
Zscore（s6）	−0.070	0.021	*0.667*	0.008	0.032	0.017	0.032	−0.099	−0.016	0.057
Zscore（s7）	0.027	−0.067	*0.610*	−0.207	−0.071	0.060	−0.020	0.006	−0.088	0.037
Zscore（s9）	0.031	*0.634*	0.022	0.009	−0.066	0.007	0.137	−0.076	0.029	−0.030
Zscore（s10）	0.088	*0.526*	0.010	−0.102	−0.044	0.129	−0.050	**0.424**	0.099	0.023
Zscore（s11）	0.060	*0.381*	−0.178	−0.031	−0.096	0.038	0.003	**0.529**	0.083	0.119
Zscore（s12）	0.096	*0.581*	−0.041	0.078	−0.059	0.022	0.169	0.039	0.069	0.074
Zscore（s14）	−0.082	0.075	*0.477*	−0.093	0.049	−0.100	0.045	0.124	0.102	0.035
Zscore（s15）	−0.072	0.000	*0.675*	−0.120	−0.010	0.033	0.013	0.069	−0.006	0.029
Zscore（s16）	−0.034	*0.440*	0.281	0.044	−0.079	0.043	−0.056	0.011	0.072	−0.061
Zscore（s18）	−0.078	−0.032	*0.464*	−0.070	0.224	0.083	−0.102	0.018	−0.196	−0.120
Zscore（s19）	0.268	*0.422*	0.016	0.034	−0.023	−0.031	−0.131	0.232	−0.067	0.068
Zscore（s20）	0.166	*0.608*	−0.039	0.165	0.052	0.111	0.034	0.126	−0.003	0.012
Zscore（s21）	0.033	*0.593*	−0.033	0.194	−0.034	0.201	0.050	0.113	0.044	0.091
Zscore（s22）	−0.002	*0.444*	0.082	0.066	−0.154	0.180	0.066	**0.327**	−0.180	0.055
Zscore（s23）	0.014	0.082	*0.671*	−0.017	0.051	−0.006	0.016	0.050	−0.024	0.034
Zscore（s24）	0.091	*0.587*	0.306	0.052	−0.081	−0.011	−0.060	0.088	0.170	0.085
Zscore（s25）	−0.054	0.171	*0.651*	−0.173	0.001	−0.069	0.021	−0.075	0.062	−0.047
Zscore（s26）	0.031	*0.528*	0.219	0.000	−0.075	0.014	0.058	−0.086	0.263	0.064
特征值	**8.358**	**4.495**	**3.122**	**2.642**	**2.112**	**1.896**	**1.738**	**1.465**	**1.415**	**1.317**
解释率	**14.663**	**7.886**	**5.478**	**4.635**	**3.705**	**3.326**	**3.050**	**2.571**	**2.482**	**2.311**

注:黑斜体＝与原始构想相符的题项。黑体＝与原始构想不相符,但因素负荷大于0.30的题项。

由分析可知,道家人格原始构想的维度结构,都得到比较好的复现。从静、躁维在样本2、样本3及样本4中所进行的验证性因素分析来看,该两个维度均具有高的负相关,相关值在0.60左右。从理论构想来看,两者本来也应属于情绪情感一个领域。本部分探索性因素分析结果则发现静、躁维合并为了静躁一个维度。就上述道家人格十维之探索性因素分析结果,研究接着对道家人格量表上述十个维度进行了验证性因素分析,尽管探索性因素分析结果不支持原始的十一维构想,但为了对比的需要,仍对其进行了验证性因素分析,结果见表2-12,验证性因素分析的概念图见图24。

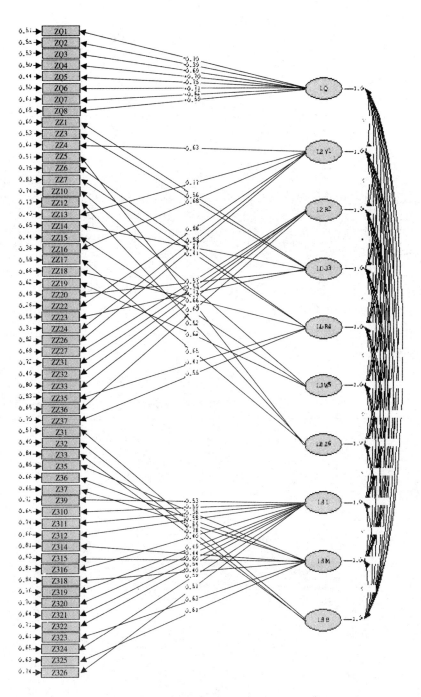

图 24　道家人格十维验证性因素分析（概念图）

表 2 - 12　　　　　　　道家人格十维和十一维验证性因素分析

模型	χ^2	df	χ^2/df	RMSEA	GFI	CFI	IFI	NNFI	$\triangle\chi^2$（$\triangle df$）
M1	4423.96	1484	2.98	0.046	0.84	0.92	0.92	0.92	1VS2
M2	4896.76	1494	3.28	0.049	0.85	0.93	0.93	0.93	472.8（10）

注：M1：一阶十一因子；M2：一阶十因子

　　按原始构想的十一维度，进行二阶探索性因素分析。具体过程如下：首先将所属维度各项得分加总，然后除以题项数，得到二阶因子的平均得分，再按方差极大的主成分分析法，对二阶因子进行正交探索性因素分析。在不限定因素数目的条件下，特征值大于 1 的因子有 4 个，但不好解释。在限定数目为 3 或 1 的条件下，也不好解释。但在限定因素为 2 时，因素结构及各维度的意义变得极具解释性并有极强的理论与心理意义，遂按二阶二维重复进行探索性因素分析，KMO 值为 0.767，Bartlett 球形检验显著（$p < 0.001$），表明适合进行探索性因素分析。二阶探索性因素分析结果见表 2 - 13。

表 2 - 13　　　　　　　道家人格二阶探索性因素分析

因子	因素名称/因素负荷	
	"真"	"伪"
SS	- 0.002	0.768
SJ	0.564	- 0.036
SL	0.676	0.039
SM	0.115	0.797
SB	0.288	0.077
ZYZ1	0.571	- 0.252
ZZR2	0.702	- 0.157
ZDJ3	- 0.182	0.444
ZDR4	0.741	0.018
ZJW5	0.547	- 0.165
ZBZ6	0.619	- 0.017

因子	因素名称/因素负荷	
	"真"	"伪"
特征值	3.019	1.484
解释率	27.449	13.491

注：SS：躁；SJ：静；SL：联系，SM：矛盾，SB：本真，ZYZ1：柔韧，ZZR2：自然，ZDJ3：超脱，ZDR4：谦退，ZJW5：寡欲，ZBZ6：本真。

第一个二阶因子包括的子维度有：静、联系、变化、柔韧、自然、待人、接物、本真。就各维度的内涵而言，该维度是指一个人内心宁静，思维上认为万事万物相互联系、相互转化和变化，意志坚韧、生性自然而本真、待人谦让、物欲淡泊，而这些心理行为特征正是道家老庄所推崇的，与其人性论之"自然本真"的实质内涵恰相一致的。在老庄看来，人性之自然本真，本就是指一个人内心保持宁静，思维上明了万事万物转化规律之"道"，待人谦退并不作无谓的争执，于物少欲并能超脱一己之私，心理行为显现出与周围环境相融合的原始自然本真之状，因此，取"自然本真"为该维度之名，并将该维度简称为"真"。而第二个二阶因子，其包括的维度有：躁、矛盾、超脱（反向计分），是指一个人情绪上极其躁动不安、思想上矛盾冲突重重，囿于一己之私。就各维度的内涵而论，此种人整个一副为外物所累而不得夺的神情，恰如庄子所言的"倒悬之民"之态，是一种带有病态的、心理异化色彩的人性心理特征，是一种人性被扭曲和异化了的形态。而此种人格神态恰正是道家老庄所极力反对的，也是其不断告诫世人和当世之统治者要极力避免的，是人性违反"自然本真"之性后的存在。从其内涵实质来看，这恰与老庄所反对的人性"虚伪矫饰、强作妄为"相一致，遂取其中之精要"伪"为该维度名。研究接着对道家人格量表的十一维进行了二阶验证性因素分析，结果见表2-14，二阶验证性因素分析的概念见图25。

表2-14　　　　　道家人格十一维二阶验证性因素分析

χ^2	df	χ^2/df	RMSEA	GFI	CFI	IFI	NNFI
5171.83	1527	3.39	0.050	0.85	0.92	0.92	0.92

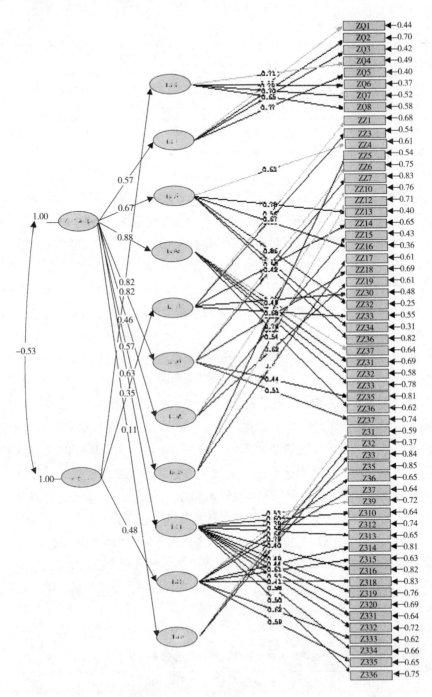

图 25　道家人格十一维二阶验证性因素分析（概念图）

一般认为，在进行验证性因素分析时，样本数量就为自由参数（此处既是题项数）的 5—10 倍时，此时的统计结果将更能拟合些（侯杰泰、成子娟、马殊赫伯特，1999）。但本研究样本 3 为 237 名被试，样本 4 为 133 名被试，量表一共却有 57 道题，所以无法在样本 3 和样本 4 中，分别就道家人格量表的十维或十一维度进行验证性因素分析。但如果将样本 3 和样本 4 进行汇总，作为一个与大学生样本相对的非大学生的成人异质样本，再进行探索性因素分析（样本量与题项之比为 6.49），也许能为道家人格量表各维度总体的结构效度提供进一步的来自异质样本的证据。由此，研究遂将样本 3 和样本 4 进行了合并，然后将各得分按题项予以标准化，并以标准化分数再次进行探索性因素分析。

按原始维度构想以及在大学生样本中进行探索性因素分析的结果，对上述标准化的数据，按方差极大的主成分法，分别进行十一维、十维的正交探索性因素分析，结果均发现最后一个维度的所有题项均与前面某个维度的题项有高负荷，这一结果表明第十一或第十个维度可能是冗余的。在不断改变因素抽取数目，并重复进行探索性因素分析，比较各次探索性因素分析的结果，发现在抽取 8 个因子时，结果既最好解释，也基本反应了原始的理论构想，并且解释率最高。遂抽取 8 个因子，进行探索性因素分析，KMO 值为 0.885，Bartlett 球形检验显著（$p < 0.001$），表明适合进行因素分析。最终结果见表 2 – 15。

表 2 – 15　　　　　　道家人格量表八维度探索性因素分析结果

项目	因素名/因素负荷							
	联系	柔韧	豁达	自然	矛盾	静躁	超脱	变化
Zscore（q1）	0.074	-0.015	0.135	0.206	-0.017	*0.657*	-0.013	0.107
Zscore（q2）	0.021	0.029	0.024	**0.339**	0.068	*0.474*	0.160	0.107
Zscore（q3）	0.050	0.039	0.198	0.272	0.034	*0.602*	0.065	0.083
Zscore（q4）	-0.082	-0.134	-0.018	-0.069	0.192	*-0.644*	0.169	-0.059
Zscore（q5）	0.081	0.011	0.130	**0.362**	-0.048	*0.539*	-0.083	0.050
Zscore（q6）	-0.124	-0.108	-0.080	0.189	0.286	*-0.601*	0.140	0.057
Zscore（q7）	-0.086	-0.092	-0.112	0.199	**0.306**	*-0.510*	0.097	0.053
Zscore（q8）	-0.101	-0.210	0.042	0.002	0.203	*-0.593*	0.232	-0.086
Zscore（z1）	-0.040	0.055	-0.007	0.079	0.023	-0.043	*0.627*	-0.108

项目	因素名/因素负荷							
	联系	柔韧	豁达	自然	矛盾	静躁	超脱	变化
Zscore（z3）	-0.153	-0.048	-0.128	-0.107	0.097	0.007	*0.673*	-0.095
Zscore（z4）	0.053	*0.569*	0.279	0.137	-0.038	0.187	0.107	0.120
Zscore（z5）	0.075	0.215	*0.680*	-0.003	0.047	0.096	0.058	0.092
Zscore（z6）	0.122	0.292	*0.615*	0.244	-0.055	-0.040	-0.048	0.037
Zscore（z7）	0.018	0.111	*0.660*	0.262	0.005	0.143	-0.013	-0.012
Zscore（z10）	0.187	0.168	*0.539*	0.158	-0.043	0.145	-0.178	0.078
Zscore（z12）	0.069	0.231	*0.589*	0.035	0.059	0.100	0.088	0.059
Zscore（z13）	0.144	*0.718*	0.273	0.134	-0.062	0.055	-0.007	0.067
Zscore（z14）	-0.130	-0.123	0.040	-0.128	0.086	-0.182	*0.642*	-0.058
Zscore（z15）	0.125	0.037	*0.523*	0.190	-0.029	0.144	-0.178	0.024
Zscore（z16）	0.119	*0.659*	0.345	0.207	-0.098	-0.005	-0.045	0.084
Zscore（z17）	0.285	0.116	*0.658*	0.096	-0.168	-0.060	-0.115	0.056
Zscore（z18）	0.281	**0.308**	**0.405**	0.216	0.003	0.054	**-0.339**	-0.120
Zscore（z19）	-0.015	0.040	0.287	*0.419*	0.006	-0.018	-0.147	0.098
Zscore（z20）	-0.086	0.014	-0.102	-0.056	0.116	-0.109	*0.728*	-0.001
Zscore（z22）	0.201	*0.751*	0.171	0.134	-0.065	0.122	-0.060	0.125
Zscore（z23）	-0.107	0.069	-0.071	-0.061	0.040	-0.011	*0.688*	0.030
Zscore（z24）	0.093	*0.733*	0.151	0.193	-0.079	0.115	0.009	0.091
Zscore（z26）	0.182	*0.754*	0.168	0.195	-0.139	0.044	0.009	0.060
Zscore（z27）	0.216	0.224	**0.468**	*0.322*	0.013	0.089	-0.071	0.021
Zscore（z30）	0.238	0.281	0.187	*0.547*	-0.205	0.092	-0.059	0.013
Zscore（z31）	0.188	0.296	0.159	*0.623*	-0.149	0.171	0.038	0.033
Zscore（z32）	0.074	0.073	0.124	*0.718*	-0.114	0.177	-0.021	0.108
Zscore（z33）	0.242	0.093	**0.375**	*0.536*	0.001	0.084	0.028	0.094
Zscore（z35）	0.089	**0.348**	0.171	*0.578*	-0.008	0.037	-0.074	-0.051
Zscore（z36）	0.233	**0.340**	0.063	*0.576*	-0.077	0.182	-0.132	0.012
Zscore（z37）	0.225	0.187	*0.305*	*0.465*	-8.740E-5	0.015	-0.231	0.046
Zscore（s1）	0.181	0.196	0.167	0.047	-0.005	0.176	-0.065	*0.708*
Zscore（s2）	0.134	0.150	0.140	0.118	0.050	0.122	-0.096	*0.760*
Zscore（s3）	0.074	0.059	-0.027	0.055	0.120	0.029	-0.074	*0.695*
Zscore（s5）	-0.074	-0.151	0.103	-0.035	*0.478*	-0.145	0.119	0.136
Zscore（s6）	0.009	-0.150	0.031	-0.059	*0.616*	-0.097	0.134	0.050
Zscore（s7）	-0.020	-0.145	0.058	-0.025	*0.629*	-0.068	0.077	0.031
Zscore（s9）	*0.619*	-0.004	0.167	0.077	0.066	-0.086	-0.094	0.210

续表

项目	因素名/因素负荷							
	联系	柔韧	豁达	自然	矛盾	静躁	超脱	变化
Zscore（s10）	*0.695*	0.048	0.075	0.121	- 0.005	0.051	0.015	0.247
Zscore（s11）	*0.593*	0.070	0.124	0.166	- 0.064	- 0.001	- 0.007	0.264
Zscore（s12）	*0.727*	0.049	0.130	0.083	0.009	0.087	0.001	0.158
Zscore（s14）	0.120	0.000	- 0.071	- 0.121	*0.630*	- 0.055	0.033	0.071
Zscore（s15）	0.068	- 0.111	- 0.057	- 0.044	*0.698*	- 0.122	0.101	0.065
Zscore（s16）	*0.543*	- 0.022	0.186	0.214	0.203	0.000	- 0.073	0.096
Zscore（s18）	- 0.148	- 0.021	- 0.247	- 0.118	*0.390*	- 0.154	0.130	- 0.142
Zscore（s19）	*0.580*	0.275	0.075	0.144	0.109	0.039	- 0.119	- 0.029
Zscore（s20）	*0.649*	0.231	0.006	0.066	- 0.088	0.230	- 0.005	- 0.038
Zscore（s21）	*0.691*	0.184	- 0.009	0.081	- 0.009	0.141	- 0.188	- 0.033
Zscore（s22）	*0.656*	0.227	0.023	0.105	0.041	0.112	- 0.210	- 0.098
Zscore（s23）	0.148	0.073	- 0.009	0.002	*0.733*	0.039	- 0.108	- 0.067
Zscore（s24）	*0.672*	0.044	0.120	- 0.059	0.142	0.156	- 0.172	- 0.007
Zscore（s25）	0.233	0.136	- 0.041	0.018	*0.691*	- 0.057	- 0.050	- 0.048
Zscore（s26）	*0.648*	- 0.011	**0.307**	0.021	0.136	- 0.022	- 0.031	- 0.156
特征值	15.181	4.986	3.818	2.791	2.401	2.170	1.874	1.813
解释率	21.382	7.023	5.377	3.930	3.381	3.057	2.640	2.553

注：黑斜体 = 与原始构想相符的题项的因素负荷。黑体 = 与原始构想不相符，但因素负荷大于 0.30 的题项。

上述探索性因素分析结果中，除极个别题项具有双高负荷（其中三道题的负荷之差在 0.1 至 0.15 之间，一道双高负荷题的负荷之差均大于 0.15）外，联系、矛盾、变化、静躁、超脱、自然、柔韧各维均得到了清晰地复现。静与躁两个维度合并为了一个维度，而这与在大学生样本中进行探索性因素分析时的结果完全相同。但最大的变化之处在于，大学生样本中得到的谦退、寡欲和本真，却在合并后的新样本中，聚合成了一个新的维度。根据该维度所属题项及原始维度的内涵，这些题项大体表示待人非常谦退，不与人争执，于物无所欲求，并将外界物质条件看得很淡泊，而且活得很真实。总之，也即是对人、对物都看得很开、看得很淡，所以能很真实地活出自我来，遂将其命名为"豁达"。该维度反映的是一个人随着年龄的增加，伴随着人生阅历与经验的丰富，而获得的为人处世及对己的"智慧"。

就样本 3 和样本 4 合并后的新样本，再将道家人格各维度得分加总，并除以各维度所属题项数后，采取与大学生样本中进行二阶验证性因素分析同样的方法，在新样本中进行二阶验证性因素分析。因探索性因素分析中"静"与"躁"两个维度，聚合为了一个维度且相关系数较高，所以在验证性因素分析中，设定两个维度的残差相关。验证性因素分析结果见表 2 - 16 和图 26。

表 2 - 16　二阶验证性因素分析（样本 3 和样本 4 合并后的新样本）

χ^2	df	χ^2/df	RMSEA	GFI	CFI	IFI	NNFI
131.83	42	3.14	0.074	0.92	0.93	0.93	0.91

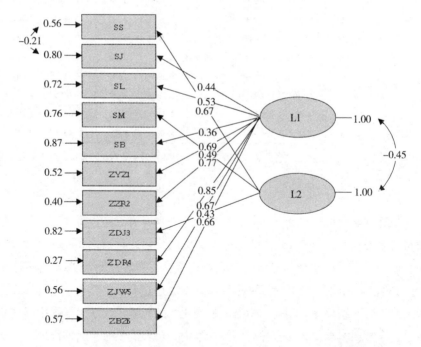

图 26　二阶验证性因素分析结果（样本 3 与样本 4 合并后的新样本）

从二阶验证性因素分析结果来看，在大学生样本中进行二阶探索性因素分析得到的"真"与"伪"的二维结构，在新的合并后的样本中同样得到了复现，同样也拟合得较好。

四　道家人格量表各题项与其所属维度间及各维度间的相关

道家人格量表各题项与所属维度间的相关（见表 2 - 2）及各维度间的相关（见表 2 - 3）。所用样本为 83 名大二学生，男 49 人，女 34 人，专业为管理类，结果见表 2 - 17。

表 2 - 17　　　　道家人格量表各题项与其所属维度间的相关

	躁	静	联系	矛盾	变化	柔韧	自然	超脱	谦退	寡欲	本真
q1	-0.089**	*0.792***	0.287**	-0.027	0.138**	0.224**	0.278**	0.058	0.205**	0.205**	0.236**
q2	0.069*	*0.712***	0.066	-0.040	0.065	0.196**	0.285**	0.153**	0.215**	0.221**	0.159**
q3	-0.111**	*0.806***	0.212**	-0.078*	0.140**	0.197**	0.233**	-0.034	0.195**	0.221**	0.191**
q4	*0.791***	-0.065	-0.039	0.274**	-0.022	-0.063	-0.084**	0.148**	0.006	-0.017	-0.050
q5	0.005	*0.784***	0.245**	-0.037	0.117**	0.221**	0.247**	-0.021	0.294**	0.198**	0.227**
q6	*0.852***	-0.070*	-0.065	0.366**	-0.016	-0.073*	-0.151**	0.156**	-0.010	-0.065	-0.093**
q7	*0.815***	0.011	-0.105**	0.244**	-0.009	-0.086*	-0.071*	0.177**	0.031	-0.002	-0.020
q8	*0.821***	0.002	-0.047	0.314**	0.001	-0.062	-0.102**	0.174**	0.045	-0.061	0.000
Z1	0.076*	0.132**	-0.018	0.071*	-0.018	-0.016	0.065	*0.683***	-0.069*	-0.129**	0.054
z3	0.201**	0.059	-0.147**	0.052	-0.082*	-0.046	-0.030	*0.759***	-0.129**	-0.188**	-0.153**
z4	-0.068*	0.236**	0.274**	-0.064	0.053	*0.688***	0.358**	-0.077*	0.346**	0.127**	0.256**
z5	-0.036	0.255**	0.279**	0.018	0.119**	0.174**	0.322**	-0.062	0.256**	0.183**	*0.832***
z6	-0.014	0.262**	0.223**	0.051	0.040	0.276**	0.265**	-0.048	*0.616***	0.205**	0.202**
z7	0.043	0.146**	0.288**	0.056	-0.004	0.225**	0.206**	-0.077*	*0.569***	0.164**	0.199**
z10	-0.133**	0.229**	0.242**	-0.053	0.150**	0.167**	0.286**	-0.108*	0.265**	*0.719***	0.240**
z12	-0.031	0.182**	0.221**	0.027	0.140**	0.098*	0.213**	-0.041	0.156**	0.186**	*0.800***
z13	-0.088*	0.195**	0.224**	-0.142**	0.055	*0.847***	0.296**	-0.107*	0.306**	0.148**	0.133**
z14	0.183**	0.014	-0.168**	0.099**	-0.029	-0.110*	-0.114**	*0.697***	-0.149**	-0.099**	-0.124**
z15	-0.001	0.238**	0.161**	-0.007	0.138**	0.133**	0.249**	-0.179**	0.289**	*0.816***	0.258**
z16	-0.036	0.216**	0.252**	-0.100**	0.058	*0.811***	0.376**	-0.081*	0.351**	0.198**	0.250**
z17	-0.047	0.168**	0.372**	0.000	0.110**	0.285**	0.369**	-0.171**	0.380**	0.269**	*0.715***
z18	0.011	0.207**	0.302**	0.065	0.064	0.281**	0.318**	-0.140**	*0.661***	0.322**	0.249**
z19	0.036	0.158**	0.066	-0.058	0.029	0.167**	0.156**	-0.157**	0.266**	*0.776***	0.114**
z20	0.144**	0.002	-0.130**	0.127**	-0.024	-0.099**	-0.040	*0.744***	-0.150**	-0.124**	-0.078*
z22	-0.076*	0.236**	0.263**	-0.113**	0.064	*0.889***	0.336**	-0.105*	0.324**	0.171**	0.197**

续表

	躁	静	联系	矛盾	变化	柔韧	自然	超脱	谦退	寡欲	本真
z23	0.139 **	-0.006	-0.220 **	0.078 *	-0.046	-0.100 **	-0.049	*0.744* **	-0.185 **	-0.159 **	-0.110 **
z24	-0.076 *	0.208 **	0.224 **	-0.115 **	0.033	*0.851* **	0.344 **	-0.054	0.305 **	0.148 **	0.146 **
z26	-0.080 *	0.238 **	0.235 **	-0.118 **	0.019	*0.834* **	0.353 **	-0.073 *	0.325 **	0.209 **	0.140 **
z27	-0.038	0.227 **	0.203 **	-0.023	0.030	0.259 **	*0.674* **	0.000	0.249 **	0.136 **	0.270 **
z30	-0.144 **	0.236 **	0.224 **	-0.155 **	0.058	0.391 **	*0.550* **	0.043	0.246 **	0.194 **	0.193 **
z31	-0.223 **	0.280 **	0.229 **	-0.147 **	0.118 **	0.283 **	*0.705* **	-0.065	0.253 **	0.206 **	0.291 **
z32	-0.035	0.215 **	0.262 **	-0.046	0.061	0.400 **	*0.676* **	-0.050	0.303 **	0.338 **	0.200 **
z33	-0.114 **	0.197 **	0.259 **	-0.018	0.080 *	0.225 **	*0.717* **	0.000	0.279 **	0.185 **	0.268 **
z35	-0.008	0.158 **	0.216 **	0.015	0.048	0.268 **	0.261 **	-0.140 **	*0.659* **	0.154 **	0.133 **
z36	-0.020	0.241 **	0.274 **	0.048	0.065	0.257 **	*0.665* **	-0.035	0.403 **	0.155 **	0.263 **
z37	0.049	0.144 **	0.362 **	0.125 **	0.147 **	0.183 **	0.308 **	-0.179 **	*0.621* **	0.286 **	0.249 **
S1	-0.050	0.163 **	0.231 **	0.056	*0.786* **	0.082 *	0.107 **	-0.021	0.110 **	0.099 **	0.144 **
s2	0.002	0.132 **	0.135 **	0.005	*0.803* **	0.069 *	0.092 **	-0.072 *	0.090 **	0.162 **	0.148 **
s3	0.021	0.028	0.088 *	0.077 *	*0.685* **	-0.024	0.031	-0.029	0.008	0.050	0.066
s5	0.222 **	-0.036	0.127 **	*0.566* **	0.041	-0.095 **	-0.052	0.044	0.089 **	-0.075 *	0.063
s6	0.221 **	0.013	0.050	*0.635* **	0.071 *	-0.098 **	-0.018	0.050	0.065	-0.010	0.012
s7	0.281 **	-0.100 **	0.045	*0.628* **	0.036	-0.047	-0.035	0.019	0.064	-0.033	-0.022
s9	0.074 *	0.103 **	*0.547* **	0.078 *	0.066	0.114 **	0.126 **	-0.120 **	0.262 **	0.124 **	0.146 **
s10	-0.026	0.138 **	*0.652* **	0.084 *	0.119 **	0.217 **	0.296 **	-0.102 **	0.308 **	0.086 *	0.260 **
s11	-0.082 *	0.160 **	*0.562* **	-0.064	0.153 **	0.214 **	0.258 **	-0.138 **	0.305 **	0.149 **	0.228 **
s12	-0.115 **	0.178 **	*0.614* **	0.033	0.164 **	0.202 **	0.204 **	-0.131 **	0.241 **	0.213 **	0.253 **
s14	0.163 **	-0.017	0.146 **	*0.559* **	0.077 *	-0.074 *	-0.032	0.064	0.054	0.023	0.079 *
s15	0.235 **	-0.038	0.113 **	*0.702* **	0.066	-0.096 **	-0.010	0.055	0.074 *	0.000	0.050
s16	0.055	0.063	*0.494* **	0.262 **	0.042	0.022	0.093 **	-0.067 *	0.172 **	0.066	0.154 **
s18	0.214 **	-0.059	-0.028	0.545 **	-0.080 *	-0.117 **	-0.050	0.218 **	-0.010	-0.130 **	-0.135 **
s19	-0.008	0.084 *	*0.477* **	0.060	0.078 *	0.273 **	0.132 **	-0.064	0.262 **	0.054	0.140 **
s20	-0.177 **	0.223 **	*0.648* **	0.004	0.119 **	0.261 **	0.282 **	-0.055	0.259 **	0.134 **	0.241 **
s21	-0.163 **	0.255 **	*0.649* **	-0.004	0.158 **	0.186 **	0.326 **	-0.120 **	0.218 **	0.143 **	0.268 **
s22	-0.069 *	0.156 **	*0.574* **	0.091 **	0.112 **	0.148 **	0.243 **	-0.174 **	0.304 **	0.146 **	0.136 **
s23	0.175 **	0.035	0.185 **	*0.635* **	0.082 *	-0.017	0.015	0.065	0.076 *	0.010	0.036
s24	0.019	0.133 **	*0.647* **	0.281 **	0.172 **	0.148 **	0.163 **	-0.118 **	0.231 **	0.081 *	0.258 **
s25	0.274 **	-0.078 *	0.173 **	*0.678* **	0.036	-0.105 **	-0.083 *	0.043	0.072 *	-0.022	0.057
s26	0.000	0.076 *	*0.528* **	0.223 **	0.150 **	0.090 **	0.128 **	-0.107 **	0.223 **	0.103 **	0.271 **

注：黑斜体为该题项与该题项所属维度间的相关系数。

表 2 – 18　　　　　　　　　　道家人格量表各维度间的相关

	躁	静	联系	矛盾	变化	柔韧	自然	超脱	谦退	寡欲
静	-0.134									
联系	-0.180*	0.350**								
矛盾	0.464**	-0.159	0.257**							
变化	-0.113	0.244**	0.302**	0.161						
柔韧	-0.187*	0.368**	0.397**	-0.233**	0.157					
自然	-0.223**	0.336**	0.456**	-0.154	0.202**	0.517**				
超脱	0.301**	0.157	-0.287**	0.219**	-0.153	-0.202**	-0.144			
谦退	0.124	0.392**	0.538**	0.195**	0.192**	0.496**	0.532**	-0.287**		
寡欲	-0.144	0.372**	0.303**	-0.152	0.236**	0.303**	0.399**	-0.292**	0.455**	
本真	-0.147	0.359**	0.461**	0.121	0.258**	0.325**	0.475**	-0.208*	0.423**	0.364**

道家人格量表各题项与其所属维度间的相关大体介于 0.477—0.889，且绝大多数在 0.60 左右。各题项与其无归属关系的维度间相关均较低，表明各题项与其所属维度间关系紧密，共同反映了该维度的内涵。从道家人格各维度间的相关来看，各维度间均具有中等略偏低的相关。绝大多数相关系数均显著，相关系数值介于 -0.113—0.532，高于 0.40 的相关系数的个数为 10，占到总相关系数个数的 18.18%，而介于 0.30 与 0.40 之间的相关系数的个数为 13，占到 23.64%，表明各个维度间既具有适度的关联，有着内在的联系，系为一个统计上的整体，但同时又具有适度的区别，并非为可以相互替代或意义重合或统计上不独立的维度。这样就既保证了道家人格量表内部各维度间，既具有一定程度的联系性，也保证了各维度间的区别性。无论是从题项与所属维度间的相关来看，还是就道家人格各维度间的相关而言，都表明道家人格量表具有较好的区分聚合效度。

五　道家人格量表的效标关联效度

为进一步评估本研究所编制形成的道家人格量表的构念效度，研究选取了一系列的量表，以考查道家人格量表总体及各个维度与相关变量间的关系是否与概念和理论上的预期相符合。研究所纳入分析的

"相关效标变量"，其在概念或构念或者与道家人格具有整体的联系，为道家人格量表之构念效度提供整体的说明；或者与道家人格某个维度的构念相近或相反，能为道家人格之各个维度的构念效度提供详细的解释。

从人格心理学的视野出发，道家人格作为一种人格特质，其研究成果的领域仍集中归属于人格、中国人人格研究领域，从本质上反映了对中国人传统文化人格的测量。由此研究选取了两种具有整体特性的人格量表：中国人个性量表（CPAI）及五因素人格问卷。之所以作此选择，一方面考虑到上述两个量表，具有在中西文化下测量中国人人格特征的相当好的典型性。前者在编制过程中兼顾并吸引了许多中国传统文化中描述人的因素和内容，这就与基于道家传统文化编制形成的量表，至少在理论上具有比较好的关联性。而后者在普适性方面得到了许多研究者的认同，其所包含的多个维度都已经被证明具有生物学意义。而在整个人格结构中，价值观往往居于十分重要的核心地位，制约着人格结构的其他成分或内容（王甦、林仲贤、荆其诚，1997）。道家人性论及道家人格各维度均蕴涵着道家"自然本真"的价值色彩，系为一种"自然无为而无不为"的价值观体系。由此构念出发，研究考查了其与道家之超脱价值、目标追求的出入世的构念，在概念和理论上的关联，通过对相关构念间关系的考查，拟为道家人格之动机特征的消极和积极色彩之争提供一定的构念支撑和实证支持。许多学者认为道家思想受到了远古母系氏族的影响，是对母系氏族思想的传承，其思想内在地隐含着对女性的崇拜。由此，本研究特别考查了道家人格量表与性别角色间的关联，以确证其是否具有女性"性别特征"。除此之外，研究又进一步考查了道家人格各维度，各自分别与"相关变量"在概念与理论构想上的关系，其主要包括道家人格之自然本真与儒家传统价值观，道家人格认知思维之联系变化矛盾与创造性思维倾向和创造性思维测验，道家人格情绪情感之静、躁与积极消极情感和生活满意度，道家人格意志品质之柔韧与学习动机，道家人格因应处世之谦退与人际关系，超脱与自我和谐，寡欲与物质主义。

（一）道家人格与中国人个性（CPAI）

按照勒温（1997）的解释，生活空间包括在一定空间和时间里，决定个体行为和心理活动的所有事实。勒温说："为了理解或预测行为，就必须把人及其环境看作是一种相互依存因素的集合。这些因素的整体被称作该个体的生活空间，并用 B = f（P，E）= f（LSP）来表示。"生活空间包括了人与其环境，而发生在这种生活空间之中的行为，它既是人与环境的函数，也是生活空间的函数。与勒温这一行为公式相连的，是他陈述生活空间时所提出的一个动力原则："实在的是有影响的。"存在于生活空间中的事物或因素，都必然会对个体当时的行为产生实际的影响。以此原则为标准，勒温界定了生活空间中的三种事实：准物理的、准社会的和准概念的事实。尽管生活空间可以包容物理的、社会的和概念的三方面的事实和因素，但都必须以对行为主体实际发生影响者为限，而生活空间也以对人的行为发生实际影响者为存在标准。将主体与客体融合为一个共同的整体，并表现着整体所具有的格式塔性，其中任何一部分的变化都必将引起其他部分的变化。据此观点，我们认为，影响人之人格形成的所有因素，也可以由此构成一个类似的"生活空间"。在此"生活空间"中，既有个体的生物遗传性因素，也有个体所处的环境因素，其中个体所处的文化环境因素尤为重要。身处某一文化中的任何人，都会受到该文化的影响，而文化的影响从来都不是支离破碎的。尽管文化与文化间交互影响，并且有可能形成一个整体，但某一文化只要它还存在，就一定有其独立存在的特性和理由。

除文化对人格的影响形成各自独立及交互的影响场外，还有遗传和其他因素对人格产生影响的场，也有文化与遗传及其他因素交互形成的影响"场域"。很显然，在影响中国人的人格特征的诸多传统文化中（儒、释、道、墨、法等多家文化的交互影响），以儒、释、道，尤其是儒道互补的文化场，对中国人人格特征形成的影响最大。由此而言，从文化影响人格的视角出发，与道家人格相比的，儒家人格、佛家人格等也应存在，并可以展开研究。但文化并非是从真空中产生的，它具有自己的物质基础以及由此影响人格形成的遗传场。中国人的人格，是在中国这一特定时空之特定物质环境中，受不同文化及遗传等因素共同影响形成的具有群体性的心理行为特征。道家人格与中国人整体人格的形成共享着共同的时空和特定的物质环境。因此，两者会具有某些共同性。同时，道家人格又主要受道家文化的影响（至少从理论思考和实证研究层面而言）。因此，两者又具有差异性。道家人格与中国人人格两者既有共同性，也有特异性，表现为类似整体特征与特异性特征的关系。

早期中西方学者在有关中国人人格或国民性的阐释和批判中，所提到的许多人格特征就明显受到了道家思想的影响，如谦让不争、追求和谐、讲究圆润和天人合一等。遗憾的是这些研究大多流于思辨，而无益于道家人格效标的确立。但新近的一些实证研究却为道家人格的存在及效标选择提供了理论与实证方面的支持。杨波（2005）对古代中国人人格结构的研究中就发现，由《史记》中得到的人格形容词经因素分析后，得到了一个四因素的人格结构，其中第 4 个因素包括超然避世、清静无为、笃学等特质词，其主要包括如下几层含义：超然避世、清静无为的人生态度；端直、倔强的个性品质；笃学、儒雅的言行风范和失意、忧愁的情绪体验。研究者认为"它们共同刻画了古代隐者的人格形象"，并且"在很大程度上受道家思想的熏染而逐渐形成"。从中国人大七人格量表各维度内涵来看，道家人格量表各维度至少与下述维度有关：外向性中的乐观因子、善良维中的诚信因子、行事风格中的自制因子、才干中的坚韧因子、情绪性中的耐性因子以及处世态度中的淡泊因子（崔红、王登峰，2004）。

结合以上分析，本研究选取了中国人个性量表（CPAI），考察了道家人格各维度与 CPAI 各维度的关系。研究假设认为：道家人格多人维度将与 CPAI 的多个维度高相关，尤其是与中国传统文化息息相关的维度，如面子、亲情等。

研究假设：与中国人个性量表中有关创造性、情绪及本土化的各个维度（如亲情、宽容、面子和和谐等）高相关，与其他维度无关或关系不明确。

被试：190 名本科二年级大学生，被试的平均年龄及标准差为 20.18±1.07。

工具：中国人个性量表（Cheung, Leung, Zhang, Sun & Gan, 2001）

量表说明：CPAI 始创于 20 世纪 90 年代，由香港中文大学张妙清教授、梁觉教授，中国科学院心理研究所宋维真教授、张建新教授及张建平教授共同发展。后经张妙清、梁觉及张建新于 2001 年延续并重新进行标准化工作。CPAI 包括与中国人文化有关的量表，初版 CPAI 中，共有 22 个一般性格量表、12 个临床量表（其中一个临床量表与一般性格量表重复）及三个效度量表。第二版的 CPAI（CPAI–2），加入了与开放性有关的内容，并对部分量表重新进行了命名。一般性格量表的题数减少了，但临床量表的题数则增加了。CPAI–2 现有 28 个一般性格量表、12 个临床量表及三个效度量表（Cheung, et al., 2004）。CPAI–2 有三种表格提供：甲表包括所有量表（541 题）；乙表包括一般性格量表及效度量表（341 题）；丙表包括临床量表及效度量表（268 题）。本研究所应用的是 CPAI–2 的乙表（305 题，未包括效度量表）。

CPAI 各维度的意义及 CPAI 分量表的高分者简要描述：

1. 领导性（leadership）：独立自主，自认为有影响别人的能力，愿在团体中处于领导地位，有组织能力，积极进取，通常主动地寻找可以施展所长的环境或机会，以充分表现自己的独创能力，寻求挑战。

2. 理智—情感（L A logical vs affective orientation）：善于控制自己情绪，待人接物不受情绪干扰，果断、冷静，重逻辑，对事物愿作出真伪的判断。

3. 外—内向（extraversion vs introversion）：外向，善交际，喜聚会，有许多朋友，乐于交谈，不喜欢独处。

4. 开拓性（enterprise）：开拓奋进，敢冒风险，大胆试验，勇于革新，有胆色，敢为天下先，好寻找刺激，易蛮干。

5. 责任感（responsibility）：认真负责，严肃沉着，有计划，可信赖，不怕困难，坚持不懈，专心致志，善始善终。

6. 情绪性（emotionality）：情绪不稳定，急躁易怒，爱发脾气，焦虑忧郁，悲哀恐惧，精神沮丧，垂头丧气，变化无常，爱冲动。

7. 自卑—自信（inferiority vs self-acceptance）：自信，对自己的能力有信心，乐于接受使命和挑战，果断，接受批评，有需要时能面对别人。

8. 务实性（practical mindedness）：实事求是，一切从实际出发，脚踏实地，按部就班，好实干，不重外表，订定具体目标及讲求实利。

9. 乐—悲观（optimism vs pessimism）：乐观，对世界和人生充满理想和信心，具有积极的人生态度，精力充沛，对生活充满乐趣，能给别人一个生动活跃的印象。

10. 严谨性（meticulousness）：言谨行慎，思虑周密，不夸夸其谈，不轻举妄动，谨慎地完成事情，严紧周密，工作有计划，生活安排有条理，做事刻板，流于细节。

11. 面子（face）：有强烈的自尊心，希望在众人面前有好形象，不懂时不愿承认自己不懂，强不知以为知，处处要维持体面；文过饰非，强自辩解，自我意识较强。

12. 内—外控制点（internal vs external locus of control）：办事强调自己的本事，事情成败全从内在方面找原因，确信"人定胜天"，做事积极主动。

13. 亲情（family orientation）：注重家庭气氛的和谐，拥有和睦的亲子关系，彼此能互相悦纳、尊重、了解、信任，感情和思想能有效地沟通，花时间与家人在一起。

14. 防御性（defensiveness, AH-Q Mentality）：精神胜利，消极的心理平衡，好夸耀个人历史，不敢面对失败，用空想自我安慰，狂妄自大，自轻自贱，掩饰自卑，妒忌及贬低别人的成就。

15. 宽容—刻薄（graciousness vs meanness）：宽容，气量宽宏，有容人之量，不斤斤计较，不念旧恶，乐观和宽宏大量，处事不拘于形式，对他人易接纳，关心别人的幸福。

16. 自我—社会取向（self vs social orientation）：不愿与人交往，愿独处，不愿参加与他人合作的活动，不从众，自信，独来独往，悠然自得，独立性较强；不需要接受他人帮助，极少受他人影响，不喜欢别人干涉。

17. 老实—圆滑（veraciousness vs slickness）：忠于事实，坚守原则，讲真心话，做事老实，当老实人，放集体利益于个人利益之前，较呆板。

18. 传统—现代性（traditionalism vs modernity）：遵从传统，思想保守，维护封建礼教，不敢越雷池一步，对新观念、新事物拒不接受，服从权威。

19. 人情（ren qing；relationship orientation）：主动加强人际关系，联络感情，投其所好，客气，往往因过分注意他人的需求而失去原则，讲关系，愿意协助别人加强联系，跟别人保持长远的相互关系。

20. 纪律性（discipline）：重纪律，刻板，墨守成规，固执，有条理，讨厌外界干扰原定计划，想尽方法去遵从一定的规则及传统，思想狭窄，害怕不可预测的事情发生。

21. 和谐性（harmony）：以和为贵，能忍自安；息事宁人，与世无争，和睦相处，心平气和，知足常乐，谨慎地避免开罪别人。

22. 节俭—奢侈（thrift vs extravagance）：生活简朴，使用金钱及物资时注意节约，消费时强调物有所值甚至物超所值，量入为出，不在乎所拥有或使用的东西是否过时。

23. 容人度＊（interpersonal tolerance）：接纳别人，容易与人合作，合群，平易近人，开通，能接受不同的人。

24. 人际触觉＊（social sensitivity）：善解人意，能感同身受，愿意聆听和沟通，明白事理，有良好人际关系，易相处，可亲近。

25. 新颖性＊（novelty）：创新，喜欢学习新事物，探索，有创作力，愿接受转变，愿意面对挑战，能应付转变，不喜欢固定的方式，怕沉闷。

26. 多样化＊（diversity）：兴趣广博，有活力，敢于/愿意尝试，愿意接受不同事物，喜欢探索，广交朋友/交游广阔，能与不同的人合作，喜欢多姿多彩的生活，多样化。

27. 多元思考＊（divergent thinking）：有思考力/才智，好奇，有创作力，洞察力，从多方面/不同角度去考虑问题，思想灵活，善于将不同层面的意念融会贯通，可掌握抽象思维。

28. 唯美感＊（aesthetics）：对艺术有兴趣，欣赏美术，音乐，美感，有文化修养，优雅，艺术气质。

道家人格各维度与 CPAI 各维度间的相关见表 2 - 19。

表 2 - 19　　　　　道家人格各维度与中国人个性（CPAI）

	NOV	DIV	DIT	LEA	LA	AES	EI	ENT	RES	EMO
1	0.055	0.113	0.211**	0.084	0.204*	0.015	0.167*	0.042	0.064	-0.029
2	0.033	0.108	0.110	-0.006	0.147	0.035	0.038	0.011	-0.043	-0.164*
3	0.085	0.102	0.151	0.160*	0.260**	-0.015	0.057	0.023	0.165*	-0.045
4	-0.025	0.042	-0.003	-0.035	-0.061	-0.034	0.025	0.035	-0.167*	0.048
5	0.072	0.032	0.058	-0.002	0.178*	0.073	0.037	0.040	0.095	0.024
6	-0.011	0.030	0.016	-0.026	-0.029	0.022	0.005	0.052	-0.151	0.158*
7	0.116	0.135	0.140	0.067	0.152	0.085	0.089	0.075	0.132	-0.212*
8	0.041	0.149	0.134	0.145	0.193*	0.110	0.087	-0.006	0.048	-0.094
9	0.024	-0.093	-0.034	-0.178*	-0.089	-0.157	-0.195*	-0.081	0.031	0.027
10	0.065	0.146	0.146	0.149	0.211*	0.071	0.046	0.003	0.101	-0.122
11	0.120	0.111	0.164*	0.142	0.163*	0.016	0.084	0.049	-0.065	-0.074
	IS	PRA	OP	MET	FAC	IE	FAM	DEF	GM	INT
1	-0.032	0.086	0.153	0.001	-0.020	-0.015	0.090	-0.024	-0.015	0.049
2	-0.097	0.032	0.139	0.10	-0.118	0.100	0.050	-0.125	0.113	0.076
3	-0.125	0.127	0.218**	0.167*	0.112	0.030	0.102	0.141	0.081	0.018
4	0.028	-0.031	-0.012	-0.164*	0.179*	-0.026	-0.159*	0.077	-0.052	-0.016
5	-0.107	0.059	0.039	0.118	0.168*	-0.006	0.048	-0.016	0.092	0.028
6	0.010	-0.130	-0.100	-0.070	0.022	0.164*	-0.084	-0.033	-0.013	0.109
7	-0.143	0.031	0.260**	0.086	0.070	0.017	0.086	-0.072	0.076	-0.031
8	-0.131	0.161	0.206**	-0.024	-0.035	0.008	0.192*	-0.147	0.069	0.050
9	0.072	-0.148	-0.028	0.019	-0.043	-0.114	-0.215**	-0.035	-0.064	0.028
10	-0.066	0.143	0.191*	0.032	0.094	0.059	0.070	0.048	0.021	0.056
11	-0.110	0.025	0.045	-0.024	-0.052	0.115	0.075	-0.031	0.112	-0.002
	SS	VS	TM	REN	SOC	DIS	HAR	TE		
1	-0.010	0.113	0.017	0.086	0.101	0.023	0.072	-0.049		
2	-0.070	0.153	-0.219**	0.115	-0.012	-0.099	0.053	-0.091		
3	0.049	0.145	0.029	-0.024	0.233**	0.116	0.080	0.006		
4	0.005	-0.067	0.020	0.027	-0.086	-0.123	-0.007	-0.013		
5	0.082	-0.030	0.009	0.151	0.008	0.058	0.119	0.067		
6	0.124	-0.021	-0.094	0.023	-0.033	-0.105	-0.007	0.085		
7	-0.085	0.171*	0.025	0.098	0.161*	0.089	0.076	-0.029		
8	0.034	0.141	-0.075	0.107	0.182*	0.082	0.052	-0.033		
9	0.052	-0.103	0.031	0.019	-0.204*	-0.071	-0.037	0.045		
10	0.024	0.092	0.020	0.085	0.194*	0.046	0.149	-0.043		
11	0.075	0.072	-0.002	0.065	0.028	0.001	0.035	0.077		

注:1:自然;2:本真;3:联系;4:矛盾;5:变化;6:躁;7:静;8:柔韧;9:超脱;10:谦退;11:寡欲;12:新颖性;13:多样化;14:多元思考;15:领导性;16:理智—情感;17:唯美感;18:外—内向;19:开拓性;20:责任感;21:情绪性;22:自卑—自信;23:务实性;24:乐—悲观;25:严谨性;26:面子;27:内—外控制点;28:亲情;29:防御性;30:宽容—刻薄;31:容人度;32:自我—社会取向;33:老实—圆滑;34:传统—现代性;35:人情;36:人际触觉;37:纪律性;38:和谐性;39:节俭—奢侈

（二）道家人格与西方五因素人格（NEO 简式）

NEO 人格问卷（NEO Personality Inventory，NEO – PI）是由美国心理学家科斯塔（P. T. Costa）和麦克雷（R. R. McCrae）据人格的"大五"（the Big Five）结构理论编制的人格五因素问卷。作者从 1978 年开始编制问卷，最初只用于测量人格的神经质（Neuroticism）、外向性（Extraversion）和对经验的开放性（Openness to Experience），后来于 1985 年又增加了两个新维度，即随和性（Agreeableness）和尽责性（Conscientiousness）的成人。在不断对问卷进行修订和改进后，作者于 1992 年出版了 NEO 人格问卷的修订版——NEO – PI – R。该问卷仍包括自我报告和他人评定两种形式，适用于 16 岁以上的青少年和成人。每种问卷由 240 个陈述句组成，如，我经常感到无助，并希望他人能解决我的问题。用五点量表，从非常不同意到非常同意进行评定计分。问卷包括了"大五"理论所提供的五个大维度，其中每个维度又包含六种成分，每种成分用八个项目测试，NEO 各因素的具体内涵如下：

（1）神经质。在该维度上得高分者，可能会有出现某种精神问题的危险性。低分者具有情绪稳定、冷静、放松等特点，并有能力面对紧张而有压力的情境。其六种测量子成分是焦虑、愤怒、敌意、抑郁、自我意识清醒、冲动性和脆弱性。（2）外向性。在此维度得高分者的特点是：合群、喜欢刺激、精力充沛且乐观。其测量的子成分有热情、合群、果断、活跃、寻求兴奋和积极情绪。（3）开放性。高开放性的个体对自身和外界都充满好奇，他们生活经验丰富，思想充满新意，价值观念不保守。其测量子成分有想象力、审美能力、感觉、行动、思想和价值。（4）随和性。得高分者是亲社会的，他们乐于助人，信任他人。低分者具有怀疑他人，不愿与他人合作等特点。测量子成分有信任、诚实坦率、利他、顺从、谦逊和善心。（5）尽责性。高分者的特点是做事有目的、有计划，可靠，低分者的特点是缺乏原则性。测量子成分为能力、秩序、责任心、努力成功、自律和谨慎从容。在道家人格量表各维度上得分高者，往往内心宁静而安适、顺任周围之人、事、物的环境，为人处事刚进而灵活，待人谦退、与物少欲而能超脱一己之私、一己之观，性情率直而真诚。由上述两个构念的内涵出发，研究假设认为：道家人格多个维度将与 NEO 之神经质因素呈显著负相关，个别维度与外向性、开放性、随和性和尽责性呈显著正相关。具体而论，道家人格之静及本真将与外向性，本真将与随和性和开放性，谦退将与随和性，柔韧将与尽责性呈显著正相关。

本研究使用的是大五人格问卷（NEO – FFI）简版，由 Costa 和 Mc-Crae 等于 1992 年编制，共 60 个项目组成，包括神经质、外向性、开放性、随和性和尽责性五个维度，每个维度 12 道题，不再区分子维度。

研究假设：道家人格量表多个维度与 NEO 简式中的神经质呈高的负相关，个别维度与随和性、外倾性及尽责性高正相关。具体而论，静及本真维将与外向性，本真将与随和性和开放性、谦退将与随和性，柔韧将与尽责性呈显著正相关。

被试：114 名本科二年级大学生，被试的平均年龄及标准差为 20.23 ± 0.95。

工具：NEO 简版

量表说明：NEO 人格问卷（NEO Personality Inventory，NEO – PI – R）是由美国心理学家科斯塔（P. T. Costa）和麦克雷（R. R. McCra），根据人格的"大五"（the Big Five）结构理论编制形成的。作者从 1978 年开始编制该问卷，最初只用于测量人格的神经质（Neuroticism）、外向性（Extraversion）和对经验的开放性（Openness to Experience）。后于 1985 年又增加了两个新维度，即随和性（Agreeableness）和尽责性（Conscientiousness）。在不断对问卷进行修订和改进后，作者于 1992 年出版了 NEO 人格问卷的修订版——NEO – PI – R。该问卷包括自我报告和他人评定两种形式，适用于 16 岁以上的青少年和成人。每种问卷由 240 个陈述句组成，如，我经常感到无助，并希望他人能解决我的问题。采用五点计分法，从非常不同意到非常同意进行评定计分。问卷包括了"大五"理论所提供的五个大维度，其中每个维度又包含六种成分，每种成分包含有八个项目。本研究使用由中科院心理所张建新教授提供的大五人格问卷（NEO – PI – R）中文简版。原版由 Costa 和 McCrae 于 1992 年编制，共 60 项目组成，包括神经质、外向性、开放性、随和性和尽责性五个维度，每个维度 12 道题并不再区分子维度。

道家人格各维度与 NEO 简式各维度间的关系，见表 2 – 20。

表 2 - 20 道家人格各维度与 NEO

	神经质	外倾性	开放性	随和性	尽责性
自然	- 0.484 **	0.315 **	0.073	0.220 **	0.300 **
本真	- 0.206 *	0.294 **	0.103	0.171 *	0.032
联系性	- 0.295 **	0.351 **	0.224 **	0.437 **	0.471 **
矛盾性	0.608 **	- 0.227 **	0.091	- 0.379 **	- 0.355 **
变化性	- 0.077	0.093	0.070	0.067	0.022
躁	0.593 **	- 0.296 **	- 0.061	- 0.414 **	- 0.451 **
静	- 0.398 **	0.228 **	0.176 *	0.281 **	0.370 **
柔韧	- 0.335 **	0.160	0.198 *	0.285 **	0.448 **
超脱	0.234 **	- 0.061	0.000	- 0.394 **	- 0.396 **
谦退	- 0.285 **	0.080	0.176 *	0.342 **	0.320 **
寡欲	- 0.148	0.056	0.056	0.173 *	- 0.042

（三）道家人格与超脱价值观及目标追求

道家人格与超脱价值观

道家思想从性质上来讲，到底是积极的还是消极的，是会令人沉沦还是会令人奋进，这些都是其历来饱受争议之点。各学者站在各自不同的立场上（如儒家、佛家、道家或中国传统文化），对道家思想动力机制的性质提出了许多不同的看法。总结起来，无外乎是：其从性质上讲，到底是消极还是积极的？或是积极与消极并存的？历来在道家之人生态度和人生进取的动力机制上，有着这样的看法：儒家的人生观是积极的，而道家的人生观则是消极的，两者之人生进退之道或者入世与出世的人生态度，从总体上是有差异的，甚或是对立的（肖群忠，2002）。老子之"无为"实质上包含了一种对自然、社会和人生无能为力的消极含义（章启群，2008）。尽管如此，但也不能就此一般地否定认为，道家对问题的解决方式在特定范围内所具有的特殊的积极价值（冯达文，1992）。譬如庄子思想"对后世的影响更有消极和积极的两种，而主要的则是最后一种"（严北溟，1980）。又譬如老子，其在寻道、行道与返道的过程中，也彰显出了个体的主体状态、主体认知等主体精神，其对现代社会也具有诸多积极的启示（肖祥，2005），而且老子思想中暗含的法律思想也具有积极的作用（徐进、姬红艳，1995）。也有学者认为老子"自己而然而向自身产生出一种肯定性的要求之时，他就展现出老子自然观念中的'积极意义'或'肯定性意义'，……要求他人对作为他者的'自我'的'自己而然'加以尊重和不得干涉之际，它就展出老子自然观念中的'消极意义'或'否定性意义'。"（王庆节，2004）"消极"与"否定"和"积极"与"肯定"，此两者共同构成了老子的"自然"观念。本研究试图通过与道家思想及道家人性论一脉相承的道家人格量表，通过考查其与超脱价值观和目标追求的出入世间的关系。一方面，为进一步确证该问题提出一定的证据。另一方面，也是对道家人格之构念效度给出进一步解释的必要。可以说，对道家人格之构念效度的说明，必然伴随着有关道家思想到底为消极和积极的争议。

其实，老子并不强调超脱，也并未提出超脱一词。但其所著的《老子》一书中，却隐含了超脱的核心要义。老子讲"不自私，不自矜，不自是，不自伐"，强调不要执著于一己之念，也认为应该"少私寡欲"，要求统治者不要执著于外物，提出"人法地，地法天，天法道，道法自然"（二十五章）的要求。同时要求人们行为处事，尤其在处理人与自然的关系上，讲究和谐，不要"竭泽而渔"。而真正明确提出"超脱"思想，并给予详细解释并高度颂扬的是庄子。庄子笔下刻绘的许多人物均具有"超脱"的容貌。其或者在行为上，或者在精神上，这些人的最高境界是"成圣"、"得道成仙"。庄子讲"至人无己"（《逍遥游》），"圣人无名"（《逍遥游》）。圣人"以天为宗，以德为本，以道为门，兆于变化"（《天下》），圣人能够"遭之而不违，过之而不守"（《知北游》），也能"淡然无极而众美从之"，此之为"天地之道，圣人之道"（《刻意》）。这些人在精神上能超脱自己，而达至"神仙"之境。庄子云："藐姑射之山，有神人居焉，肌肤若冰雪，绰约若处子。不食五谷，吸风饮露。乘云气，御飞龙，而游乎四海之外。其神凝，使物不疵疠而年谷熟。"（《逍遥游》）精神上，其能完全超脱外物而"聋盲"——"然。瞽者无以与乎文章之观，聋者无以与乎钟鼓之声。岂唯形骸有聋盲哉？夫知亦有之。"总结起来，道家老庄思想之超脱，既有超越世俗生死苦乐之意，也有超越世俗是非善恶之意，更有超越自我之内涵（李霞，1998）。

而这一思想与儒家则明显不同，尤其反映在两者之核心概念"道"上。老子思想是出世的，但孔子的思想则是入世的。但两者相对于佛家而言，又都是入世的，只是以不同的方式来入世罢了。孔子所主张的是人之伦理道德，乃是人道。孔子试图以仁释礼，以礼德来治国。而老子所主张的是天道，天之道则以自然无为为特征。老庄道家之道，是超体验、超现实的，追求的是精神的超脱。但孔子之道是体验的、实在的，其以务实为要（詹栋梁，1967）。

总之，与道家思想和道家人性论一脉相承的道家人格，从整体上将染上明显的超脱色彩。落实到具体的人性心理层面，其整体的超脱色彩将反映在：其与超脱价值观中的许多维度将有高的相关，而与目标追求的出入世中的出世维正相关，与入世维则负相关。

研究假设：道家人格多个维度与超脱价值观高正相关。

被试：135 名二年级本科大学生，被试的平均年龄及标准差为 20.32 ± 1.14 周岁。

工具：精神超脱量表。该量表由周亮（2003）等根据杨德森的构思编制，其理论基础是道家思想及道家认知治疗方法，其目的是用来测量被试对"事业追求"及"个人生活与信仰"层面出入世的程度，以为道家认知疗法的治疗提供客观的测量工具，形成该量表的被试为大专院校 152 名大学生和 318 名长沙市社区居民，该量表具有较好的信度与效度，符合心理学测量学的要求。该量表每题有四种选择，按 1—4 计分，总分越高，表明受试者精神超脱的程度越高。反之，总分越低，说明受试者各方面投入程度越低。比较各题分数，可从整体上区分全面投入与全面超脱的受试者，也可发现个别领域特别投入而其他领域特别超脱态度的受试者。量表所包含的 12 个问题可以概括为两大类：可计算"事业追求"与"个人生活与信仰"两个因子分。本研究中，超脱价值观量表总分及因子 1 "事业追求"和因子 2 "个人生活信仰"的 Cronbach α 系数分别为：0.695、0.665、0.438，其平均数和标准差分别为：27.72 ± 4.31；18.44 ± 3.25；9.28 ± 4.31。道家人格各维度与超脱价值观之关系见表 2 - 21。

表 2 - 21   道家人格各维度与超脱价值观

	自然	本真	联系	矛盾	变化	静	躁	柔韧	超脱	谦退	寡欲
1	-0.109	0.114	-0.193**	-0.039	-0.074	0.000	0.084	-0.296**	-0.022	-0.014	0.268**
2	-0.097	-0.020	-0.139*	0.159*	-0.008	-0.057	0.337**	-0.183*	0.017	0.062	0.017
3	-0.124	0.078	-0.205**	0.098	0.052	-0.024	0.209**	-0.302**	-0.009	0.016	0.210**

注:"1":事业追求;"2":个人生活与信仰;"3":精神超脱总分 = 事业追求 + 个人生活与信仰。

道家人格与目标追求的出入世

研究假设:道家人格多个维度与目标追求出入世的"平常心"高正相关,与"在乎结果"负相关,与"拼搏精神"负相关,而与"低要求"无关或负相关。

被试:95 名大学生,平均年龄与标准差 20.91 ± 1.04。

工具:目标追求的出入世心理测评量表。该量表由杨宏飞(2006)编制,量表包括 4 因素共计 18 个条目。量表各因素分别为:拼搏精神(6 个条目)、平常心(5 个条目)、在乎结果(4 个条目)和低要求(3 个条目)。"拼搏精神"反映积极进取、努力奋斗的心理,"平常心"反映凡事不强求、甘于平庸的心理,"在乎结果"反映了情绪容易受奋斗结果影响的心理,"低要求"反映了对自己要求不高和降低要求的心理。本研究中,目标追求的出入世心理测评总量表及拼搏精神、平常心、在乎结果和低要求各个维度的 Cronbach α 分别为:0.525、0.716、0.626、0.553、0.686,其平均数和标准差分别为:81.84 ± 9.19、28.52 ± 5.71、22.85 ± 5.01、19.13 ± 3.86、11.35 ± 3.88。道家人格各维度与目标追求的出入世间的关系见表 2 - 22。

表 2 - 22   道家人格各维度与目标追求的出入世

	自然	本真	联系	矛盾	变化	躁	静	柔韧	超脱	谦退	寡欲
1	0.195	0.244*	0.375**	-0.227*	-0.182	-0.200	0.008	0.602**	0.060	0.250*	-0.095
2	0.115	0.215*	0.204*	0.155	0.122	-0.049	0.218*	-0.131	-0.089	0.030	0.475**
3	-0.099	-0.050	0.145	0.014	-0.026	0.050	-0.225*	0.191	0.064	-0.094	-0.250*
4	-0.122	-0.084	-0.166	0.237*	0.208*	0.192	0.067	-0.412**	0.082	-0.134	0.357**
5	0.091	0.213*	0.335**	0.050	0.031	-0.049	0.058	0.208*	0.050	0.076	0.246*

注:"1":拼搏精神;"2":平常心;"3":在乎结果;"4":低要求;"5":目标追求总分。

（四）道家人格与性别角色

儒道系中国远古思想最主要的继承者，其内容以阴阳和虚实互补的形式表现出来。具体而论，儒家继承了传统夏、商、周文化中刚进有为、积极进取的精神，表现为一种带有明显父系宗法氏族社会的典型特征，呈现出中国传统文化中阳刚的一面。儒家文化中的"刚健中正"、"天行健，君子以自强不息"、"仁以为己任，死而后已"、"富贵不能淫，贫贱不能移，威武不能屈"、"为天地立心，为生民立命，为往圣继绝学，为万世开太平"的论说，无一不体现了儒家的阳刚之气。相对而言，道家则贵柔，称颂水德、坤德，以柔弱不争、顺应自然为典型特征，是一种带有明显女性阴柔之气的思想，它继承了中国传统文化中母系氏族社会的女性气质和精神。吴怡在其《中国哲学的生命和方法》一书中讲道："（老子）讲婴儿，讲玄牝，讲水，讲柔弱，讲慈，讲俭，可说无一不与女人有关。"因此，老子哲学是"彻头彻尾的女人哲学"。仔细分析一下就会发现，在《老子》一书中，充满了有关生殖及生殖崇拜的遗迹，如谷、牝等。其所谓的三宝，似乎也是对女性处世经验和智慧的继承和总结。而从其所建构的理想社会来看，其女性特色更是明确无疑（程伟礼，1988）。由此，研究假设认为道家人格多个维度将与女性正性性别角色高正相关。

研究假设：道家人格得分高者，其女性性别角色得分也高，两者在多个维度上呈高正相关。

被试：85名大学生，平均年龄与标准差为 20.47±1.16。男38名，女47名。二年级55名，三年级30名。专业为理工科和文科。

工具：大学生性别角色量表（钱铭怡，2000）。

量表说明：中国大学生性别角色量表。该量表由钱铭怡等修订，包括男性正性量表、男性负性量表、女性正性量表、女性负性量表及干扰词表五个分量表，每个分量表包括20个词，共100个词。将上述描述词随机排列后形成正式量表。以被试在两个正性量表上的得分为依据，用Spence的中位数分类法划分每个被试的性别角色类型，即计算男性正性量表得分和女性正性量表的中位数，然后以此为标准，把被试分为四种角色类型：高M低F为男性化类型，低M高F为女性化类型，高

M 高 F 为双性化类型，低 M 低 F 为未分化类型。以 380 名大学生为被试的研究表明该量表具有良好的信效度。本研究未纳入上述性别角色量表的干扰词表，大学生性别角色量表中，男性正性、女性正性、男性负性、女性负性各维度的 Cronbach α 分别为：0.855、0.891、0.892、0.823，四种性别角色类型的分布见表 2 - 23。道家人格各维度与性别角色之关系见表 2 - 24。

表 2 - 23　　　　　　　　　　　　四种性别角色类型的分布

被试	男性化类型	女性化类型	双性化类型	未分化类型
男性被试	9 (23.68%)	7 (18.42%)	10 (26.32%)	12 (31.58%)
女性被试	8 (17.02%)	12 (25.53%)	12 (25.53%)	15 (31.91%)
全部被试	17 (20.00%)	19 (22.35%)	22 (25.88%)	27 (31.76%)

表 2 - 24　　　　　　　　道家人格各维度与性别角色（全部被试）

	躁	静	联系	矛盾	变化	柔韧	自然	超脱	谦退	寡欲	本真
1	-0.177	0.281**	0.249*	-0.085	-0.130	0.335**	0.519**	0.370**	0.112	0.002	0.448**
2	-0.142	0.385**	0.370**	-0.192	0.147	0.492**	0.386**	-0.325**	0.590**	0.478**	0.400**
3	0.122	-0.156	-0.047	0.311**	0.028	-0.030	0.143	0.775**	-0.105	-0.363**	0.097
4	0.254*	-0.205	-0.009	0.363**	0.146	0.072	-0.093	-0.015	0.158	0.174	0.035

注："1"：男性正性；"2"：女性正性；"3"：男性负性；"4"女性负性。下同。

当全部被试仅为男性或女性时，道家人格各维度与性别角色四种类型间的关系，见表 2 - 25 和表 2 - 26。

表 2 - 25　　　　　　　　道家人格各维度与性别角色（男性被试）

	躁	静	联系	矛盾	变化	柔韧	自然	超脱	谦退	寡欲	本真
1	-0.030	0.094	0.440**	-0.015	-0.005	0.211	0.500**	0.465**	0.076	0.122	0.528**
2	-0.172	0.296*	0.478**	-0.183	0.137	0.530**	0.357*	-0.286	0.650**	0.306*	0.338*
3	0.204	-0.267	0.115	0.511**	0.094	-0.122	0.257	0.817**	-0.075	-0.318*	0.102
4	0.099	-0.239	0.122	0.368*	0.014	-0.004	-0.008	0.023	0.316*	0.175	-0.003

表 2 - 26 道家人格各维度与性别角色（女性被试）

	躁	静	联系	矛盾	变化	柔韧	自然	超脱	谦退	寡欲	本真
1	-0.189	0.324 *	0.093	-0.043	-0.204	0.349 *	0.455 **	0.290 *	0.057	-0.094	0.446 **
2	-0.088	0.424 **	0.287 *	-0.166	0.185	0.453 **	0.394 **	-0.383 **	0.538 **	0.591 **	0.441 **
3	0.081	-0.096	-0.201	0.175	-0.034	0.025	0.014	0.729 **	-0.156	-0.407 **	0.101
4	0.289 *	-0.096	-0.082	0.306 *	0.231	0.221	-0.019	-0.028	0.132	0.191	0.050

（五）道家人格各个维度的效标关联效度

自然、本真维与儒家传统价值观

儒家内圣外王的理想，以及以仁礼建构为核心的、由个人推及社会的人生价值和人生理想的践行道路，同时力求将个人的生命融入历史进程的主旨，在面对社会政治现实时，就会显现出其自身无法克服的矛盾和冲突，尤其是处于士大夫阶层的知识分子，在面临出世与入世等人生进退取舍的难题之时，可能更会如此。在封建专制社会中，就个人而言，外王之道很难甚或几乎不可能完全实现，因为并非人人都能为统治者所用；就算为其所用，也不一定就能施展其人生理想和抱负。当面对此情此境时，儒家提供给人的选择，无非是简单地"以道事君，不可则止"、"邦无道""卷而怀之"，但针对伴随行为失意时对失意情绪的调控策略却非常缺乏。另外，在现实行为世界中，"仁"和"仁德"等为人的内在品德，往往不易为人所察。毕竟是否具备某一道德品质，仍只能从行为上加以考察。因此，在行"仁"之时，是否真具有"仁"的实质内容就会逐渐沦为"礼"的工具。礼由此而变为了一种僵化的规章制度，并逐渐失去了"仁"的内核。知识分子在面对"仁"与"礼"的冲突时，要么选择坚持"仁"的实质，要么会面对来自"礼"和群体性的冲突。但如果选择"礼"，则可能会在须臾间违"仁"。在仁与礼之间，在社会责任与个人价值之间，儒家再次陷入了冲突之中。总的看来，儒家难以为人们提供与入世和内圣外王不同的、可供选择或起调剂作用的价值信念和选择系统。在践行中，一旦无法实现外王的理想或违"仁"，一旦历史使命与个人命运发生冲突，儒家就在提供人生终极价值的选择道路上陷入软弱无力之境，要么"知其不可而为之"，要么"卷而怀之"。至于精神和心灵该何处安放和寄托，儒家就很难自圆其说了。这样一来，现实生活实践中，就非常需要另外一种人生哲学体系，以提供一条能够有效缓解此冲突所带来的精神和心灵的苦痛之道。道家学说的独特特征以及所提供的处世之道，恰能为缓解此一人生的冲突提供良药和进退缓解之道。

　　道家人生哲学以回归自然、任性逍遥、追求本真为价值取向。在"礼"远离"仁"，或志不得显的现实处境中，这一人生价值观就为儒家知识分子提供了精神和心灵的寄托，并为缓解内心的现实冲突提供了解决之道。一方面，道家追求自然和本真，对虚饰的"仁"，违背内心的"仁"及束缚人内心本真自然之情欲的"礼"深厌痛绝，其对人在社会中的异化现象提出了尖锐的批评。老子讲："大道废，有仁义；智慧出，有大伪；六亲不和，有孝慈；国家昏乱，有忠臣。"（《老子》十八章）这一视角为知识分子提供了对现实的一种时刻保持批判的头脑。哪怕在社会最黑暗、人性和人的价值被严重异化的时代，这一批判的视角仍然能够让知识分子在对社会的批判中寻找到自己人生的价值和意义，找到自己个体的独特价值和人生真意，尤其是在社会黑暗到无法让人作出积极的正向回应时。

　　在道家看来，儒家所倡导的积极入世、积极有为、促成国家社会进步的力量，其实质只会导致人的价值的失落。在某种意义上来讲，其实前进就是后退。老子讲："故失道而后德，失德而后仁，失仁而后义，失义而后礼。失礼者，忠信之薄，而乱之首。"（三十八章）人生的意义，并不像儒家所言在于将个体命运融入历史中，在历史政治中实现其价值。道家肯定人的生命价值本身，作为一个人，其本身就因为有生命而具有价值，并不需要在历史王道中实现。个体能回归自然本真之态，能像一个人本来如此那样为人，就是人世间最大的幸福，就是人生命意义的体现，而在"独与天地精神往来"中，生命就在超越中获得了精神和心灵的安慰。这样一来，道家就提供了与儒家不同但又可补充和缓解儒家内在冲突的另一种人生价值体系，在此价值体系中，人应该追求自己本身如此的状态，而且这就是生命本身的意义和价值。外在的一切，包括"礼"，都是对人生命本身的束缚。人的快乐和精神家园，在人与自然的逍遥之中，在复归人性之自然本真的状态中，才能得到真正的、也是最终的快乐和安适。总之，道家为儒家知识分子在面临儒家固有的内在矛盾和冲突时，提供了另外一条可供选择和借鉴的人生价值实现之道。其所提供的对现实独特的批判眼光，能为知识分子不得志或在"礼"违背"仁"的黑暗社会中，提供一种表面"逃避"的临时之道，并在自然中寻求得到精神和心灵的安慰和自适。可以说，道家为儒家知识分子提供了一条在面临社会现实困境时的新路，包括人生价值的本质、价值实现的途径等。

老庄之"自然本真"的思想内核，在解构由儒家伦理束缚的人性方面，起到了重要作用。儒家这种对人性的建构和束缚，突出体现在由儒家伦理之"仁"、"礼"为核心，在此基础上所建构的伦理"人道"，以及个体所具有的集体性和个体的社会化和社会性。而道家则恰与之相反，道家十分重视个体作为自然人的"自然之性"，追求个性的解放与超脱，并力求摆脱社会及伦理对人无谓的束缚，并最终回归人之自然本真之性。也正因为此两者中，一者重伦理道德，一者重天道及自然之理，由此而形成了儒道互补的稳定格局。儒道互补中，道家学派主要吸取儒家的伦理道德学说，以增加其对现实社会生活及政治的适应性。而儒家则主要吸取道家有关宇宙生成论、宇宙本体论乃至道家的心性修养之说，以增加其理论的哲学基础，并充实其自然之性。鉴于以上分析，本研究提出了如下假设：儒家传统价值观的多个维度，尤其是有关面子等与真实"现实"不符的维度，将与道家人格之自然和本真维呈显著负相关。

研究假设：自然、本真维与家庭主义负相关；与面子关系负相关；与团结和谐和克难刻苦无关或低的正相关。

被试：201 名大学生，平均年龄和标准差 20.88 ± 1.702。男 109 名，女 92 名。一年级 70 名，二年级 55 名，三年级 76 名。理工科 110 名，文科 91 名。

工具：儒家传统价值观量表（杨国枢，2004）。

量表说明：儒家传统价值观量表，共有 40 个项目，按照全不重要、有点重要、相当重要、非常重要程度，依次划分为 1—4 分评分等级。量表包括五个因素："家庭主义"（共 11 道）、"谦让守分"（共 9 道）、"面子关系"（共 10 道）、"团结和谐"（共 8 道）、"克难刻苦"（共 2 道）。这五个因子可解释总变异的 47.2%，每个因子分别可解释总变异的 29.1%，6.8%，4.3%，3.6% 及 3.4%，五个因素之间的相关均在 0.53—0.78 之间，相关系数显著大于零，表明这五个因素互有关系而非彼此独立。五个分量表的信度分别为：0.87，0.82，0.71，0.84，0.60。

本研究中，儒家传统价值观总量表及各个维度（家族主义、谦让守分、面子关系、团结和谐、克难刻苦）的 Cronbach α 系数分别 0.956、0.889、0.830、0.858、0.848、0.493。其平均数和标准差见表 2 - 27，道家人格自然本真维与儒家传统价值观的关系，见表 2 - 28。

表 2 - 27　　　　　儒家传统价值观各维度的平均数与标准差

	家庭主义	谦让守分	面子关系	团结和谐	克难刻苦	价值观总分
平均数	39.0964	26.2828	27.3636	28.6633	5.8995	16.9095
标准差	3.21283	3.25417	3.53504	2.63096	1.03959	1.64589

表 2 - 28　　　　　道家人格自然本真维与儒家传统价值观的相关

	家庭主义	谦让守分	面子关系	团结和谐	克难刻苦	价值观总分
自然	0.111	0.118	- 0.024	0.204 **	- 0.001	0.090
本真	0.231 **	0.141 *	- 0.158 *	0.164 *	0.117	0.148 *

道家人格联系、矛盾和变化与思维之创造性

关于道家思维方式所具有的特征，许多学者提出了不同的观点。朱伯崑认为："道家善于从反面或负面看问题"，"这种从反面看问题和追求负面价值的思维方式，可以称之为否定意识，构成了道家学说的主要特征。"这种反常识、反常态的思维方式，是指从反面来思考所处时代的常识、常规和问题，因此具有突破常规的思想和创造性特色（朱伯崑，1992）。王博则认为老子思维方式的特征有三：推天道以明人事，即以天占人；辩证思维；侯王中心，并且此三点特征具有强烈的史官色彩（王博，1993）。陈鼓应先生也认为："以天道推衍人事的思维方式乃是先秦道家特有的思维方式"（陈鼓应，1994）。任继愈（1999）、冯友兰（2004）等也都赞成老子的思想是一种"朴素"或"素朴"的辩证法思想。罗炽（1998）则进一步将中华民族的思维方式界定为：一种以辩证思维为核心的、经验的、非逻辑型的思维方式，认为它主要地表现为四种类型：（一）天人合一的整体思维；（二）奉常处变的循环思维；（三）寓理于象的形象思维；（四）得意忘言的直觉思维。并认为此一思维方式形成了具有鲜明

特色的中华民族的认知系统，而且这种认知系统"主要倾向是道家，而不是儒家"。还有学者指出，老子的思维方式是一种和谐型思维，其思维特征在于认为"世界的本性是和谐的，处于一种温和的律动状态，宇宙天地万物均衡地融合在一起，事物与事物之意也会趋向于相互协调或调和"（郭川雄，1997）。人与自然、人与社会、人与他人、人与己之间都是"合一不二"、"体用不二"的，"和谐"为自然万物实然的本性，也是人所应然的追求和对人的一种设限。人存在的意义，就在于追求一种"和谐"之境。总的看来，道家思维方式带有"辩证"的特征大体为大家所公认，只是"辩证"通常与"矛盾对立"相应地使用。但矛盾对立的辩证思维所显现出的，是西方的"张力型"、"冲突型"的色彩，但《老子》一书显现出的思维方式的特征，显然并不特别强调此种冲突与张力，而是强调对立方相互转化运动而复归于"道"的终极追求。另外，老庄都善用具体的形象来阐释深刻的道理。如在论"道"时，老子就用到了婴儿、赤子、玄牝、刍狗、江海、飘风、圣人等形象。在讲"道"之为物时，就以"水"之性来喻"道"。庄子在其《逍遥游》等篇中，也刻画了许多栩栩如生的形象，并以各种形象来论述其所谓之"道"。现代心理学认为，形象思维是指"人们利用头脑中的具体形象（表象）来解决问题"（彭聃龄，2006）。老庄所塑造的许多具体形象，既体现了他们对"道"的思考，也解决了向世人论说"道"的任务。就此意义而言，认为老子思维方式具有形象思维的特色是有道理的（谢清果，2002）。另有学者也提到了老庄思维的直觉特征，认为老庄思想"以直觉体悟为主要形式，奠定了中国传统思维方式的根基"（刁生虎，2002）。因此总结起来，道家老庄之思维方式大体具有以下一些特征：它是一种相对方相互依存、相互转化而作往返运动的和谐性思维，它带有明显的形象与直觉思维的特征。此处的"和谐性"是指道家思维方式的本质是"和谐"。而"和谐"之意与前述的"和谐型思维"中的"和谐"相同，是指处于一种温和的律动状态，与宇宙天地万物均衡地融合在一起，事物与事物之意也会趋向于相互协调或调和。其实不难发现，上述道家思维方式的特征，也体现了道家的自然宇宙论，思维方式的特征也与道家人生论及政治论具有内在的一致性。

　　一般认为，创造性思维是以感知、记忆、思考、联想、理解等能力为基础，具有综合性、探索性和求新性特征的高级心理活动，它是具有开创意义的思维活动，其能开拓人类认识的新领域，是开创人类认识新成果的思维活动，其结果是新的产品和观念等。创造性思维以思维的发散性为典型特征，强调思维中的求真求实性、批判性、连贯一致性、灵活性和综合性。而道家这种以联系、矛盾和运动变化为特征，强调辩证和谐的思想方式，与创造性思维有许多内在相通之处。如道家思维方式中的联系、矛盾和运动变化性与创造性思维中的发散性及思维的灵活性和连贯一致性，辩证和谐与创造性思维中的批判性及综合性，直觉思维方式与现代科技的方法论价值（刁生富、刁生虎，2000）。

除道家思维方式本身外，道家自然本真的核心内涵，也与创造性思维的求真求实的内涵实质相关。老子道家从其诞生之始，就与对社会的批判及批判性思考结下了不解之缘。尽管孔子与老子大体生活在同一时代，但在面临相同的社会背景时（礼崩乐坏，社会动荡，人民流离失所，宗法制度开始动摇，奴隶制向封建制过渡），孔子遵循了改良和重建的路线，老子则奉行消解的策略，主张用"自然"和"无为"的原则，从否定方面来达到对社会的消解。老子从对宇宙自然的体认出发，认为只有遵循自然无为的政治原则，方能回归到清静自然的社会，才是解决社会的真正之道。老子"反者道之动"的思想本身，就暗含了破旧与立新的内容。但道家老子立足于破，尽管"破"中并没有明显的类似于儒家的"立"的内容，但在"破"中，已经含藏着"立"的内容。创造性的核心是新思想和新产品的产生，既然是创新，就得破旧，不但要破旧，而且还得改进和创新。但无论如何，破是前提和基本条件，诚如爱因斯坦言："提出问题比解决问题更重要"，"提出问题"包含着破的过程，而"解决问题"则是一个欲立的过程。

在"破"与"立"的辩证中，更为可贵的是，道家追求个性解放、精神自由的思想，为古时人们摆脱儒家伦理的束缚提供了契机，保有了人本真的好奇与探索欲，激发了人的创造性。这一创造性突出反映在道家的科技实践活动对中国科技发展产生了重要的影响，而这一影响是其他任何一家学说都无法企及的。诚如李约瑟博士（1990）所言："在古代中国，只要谁发现哪里有自然科技的萌芽，哪里就会有道家涉足。"这一创造性活动，在道家经典著作（如《道德经》、《列子》、《淮南子》）里许多有关科技思想的论述中，均有所体现和反映，而且历史上道家道教的许多隐士，也或多或少均在从事一些自然科技方面的探究活动，如炼丹、观星等。在中国古代科学技术的成果方面，如天文物理、炼丹化学、算术、地理和气象，以及具体技术的发明及生命科学等多个领域，都能见到道家、道教的"身影"。甚至可以这么说，中国古代的化学、矿物学、生物学、医药学全都发源于道家（余明光、谭建辉，1997）。这一格局不但过去如此，直至现在，老子思维方式中蕴藏的自然人文主义色彩，以及其宇宙生成论思维特征，都已经对现代及未来科学的发展产生了重要影响（葛荣晋，1991）。鉴于以上分析，本研究假设认为，道家认知思维之矛盾联系和变化与创造性思维密切相关，表现为多个维度间均有高的正相关。

认知思维与创造性倾向

研究假设：思维的联系与矛盾性、变化性均与创造性倾向高正相关。

被试：77 名大三学生。男 34 名，女 40 名。专业为管理、人文和理工类。

工具：威廉斯创造性倾向量表（林幸台、王木荣，1988）

量表说明：威廉斯创造性倾向量表。该量表由台湾师范大学林幸台主持修订，量表共计 50 个题目。由被试者自陈其观念倾向，可以评价被试在好奇性（14 道）、想象力（13 道）、挑战性（12 道）和冒险性（11 道）四项行为特质上的表现以及总体的创造性倾向。该量表既可以计算维度分，也可以计算总分。量表为 3 点记分，很适合记 3 分，部分适合记 2 分，很不适合记 1 分。信度介于 0.49 至 0.81 之间，同时效度以《修订宾州创造性倾向量表》为效标，两者间的相关介于 0.59 至 0.81 之间。对此量表各维度的解释如下：

在好奇性特征上得分高，表明受测者具有下列个性品质：富有追根究底的精神；主意多；乐于接触暧昧迷离的情境；肯深入思索事物的奥妙；能把握特殊的现象并观察其结果。在好奇性特征上得分低，表明受测者不具备上述特征，影响受测者创造力的发展。

在想象力特征上得分高，表明受测者具有下列特征：善于视觉化并建立心象；善于幻想尚未发生过的事情；可进行直觉地推测；能够超越感官及现实的界限。低分者缺乏想象力，因而创造性不高。

在挑战性特征上得分高，表明受测者具有下列特征：善于寻找各种可能性；能够了解事情的可能性及现实间的差距；能够从杂乱中理出秩序；愿意探究复杂的问题或主意。低分者在这方面表现出因循守旧的特点，因而缺乏创造性。

在冒险性特征上得分高，表明受测者具有下列特征：勇于面对失败或批评；敢于猜测；能在杂乱的情境下完成任务；勇于为自己的观点辩护。而低分者缺乏冒险性，因而创造性不足。

本研究中，创造性倾向量表的总分及冒险、好奇、想象和挑战各维度的平均分和标准差分别为：110.80 ± 10.71、24.08 ± 3.05、31.65 ± 3.45、26.78 ± 3.98、28.29 ± 2.89。道家人格认知思维特征与创造性倾向的关系见表 2 - 29。

表 2 - 29　　　　　　　　道家人格认知思维与创造性倾向

	联系	矛盾	变化
冒险	0.434 **	- 0.155	0.172
好奇	0.350 **	0.208 *	0.253 *
想象	0.288 *	0.212 *	0.356 **
挑战	0.393 **	- 0.174	0.174
总分	0.449 **	0.055	0.310 *

道家人格认知思维与创造性思维

研究假设：认知思维的联系、矛盾与变化与创造性思维的各维度高正相关。

被试：96 名大二学生被试，男 45 名，女 51 名，专业为理工类。

量表说明：采用郑日昌、肖蓓玲编制的《创造性思维测验手册》（北京师范大学心理系，1993），

适合从初一到大学阶段的学生。全套练习从流畅性、变通性、独创性三个方面记分，以上三个分数加起来合成练习总分。各维度得分作如下解释：

流畅性（F1）：即迅速地产生大量意念和见解。

变通性（F2）：即思维变化多端，根据需要灵活改变思维方向。

独创性（O）：即产生新颖独特、别有见地的见解。

记分方法：本量表共有五大题目，即词语联想、故事标题、设计、添画和画影子。流畅性 F1 包括词语联想和故事标题两个部分。词语联想是指以给定的一个字开头，要求练习者在第一格中写出以此字开头的两个字或两个以上的词，然后再在第二格中填写以第一格的词末一个字开头的词，依此规则一直写下去，速度越快越好。共有四个刺激字，每字的时间为 2 分钟。F1 = 正确的词数 ×0.2 分。1、4 小题得分之和与 2、3 小题得分之和分别 4 舍 5 入成整数。故事标题中的数量分 F1 = 标题数量 ×1 分，明显不符合文章本意的标题不包括在内，此题共有两篇文章。词语联想的F1 得分与故事标题的 F1 得分相加为流畅性 F_1 总得分。

变通性 F2 包括设计、添画和画影子三大题。设计是指公园的一大块不平地上要建 7 个亭子，要求设计建亭子及道路的分布图样，使亭子的布局和道路的安排既美观又实用。亭子用小圆圈表示，道路用单线表示。尽可能设计出多种图样。F2 = 设计的类型数 ×1 分。不正确的设计除外，这种设计包括亭子数不等于 7 个、设计中有无路可通的亭子、根本无实用价值的设计等；添画是以每一个椭圆为基础，添补出各种不同的东西，不要求画得十分仔细、十分好，但要求别人一看就明白你画的是什么（不能用文字说明）。画的东西越多越独出心裁越好。记分标准是看不出什么东西的画不予记分，若个别画添加了文字说明，若这些文字本身组成画的一部分，则可以记分。F2 = 画的类型数 ×1 分。这里的类型数指概括程度较低的类型，如人（包括男人、女人、老人、小孩等，但机器人除外）、狗、兔、象、花、叶、盆、桌、凳、飞机、火箭、地球、太阳等，以上各算一个类型。画影子是给出 4 个常见的物体（正立方体、圆纸片、铅笔、圆锥体）。假设在夜晚用手拿着一个物体，使物体位于电灯的正下方、桌子的上方，则桌面上会有物体的影子。如果把物体任意转动，则物体影子的形状可能也会发生变化。要求把每个物体在任意转动时可能出现的各种形状的影子画出来，画出影子的轮廓即可（手的影子不要考虑）。F2 = 正确的影子类型数 ×1 分，要把各种不可能出现的影子排除掉，把相同类型的影子合并后再记分。设计、添画和画影子的 F2 得分相加为变通性 F2 总得分。

独创性 o 包括故事标题、设计和添画三个部分。故事标题中 o 有三种记分方法，o = 0，1，2 分。o = 0 指不太合适的标题，牵强附会的标题，只概括了文章的部分内容的标题；o = 1 指可以正式作为故事的标题，能点明文章的主题，概括文章内容；o=2 指机敏的，寓意深刻的，富有独创性的标题。设计中 o=美观、实用的设计数 ×1 分；添画中 o=富有独创性的画数 × 1 分。这种画是指（1）画的内容离自己生活范围相距较远的画，如行星、飞碟、降落伞、原子结构等；（2）从别有见地的角度观察食物，画出新颖独特的画；（3）虽然画的是日常生活中的食物，但构思巧妙，风趣地刻画出事物特征的画。三部分的 o 得分之和为独创性 o 总得分。一、二大题的得分相加为言语部分得分，三、四、五大题的得分相加为图形部分得分。

本研究中创造性思维测验的总分及其各维度的平均数和标准差，见表 2 - 30。道家人格认知思维与创造性思维测验各部分间的关系，见表 2 - 31。

表 2 - 30　　　　　　　创造性思维测验的平均数与标准差

	流畅性	变通性	独创性	言语	图形	总分
平均数	24.88	20.66	9.63	30.50	24.47	55.1563
标准差	7.950	7.773	6.700	10.788	9.945	15.40446

表 2 - 31　　　　道家人格认知思维与创造性思维测验各部分的关系

	联系	矛盾	变化
流畅性	0.083	- 0.372 **	0.219 *
变通性	- 0.047	- 0.073	0.215 *
独创性	- 0.089	0.089	0.335 **
言语	0.045	- 0.293 **	0.287 **
图形	- 0.077	0.033	0.275 **
总分	- 0.020	- 0.190	0.365 **

道家人格静、躁维与积极消极情感和主观满意度

老子特别强调人内心的"静而不躁"。老子讲："重为轻根，静为躁君"（《老子》二十六章）、"躁胜寒，静胜热，清静以为天下正"（四十五章）。老子认为：圣人能做到"致虚极，守静笃"（十六章）。但到底何为"静"、"躁"呢？这恐怕还得从老子之情欲观谈起。老子所论内心之"静"，首先表现不为外物所累，内心本真而知足安适，老子对统治者"朝甚除，田甚芜，仓甚虚，服文采，带利剑，厌饮食，财货有余"（五十三章）的奢靡生

活给予了痛斥，并不断告诫人们："五色令人目盲，五音令人耳聋，五味令人口爽，驰骋畋猎令人心发狂，难得之货令人行妨"（十二章），认为统治者"无欲"、"寡欲"则"民自朴"。但老子所言之"无欲"，绝非反对人们只满足自己的基本生理需要，而是主张要"见素抱朴，少私寡欲"，真正做到"为腹不为目"。由此可见，老子并不反对基本生理需要的追求与满足。只是在老子看来，基本生理性的需要并不是最重要的，但求"知足之足"足矣，而不可过度。在对人之欲壑难填的不断反对中，老子强调内心的安足与宁静，警告人们应防止过于追求声色之欲，而最终为物所限，并沦丧了"自己"，以致成为"倒悬之民"和"异化之体"。庄子认为人之欲太甚，既有"身安厚味美服好色音声"等生理欲望，还有"富贵寿善"等其他欲望。如果人们过于放纵自己的欲望，则会伤及人之本真之性。庄子讲："将盈耆欲，长好恶，则性命之情病矣"（《徐无鬼》），庄子认为"同乎无欲，是谓素朴。素朴而民性得矣"（《马蹄》）。在谈到人之情时，庄子提到了悲乐、喜怒、恶、哀等，但"恶欲、喜怒、哀乐六者，累德也"（《庚桑楚》）。情欲太盛则会累、会伤性，因此需"无情"方可。但"无情"并非真的无情，正所谓"人非草木，孰能无情乎"。所指"无情"，一方面是指"不以好恶内伤其身，常因自然而不益生也"（《德充符》）。另一方面则是指发挥自然本真之情。庄子说："真者，精诚之至也。不精不诚，不能动人。故强哭者虽悲不哀，强怒者虽严不威，强亲者虽笑不和。真悲无声而哀，真怒未发而威，真亲未笑而和。真在内者，神动于外，是所以贵真也"（《渔父》）。

综上所述，老庄所谓"无情"、"无欲"、"节情"、"节欲"，并非如宋明理学家们所提倡的"存天理，灭人欲"之"绝欲"，而是指不要放纵声色之欲，要"知足"而"常足"，同时也保持自己内心的本真自然之性情，也即"静"的境界。面对万物，要既不放纵自己的欲望而强占有之，也不要在万物面前无动于衷，而是顺应"自然"之欲，保有"本真"之性。因此，老庄之"静而不躁"既反映了情绪情感的"静"之状态，表现为不为外物所动，不为外物所累。同时，也间接反映了对生活（尤其是物质需求）的知足与满足。据此，研究假设认为，静暗示着积极的情感和高的生活满意度，而躁则正好与此相反。

研究假设：静与积极情感高正相关，与消极情感高负相关，而躁则恰好相反。内心保持宁静、思维上明了万事万物联系变化的道理，待人谦退、于物少欲、懂得超脱一己之私者，对生活的满意度也将会更高。

被试：84 名大二学生，男 40 名，女 44 名。专业为管理、人文和理工类。

工具：情绪量表（杨慧芳，2006）和生活满意度量表（蔡华俭，2008）。

量表说明：生活满意度量表（Satisfaction with Life Scale，SWLS）。该量表由 Diener 等于 1985 年编制。该量表迄今已在包括中国在内的全球 150 多个国家得到了广泛的应用，被证明具有良好的信度和效度。该量表共计五道题，按七点计分。情绪量表（Mood Form）由 Diener 和 Emmons 于 1985 年编制，分为积极情感和消极情感 2 个维度。杨慧芳等（2006）对此量表进行了中文版的修订，修订后量表的结构与原量表完全一致，各分量表的 α 系数分别为 0.877、0.802。本研究中，生活满意度量表的 Cronbach α 系数 0.835，平均分和标准差为 20.11 ± 6.72。情绪量表积极、消极情感的 Cronbach α 系数分别为：0.927 和 0.830，平均数及标准差分别为：15.78 ± 3.56、13.05 ± 3.89。道家人格各维度与积极消极情感和生活满意度间的关系见表 2 – 32。

表 2 – 32　　　　　　　　　　　道家人格静躁与积极消极情感

	躁	静
积极情感	− 0.438 **	0.414 **
消极情感	0.341 **	− 0.402 **
生活满意度	− 0.322 **	0.523 **

道家人格柔韧维与学习动机

谈到道家的意志品质，总有这样一幅图景展现在我心中。图画中，一头老水牛，在炎炎烈日之下，埋着头，奋力地拉着犁，它从不抬头看看前方，也从不关切自己到底耕了多少田、多少地。任凭汗水不停地往下流淌，也从不多加注意一眼。它只沿着农夫的"皮鞭"，卖力地拉着、耕着。这一幅深埋于心中的图画，又反映了道家怎样的意志品质呢？对于这一问题的回答，须从道家宇宙论说起。在老子看来，"道"先于天地而生，"有物混成，先天地生，……可以为天下母，吾不知其名，强字之曰道"，而"道"又是自然、无为的，老子曰："人法地，地法天，天法道，道法自然。"这种自然、无为体现出了"道"无人为意志力的一面。正所谓"天地不仁，以万物为刍狗"。既然"道"并不表现出其"意志"，而是墨守"自然无为"之律，那么"道"岂非无意志可言？非也，道家所论之意志，实是一种"自然无为而无不为"之意志，其意志力就体现并反映在"道"的"自然无为"之中。老子常以"水"来喻"道"："水善利万物，又不争，处众人之所恶，故几于道"（《老子》八章）。尽管"水"是天下至柔弱之物，却可以做到"攻坚强者莫之能胜"（七十八章），水之所以能"驰骋于天下之至坚"，始因其"自然之性"之故。屋檐下的水不断往下滴，原本无意穿透下处的石头，之所以能"水滴石穿"，乃因其"内核"并不断体现和彰显出的自然本性之故。但在保有并追求"自然之性"实现的过程中，暗含着在客观表现出的人之处事时的坚韧不拔之志，以及为人处世时的坚持性与长期性。老子观察到自然万物处"坚"者，易"折"、"损"，此乃取死之道；而"柔"者，易"保全"性命，此是取生之道。因此主张处"柔"，认为"柔"似"绵绵若存"而能"用之不勤"。综上所言，可以将道家的意志品质特征概括为"柔韧"。

　　"韧"乃世间万事万物在显现自己是"此事此物"的过程中必然包含的内容。单有物之"道"、"德"、"性"，则只能显现出"道"之"无为"的一面。只有显现自身的"道"、"德"、"性"，方能"无为而无不为"。诚如人本主义心理学学家所认为的那样，事物发生发展的动力往往来自事物需要成其为此种事物的内核之中。事物发生发展的动力内在于事物本身，从此意义而言，是事物本身促动了事物自身的发展，而非外在的任何客观条件。而"柔"与"刚"相对，老子主"柔"，实际上也就从事物发展的内在根源上了解了事物发展的动力，把握了事物未来的发展方向。据此也就能作出十分有效的预测，并能做到"防微杜渐"，也即老子所谓的"反者道之动"、"弱者道之用"之意。但道家"柔韧"之志与儒家"刚进有为"之志不同。儒家讲究"内圣外王"、"匡扶社稷"之志，其为事讲究刚进积极有为，立身行事之要旨，就在于"立志"，正所谓"志不立，天下无可成之事"、"志不立，行不远"、"有志者事竟成"、"三军可夺帅，匹夫不可夺志也"。而立志之对象，或者"志于学"，或者"志于道"。总之，在"立志"上，儒家定有一个"志"之外在"对象"，但对"志"于"立志"却未有论及。尽管儒道两家意志之说在客观表现上可能有相似之处，如都讲究为事的坚持性和坚忍不拔，以及为事的长期性，但其内在的机制和过程却全然不同。道家老子之"柔韧"，其目标在内，其动力在"己"。而儒家孔子之"刚进有为"，其目标在外，其动力也"外"而不及于"己"。尽管儒家之"外在目标"也可能内化而为"己"的一部分，但从动力的根源来看，儒道两家意志品质动力机制的内外之分是十分明显的。

心理学认为，动机是推动人从事某种活动、并朝一个方向前进的内部动力，是为实现一定目的而行动的原因（皮特里，2005）。动机是个体的内在过程，行为是这种内在过程的表现。动机在激励和维持人的行动，并将使行动导向某一目标方面具有重要的意义。根据引发动机的原因，可将动机分为内在动机和外在动机。内在动机是由活动本身产生的快乐和满足所引起的，它不需要外在条件的参与。个体追逐的奖励来自活动的内部，即活动成功本身就是对个体最好的奖励。如学生为了获得知识、充实自己而努力读书就属于内在动机。外在动机是由活动的外部因素引起的，个体追逐的奖励来自动机活动的外部。如有的学生认真学习是为了获得教师和家长的好评等。内在动机的强度大，时间持续长。外在动机持续时间短，往往带有一定的强制性。老子道家思想中，意志品质的核心特征"柔韧"很显然就要求在为事时需遵循的自然物之本性、需自然，并以坚持性、长期性和坚忍不拔之志体现出来。因此，道家意志品质之"柔韧"，就与内在动机的内涵具有了内在的一致性。就以"水滴石穿"为例，"水滴"之力量完全在于"己"，力量之大，持续时间之长，令人感叹。更为重要的是，"柔韧"中暗含的巨大的意志力，是以"自然无为"之特征表现出来。其所表现出的力量更是令人震惊，"水"从未有"意志"想过将石头滴穿，而石头也没有"意志"想过将为"水"所滴穿，但日久天长，日复一日，年复一年，终究被滴穿。其间长久持续的以"自然无为"的特征显现出来的力量，可以说已经具备了内在动机的所有特性和内涵。据此，研究假设认为，道家之柔韧将与表征学习内在动机部分的内容高正相关，而与表征外在动机的部分负相关。

研究假设：柔韧与深层动机及深层策略高正相关，与表层动机和表层策略负相关，与成就动机及成就策略无关或低相关。

被试：81 名大三学生，男 37 名，女 44 名，专业为管理、人文和理工类。

工具：Biggs 学习过程问卷（涂阳军、陈建文，2007）

量表说明：《学习过程问卷》。该问卷的最初构想（Study Process Questionnaire，SPQ）由澳大利亚学者 Biggs 于 1978 年提出，正式问卷由 Biggs 于 1987 年修订而成，主要用于调查高等教育中大学生的学习取向，但后来也被应用到初高中及儿童被试中。该问卷在我国最早由雷雳等学者于 1997 年使用，其由 6 个分量表构成，每一分量表各有 6 个题项，采用 5 点利克特计分（雷雳、侯志瑾、白学军，1997）。

本研究中，学习动机六个维度的平均数与标准差见表 2 – 33。道家人格柔韧维与学习动机的关系，见表 2 – 34。

表 2 – 33　　　　　　　　学习动机各维度的平均数与标准差

	表面动机	深层动机	成就动机	表面策略	深层策略	成就策略
平均数	19.6145	22.4940	20.2469	16.8519	20.9250	17.5122
标准差	3.30864	2.69767	3.78659	3.36939	2.98848	3.73255

表 2 – 34　　　　　　　　道家人格柔韧维与学习动机

	表面动机	深层动机	成就动机	表面策略	深层策略	成就策略
柔韧	− 0.150	0.311 **	0.122	− 0.473 **	0.206 *	0.486 **

寡欲与物质主义价值观

老子要求统治者"去甚，去奢，去泰"（《老子》二十九章），并痛斥那些"服文彩，带利剑，厌饮食，财货有余"的"盗夸"。认为"圣人"应当"见素抱朴，少私寡欲"，生活方式上应当"俭"而不"奢"。而如何处理身与物的关系问题上，老子提出了发人深省的问题："名与身孰亲？身与货孰多？得与亡孰病？甚爱必大费，多藏必厚亡。"（四十四章）但就现时社会物质消费而论，中国人之物质消费，走过了由新中国刚建立起的"旧三件"到改革开放后的"新三件"，再到现代社会的"新新三件"的历程，现代物质生产的成果越来越丰富。但与此同时，人们对物质需求的欲望却越来越盛了，以致一些人将追求财富和不断消费当成了人生的一种态度，进而上升为了一种人生价值观，成为西方资本主义社会，尤其是美国的一种典型的主流价值观——物质主义价值观的信奉者。物质主义价值观是一种强调拥有物质财富重要性的个人价值观。一般认为物质主义者具有几个典型的人格和行为特征：（1）特别看重财物的获得，渴望更高水平的收入，更重视经济安全，而更少注重人际关系；（2）自我中心和自私，更愿意保留资源为自己所用，而不愿意与他人分享自己所拥有的东西；（3）追求充满财物的生活风格，不愿意过物质简单的生活。如在交通方面，他们往往会选择汽车而非自行车；（4）相对于非物质主义者，物质主义者对生活更不满意（李静、郭永玉，2008）。据此分析，研究假设认为：道家人格寡欲维将与物质主义价值观呈高的负相关。

研究假设：寡欲维与物质主义价值观呈高的负相关。

被试：225 名有效被试，被试的平均年龄及标准差为 20.67 ±1.19。男 113 名，女 112 名，一年级 73 名，二年级 61 名，三年级 91 名，管理 53 名，文科 41 名，理工科 131 名。

工具：物质主义价值观（李静、郭永玉，2009）。

工具说明：物质主义价值观量表。该量表由 Richins 和 Dawson 于 1992 年发表，共 18 个项目。研究者认为，物质主义水平高的人，会渴望更高水平的收入，更加自我中心和自私，且生活满意度更低。李静等（2009）对物质主义价值观量表进行了修订，修订后的物质主义价值观量表由三维度共计 13 道题构成，其维度及所属的题项数如下：以财物定义成功（成功，共 5 道）。以获取财物为中心（中心，共 5 道）。通过获取财物追求幸福（幸福，共 3 道）。以 282 名大学生为被试的研究表明，修订后的量表符合心理学测量学的要求。本研究只计算了物质主义价值观总分，不计算维度分。本研究中，物质主义价值观的 Cronbach α 系数为 0.779，其平均分和标准差为：28.03 ±6.16。道家人格寡欲维与物质主义价值观的相关系数为 −0.408，$p < 0.001$，非常显著。

谦退与人际关系

"柔弱"、"不争"与"谦退"的思想源自老子对自然万物"柔弱"胜"刚强"之"道"的体察，老子最终将其由自然之理反观应用到了人世间，主张待人应谦退、以柔克刚、慈让克己，尤其是在接人方面，更是如此。老子讲："柔弱胜刚强"、"守柔曰强"，并将"不敢为天下先"作为其"三宝"之一。老庄之"柔弱"思想，反映在因应处世上，其最为重要的原则就是谦退，谦退包含谦虚、谦下、退让、退隐、不争之意。老子告诫人们："自见者不明，自是者不彰，自伐者无功，自矜者不长。"而如果"不自见"、"不自是"、"不自伐"、"不自矜"，则能"明"、"彰"、"有功"、"长"。因此，为人应谦虚，只有谦虚者，才能如凹地般能蓄满水，才能真正充实自己。老子认为："天之道，不争而善胜，不言而善应，不召而自来。"故圣人"不争"而能"后其身而身先……非以其无私耶？故能成其私"，不偏爱无私、不争，方能全身，方能"天下莫能与之争"。天之"道"，"生而不有，为而不恃，长而不宰"，正是因为其"不有"、"不恃"、"不宰"，方能"长生"，如若"持而盈之"、"揣而锐之"、"金玉满堂"、"宝贵而骄"，则只会落得"不如其己"、"不可长保"、"莫之能守"、"自遗其咎"。"道"之造化万物而不居功、不有、不宰。相应地，人之为事也应"成之而退"，"成之而守、而持"，实是取祸之道。"谦退"表现为不争、无偏私、谦虚、退让，其本质是"守柔"，也即秉持万事万物之"反"方。"反者道之动"，守"反"、守"柔"，也就把握了事物发展之"道"。总之，老子由自然之"道"的"柔弱"之性，反观提出了"谦退"的因应处世之道，但这一思想最终在庄子思想中走向了对人之社会性的全面"退隐"。

庄子继承了老子守柔处弱的思想。庄子讲："坚则毁矣，锐则挫矣"（《庄子·天下篇》）。但与老子不同的是，庄子更强调应顺应自然之性，强调"谦退"中对环境的适应——安时处顺。庄子说："天德而出宁，日月照而四时行，若昼夜之有经，去行而雨施矣！"庄子庖丁解牛的故事，更是道出了守"道"而行的重要性。既然应顺应自然之性而行事，那么尊重并包容万事万物独特之"性"，理应也是其中应有之意。万物由"道"所生并得"道"，物各有性，万事万物各得自"道"之性。因此，各物也就能顺万物之性，率性而为。庄子说："人皆有七窍，以视听食息，此独无有，尝试凿之。七日而浑沌死。"违背物之本性，只能是"以人灭天"。正因万物得"道"而各有其"性"，尊"道"而"自然"行事就更须按物性、客观之律来行事。而按物性来行事的首要前提是，对各物之性采取开放、宽容的态度。老子不断告诉我们说："是以圣人常善救人，故无弃人；常善救物，故无弃物……故善人者，不善人之师；不善人者，善人之资。""圣人"所以能"救人"、"救物"，是因为其不偏私，不以"有为"之作而干扰物之真性，包容并尊重物性，所以常能"驾驭万物"。

顺应自然的行事原则反映在性格上，则可能会表现为随遇而安，也即顺自然之性而为。可以将此处的"遇"理解为外间的境况或境遇，或存在于一定时、空中的社会文化、政治、自然之大环境，而"安"则为内心的平静、平和及宁静，也即任凭万物之如何搏动，我自岿然不动，依然顺我"性"而为。"随遇而安"，其核心特征就在于"外化而内不化"。庄子眼中的"至德"是"安时而处顺"，"哀乐不能入"。此之谓"帝之悬解"，也即从外物的束缚中解脱出来，重获本真之性。但在面对核心利益时，尽管我不争，"天下莫能与之争"，但人终究还是社会性的动物，而人的社会性是的人本质。在人际交往中，单纯的我不与你争，你就不能与我争，这只是一种境界。如果争，则人际关系受损，团结和谐的局面被打破。如若不争，则可能自己的利益受损，自己吃亏。如果长期经常地奉行"不争"之举，则会被核心利益不断边缘化。与此同时，也会被核心利益所承载的核心团体所孤立，人际关系的困境也就可想而知了。现代社会中，利益主体和主体利益都在不断多元化，表现在多元利益群体的不断形成，利益主体间差距拉大且不断加深，不同群体需求的差异加大（杨春福、王方玉，2008）。社会在利益多元化中，整体和局部的矛盾和竞争加剧，导致人际交往中，不争一定吃亏、争了也不一定占便宜的局面出现。在个体现实的核心利益面前，尽管不争能有效缓和人际冲突，赢得暂时和谐的局面，但争与不争，并非由个人意愿所决定，其本质涉及利益如何产生，尤其是如何分配的问题。因此，如果利益无法确实有效地加以分配，在人际交往中，单纯地、单方面地不争，不会起到实质性的关键作用。因此，本研究预期，在人际交往中奉行"谦退"之举的人，就短期而言，就某些不涉及核心利益的层面而论，其人际关系可能会比那些奉行"竞争"的人要好一些。

道家思想在历史上被无数的阐释和不断传承中，与老庄之本义渐行渐远，甚至与老庄之真义恰好相反了，但这种对传统经典本意的错误阐释，却对广大民众产生了巨大的影响。陈鼓应先生在其《老子今注今译》一书的开章中，就指出了社会大众对道家老庄思想的二点普遍误解：其一，认为老子思想是消极的、厌世的或出世的；其二，认为老子思想含有阴谋诈术。尽管作者对此二点误解进行了详细地解释和辩驳，但仍然很认真地指出："老子所用的拯救乱世的方法，确有欠积极改造的功能。"中国传统道家老庄思想之由"不争""谦退"再到"安之若命"，反映了人行为处事之越来越被动，从性质上讲似乎也越来越消极。在争与不争之间，有些人奉行"不争是为了争"的思想，追求"鹬蚌相争，渔翁得利"的结果。或者凡事不争，但在核心利益上却玩"阴谋术"，这一权诈之术成为与西方"马基雅维利主义"相媲美的中国"厚黑学"。这种人，以自己的利益，尤其是生存利益为核心，以不争的表象，不断获得自身利益的满足，其结果是牺牲了别人和群体的利益，也牺牲了本应可能会比较好的人际关系。据此，研究假设认为：谦退可能反映了良好的人际关系情形，但也可能与一些人际关系中问题有关，其具体的关系情形，可能受许多环境因素的制约，如竞争对象、竞争激烈程度等。

研究假设：道家人格谦退维与人际关系问题间的关系不明确，既有显著的正相关，亦有显著的负相关。

被试：91 名大二学生，男 37 名，女 54 名，专业为管理、人文、理工和艺术类。

工具：大学生人际关系综合诊断量表（郑日昌，1999）。

量表说明：采用郑日昌等编制的人际关系综合诊断量表，共 4 个维度 28 道题。每个维度分别有 7 道题。该量表得分的解释如下：如果你得到的总分是在 0—8 分之间，那么说明你在与朋友相处上的困扰较少。你善于交谈，性格比较开朗，主动关心别人，你对周围的朋友都比较好，愿意和他们在一起，他们也都喜欢你，你们相处得不错。而且，你能够从与朋友相处中得到许多乐趣。你的生活是比较充实而且丰富多彩的，你与异性朋友也相处得很好。一句话，你不存在或较少存在交友方面的困扰，你善于与朋友相处，人缘很好，获得许多人的好感与赞同。

如果你得到的总分是在 9—14 分，那么，你与朋友相处存在一定程度的困扰。你的人缘很一般。换句话说，你和朋友的关系并不牢固，时好时坏，经常处在一种起伏波动的状态之中。

如果你得到的总分是在 15—28 分，那就表明你在同朋友相处上的行为困扰较严重；分数超过 20 分，则表明你的人际关系困扰程度很严重，而且在心理上出现较为明显的障碍。你可能不善于交谈，也可能是一个性格孤僻的人，不开朗，或者有明显的自高自大、讨人嫌的行为。

分量表交谈方面的行为困扰程度：

如果得分在 6 分以上，说明受测者不善于交谈，只有在极需要的情况下才同别人交谈，总难于表达自己的感受，无论是愉快还是烦恼；受测者不是很好的倾听者，往往无法专心听别人说话或只对单独的话题感兴趣。

如果得分在 3—5 分，说明受测者的交谈能力一般，能够诉说自己的感受，但不能讲得条理清晰。如果受测者与对方不太熟悉，开始时往往表现得比较拘谨与沉默，不太愿意与对方交谈。但这种状况一般不会持续太久。经过一段时间的接触，受测者可能会主动与人搭话，这方面的困扰也就会随之减轻或消除。

如果得分在 0—2 分，说明受测者有较高的交谈能力和技巧，善于利用恰当的说话方式来交流思想感情，因而在与别人建立友情方面，往往更容易获得成功。

分量表交际与交友方面的行为困扰程度：

如果得分在 6 分以上，说明受测者在社交活动与交友方面存在严重的行为困扰。例如，在正常集体活动与社交场合，比大多数同伴更为拘谨；在有陌生人或老师在场时，往往感到更加紧张；往往过多考虑自己的形象而使自己处于越来越多被动和孤立的境地。

如果得分在 3—5 分，说明受测者在社交与交友方面存在一定的困扰。受测者不喜欢一个人待着，需要和朋友在一起，但不善于创造条件并积极主动地寻找知心朋友。

如果得分在 0—2 分，说明受测者对人较为真诚和热情，不存在人际交往困扰。

分量表待人接物方面的困扰程度：

如果得分在 6 分以上，说明受测者缺乏待人接物的机智与技巧。在实际的人际交往中，受测者也许有意无意地伤害别人，或者过分羡慕别人以至嫉妒别人。因此，可能受到别人的冷漠、排斥，甚至愚弄。

如果得分在 3—5 分，说明受测者是个多侧面的人，也许是一个较圆滑的人。对待不同的人，受测者有不同的态度，而不同的人对受测者也有不同的评价。受测者讨厌某人或者被某人讨厌，却非常喜欢一个人或者被另一个人喜欢。受测者的朋友关系某些方面是和谐的、良好的，某些方面确实是紧张的、恶劣的。因此，受测者的情绪很不稳定，内心极不平衡，常常处于矛盾状态中。

如果得分在0—2分，说明受测者较尊重别人，敢于承担责任，对环境的适应性强。受测者常常以自己的真诚、宽容、责任心强等个性特点，获得众人的好感与赞同。

分量表同异性朋友交往的困扰程度：

如果得分在5分以上，说明受测者在与异性交往的过程中存在较为严重的困扰。也许受测者对异性存有过分的思慕，或者对异性持有偏见。这两种态度都有片面之处。也许是不知如何把握好与异性同学交往的分寸而陷入困扰之中。

如果得分在3—4分，说明受测者与异性同学交往的行为困扰程度一般。有时受测者可能觉得与异性同学交往是一件愉快的事，有时又可能觉得这种交往似乎是一种负担，不知道如何与异性交往最适宜。

如果得分在0—2分，说明受测者能正确处理与异性朋友的关系。受测者对异性同学持公正的态度，能大方自然地与之交往，并且得到了许多从同性朋友那里得不到的东西。受测者可能是一个比较受欢迎的人。无论是同性朋友还是异性朋友，多数人都比较喜欢和赞赏受测者。

本研究中，交谈、交际与交友、待人接物、同异性朋友及人际关系问题的总分的平均分和标准差分别为：2.43 ± 1.51、3.22 ± 1.67、1.32 ± 0.97、2.54 ± 1.74、9.51 ± 4.00。

谦退、超脱和寡欲各维与人际关系问题间的关系，见表2－35。

表2－35　　　　　　　　　谦退与人际关系问题间的关系

	交谈方面	交际与交友方面	待人接物方面	同异性朋友交往	人际关系总分
谦退	0.037	0.076	－ 0.084	－ 0.047	0.005

超脱与自我和谐

生逢乱世，世事纷争不断，社会战乱连连，在此大的时代背景下，老子告诫人们要全性保身，不要争先，要"外其身而身存，后其身而身先"，要认识到"祸，福之所倚；福，祸之所伏"。面对人性的异化和失真，老子呼吁回归人的自然本真之性。面对财货、色欲，老子呼吁人们要知足常乐，并痛斥统治者壑欲难填的物质欲望。基于当时所处时代的社会现实，老子力图在批判中重建社会的自然本真之序。就此而论，老子思想大体上是谈不上什么超脱的，只能是立足现实的一些深刻反思和告诫。但这种凌驾于现实之上的超脱，超越了自我的私心、自己的偏见、故意的卖弄、混浊的世俗社会以及低下的"超脱"，有着赤诚的灵性和纯正的情感，所反映出的也是最为真实和朴实的。但老子思想中，对自我的"超脱"终归是与现实经验相契合的，其自我从本质上来看，是灵活而不刻板的。

庄子则不同。庄子大体生活于战国中期，而这正是中国古代社会经历大发展和大变革的时代，也是大动荡大战乱的时代。其时周天子的权威丧失殆尽，各国诸侯相继称王称霸，各诸侯国之间的战争也愈演愈烈，动辄出兵十万、数十万，一次战役短则数月，长则数岁。战争也空前残酷，一次战争中被斩首的士卒即可达数万或数十万。诚如孟子所说"争地以战，杀人盈野；争城以战，杀人盈城"（《离娄上》）。这一社会动乱的现实局面，比之孔子所处的时代，真是有过之而无不及！面对如此之乱世，人该如何生活下去，该如何生存下去呢？在求生求存中，又该如何保持自己的自然本真之性？庄子提出了自己的解决之道：在对生死、物欲及伦理道德的超越中，通过达到"至人无己"的境界，通过"超脱"而求得人生的精神的无比逍遥。庄子认为，"道"是无始无终的。"杀生者不死，生生者不生"（《大宗师》）。作为"生生者"，"道"不生；作为"杀生者"，"道"不死。"道"是超越并凌驾于生死之上的。如果人们认识了"道"，也就看透和超越了生死。在庄子看来，生与死只不过是气的两种不同表现形式而已。"人之生，气之聚也；聚则为生，散则为死"（《知北游》），因此生死之间并没有根本的不同，两者是紧密相连，互为一体的。"生也死之徒，死也生之徒"，"死生有待邪？皆有所一体"（《知北游》）。庄子对此有着深刻的体会，在自己的

妻子死后竟能"鼓盆而歌"。而在自己行将离开人世之时，面对要厚葬
他的弟子，庄子语重心长地讲道："吾以天地为棺椁，以日月为连璧，
星辰为珠玑，万物为赍送，吾葬具岂不备邪？……在上为乌鸢食，在下
为蝼蚁食，夺彼与此，何其偏也！"（《列御寇》）① 这是多么豁达豪迈
的对待生死的气概啊！在生死之间，庄子已经达至"至人"、"神人"、
"圣人"之境，而真正达到了完全超脱之境。

在如何对待物欲上，庄子认为，人不应该被物欲所支配，被物欲所支
配的人就会"终身役役"。要达到完全自由的境界，就要像至人、神人、
圣人那样"无己、无功、无名"。无功，就是要消除人们求取功利的贪
欲，不"以物为事"；无名，就是要消除求取名声的欲望，不"以天下为
事"；无己，是在"无功"、"无名"的基础上，进一步忘掉自己形体的存
在，从而把精神从"物累"中彻底解放出来，达到"吾丧我"的境界。
否则，"见得而忘其形"，"见利而忘其真"，就会"小人则以身殉利，士
则以身殉名，大夫则以身殉家，圣人则以身殉天下"（《骈拇》）。人须得
超脱物欲，不被物欲所蒙蔽，否则就会失其本心，丧其性命，从而失去
自我。

庄子把道、自然看得高于一切，认为万物，包括人，都始于道，都依
存于道。道的本性是自然，所以作为依存于道的人，其本性也应自然。在
庄子看来，人性是自然的，救人爱人也应该是自然的。从前，有位名叫混
沌的人，浑然一体，无七窍之分。别人可怜他，为其凿出七窍来，七窍开
而混沌死。庄子以混沌开窍喻指世俗的修养，开窍而死则表示丧失了人的
自然本性与自然心。在《山木》一篇中，庄子称道了这样一种拥有自然
心的人："假"地的人逃避战祸，林回丢弃价值千金的玉璧，带了一个幼
儿逃亡。别人问他为什么做这样划不来的事，他说，人与人之间的交往应
以自然为基础，而不要以利害为基础。林回依其天性去救人性命，把救人
认作理所当然，不求回报，也无炫耀。庄子认为，这才是合于"道"的
行为。《则阳》篇中还有这样一段话："生而美者，人与之鉴，不告则不
知其美于人也。若知之，若不知之，若闻之，若不闻之，其可喜也终无
已，人之好之亦无已，性也。圣人之爱人也，人与之名，不告则不知其爱

---

① 陈鼓应（2009）：庄子今注今译。上海：中华书局。

人也。若知之，若不知之，若闻之，若不闻之，爱人也终无已，人之安之亦无已，性也。"意思是，天生美的人，不自知比别人美，没有卖弄炫耀之心，这样的人永远是可爱的，别人也总是乐意欣赏其美。圣人爱人出于天性，不自知其行为可称作"爱人"。这样的人，永远地爱着别人，别人也总是安然地接受他的爱。所以，善和美都是自然的，不是做作和功利的。这才是"得道者"的境界。

总之，道家老庄基于社会现实，提出了自己对物、对人各方面的带有超越色彩的主张。但从另一方面来看，其思想主张也在不断反对社会不平的现实、不断超脱社会现实中，反而与社会现实似乎越走越远了，而离"纯生物性"的自然界却越来越近了。所以，本研究无法最终确知，道家人格的超脱维到底与自我和经验的和谐性间有着怎样的关系。但可以明确的是，道家人格中对己的超脱，从本源上来看，可能是基于对社会环境的应对或者是不得已的权宜之计，其可能反映了自我的刻板性和不灵活性。

研究假设：道家人格超脱维与自我的刻板性正相关，与自我的灵活性负相关，与自我与经验的不和谐关系不确定。

被试：77 名大二学生。男 34，女 43 名，专业为管理、人文、理工和艺术类。

工具：自我和谐量表（王登峰，1994）。

量表说明：自我和谐量表。该量表由王登峰等编制，其可参考的常模为 502 名大学生（男 260 人，女 242 人，平均年龄 18.5 岁）的平均得分，分别为 46.13，45.44，18.12；其标准差分别为 10.01，7.44，5.09。研究表明得分均无性别差异。该量表有三个维度共计 35 道题，采用 5 点计分，从 1（完全不符合）到 5（完全符合）。本研究中，自我和谐量表的三个维度，自我与经验的不和谐、自我的灵活性及自我的刻板性的 Cronbach α 系数分别为 0.760、0.684、0.638，总分及上述三个维度的平均数和标准差分别为：87.24 ± 10.70、45.57 ± 7.54、46.92 ± 4.06、16.59 ± 3.07。道家人格超脱维与自我和谐各维度间的关系，见表 2 – 36。

表 2-36 道家人格超脱维与自我和谐的关系

	自我与经验的不和谐	自我的灵活性	自我的刻板性	自我和谐总分
超脱	-0.017	-0.002	0.125	0.024

六 道家人格量表的信度

道家人格量表各维度的内部一致性信度及重测信度系数（所用样本为74名大二学生，男34名，女40名，重测间隔时间为一个月），见表2-37。

表 2-37 道家人格量表各维度的内部一致性信度及重测信度

自然 （11）	本真 （3）	联系 （8）	矛盾 （3）	变化 （6）	静 （4）	躁 （4）	柔韧 （6）	超脱 （5）	谦退 （5）	寡欲 （3）
0.769	0.637	0.870	0.870	0.870	0.870	0.870	0.870	0.689	0.628	0.658
0.832	0.694	0.836	0.705	0.786	0.852	0.863	0.887	0.746	0.753	0.664

注：括号内数字为所属该维度下的题项数，表中第一行为 Cronbach α 系数，第二行为重测信度系数。

七 道家人格量表各维度的人口统计学分析

道家人格的人口统计学分析中，所用到的样本为82名大二、大三学生，其中男50名，女32名。年龄与道家人格各维度的相关系数均不显著。按原始构想，分别以自然本真、静躁、联系矛盾和变化、谦退超脱和寡欲为因变量，以专业、年级和性别为自变量，进行多元方差分析。结果发现，道家人格各维度在专业上的差异均不显著。但自然和本真维在不同性别大学生上差异显著。自然维：$F(1, 858) = 4.123$，$p = 0.043 < 0.05$，表现为男大学生的得分显著高于女大学生，均值差为0.654。本真维：$F(1, 858) = 18.095$，$p = < 0.001$，表现为男大学生显著低于女大学生，均值差为0.857。男女大学生在联系和矛盾维上差异显著，但在变化维上差异不显著。联系维：$F(1, 848) = 7.810$，$p = 0.005 < 0.01$，表现为男大学生显著低于女大学生，均值差为

1.561。矛盾维：$F_{(1, 858)} = 7.453$，$p = 0.006 < 0.01$，表现为男大学生显著低于女大学生，均值差为 1.417。静与躁维在不同性别大学生上的差异均不显著。超脱及寡欲维在不同性别大学生上得分差异显著。超脱维：$F_{(1, 858)} = 16.929$，$p = < 0.001$，表现为男大学生显著高于女大学生，均值差为 1.406，与女生相比，男生似乎更不能超脱自己的一己之私或一己之见。寡欲维：$F_{(1, 858)} = 3.881$，$p = 0.049 < 0.05$，表现为男大学生显著低于女大学生，均值差为 0.487。与女生相比，在物质欲求上，男生似乎看得更重一些。本真维在年级上差异显著：$F_{(3, 856)} = 4.526$，$p = 0.004 < 0.01$，表现为二年级学生得分显著高于三年级大学生（$t = 3.39$，$p = 0.001 < 0.01$）。联系、矛盾和变化维在年级上差异显著。联系维：$F_{(3, 846)} = 4.451$，$p = 0.004 < 0.01$，表现为一年级学生显著高于三年级（$t = 2.09$，$p = 0.037 < 0.05$）和四年级（$t = 2.52$，$p = 0.012 < 0.05$）。矛盾维：$F_{(3, 846)} = 3.462$，$p = 0.016 < 0.05$，表现为一年级显著高于二年级（$t = 3.09$，$p = 0.002 < 0.01$）和三年级（$t = 2.70$，$p = 0.007 < 0.01$）。变化维：$F_{(3, 846)} = 3.027$，$p = 0.029 < 0.05$，表现为二年级显著高于三年级（$t = 2.34$，$p = 0.019 < 0.05$）。年级在躁维上差异显著，$F_{(3, 850)} = 7.513$，$p = < 0.001$，表现为四年级显著高于一年级（$t = 4.43$，$p < 0.001$）、二年级（$t = 4.32$，$p = < 0.001$）和三年级（$t = 3.81$，$p < 0.001$）。谦退维在年级上差异显著，$F_{(3, 856)} = 3.373$，$p = 0.018 < 0.05$，表现为四年级显著高于一年级（$t = 2.49$，$p = 0.13 < 0.05$）、二年级（$t = 2.28$，$p = 0.023 < 0.05$）和三年级（$t = 2.75$，$p = 0.06 < 0.05$）。性别与年级的交互作用均不显著。以柔韧为因变量，以专业、性别和年级为自变量，进行 one-way 单因素方差分析，结果发现性别、专业在柔韧维上的主效应及交互作用均不显著。

总的看来，与男大学生相比，女大学生在思维上表现得更为矛盾冲突，待人处事也更为本真些，但较难顺任环境的要求。而与女大学生相比，男大学生们似乎在物欲上更强些，也更为了一"己"而好争一些，思维上也更缺乏圆通性一些。随着年级的升高，大学生们越发与其"本真"之性渐行渐远了，思维也越发矛盾了，思维的联系性也减弱了，内心也越发躁动不安了，但为人处事却越来越懂得谦退了。

这一结果反映了伴随着社会经验的增多，年级的升高，在日常生活任务变得更为繁重，以及人生事业面临转折之时，内心和思维上发生了较多的变动（杨丽，2005）。从研究结果来看，一年级或者四年级学生在道家人格多个维度与其他几个年级差异均显著，显现出了年级特殊性。这可能与大学生学习生活的变动性有关。一年级刚进大学，面临着大学生活适应的现实。而四年级则临近毕业，在找工作及实习过程中，积累了一定的社会经验，开始由大学生转变为社会"职业人"（黄希庭、郑涌，1999）。

八　道家人格量表的常模及各维度在不同样本中的平均数比较

将样本 1 和样本 2 加以合并，成为新大学生样本 1。就新样本 1、样本 3 和样本 4，分别报告道家人格量表各个维度的平均数和标准差，以作为研究可供选择参考的初步常模。之所以只是可供参考的初步常模，一方面是因为研究并没有随机取样，另一方面，考虑到研究报告和阅读的简便性，研究也并未分男女被试，分别报告道家人格各个维度的平均数和标准差。除此之外，研究还加入了另一个道士样本（样本 5）。该样本为湖北武当山道教学院 37 名学员，均为男性，文化程度为大专，平均年龄及标准差为 24.56 ± 8.11，年龄介于 18 至 50 周岁之间，研究也报告了该样本的平均数和标准差。新样本 1、样本 3、样本 4 和样本 5 中，道家人格各个维度的平均数和标准差，分别见表 2 – 38、表 2 – 39、表 2 – 40、表2 – 41。

表 2 – 38　　　　道家人格各维度的平均数与标准差（新样本 1）

	自然	本真	联系	矛盾	变化	静	躁	柔韧	谦退	超脱	寡欲
M	24.39	16.35	60.09	37.28	13.02	10.54	9.29	29.81	25.61	11.93	13.86
SD	4.68	3.08	9.63	8.07	4.19	2.03	2.51	6.32	4.35	5.26	3.62

表 2 - 39　　　　　　道家人格各维度的平均数与标准差（样本 3）

	自然	本真	联系	矛盾	变化	静	躁	柔韧	谦退	超脱	寡欲
M	26.40	16.98	64.90	33.12	15.28	11.79	7.69	32.42	27.51	10.42	16.26
SD	5.48	3.39	10.22	9.01	3.91	1.89	2.26	6.92	5.03	5.36	3.58

表 2 - 40　　　　　　道家人格各维度的平均数与标准差（样本 4）

	自然	本真	联系	矛盾	变化	静	躁	柔韧	谦退	超脱	寡欲
M	24.00	16.21	61.60	34.56	13.34	10.47	8.77	29.19	24.10	11.99	14.05
SD	5.53	3.67	9.15	8.18	4.29	2.50	2.63	7.39	5.28	5.95	3.68

表 2 - 41　　　　　　道家人格各维度的平均数与标准差（样本 5）

	自然	本真	联系	矛盾	变化	静	躁	柔韧	谦退	超脱	寡欲
M	25.59	15.82	65.82	33.80	12.06	12.19	8.44	30.82	25.03	12.38	14.84
SD	6.26	4.14	8.82	21.77	4.09	2.43	3.47	7.81	6.73	7.01	4.48

　　尽管报告了道家人格各维度在各样本下的平均数与标准差，但研究仍然无法确知道家人格各维度在各样本中的共时态的变化趋势，尤其是各个样本的平均年龄具有从青年、中年到老年逐步变化的特征。鉴于此，研究就上述各个样本，采用 one-way 单因素方差分析法，对道家人格各维度的平均数进行了比较。因样本 5 只有 33 名道士，为了便于对道家人格各维度的比较，以符合 one-way 单因素方差分析等组的方法学要求，遂从新样本 1、样本 3、样本 4 中，随机选取了 33 名被试。就道家人格各维度，分别进行平均数差异比较。

　　研究假设认为：就不同年龄群体而言，随着年龄的增加，他们将变得越来越豁达，越来越智慧，而且对人、对事、对物也将看得越来越开，越来越淡。诚如许多学者所言，青年人是激进的儒者，中年人是儒道和儒佛的中和者，老年人是真正的佛者、道者。据此，研究进一步假定，随着年龄的增加，道家人格各个维度的得分将在不同样本中，呈现出不同的趋势。具体表现为：二阶因子"真"下的各个子维度，如自然、本真、联系、变化、静、柔韧、谦退、寡欲得分越来越高，而二阶因子"伪"下的各个子维度，如矛盾、躁和超脱（超脱维得分越低，表示越超脱，越能做到超脱一己之私）将得分越来越低。从年龄来看，道士样本的平均年龄比青年大学生要大些，但显著小于中年样本。但道士样本日久深习道家经典，并在学习中不断受到道家思想所倡导之生活方式的影响，因此有理由认为，道士样本在心理行为特征上，将会比同年龄的群体更具有典型的道家人格特征。具体表现为：在道家人格各维度得分上，道士样本整体而言，可能比青年大学生要高一些，甚或同中年人在道家人格各维度的得分上相当或者会更高些。但与老年样本相比，一方面，道士样本的平均年龄相对而言，仍然还非常小；另一方面，由对道教经典的研习所形成的典型的"道家"人格特征，仍然可能无法胜过来自生活历练和丰富生活经验所带来的影响。道士群体在人生阅历与人生经验经历上，将明显不如老年样本，因此，研究初步假定：道士样本在道家人格的许多维度上低于老年样本。

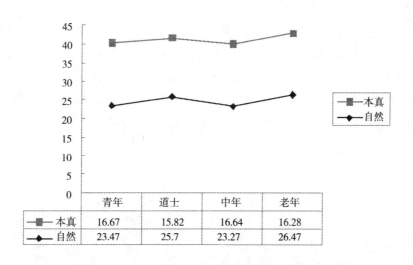

	青年	道士	中年	老年
本真	16.67	15.82	16.64	16.28
自然	23.47	25.7	23.27	26.47

图27 自然本真维在不同样本中的平均得分比较

One-way 方差分析及事后成对比较的结果发现：就自然维而言，$F_{(3, 126)} = 2.78$，$p = 0.044 < 0.05$。事后成对比较发现，青年大学生显著低于老年（$t = -3.00$，$p = 0.030 < 0.05$），老年显著高于中年（$t = 3.20$，$p = 0.020 < 0.05$）。而本真维在各个不同年龄样本间无显著差异。

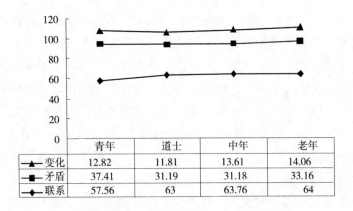

	青年	道士	中年	老年
变化	12.82	11.81	13.61	14.06
矛盾	37.41	31.19	31.18	33.16
联系	57.56	63	63.76	64

图 28 联系矛盾变化在不同样本中的平均数比较

思维联系性在青年时最低,但其后一路走高。思维矛盾性在中年时最低,青年最高,老年其次。One-way 方差分析及事后成对比较结果发现:就联系性维度,$F_{(3, 127)} = 3.03$,$p = 0.032 < 0.05$。事后成对比较,青年大学生在思维联系性上的得分显著低于道士($t = -5.44$,$p = 0.031$)、中年($t = -6.20$,$p = 0.014$)和老年被试($t = -6.44$,$p = 0.011$)。就思维矛盾性而论,$F_{(3, 127)} = 3.24$,$p = 0.024$。事后成对比较,青年大学生显著高于道士($t = 6.22$,$p = 0.008$)、中年($t = 6.23$,$p = 0.008$)。尽管思维的变化性在各样本中无显著差异,但也存在着一直上升的趋势。

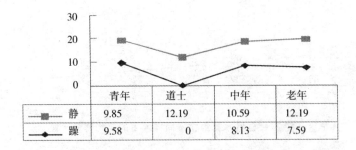

	青年	道士	中年	老年
静	9.85	12.19	10.59	12.19
躁	9.58	0	8.13	7.59

图 29 静躁维在不同样本中的平均得分比较

就躁维度,进行 one-way 单因素方差分析,结果发现,$F_{(3, 125)} = 3.001$,$p = 0.033 < 0.05$。事后成对比较发现,青年大学生样本在躁维度的得分显著高于中年($t = 1.45$,$p = 0.036 < 0.05$)和老年($t = 1.98$,$p = 0.005 <$

0.05)。其余各样本中的比较均不显著。就静维度,分析结果发现:
$F_{(3, 125)} = 10.379$,$p = 0.000 < 0.001$。事后成对比较发现,大学生
在静维度的得分显著低于道士($t = -2.34$,$p = 0.000 < 0.001$)和老年人
($t = -2.34$,$p = 0.00 < 0.01$),道士显著高于中年($t = 1.59$,$p = 0.003 < 0.01$),老年显著高于中年($t = 1.59$,$p = 0.003 < 0.01$)。

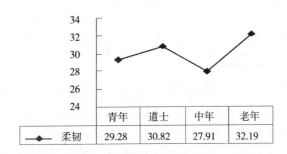

	青年	道士	中年	老年
柔韧	29.28	30.82	27.91	32.19

图30 柔韧维在不同样本中的平均得分比较

就柔韧维而论,方差分析结果不显著。但单从各样本的平均得分来看,老年样本最高,其次是道士样本,最后是中年与青年样本。

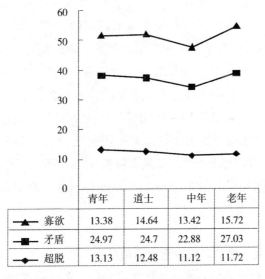

	青年	道士	中年	老年
寡欲	13.38	14.64	13.42	15.72
矛盾	24.97	24.7	22.88	27.03
超脱	13.13	12.48	11.12	11.72

图31 超脱谦退寡欲维在不同样本中的平均得分比较

One-way 方差分析及事后成对比较结果发现：就谦退维，F（3，126）=2.89，p = 0.038 < 0.05。中年显著低于老年（t = − 4.15，p = 0.020 < 0.05）。就寡欲维而论，F（3，126）= 2.64，p = 0.052，呈边缘显著。中年显著低于老年人（t = − 2.29，p = 0.019 < 0.05），老年显著高于青年大学生（t = 2.34，p = 0.018 < 0.05）。尽管超脱维方差分析不显著，但从平均得分来看，随着年龄的增加，超脱维得分也越低，表示对己越超脱，越不囿于一己之私。

九 道家人格量表的题项形式

就道家人格初测量表 2 中 37 个描述人的形容词，研究形成了道家人格量表题项形式。研究所遵循的过程：请 4 名中文专业大三学生、2 名心理学方向二年级研究生及 1 名心理学方向博士生，就上述词汇及各组词汇的核心内涵，寻找能够表现、并与其实质内涵相一致的现实生活中，具有典型代表性的心理行为特征，并以句子的形式写下来，每个词汇形成 2 到 3 个最具典型性的句子。在形成句子中，既可以用该词汇就日常生活中的典型心理行为特征造句（但句子中应尽量保证不出现该词汇），也可以查字词典，甚至还可以通过网络寻找恰当释义来形成描述人心理行为特征的句子。研究者与另一名人格心理学方向博士生就所形成的题项，进行了讨论，删除了其中一些只是简单复述该形容词的句子，如"我是一个比较谦退的人"。意义明显重复的句子，如"退一步海阔天空"与"面对竞争或无理冲撞时，我通常会选择退让"意义有重复，与前一句子相比，后一句子更加具体且更符合谦退的内涵实质，遂予以保留。删除明显带有评价色彩，并极易引起社会期许的句子，如"大家都说我这个人待人处事谦让有礼"。一些明显带有争议，并可能引起评定者特定反应偏差的句子，如"我觉得枪打出头鸟还是挺有道理的"。研究最终形成了一个由 43 道题项（9 道负向题，34 道正向题）构成的道家人格量表题项形式部分的初测量表（见附录 6）。

（一）道家人格量表题项形式的项目分析

对道家人格量表题项形式进行项目分析，项目分析用样本为 102 名大二、大三年级学生，其中男 41 名，女 61 名。按选取题项高低得分 27%

的被试，分别求各自的平均分，然后相减再除以全距的方法计算各题项的区分度。其结果见表 2 - 42。

表 2 - 42　　　　　　　　　　道家人格量表项目分析结果

道家人格量表词汇形式部分									
题项	1	2	3	4	5	6	7	8	9	10
区分度	0.33	0.29	0.32	0.53	0.48	0.43	0.39	0.31	0.30	0.37
题项	11	12	13	14	15	16	17	18	19	20
区分度	0.39	0.36	0.38	0.35	0.35	0.33	0.33	0.32	0.45	0.34
题项	21	22	23	24	25	26	27	28	29	30
区分度	0.35	0.25	0.27	0.28	0.34	0.39	0.33	0.27	0.34	0.38
题项	31	32	33	34	35	36	37	38	39	40
区分度	0.29	0.30	0.41	0.31	0.29	0.25	0.29	0.26	0.31	0.22
题项	41	42	43							
区分度	0.47	0.44	0.33							

由上表可知，共有 32 道题的区分度均大于 0.30（占到 74.42%），仅 11 道题（占 25.58%）的区分度低于 0.30，但也大于 0.20，表明道家人格量表各题项具有可接受的区分度。

（二）道家人格量表题项形式的探索及验证性因素分析

接着对其进行探索性因素分析，用于探索性因素分析的样本（样本 1）及用于验证性因素分析的样本（样本 2），其人口统计学特征如下：

样本 1：被试为本科在读大学生，共发放问卷 205 份，删除随意作答及包含有缺失值较多的问卷后，得到有效问卷 196 份，有效率为 95.6%。被试的平均年龄及标准差为 20.86 ± 1.22，其中男 101 名，占 51.5%；女 95 名，占 48.5%。二年级 104 名，占 53.1%；三年级 92 名，占 46.9%。管理类专业 41 名，占 20.9%；文科类专业 52 名，占 26.5%；工科类专业 103 名，占 52.6%。

样本 2：被试为某四所大学本科在读大学生，共发放问卷 718 份，删除随意作答及包含缺失值较多的问卷后，得到有效问卷 657 份，有效率为

91.5%。被试的平均年龄及标准差为 20.80 ± 1.46。其中男 320 名,占 48.7%;女 337 名,占 51.3%。一年级 100 名,占 15.2%;二年级 323 名,占 49.2%;三年级 234 名,占 35.6%。管理类专业 88 名,占 13.4%;文科类专业 115 名,占 17.5%;医科类专业 57 名,占 8.7%;工科类专业 351 名,占 53.4%;农科类专业 46 名,占 7.0%。

按照原始六维度的构想,将抽取因子数限定为 6,以方差极大的主成分分析法,进行正交探索性因素分析。删除共同度小于 0.30 的 4 题(题 5、题 8、题 34 和题 40)以及在两个维度上的因素负荷都超过 0.35 的 9 题(题 7、题 12、题 13、题 23、题 28、题 29、题 33、题 42、题 43)。随后按同样方法,再次进行探索性因素分析,仍有 3 道题(2、16、41)有双重高负荷,在予以删除后,最终形成一个六维度,共 27 道题的道家人格量表题项形式。探索性因素分析的结果见表 2 - 43。各维度及其所属题项如下(按探索性因素分析旋转出的维度的先后顺序排列):

维度 1(柔韧:共 6 道):6、11、18、22、32、36,其中第 11、22、32 反向计分题。

维度 2(超脱:共 6 道):9、17、20、21、31、35,无反向计分题,但作低分解释。

维度 3(自然:共 3 道):10、19、25,第 10、25 题反向计分。

维度 4(寡欲:共 4 道):1、14、15、24,无反向计分。

维度 5(本真:共 5 道):3、27、37、38、39,第 37 题反向计分。

维度 6(谦退:共 3 道):4、26、30,无反向计分题。

表 2 - 43　　　　道家人格量表题项形式的探索性因素分析

题项	因素名/因素负荷						共同度
	柔韧	超脱	自然	寡欲	本真	谦退	
t1	− 0.100	− 0.199	0.243	*0.712*	0.125	− 0.088	*0.640*
t3	− 0.116	− 0.140	0.050	0.189	*0.698*	− 0.050	*0.561*
t4	− 0.284	− 0.032	− 0.134	− 0.176	0.073	*0.545*	*0.433*
t6	*− 0.674*	− 0.031	− 0.004	0.225	0.081	0.014	*0.513*
t9	0.243	*0.533*	− 0.107	− 0.041	0.007	− 0.173	*0.386*
t10	0.237	0.081	*0.554*	0.101	0.057	0.176	*0.414*

续表

题项	因素名/因素负荷						共同度
	柔韧	超脱	自然	寡欲	本真	谦退	
t11	*0.673*	0.147	0.167	0.068	-0.075	0.052	*0.515*
t14	0.061	-0.021	0.146	*0.668*	-0.024	0.300	*0.563*
t15	-0.082	0.008	-0.337	*0.547*	-0.104	0.298	*0.519*
t17	0.121	*0.613*	0.192	0.020	-0.056	0.148	*0.452*
t18	*-0.448*	0.173	-0.041	0.054	0.084	0.354	*0.368*
t19	-0.126	0.093	*-0.772*	0.084	0.098	0.112	*0.650*
t20	-0.068	*0.534*	0.011	-0.065	0.028	-0.410	*0.462*
t21	0.080	*0.623*	-0.187	-0.007	-0.113	-0.146	*0.463*
t22	*0.502*	0.253	0.265	0.113	0.023	-0.019	*0.401*
t24	-0.037	0.022	-0.147	*0.633*	0.017	-0.131	*0.441*
t25	0.133	0.168	*0.772*	-0.009	-0.104	0.073	*0.658*
t26	-0.011	-0.118	0.041	0.152	0.072	*0.642*	*0.457*
t27	-0.003	-0.107	-0.129	0.144	*0.563*	0.273	*0.441*
t30	0.106	-0.113	0.156	0.021	0.122	*0.563*	*0.381*
t31	-0.018	*0.605*	0.250	-0.056	0.085	0.058	*0.443*
t32	*0.754*	0.203	0.090	0.096	0.038	0.091	*0.637*
t35	-0.050	*0.692*	0.039	-0.046	-0.073	-0.089	*0.498*
t36	*-0.591*	0.178	-0.096	0.157	0.026	0.093	*0.424*
t37	0.041	0.155	0.105	-0.177	*0.524*	-0.002	*0.342*
t38	-0.222	-0.083	-0.177	-0.069	*0.403*	0.111	*0.267*
t39	0.034	0.003	-0.053	-0.005	*0.745*	0.062	*0.563*
特征值	*3.744*	*2.534*	*2.021*	*1.757*	*1.502*	*1.332*	
解释率	*13.867*	*9.385*	*7.486*	*6.509*	*5.564*	*4.935*	47.745

注：黑斜体数字为属于对应维度下的题项的因素负荷以及各维度的特征值大小和解释率。

从上述探索性因素分析的结果来看，其结构与原始构想的比较一致。如柔韧、自然和谦退维所属的题项就是原始量表中假设应属于这些维度的，但仍然有几道题项在所属维度上发生了变更，谦退维的"题20：别人说我锋芒毕露"以及自然维的"题15：纵使新环境不如从前，我也安于处之"分别变更到了超脱维和寡欲维。从题项20的内涵来看，"别人说我锋芒毕露"本身就表示自己喜欢彰显自己，有骄傲自满和炫耀之意，这也与超脱维之"超脱"相关，所以予以保留。而寡欲维的核心是人与外物的关系，题15中所指的"新环境"，在大学生被试看来，可能被理解为了物质生活环境，所以该题在探索性因素分析中负载到了寡欲维，再加上寡欲维本身所属题项就很少，因此将题15予以保留。题项变更最大的是本真维，其维度下的5道题，仅有2道与原始构想相一致，而"题27：我讨厌将事物毫无根据地夸大（超脱）"、"题37：我非常在意别人的表扬或批评（自然）"、"题38：我时常省思自己（谦退）"，从题项的内来看，题27是表示对事物的虚夸，题37是表示对真实自我因外界评价而产生的背离，题38表示对自己真实自我的探求，因此都是对物、人和己背离本真原始面貌的一种描述。从内涵来看，其与本真维的意义也比较一致，因此都予以保留。

　　就上述6个维度，在样本2中进行验证性因素分析，道家人格量表题项形式六维度的验证性因素分析结果见图32。自然、本真维的验证性因素分析结果见图33，柔韧维的验证性因素分析结果见图34，谦退、超脱和寡欲维的验证性因素分析结果见图35，6个维度（自然、本真、柔韧、超脱、寡欲和谦退维）的验证性因素分析的拟合指数见表2-44。

表2-44　　　　　　　　　　验证性因素分析结果

验证性模型	χ^2	df	χ^2/df	RMSEA	GFI	CFI	IFI	NNFI
六维	1157.01	309	3.74	0.065	0.91	0.93	0.93	0.92
自然、本真	52.60	19	2.77	0.052	0.84	0.88	0.88	0.90
柔韧	45.13	9	5.01	0.072	0.90	0.92	0.92	0.89
谦退、超脱、寡欲	238.33	62	3.84	0.066	0.95	0.88	0.89	0.85

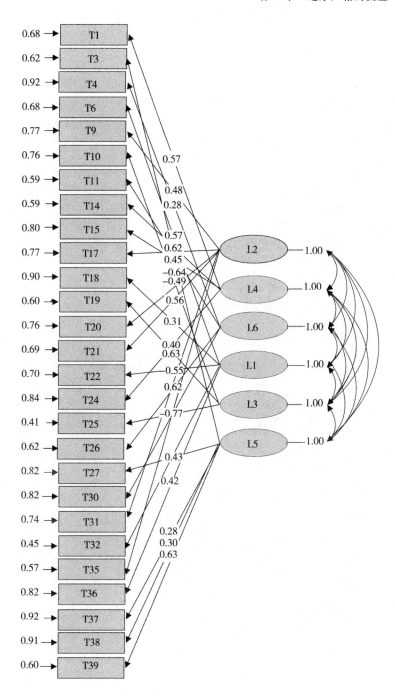

图 32　道家人格量表题项形式 6 维验证性因素分析

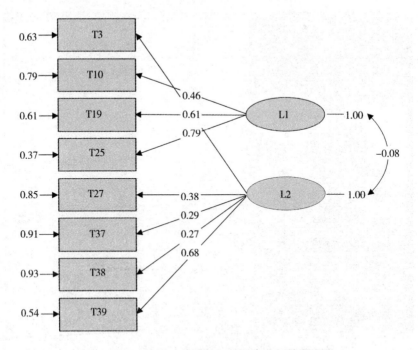

图 33　自然本真维验证性因素分析结果

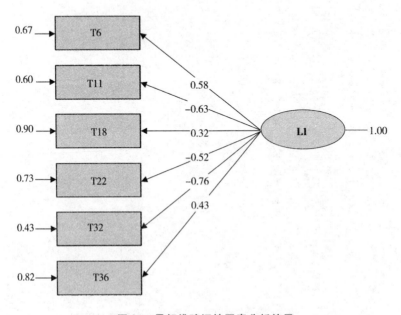

图 34　柔韧维验证性因素分析结果

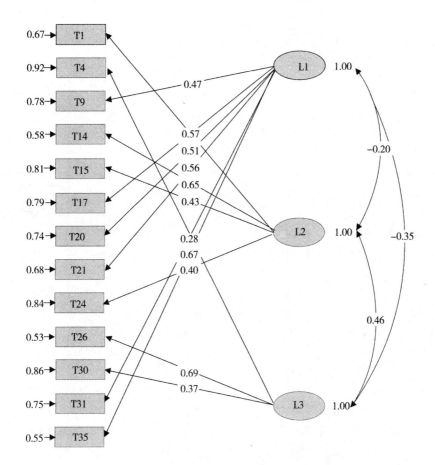

图 35　谦退超脱寡欲维验证性因素分析结果

（三）道家人格量表题项形式各题项与其所属维度间及维度间的相关

道家人格量表题项形式各题项与其所属维度间的关系，以及道家人格题项形式各维度间的相关分别见表 2 - 45 和表 2 - 46。

表 2 - 45　　道家人格量表题项形式各题项及其所属维度的相关

	柔韧	超脱	自然	寡欲	本真	谦退
t10	- 0. 242 **	0. 064	- 0. 729 **	0. 068	- 0. 047	0. 046
t19	0. 302 **	- 0. 020	0. 776 **	0. 128 **	0. 153 **	0. 025
t25	- 0. 247 **	0. 170 **	- 0. 795 **	- 0. 076	- 0. 133 **	0. 062
t3	0. 081 *	- 0. 102 **	0. 029	0. 121 **	0. 637 **	0. 117 **

	柔韧	超脱	自然	寡欲	本真	谦退
t27	0.126 **	− 0.166 **	0.077 *	0.161 **	0.594 **	0.236 **
t37	− 0.074	0.136 **	− 0.093 *	− 0.096 *	− 0.389 **	0.036
t38	0.184 **	− 0.104 **	0.157 **	0.030	0.470 **	0.144 **
t39	− 0.020	0.006	0.017	− 0.011	0.647 **	0.099 *
t6	0.706 **	− 0.131 **	0.194 **	0.171 **	0.158 **	0.069
t11	− 0.658 **	0.177 **	− 0.313 **	− 0.017	− 0.132 **	− 0.056
t18	0.546 **	− 0.052	0.105 **	0.124 **	0.108 **	0.191 **
t22	− 0.595 **	0.300 **	− 0.272 **	− 0.013	− 0.093 *	− 0.085 *
t32	− 0.732 **	0.264 **	− 0.232 **	− 0.015	− 0.066	− 0.025
t36	0.599 **	− 0.003	0.220 **	0.143 **	0.093 *	0.073
t4	0.239 **	− 0.097 *	0.118 **	0.015	0.186 **	0.656 **
t26	0.049	− 0.199 **	− 0.038	0.243 **	0.152 **	0.681 **
t30	− 0.013	− 0.128 **	− 0.144 **	0.106 **	0.106 **	0.705 **
t9	− 0.224 **	0.604 **	− 0.063	− 0.083 *	− 0.133 **	− 0.211 **
t17	− 0.203 **	0.608 **	− 0.188 **	0.023	− 0.117 **	− 0.017
t20	− 0.074	0.610 **	0.001	− 0.128 **	− 0.095 *	− 0.242 **
t21	− 0.144 **	0.659 **	0.021	− 0.117 **	− 0.184 **	− 0.178 **
t31	− 0.141 **	0.611 **	− 0.136 **	− 0.062	− 0.050	0.006
t35	− 0.099 *	0.693 **	− 0.059	− 0.098 *	− 0.166 **	− 0.110 **
t1	0.096 *	− 0.173 **	− 0.073	0.694 **	0.172 **	0.115 **
t14	0.012	− 0.054	− 0.059	0.701 **	0.108 **	0.233 **
t15	0.167 **	− 0.109 **	0.197 **	0.630 **	0.084 *	0.137 **
t24	0.074	0.002	0.096 *	0.656 **	0.060	− 0.014

表 2 − 46　　　　　　　道家人格题项形式各维度间的相关

	柔韧	超脱	自然	寡欲	本真
超脱	− 0.337 **				
自然	0.444 **	− 0.208 **			
寡欲	0.229 **	− 0.224 **	0.157		
本真	0.270 **	− 0.299 **	0.244 **	0.259 **	
谦退	0.232 **	− 0.306 **	− 0.135	0.275 **	0.316 **

（四）道家人格量表题项形式的信度

道家人格量表题项形式 6 个维度的内部一致性系数及间隔一月后的重测信度系数（所用样本为 54 名大二学生，其中男 21 名，女 33 名）的结果，见表 2 - 47。

表 2 - 47　　　　　　　道家人格量表题项形式的信度系数

	柔韧（6）	超脱（6）	自然（3）	寡欲（4）	本真（5）	谦退（3）
α	0.704	0.690	0.654	0.593	0.576	0.430
重测信度	0.685	0.721	0.643	0.622	0.647	0.528

（五）道家人格量表题项形式与词汇形式的关系

道家人格题项形式与词汇形式的关系以及道家人格题项形式的有效性问题，本研究将道家人格量表题项形式与词汇形式进行了相关分析，并分别以题项和维度为单位进行了探索性因素分析，以对此问题作初步的解答。道家人格量表题项形式与词汇形式对应维度的相关关系研究中，所用的样本为 76 名二年级大学生被试，平均年龄和标准差分别为：19.84 ± 0.87，其中男生 23 名，占 30.3%；女生 53 名，占 69.7%。管理类专业 21 名，占 27.6%；文科类专业 41 名，占 53.9%；工科类专业 14 名，18.4%。对应维度的相关关系结果，见表 2 - 48。

表 2 - 48　　　　道家人格词汇形式与题项形式对应维度的相关

		词汇 柔韧	词汇 自然	词汇 超脱	词汇 谦退	词汇 寡欲	词汇 本真
题项	柔韧	0.560 **	0.474 **	- 0.189	0.507 **	0.001	0.081
题项	自然	0.275 *	0.569 **	- 0.214	0.222	0.021	0.191
题项	超脱	0.000	0.024	0.629 **	- 0.166	- 0.166	0.101
题项	谦退	0.064	- 0.091	0.023	0.343 *	0.052	- 0.014
题项	寡欲	0.027	0.256 *	0.065	0.142	0.504 **	0.235 *
题项	本真	0.218	0.257 *	- 0.441 **	0.208	- 0.008	0.245 *

为进一步考查道家人格题项形式与词汇形式的关系，研究又将两者的各个题项加以标准化，然后在题项水平进行探索性因素分析，以考查道家

人格题项形式与词汇形式中对应维度的题项是否负载于原始理论构想的维度上。研究所用到的被试为 471 名大学生，平均年龄与标准差 20.89 ± 1.68，其中男 284 名，女 187 名，一年级 138 名，二级 220 名，三年级 113 名，理工科 198 名，文科 134 名，医科 66 名，艺术 73 名。按原始理论构想，在限定因素数目为 6 的条件下，以方差极大的主成分法，进行正交探索性因素分析，KMO 值为 0.859，Bartlett 球形检验显著（$p < 0.001$），表明适合进行探索性因素分析，因素分析的结果，见表 2 - 49。

表 2 - 49　　　　道家人格题项形式与词汇形式合并后的探索性
因素分析结果（题项水平）

项目	因素名/因素负荷					
	柔韧	超脱	自然	谦退	寡欲	本真
Zscore（z1）		0.653				
Zscore（z3）		0.673				
Zscore（z4）	0.596					
Zscore（z5）					- 0.216	0.618
Zscore（z6）	0.295		0.267		0.211	0.207
Zscore（z7）	0.253				0.302	0.258
Zscore（z10）				0.552		
Zscore（z12）				0.270	- 0.221	0.608
Zscore（z13）	0.828					
Zscore（z14）		0.598				
Zscore（z15）				0.744		
Zscore（z16）	0.749					
Zscore（z17）	0.249			0.218		0.581
Zscore（z18）	0.268		0.222	0.240	0.281	
Zscore（z19）				0.646		
Zscore（z20）		0.625				
Zscore（z22）	0.833					
Zscore（z23）		0.599				
Zscore（z24）	0.799					
Zscore（z26）	0.858					
Zscore（z27）			0.750			
Zscore（z31）	0.231		0.454	0.309		0.246

续表

项目	因素名/因素负荷					
	柔韧	超脱	自然	谦退	寡欲	本真
Zscore（z32）	0.329		0.270	0.385	0.226	
Zscore（z33）			0.620			
Zscore（z35）	0.380				0.374	
Zscore（z36）	0.239		0.458		0.233	0.201
Zscore（z37）		-0.201			0.334	0.334
Zscore（t1）				0.629		
Zscore（t3）						0.469
Zscore（t4）	0.333				0.388	
Zscore（t6）	0.685					
Zscore（t9）		0.461			-0.275	
Zscore（t10）			-0.580			
Zscore（t11）	-0.497	0.226				
Zscore（t14）				0.600	0.212	
Zscore（t15）			0.378	0.399		
Zscore（t17）		0.516			0.202	
Zscore（t18）	0.369					
Zscore（t19）			0.722			
Zscore（t20）		0.498				
Zscore（t21）		0.654				
Zscore（t22）	-0.492	0.356				
Zscore（t24）				0.430		
Zscore（t25）			-0.686			
Zscore（t26）		-0.266		0.248	0.495	
Zscore（t27）		-0.251			0.335	
Zscore（t30）					0.590	
Zscore（t31）		0.627			0.267	
Zscore（t32）	-0.622	0.290				
Zscore（t35）		0.599				
Zscore（t36）	0.484					
Zscore（t37）		0.210		-0.381	0.261	
Zscore（t38）					0.313	
Zscore（t39）				-0.236	0.259	0.399

注：按负荷大于 0.20 的标准显示各题项的负荷。

研究又就维度层面进行了进一步的探索性因素分析，以考查道家人格题项形式与词汇形式在维度水平的聚合形式。所用被试为 68 名大学生，其中男 24 名，女 44 名。所用方法与上面相同，KMO 值为 0.672，Bartlett 球形检验显著（p < 0.001），表明适合进行探索性因素分析，其结果见表 2 - 50：

表 2 - 50　道家人格题项形式与词汇形式的探索性因素分析（维度水平）

维度	因素名/因素负荷					
	柔韧	寡欲	超脱	自然	本真	谦退
Zscore（ZYZ1）	0.907					
Zscore（ZZR2）	0.331			0.693		
Zscore（ZDJ3）			0.858			
Zscore（ZDR4）	0.534					0.406
Zscore（ZJW5）		0.847				
Zscore（ZBZ6）		0.342			0.660	- 0.342
Zscore（TYZ1）	0.784					
Zscore（TDJ2）			0.860			
Zscore（TZR3）				0.928		
Zscore（TJW4）		0.836				
Zscore（TBZ5）					0.785	
Zscore（TDR6）						0.896

注：按负荷大于 0.30 的标准显示各题项的负荷。

十　分析与讨论

在人格心理学领域内，与人格有关的量表的编制，大体遵循着以下三种思路：其一为完全理论驱动，也即完全根据所建构的理论来形成题项和最终的量表，如 EPPS；其二为以词汇假设—因素分析法—特质论为编制量表的主导逻辑来形成量表，这类量表如西方的 16PF，中国的大七等；其三为根据实践效度来甄选题项以形成量表，题项或量表的有效性取决于量表本身在实践中的区分效度，这类量表如 MMPI。但近些年来，越来越多的量表在编制形成中借鉴了多个思路和取径，往往是上述三种思路的综合。如大五人格量表,既有根据理论进行的维度和题项的增减,又有从进化及神经生理层面寻求其内在的根据,还有在实践中不断对其有效性的考察。这类量表因其编制形成思路的多元性,往往更具灵活性和应用性,也易于不断改变和更新。本研究在道家人格量表形成中,突出了理论指导的作用,以理论驱动的量表编制为突出的特征,同时也结合了词汇假设、因素分析和特质论的编制思路,在效标关联部分,也对其实践的有效性进行了详细的说明和考察。由此,本研究在编制形成道家人格量表中,综合了上述几种编制量表的思路,并严格遵循道家人格概念界定的相关内容,突出了理论指导的作用。在编制量表中无理论指导,尤其是缺少本土理论指导的量表编制是许多学者不断提出批评之点。上述道家人格量表形成的整体思路,为该量表具有良好的信、效度提供了可能和基础。

(一) 道家人格量表的信度

道家人格各维度的内部一致性信度系数及间隔一月后的重测信度系数大多在 0.70 以上 (占 72.73%),但极少数维度,因其所属题项较少,系数低于 0.70 (占 27.27%),但也都在 0.60 以上。这表明道家人格量表具有良好的信度。

(二) 道家人格量表的效度
内容效度

在编制形成道家人格量表的过程中,研究首先基于文化影响人格的相关理论,详细分析了道家文化对中国人人格特征形成的影响,以及道家文化影响下中国人典型的人格特征,从而为界定道家人格提供了理论基础,也间接证明了编制道家人格量表的合理可行性,同时也一并回应了道家人格是否确实存在的质疑。以此为基础,研究再次结合人格心理学领域中有关人性论是人格理论的出发点的观点,通过对道家人性论的分析以及老庄经典著作中有关理想人物的描述,得到了道家人格的理论结构模型,并在对含"水"字的成语、习语的深入分析中,对此模型进行了进一步的验证,验证结果再次确证了道家人格结构模型的有效性。结合对道家人格的概念界定,研究进一步对老庄经典著作中描述人的形容词进行了内容分析,并在多次反复地归纳、梳理、分析整理中,得到了道家人格量表的初测形式,它包括知、情、意、行和自然本真五大部分,以及联系、矛盾、变化、静、躁、柔韧、谦退、超脱、寡欲、自然和本真十一维。由形成理论、建构模型再至形成正式的量表,无论是就形式还是从内容而论,都保证了道家人格量表具有良好的内容效度。

结构效度

道家人格量表各题项与其所属维度间的相关在 0.477 到 0.889 之间,而且绝大多数相关均在 0.60 以上。量表各维度间的相关大多显著,且相关系数的分布比较广,从 -0.113 到 0.538 不等,但相关系数的绝对值并不是特别大,最大者为 0.538。其原因可能是:在本研究中,道家人格量表的测量横跨了知、情、意、行几大领域,并且还加入了一个直接反映道家人格人性思想的自然本真维。一方面,自然本真和知、情、意、行等各个领域所属维度间有着内在的密切关联,这从上述各相关系数均具有适度大小就可以看出来,各维度间的相关系数大多显著。另一方面,因所属领域的不同,其相关系数的大小呈现出了领域特异性。同属一个领域内的各维度,其相关系数会更大些,如柔韧、谦退与寡欲间、自然与本真间。而分属不同领域的各维度,其相关系数的值可能就会小些,如静、躁与矛盾联系和变化。另外,各维度相关系数大小的分布也与本研究对道家人格界定中对各维度关系的描述相符。在道家人格的界定中,研究认为自然本真维直接反映了道家人性论的内容。因此,其应该贯穿道家人格之知、情、意、行的各个层面,从自然本真维与道家人格其他各维度的关系来看,也确实如此。自然、本真维除与思维矛盾维相关不显著,与其他各维度的相关均显著,而且相关系数的绝对值均较大,大多数相关值在 0.40 以上。最后,从各人格量表及本研究中道家人格量表的相关特性来看,分属不同领域的各维度间,其相关显著但绝对值不大也是可以接受的,因为现有的、测量人格的各量表(尤其是具有很多维度的人格测量量表),尽管从理论上认为,这些量表为统一的整体,如 16PF、EPQ、MMPI 等,但在实际应用中也并不特别,甚至并不计算各维度的得分,对各维度间的关系也只是简单地报告,而不强求有关各维度间的相关系数要达到多少才能反映该量表具有良好效度。本研究中,道家人格量表也正是如此。从理论框架而言,道家人格自始至终都是一个有机的整体。但在实际应用中,则可灵活地以各维度为单位进行实测,研究并不计算量表的总分如何,也不对总分进行解释。因此，从各题项与其所属维度的相关以及各维度间的相关来看，道家人格量表有良好的结构效度，既符合了方法学的要求，也反映了道家人格的理论构想。

在衡量模型拟合优度的多个指数中，"NNFI、CFI 和 IFI 在所有样本量条件下几乎都能得到最低的 α 与 β 错误率，而且最佳界值都在 0.95 左右，属于优良的指数"（郭庆科等，2007）。另外，侯杰泰等也推荐卡方自由度之比、RMSEA 及 GFI 等指数（侯杰泰等，2003）。在选取哪些拟合指数方面，本研究选用了卡方自由度之比、RMSEA、CFI、GFI、NNFI 及 IFI 作为衡量模型拟合优度的指标。一般认为，卡方与自由度之比越小越好，小于 5，表示模型拟合得好，RMSEA 也越小越好，一般小于 0.08，代表模型拟合得很好，GFI、CFI、IFI、NNFI 越大越好，大于 0.90，表示模型合得好。有学者认为，在模型拟合指数上，并不需要遵循如此严格的标准，如果这些指数大于 0.85，表示模型也是可以接受的（曲波等，2006）。就道家人格各个维度在各个不同样本中的检验结果而论，除柔韧维外，谦退、超脱和寡欲在个别样本中的 RMSEA 值均大于 0.08，有些拟合指数介于 0.85 到 0.90 之间，极个别指标小于 0.85。其余各维度在各样本中的验证性因素分析结果表明，各拟合指数均符合上述标准。总体而言，道家人格量表原始构想的结构模式，在各样本中得到了初步的证实，也为道家人格量表的结构效度提供了进一步的支持。

按知—情—意—行和自然本真各个不同领域，分别就各个维度，以大学生为样本，进行探索性因素分析，按共同度、因素负荷及双重高低负荷的标准进行题项删减后，又在不同年龄段的样本中进行了验证性因素分析，无论是在大学生青年样本还是中年和老年样本中，验证性因素分析的结果均表明：各不同质的样本数据对模型的拟合是可以接受的。但从各样本拟合的指数来看，大学生样本对数据的拟合最好，老年样本次之，中年样本又次之。其原因可能在于：探索性因素分析的样本本身就为大学生，所以在大学生样本中验证性因素分析的结果也会更好些，而且大学生样本的数量也最多。但在中年样本中，对自然、本真、柔韧维度所作的验证性因素分析中，RMSEA 的指标均大于 0.08，而且其他指标也有接近 0.85 的，这一原因可能是因为中年样本的数量太少，但也可能反映了道家人格的结构在不同质的样本中可能真的具有一定的变动性。另外，从对老年样本的验证和探索性因素分析结果来看（尽管验证性因素分析结构支持了道家人格结构的稳定性，但同时也发现其维度也具有变动性），这一结果可能是因为样本量太少和道家人格结构本身具有变动性共同作用的结果。因此，未来研究中需要进一步收集更多中年样本，以重新进行验证性因素分析。

对道家人格量表各维度进行的探索性因素分析的结果发现，除静躁维合并为一个维度外，道家人格原始各维度均再次得到了很好的复现，验证性因素分析也再次证明了该结构的合理性。对道家人格各维度进行的二阶探索性因素分析的结果发现，道家人格各维度的二阶因素为两个，其一可命名为"真"，其二可命名为"伪"，而这一二阶因素结构恰好与道家人格理论模型部分的道家人性论部分自然本真之"真"相吻合。二阶一因素之"真"，恰与道家人格人性论部分的"自然本真"之意相一致，而二阶二因素之"伪"，则恰好与道家人格人性论部分的"虚伪"、"虚饰"相一致。道家人格的人性论模型及有关道家人格的理论界定，在实证研究部分得到了非常好的证实。二阶验证性因素分析也再次证明了该结构的有效性，并且在中年和老年合并后的新样本中，二阶"真""伪"的二因素模型也再次得到了很好的复现。

在多次探索及验证性因素分析中，情绪情感部分的静躁维发生了微小的变动。在单独进行探索及验证性因素分析中，结果支持了静躁维的单一维度结构。但在对道家人格量表所有维度进行探索及验证性因素分析中，静躁维合并为了一个维度。从现有有关积极和消极情感的研究来看，曾经有学者简单地认为它们是一个维度的两极，而后来又发现，把它们作为两个单独的维度更为合理些，两者具有统计上的独立性，只能单独计分，无法计得总分，并且在许多研究中，两个维度均显现出比较高的负相关（田录梅、张建玲，2009）。本研究有关静躁维的研究也发现了类似的模式，两个维度间有着负的相关，具有统计上的独立性。当研究以静躁为一个维度进行探索及验证性因素分析时，结果都变得极其不可接受。尤其是在验证性因素分析中，许多指标均在 0.7 左右，这间接表明将静躁维当作统计上独立的两个维度的合理性。另外，静躁维在理论上也应同属于情绪情感一个领域，在进一步的总体探索及验证性因素分析中，又发现两者合并为了一个维度。

在中老年样本中，对道家人格所作的探索性因素分析，得到了一个八维度的结构。其中谦退、寡欲和本真合并为了一个维度，名为"豁达"，其余维度与原始构想的维度相符。另外，按原始维度的构想，谦退、超脱和寡欲本应合并为一个维度，叫做"因应处世"。在大学生样本中的探索及验证性因素分析也均支持了该结构。但在中年与老年样本合并的新样本中，未能复现此结构。这一方面反映了道家人格量表的结构，在不同样本中具有极大的稳定性；另一方面，也表明道家人格结构可能具有一定的样本变异性。在不同年龄阶段的样本中，其结构往往具有一定的变化性。对道家结构发生一定变动的解释在于：超脱维度的核心内涵为超脱自己的一己之私，以不同的观点看问题，其实质是对人之伦理社会性束缚的暂时逃脱和躲避，其目的是为定争止纷，赢得自己与周围人事物的和谐，并在超脱中求得内心的平静和安心。从历史上各道家典型人物来看，超脱往往更多地反映了超脱者所处时代混乱的背景特征，超脱既有出于无奈的选择，因为时不与我；也有出于自愿的选择，因为对当时整个时代都绝望或失去了信心。超脱既有一时的权宜之计，待时局明朗或价值更高时，既出于士林，也有终身矢志为之，而不为外界所动者。因此，超脱维似乎从本质上反映了超脱者所处的环境特征，其超脱与否以及超脱的程度高低往往是一己之所思、所想、所欲、所求、所志、所愿、所私与外界现实功名利禄间矛盾冲突的结果。

本研究所用的样本主要为大学生，他们的年龄都还较轻，在物质利益和名誉的竞争面前，面临着许多零和竞争，譬如奖学金、三好学生、优秀学生干部等。在竞争面前，他们无法回避和逃避竞争，更无法在面对这些利害关系时，选择与人谦退而不争，或者对此无动于衷。因为毕竟在周围朋友和同学看来，如果自己在名利面前不但不争，还对人谦让并对此无动于衷，如果不是被认为是傻子，就被认为是有问题，或者被认为不太能被人理解，而由此还会遭到孤立。因此，在面对现实利害关系时，年轻的大学生们不但无法像老年人一样选择谦退不争、无欲无求，社会现实反而会要求他们在合法合理的范围内努力去争取，不能也不得退缩。在激烈的竞争中，在人与人、事、物的激烈冲突中，必有成功者，也必有失败者。不管最终结果是成功还是失败，往往都伤痕累累。尤其是面对那些自己无力左右或改变的竞争环境时，个人内心的痛楚、矛盾和冲突都会不断加剧。

在此等情况下，个人唯有"顺应"并适当地"超脱"环境，超脱现实的社会冲突，才能求得问题可能的解决之道，并获得心灵的安慰，并为解决问题暂时积累力量。因此，在大学生样本中，待人的谦退、与物的无争和寡欲及对己的超脱，都成为大学生因应处世以及面对现实利害冲突时的有效应对手段。因此，从实际需要出发来看，它们就此形成了一个有机的整体。在实际的探索及验证性因素分析中，这三个维度确也形成了一个整体。

根据艾里克森的人格发展论，处于成熟期的老年人面临着自我调整与绝望的冲突。自我调整是一种接受自我、承认现实的感受，是一种超脱的智慧之感。如果一个人的自我调整大于绝望，他将获得智慧的品质。艾里克森将它定义为：以超然的态度对待生活和死亡（林崇德，2005）。就老年人而言，其所处环境中的利害冲突，可能不如年轻人那么多或那么明显了，也没有如年轻人那样更多的零和竞争，其人生目标也慢慢转到了对生命的珍惜和欣赏上，现实利害关系和冲突的减少和减弱，以及老年人本身在生活的不断历练中累积的人生智慧，都让老年人在行为上表现得更为谦退，将物也看得更淡些了，这些特征都决定了老年人不但可能不再像年轻时那样特别需要对己的超脱，反而需要自己更多地投入社会现实之中。一方面，能让老年人感受到生命的价值与意义；另一方面，也能让他们感受到如年轻人般因竞争带来的窒息的压力感，并在行为上表现出如此这般的率真和真挚。老年人本身所处年龄阶段的心理行为特征，可能影响了超脱、谦退与寡欲三个维度的关系，使得其不能再次成为一个有机的整体，成为与现实现世抗争的手段。反过来，因待人的谦退，与物无欲少求，使其能在为人处世中，表现出本真、真挚、真实和豁达的情怀，并更多地再次投入社会现实之中，而非超脱自己、脱离社会以求得暂时的回避和安宁。鉴于此，研究似乎可以作如此的推测：超脱、谦退与寡欲具有不同的因应处世的功能。超脱从本质上来讲，是一种略带"出世"色彩的应对策略，性质上是积极消极混杂的。而谦退和寡欲则是入世的应对策略，性质上也可能是消极积极混合的。在时间上，随着一个人一生中矛盾冲突情形的变化，以及个人与现实社会利害的交叠，超脱与谦退和寡欲出现了分离。年轻时，在因应处世上，三者可能具有互相整合、替代的同等功效。而等到年老时，独有谦退和寡欲起到了此作用。超脱本身可能表征了更低的心理健康水平、对社会更多不满以及自身的不幸，由此出现了分化和维度间的不同组合。

道家人格量表的效标关联效度

道家人格与 CPAI 的关系

由研究结果可知，道家人格多个维度与 CPAI 多个维度间相关显著。自然与多元思考（DIT）、理智—情感（LA）、外—内向（EI）显著正相关。本真与情绪性（EMO）、传统—现代性（TM）显著负相关。联系性与领导性（LEA）、理智—情感（LA）、责任感（RES）、乐—悲观性（OP）、严谨性（MET）、自我—社会取向（SOC）显著正相关。矛盾性与责任感（RES）、严谨性（MET）显著负相关，而与面子（FAC）显著正相关。变化性与理智—情感（LA）、面子（FAC）显著正相关。静与情绪性（OEM）显著负相关，而与乐—悲观（OP）、宽容—刻薄（VS）及自我—社会取向（SOC）显著正相关。躁与 EMO（情绪性）显著正相关，而与内外控制点（IE）显著正相关。柔韧与理智—情感（LA）、乐—悲观性（OP）、亲情（FAM）、自我—社会取向 SOC 显著正相关。超脱与领导性（LEA）、外—内向（EI）、亲情（FAM）、自我—社会取向（SOC）显著负相关。谦退与理智—情感（LA）、外—内向（OP）、自我—社会取向（SOC）显著正相关。寡欲与多元思考（DIT）、理智—情感（LA）显著正相关。对上述相关显著的维度进行进一步的整理，以对两者加以比照，最终形成道家人格量表与 CPAI 的比照表，见表 2 - 51。

表 2 - 51　　道家人格领域、维度与 CPAI 各因素及子因素的比较

相关显著的子因子	CPAI 因素	CAPI 因素下的子因素
自然维与多元思考（DIT）、理智—情感（LA）、外—内向（EI）显著正相关。 联系性与领导性（LEA）、理智—情感（LA）显著正相关；变化性与理智—情感（LA）显著正相关。 柔韧与理智—情感（LA）显著正相关。 超脱与领导性（LEA）、外—内向（EI）显著负相关。 谦退与理智—情感（LA）、外—内向（OP）显著正相关。 寡欲与多元思考（DIT）、理智—情感（LA）显著正相关。	领导性	新颖性、开拓性、领导性、多元思考、外向—内向、追求刺激、多样化、人际触觉 8 个维度。这一因素评估的是个体追求变化、创新、自我发展和社会价值实现的人格特质。这一因素很大程度上与大五人格中的开放性和外倾性因素相联系。

续表

相关显著的子因子	CPAI因素	CAPI因素下的子因素
本真与情绪性（EMO）显著负相关； 联系性与乐—悲观性（OP）显著正相关；矛盾性与面子（FAC）显著正相关； 变化性与面子（FAC）显著正相关； 静与情绪性（OEM）显著负相关，而与乐—悲观（OP）显著正相关； 躁与EMO（情绪性）及内外控制点（IE）显著正相关； 柔韧与乐—悲观性（OP）显著正相关。	情感稳定性	自卑—自信、面子、情绪性、乐观—悲观和内—外控制点5个维度。其核心的含义在于基于自我认知与态度的情感稳定性与调适的人格特质。这一因素部分内涵与大五人格的神经质因素相联系。
本真与传统—现代性（TM）显著负相关； 联系性与自我—社会取向（SOC）显著正相关； 静与宽容—刻薄（VS）及自我—社会取向（SOC）显著正相关； 柔韧与亲情（FAM）、自我—社会取向（SOC）显著正相关； 超脱与亲情（FAM）、自我—社会取向（SOC）显著负相关。 谦退与自我—社会取向（SOC）显著正相关。	人际取向	人情、宽容—刻薄、和谐性、阿Q精神、自我—社会取向、容人度、老实—圆滑和亲情8个维度。这一因素评估的是人格结构中同人与人之间（包括社会、家庭或亲属）的关系相关联的特质，既有如何为人处世（例如做人、做好人）的内涵，也包括人格特质中关乎人际心理亲疏的成分。这一因素的部分含义接近与大五人格的宜人性因素，但其含义远大于宜人性因素所解释的人格特质。从某种意义上分析，中国传统文化中的"内圣外王"思想在这里有一定的体现。
联系性与责任感（RES）、严谨性（MET）显著正相关； 矛盾性与责任感（RES）、严谨性（MET）显著负相关。	可靠性	责任感、严谨性、纪律性和人生目标4个维度。这一因素的核心含义在于评估人格特质中可信赖性、认真和负责任等方面。该因素同大五人格中的责任感有很强的关联。

　　由表2-51可知，就"人际关系性"这个因素，因其显示出中国人在社会上如何"做人"的行为模式及其文化内涵。如讲究人情往来、避免当面冲突、维持表面和谐、大家都有面子等，因此包含了"众多'本土化'的人格构念"（张建新，2002）。由道家人格各维度与人际取向各维度的关系来看，道家人格量表中有更多维度与该维度下的各子维度显著相关，并且由自然本真的人性论再到认知思维、意志品质及情绪情感特征，尤其是因应处世的各个维度，与该本土化维度间的相关至为显著。这再次证明了CPAI人际取向维度的"本土"特色，同时也说明由本土道家思想建构起的道家人格结构及理论也具有极强的"本土性"。

　　由道家人格各维度与CPAI相关显著的各维度来看，道家人格量表中的二阶因素"真"维度下的各个子维度，如联系、变化、静、自然、本真、谦退和寡欲等，往往与CPAI中表征心理健康程度良好的各个维度显著相关。而道家人格量表中，二阶因素"伪"的各个子维度，如躁、矛盾和超脱，则与CPAI中表征心理健康程度不良的各个维度显著相关。未来研究中有必要进一步深入探究二阶"真"与"伪"中，各个子因素与相关心理健康变量间可能的促进或阻碍作用。

道家人格情绪情感的静和躁维与情绪稳定性的多个维度显著相关。内心宁静者，其心理也更乐观、情绪也更为稳定，而内心躁动不安者，行为上则越外控，情绪往往越不稳定。自然维得分高者，往往更善于控制自己情绪，待人接物不受情绪干扰，果断、冷静，重逻辑，对事物愿作真伪判断，也善于从多方面、不同角度去考虑问题，思想灵活，善于将不同层面的意念融会贯通，抽象思维特征的优势更明显。顺其自然者，往往与环境和谐而安适，性格上外向，善交际，喜聚会，有许多朋友，乐于交谈，但不喜欢独处。本真维得分低者，往往越不本真，受外界的环境影响越大，情绪也越不稳定，急躁易怒，爱发脾气，焦虑忧郁，悲哀恐惧，精神沮丧，垂头丧气，变化无常，爱冲动。人性上越"失真"者，往往受社会的约束或社会性内化的成分越多，因此反而越遵从传统，思想上保守，维护传统礼教，往往不敢越雷池一步，对新观念、新事物拒不接受，服从权威。思维的联系性和变化性得分高者，往往重逻辑、冷静，也更乐观些。其与CPAI中表征心理健康良好的几个指标，如乐观等，往往有高的正相关。同时，其也与领导性和可靠性的多个维度正相关。而思维矛盾维得分高者，往往更能够掩饰自己，文过饰非，喜强自辩解，自我意识较强。意志柔韧者，反映在思维上，往往表现为更重逻辑，思维更有条理，也更冷静。反映在情绪情感上，往往也更乐观些。而反映在人际家庭关系上，表现为更能够注重家庭气氛的和谐，拥有和睦的亲子关系，彼此能互相悦纳、尊重、了解、信任，感情和思想能有效地沟通，花更多时间与家人一起。一个在行事上更超脱者，往往处事更不独立，更不愿意影响别人，也更不愿意寻求挑战，越无法在领导行为中独树一帜，性格上也越内向，越喜欢独处，可能没有什么朋友，更喜欢自己独自思考，越不愿与人交往，愿独处，不愿参加与他人合作的活动。但可能更不易从众，更自信，独来独往，悠然自得，独立性较强，更不愿接受他人的帮助，极少受他人的影响，不喜欢别人的干涉。

但越是超脱者，其在家庭上反而并不如一般人所认为的那样越超脱，反而越注重家庭的和睦，越愿意为家庭的团结和营造良好的氛围做出努力。一个行为越谦退者，其在行为上往往越不愿与人交往，离人群也越来越远，体现了自己更高的自信和独立。一个对物欲看得很淡的人，其思维往往更清晰和富有逻辑性，并越能从多个方面看问题，思维显现出多元性特征。在上述显著相关的各维度中，有一些令人费解的关系，仍然需要一些特别的解释。最令人费解者，莫过于为何一个在超脱维上得分高者，尽管其在行为上更为独立自处，性格上更为内向，但在家庭生活中却表现得如此不超脱，也十分注意家庭的和谐和团结呢？难道家庭对一个人的超脱具有免疫力吗？

在道家思想中，有关超脱的内涵及意蕴，历来就是一个喜忧参半的靶子。各人基于各自不同的理解，往往或批判之，或赞赏之。就儒家积极刚进有为的思想而论，超脱似乎就是一种无谓的逃避，是消极的，也是无用的，甚或是懦夫的象征。但站在道家的立场上，超脱却可能只是一种暂时的权宜之计，是对人本真之性的复归，是解民于倒悬的良药，是让人内心苦愁得以释放并求得内心平和的一剂解药。无怪陈鼓应（2009）在其老子注释书中，开篇就对老庄道家之超脱思想所引起的误解——普遍认为道家思想具有消极避世的特征——进行了澄清，他认为对此问题非得重议不可。从历史上各著名道家人物来看，如庄子、嵇康、阮籍和陶渊明等，他们超脱的行为并非简单地表明，"我"对"自己"的超脱和对自然的复归以及对人性个体自由的向往和追求，凡由此稍作引申就会发现，因"我"对"自己"本真之性的复归，其结果是反而令自己对家庭成员之情变得更为真挚和自然了，也更少了一些儒家的规范、约束和束缚，也更能包容各家庭成员，并更能有效化解家庭内的矛盾和冲突了。由此而言，"超脱"并非只是简单的逃避和回避对问题的解决，真正的"超脱"可能暗含着积极的意义。由"超脱"而回归自然本真之性本身就具有积极的作用，它是一种积极与消极"二合一"的有机体。"超脱"很显然并不是表示对人对事不负责任，而是在对个人主体性的认可和复归中，让人变得更负责任，也更愿意承担责任。只有那些无主体性者，才会不断地逃避和规避责任，也只有非常负责任者，才具有独立的个体性，也才需要在无法承受之重面前，施以逃避的策略。由此，未来研究中似乎非常有必要弄清楚超脱行为发生的范围，如朋友间、家庭内以及超脱与个人的自主性和独立性的关系，超脱与应对策略及所面临的任务难度和复杂性等的关系。而有关超脱者，其在日常生活中承担责任的愿意程度及实际愿意承担责任的情况，也是未来需要进一步探讨的课题。

由谦退与自我—社会性间高相关，反映出道家之谦退似乎暗含了与社会的远离，暗含了与人之社会性的背离，这一背离令道家之谦退也染上了些许消极的色彩。"谦"其实也是儒家非常重视的一种品德，它包含谦虚、谦逊、谦和、谦让等义。孔子强调"不伐"，并说"谦受益，满招损"。很显然，儒家之谦终究仍然染上的是儒家本身积极进取而刚进有为的色彩。无怪俗语有云：谦虚使人进步，骄傲使人落后。之所以如此之"谦"，只是直接或间接地仍然是为了"进"罢了。对儒家而言，谦与退绝不是仅指简单的退，而为了更进一步或更好地进一大步。但道家人格之"谦"，因沿袭于老子自然无为的思想，在由自然本真的人性论贯穿至人的行为层面的过程中，也自然使得道家之"谦退"染上了一层"纯"退的色彩。在道家看来，退可以就是为了退，而非为了进，可能还非常干脆、彻底地将人由社会性中"退"出来，并力求透现出人的真性与自然性。由此而言，道家之"谦退"似乎仍与"超脱"一样，具有积极与消极、好与坏的"二合一"的特征。鉴于此，未来研究可以借助访谈等方法，以进一步确定道家人格中谦退的典型行为和情境特征，以及不同类型或不同性质的谦退与心理健康变量间的关系，不同类型谦退间内在的关联等。

老子讲"长短相形，高下相倾"，认为万事万物都是相互联系的，万事万物又是不断变化的，并通过对"道"本身运行的联系性和变化性的反观，得到了人在体察万事万物的思维特征。尽管老子也讲矛盾性，但并不强调矛盾性，其所指的矛盾性更加偏重于事物相对方的相互转化。联系性本身包含了万事万物相对之意，而变化性则包含了万事万物的转化，暗含有动力特征之意。由上述道家认知思维特征与 CPAI 的各维度的关系来看，联系性与变化性维度似乎具有共变的特征：一者与某一因素高正相关，则另一者也与某一因素有高正相关。但矛盾性的变化趋势则恰好与此相反：当联系性和变化性与某一维度高正相关时，矛盾性则往往与该维度高负相关。另外，从认知思维方式的联系性、矛盾性和变化性三个维度间的相关来看，联系性与变化性间的相关系数最高，为 0.302，而联系和变化性各自与矛盾性间相关则低一些，分别为 0.256 和 0.161。由此，研究进一步假设认为：道家人格思维之联系和变化性可能更契合中国人的思维特征，联系与变化性二者可能与矛盾性相对而立，而成为两个独立的、具有不同"核心成分"的思维方式。其实许多研究者（邓晓芒，2005；李泽厚，2002；任继愈，1999）均认为西方的矛盾性无论是在哲学本体上还是在思维内容上，均与中国道家之联系变化、相对方相互转化的思维有区别。郭川雄（1997）更是将《老子》的基本思维方式界定为是一种和谐型思维格局，并认为"处于此格局内行动者会进入或追求与外在环境或与内在环境之间合宜或圆融的关系"。与之相对，作者将《圣经》之思维界定为张力型思维格局，并认为处于"此格局内的行动者会进入一种与外在环境或内在环境之间冲突或紧张的关系"。很显然，前者"和谐型思维格局"所强调的合宜与圆融，主要反映的是认知思维方式中的联系和变化性，而后者"张力型思维格局"则更强调思维中的矛盾性。由此，未来研究似乎可以考虑将联系性和变化性合并为一个维度，再考查其与矛盾性维度间的关系，或者就两者分别挑选一些效标量表，考查两者在效标量表上相关的差异，以进一步确证两者是否真的具有不同"核心内涵"的独立的结构。也可以以故事情境法考查被试在理解及复述具有矛盾冲突情境的故事中，叙述展开的主线和主要思路特征。同时，也可以考查在两者得分上高低程度不同者，其在相关认知思维任务中的行为表现。

　　由寡欲、自然及本真维与 CPAI 各维度的关系来看，似乎这几个维度共同提供了道家人格中高创造性得分者所具有的人格特征的雏形。从各维度的内涵来看，寡欲表明个体的物欲不强。可能也正因为物欲不强，所以能够对事物进行更为理性的、符合逻辑的多元思考，也更能将思维集中于事物本身，而少受或不受外界物质利益的干扰而作功利性的分析。寡欲维的这一含义恰与内在动机之意具有异曲同工之妙，心理学认为内在动机指的是因活动本身的原因而对活动表现出的兴趣和喜爱度（郭永玉，2005）。内在动机的动机源自活动本身，内在动机的前提条件是对非本真活动的外在任何物质目标本身不感兴趣。而对事物本身的内在兴趣或内在动机则是取得高创造成就的、最为重要的心理特征之一（张景焕、金盛华，2007）。自然维得分高者，其对环境中的人、事、物往往更开放些，思维上也更多元化一些。本真维得分越高者，则越不会遵从传统，思想也越开明，也越敢于接受挑战和推陈出新，对新观念、新事物也会更容易接受，而对权威的认同度会更低些。未来研究中，有必要寻求寡欲、自然及本真三者独特的组合模式，以及各种独特的组合模型与创造性或创造性成就间独特的关系。研究也可以借由对相关道家道教代表人物，如孙思邈等，具有独特创造性、并在中国古代科学发展中具有重要地位者，进行个案与传记的研究，以进一步弄清其道家人格特征中与创造性成果有关的成分。

　　意志品质一般是指人意志因素的总和，主要包括自觉性、自制性和坚韧性等几个方面。而坚韧性是指一个人以坚忍不拔的毅力、顽强不屈的精神，克服一切去执行决定。在困难的任务面前或威胁利诱面前毫不动摇，坚持不懈地去实现既定目标（张春兴，2009）。很显然，道家人格的柔韧维内含有坚韧之意，表示在任务面前的不动摇、持续性、持久性和永不气馁。但除此之外，柔韧也反映了为事中的韧性。韧性特指个体面对逆境、创伤、威胁或其他生活重大压力时的良好适应。广义的韧性是指个人应对、适应逆境的动态过程，而狭义则是指那些有利于个人克服逆境的积极心理品质（于肖楠、张建新，2007）。道家人格意志品质之柔韧，既可以指个人积极的心理品质，也当然可代表在面对逆境和挑战时的动态的过程。只是道家人格之柔韧，终究会从整体上染上道家之自然无为且本真的色调。由此而论，柔韧维的内涵将与儒家之刚毅、坚毅有所区别，因为道家之柔韧暗含了坚忍不拔之中的灵活性，以及遇事时于"自然无为"的人性中折射出的、"似无主观意志"的心理状态。好比"水滴石穿"，水之滴于石头之时，并无意于将其滴穿，但其结果比有意将石头滴穿的效果更明显。如果想象一下，水是有意滴穿石头，恐怕在未滴之时，已恐于石头的坚硬，早就已经放弃了。在与 CPAI 的关系中，道家意志品质之柔韧却多体现在了人际家庭关系的相关因素中，其原因可能在于 CPAI 的各因素及其子因素，似乎并未纳入明显的、具有动力特征的意志品质的内容，或者是因为人际家庭是冲突和矛盾高发的地带。在因应处事时，个人还非得具有柔韧的意志力，才能有效维护人际和家庭自然无为的"和谐"。

与 NEO 简式的关系

道家人格多个维度与 NEO 简式各个维度间的相关均显著,并且与各个子维度的相关,也大体符合研究假设在概念和理论上所给出的预期。就随和性这一维度来看,该维度包含的子维度有信任他人、直率坦诚、乐于助人、老好人、谦逊自嘲和仁慈同情。就各子维度的内涵来看,其从理论上应与道家人格之本真、自然、谦退有高的正相关,而实际结果也正是如此。这一结果反映了道家人格量表具有良好的汇聚效度。

道家人格二阶因素之"真"与"伪"所属的各个子因子,与五因素中(除开放性以外)的 4 个维度具有共变关系。具体表现为:"真"之所属的各子因素,如果与某一维度具有高的正相关,则"伪"之所属的各子因素,就会与该维度呈高的负相关。这就在性质上进一步确认了道家人格"真"与"伪"的性质,以及道家人格人性结构模型"真"、"伪"二分的正确性和合宜性。这一结果也从整体上表明,道家人格之"真"与"伪"的应用价值,可能首先将反映在心理健康领域,可能表现为"真"、"伪"与各心理健康指标间两极相对的关系情形。许多研究均表明:五因素模型中的神经质与外倾性是最具生物遗传特性的维度,也是与心理健康各变量高度相关、具有高度预测性的维度。由道家人格各维度与五因素中的神经质和外倾性的关系来看,道家人格多个维度均与其有着高的相关,只是道家人格各维度与神经质和外倾性的相关,呈现出相反相对的特征:所有与神经质高负相关的维度均与外倾性高正相关,而所有与外倾性高负相关的维度均与神经质有高的正相关。

从道家人格各维度与五因素各维度的关系来看,思维的矛盾性、对己的超脱性以及情绪上的躁动不安,具有共变的关系。三者与神经质高正相关,而与外倾性和随和性有高的负相关,并与尽责性也有高的负相关。由此研究进一步推论认为:人心的不适可能主要来源于内心的不宁静:为外物骚扰不安、思想上的矛盾冲突以及行为上采取逃避的举措,三者共同构成了一个不负责任且心理不健康的人的人格形象。而与此相对,体察并能自然顺任周围环境,同时又显现出自身的主体性和独立性,内心宁静安详,思想上秉持万事万物均是相互联系且不断变化的观点,在思想上不绝对化事物间的矛盾和冲突,意志坚强又具有灵活性,待人谦退而物欲淡然,可能表征了一位典型的道者,也即一位既负有责任、又心理健康者的自然本真之人。这一分析给未来研究带来了一个新的启发：道家人格从整体上可能既提供了积极尽责的成分，同时似乎也包含有消极不负责的内容。其积极尽责的成分可能来自因自然本真而彰显的主体性和独立性，又因其主体和独立性进而引发愿意承担责任的行为。普通大众之所以认为道家具有消极特性，有可能来自对超脱中含有逃避责任之意的误解，也即是完全不理会自己所应承担之责任的超脱。这也就需要在未来研究中进一步弄清楚超脱的性质，以及其与独立自主性和责任感间的内在调节或中介的作用机制。

研究表明五因素人格各维度与主观幸福感间均存在显著相关（Costa，McCrae，1980）。大五人格中的谨慎性、宜人性和情绪性能有效预测学习适应情况（毛晋平、何炎芬，2008）。其对应对方式的影响是明显的，神经质与消极应对方式呈显著正相关、与积极应对方式呈显著负相关（马煊等，2004）。对43名低心理健康水平学生所作的研究发现，被试除在神经质维度上的得分显著高于正常心理健康水平的学生外，其余各个维度得分均低于正常心理健康水平的学生（黄凌云、赵冰洁，2006）。五因素的各个维度对工作绩效、关系绩效及管理绩效等也具有强的预测力（任国华、刘继亮，2005），其能有效预测工作动机、领导行为、创造性行为和工作满意度等（钟建安、段锦云，2004）。道家人格多个维度均与尽责性高相关，尤其是表征内在动机特征的柔韧维。反观道家人格各维度与五因素之各个维度的相关特征，并结合人格五因素问卷之各个维度与心理健康及企业绩效领域间相关变量间的关系来看，道家人格的应用价值似乎更多地反映在企业绩效领域，这一结果也可以为进一步分析道家人格各维度的性质及可能的应用价值提供启发。

与上述 CPAI 中的人际取向因素相比，五因素中的开放性可能更具有西方文化的特性，更多地反映了西方文化中的理性求索精神，并在社会文明的发展中被塑造成了显性的因素，而人际关系性则被抑制成了隐性的特质因素（张建新、周明洁，2006）。但中国人的人格结构中也并非没有包括西方开放性人格维度的内容，只是其内容被分成了排斥于中国人人格结构之外的 emic 的成分，以及分散于中国人人格结构中的 etic 的成分（王登峰，2005）。本研究为上述假设提供了支持。源于本土道家思想的道家人格各维度与五因素中的开放性维度间相关显著的因素，不但在数量最少

（才 4 个），而且主要体现在思维的联系性、情绪的静及意志的柔韧维上。从开放性因素各子因素（想象丰富、审美感受、情感细腻、尝新试变、富于思辨、灵活变通）的内涵来看，审美活动伴随着内心的宁静之感，思辨中的思维活动也要求具有联系性，而灵活变通性既要求坚韧也需要变通，这为道家人格量表提供了汇聚效度方面的证据。

与超脱价值观和目标追求的出入世

由各相关系数来看，道家人格各维度与超脱及目标追求间的关系，并未完全符合理论和概念的预期，其概念效度仅得到了部分的支持。由道家人格量表各维度与超脱价值观及目标追求出入世量表各维度的相关来看，并未显现出如常识所认为的那样，由道家思想建构而得到的道家人格具有整体的超脱特征；相反，与超脱价值观相关显著的只有少数一些维度，其中一些有高的正相关，也有高的负相关。诚如陈鼓应先生所言，道家思想并非如普通大众所认识的那样消极和超脱，或者也许有些积极而不超脱（陈鼓应，2009）。

按《现代汉语词典》，超脱一词有三意：其一为不拘泥成规、传统、形式等，譬如性格超脱。其二为超出、脱离，如超脱现实、超脱尘世。其三为解脱、开脱。与价值观有涉的"超脱与投入"，是指一种对待人生的态度，与个体身心健康有关的、对待生活积极与消极程度的认知（周亮等，2002）。由此可知，价值观的超脱与超脱之第二（超出、脱离）和第三（解脱）义比较接近。超脱价值观从本质上考察了人们对人生重要的一些东西（如事业、家庭、工作和学习等）的积极投入和不愿投入的程度。投入与超脱、有为与无为、入世与出世、进取与退让的区别，实质可能也反映了儒道两家人生态度和价值观的差异。因为儒家认为人之一生应该有所作为，成圣成仁，修身齐家治国而平天下。道家则认为应遵循自然之"道"理，顺其自然，无为而无不为。从各显著的相关系数来看：超脱价值观各维度与反映人为事的坚持与持久性的柔韧维显著负相关，而思维的联系性也与超脱价值观各维度显著负相关。对此结果的解释是：其一，超脱价值观本身就内含了对事业、对工作和学习在思维上的区隔处理。无论是脱离还是解脱，在认识上总是以隔断两者间的联系为前提的。其二，本研究的研究对象为在校求学且年龄较轻的大学生，他们通常对人生有着积极上进的态度，希望能得到他人和社会的承认，并获得应有的成功，对工作和学习而言更是如此。因此，他们从总体上可能只是一位潜在的"道者"，却是一位显在的"儒者"。具体而论，对年轻大学生而言，对某事某人某物的超脱、脱离或解脱，往往暗含着某事某物某人本身的复杂性、矛盾性，及其对当事人身心的巨大影响。这一影响反映在思想和情感上，也就表现为心绪不宁（与躁维度高的正相关）、思想上矛盾起伏、混乱不堪（与矛盾性高正相关）。除此之外，对人生事业和工作学习的超脱，似乎也暗示着对这些活动所带来的结果的不在乎（与寡欲维高正相关）。以上是就大学生样本，在超脱价值观上作高分解释。相反，如果我们以超脱价值观的得分作低分解释，也即从投入高的方面来解释，就会发现投入程度高的大学生，内心可能并不会骚扰不安，其对所从事事业的结果往往十分关切，而且为了事业的成功能够坚持隐忍很长时间，认识上更为清晰而不矛盾，并具有开阔而联系的视野。由此，研究可以进一步推定：如果研究所用样本为老年人，则会因年龄的限制、体力和精力上的衰退以及社会地位的变化，由此而会带来心理上的剧烈变化，即会变得更谦退，并降低对人生事业的追求与获取。因此，研究认为：老年样本中，高超脱将与思维的联系、自然和本真、静、谦退和寡欲将有高的正相关，而与矛盾、躁高负相关。尽管同为超脱，道家人格之"超脱"则与超脱价值观之"超脱"无甚关系，其可能的原因在于：超脱价值观所测之对象是事业等除自身以外的目标，而道家人格之超脱维，除包含对外物的"超脱"和"不在意"之外，更是指对己方面的心理行为特征。前者的对象指向外部，而后者指向内部。

在投入超脱量表的效度研究中，研究者发现投入的态度可能与较多的正性情感体验有关，而超脱的态度可能与较少的负性情感体验有关（周亮，2002）。但本研究却发现了相反的结果，高超脱反而与情绪情感的躁维有高的正相关。出现这一结果的原因可能与样本的取样有关。本研究所取样本的主体为青年大学生，而投入超脱效度研究中的样本主体则为中年社区居民。研究所选取样本的不同，以及随之而形成的对事业人生的投入超脱态度，可能导致了两者间的差异。另外，研究结果的差异可能也与投入超脱和心理健康的假设构想有关。因为投入和超脱态度本身可能并不会导致当事人心理健康的好与坏，只有当与现实环境有矛盾时，才可能导致健康的损害与疾病的发生。两者间的关系实质上反映了理想与现实、环境与自我本身的矛盾与冲突（杨德森，2008）。当对生活事业全面投入时，如果现实环境不允许，或条件不具备，最终只会导致认知扭曲和内心苦痛，甚至心理疾病的产生。正所谓"时不利兮骓不逝"，而只能空叹"莫奈何兮莫奈何"。当现实环境要求人们不断投入，不断追求和争取时，超脱却明显处于不利的位置。如果年轻人在学习和工作上不努力、不积极进取，而采取超脱的态度，恐怕也不是内心和谐和心理健康的象征。有可能负载于年龄之上的、社会对某年龄阶段者的社会心理角色要求，及其与个体独有的投入与超脱态度间的适切程度，共同影响了该个体的道家人格各维度与投入超脱及心理健康程度间的关系。未来研究中，可能需要将投入超脱在程度或类型上作进一步的细分，并以不同年龄阶段的被试为研究对象，深入考查不同年龄段的被试，其道家人格特征与投入超脱价值观的适切程度对心理健康的影响。

就道家人格与目标追求间的关系而论，一般认为，入世者重"人事"，出世者重"天道"，入世强调对家族、国家的责任，出世往往在于挣脱社会对个人的束缚；入世往往包含着对社会现实的肯定，而出世则恰好相反。两者共同根源于中国传统的儒、释、道思想流派，两者相辅相成，共同塑造了中国的文化心理特征。出入世心理从根本上来讲是指一种"目标追求的态度和方式，离开了目标追求就无所谓入世和出世了"（杨宏飞，2006）。其所代表的仍然是左右人们心理活动和行为方式的动机系统的特征，入世包含激发动机、实现目标、满足需要等心理过程，集中表现为积极追求目标，而出世则包括减弱甚至消除动机，看淡目标，顺应自然，集中表现为淡泊名利。由道家人格各维度与出入世各维度间的相关系数来看，寡欲维与出世心理的平常心和低要求有着高的正相关，而柔韧维因其本身就表示个人对目标的持久坚持的能力，因而与人的动力系统和目标追求最为相关。一方面，它与代表入世心理的拼搏精神高正相关，同时也与代表出世心理的低要求高负相关，这再次说明道家思想本身消极超脱之根源，往往源自人们只认识到了道家带有"自然无为"色彩的柔韧，这一意志品质表面的无动机和无目标追求，以及看淡外界事物的一面，而并未看到此一意志品质中暗含的巨大力量和无比坚毅的目标追求。水滴石穿，看似无目标、无动力、无力量，但在其"自然无为"的不经意的行动中，暗含着巨大的力量、动力和对目标的不懈的追求。寡欲与在乎结果间显著负相关，这再次说明寡欲维本身并不仅仅只是表示对外物的物欲程度，可能更深层次地代表了个体对任何外物的追求和在乎的程度，是具有广泛和泛化意义的对外物的征服和追求欲的体现。静与平常心显著正相关，而与在乎结果显著负相关，这进一步说明静的内涵代表了个人忠于现实、自足知足，不与人作无谓地争执，并且很难为外物所搅扰的心理状态。也正是因为有一颗不为外物所扰并且貌似甘愿平庸的心，所以也更容易显现出自己本身的真面貌（本真与平常心显著正相关）。而入世心理的拼搏精神，则反映了个体思维上无矛盾无冲突的局面，并能以联系的观点体察事物，以个人的本真面目，努力积极有为。

但有些令人费解的是，拼搏精神与谦退维显著正相关，其原因可能与两者的内涵相关。拼搏精神所指的对象是外界的目标或理想追求，是广义而言的事，反映了个人对自己所看重的理想或目标的积极进取和不懈努力的心理状态。而道家人格的谦退维则是指在为人方面，隐忍、谦让、不争，能够包容、理解、宽容并谅解别人。在现实生活中，两者可能呈现出几种不同的关系，如高正相关，高负相关，低正相关和低负相关。为人谦退者，其处事时可能积极有追求。更有可能的情形是：为了目标的达成和现实，个体在为人上更为谦退。因为目标的追求和理想的达成，往往预示着冲突和矛盾的加剧，以及人际关系的协调。因此，为人谦退以维护人际的和谐，并最终达成目标，就显得尤为重要了。这从古时许多伟大人物身上均可见到，如孔子、孟子、孙中山先生，均是有大志向，但为人十分谦逊和谦退的人。两者的关系类型可能受到了竞争激烈程度、人际冲突状况本身的调节。在竞争激烈、人际紧张的条件下，拼搏精神可能与谦退高正相关。而在竞争不激烈，并且人际关系不紧张的条件下，拼搏精神可能与谦退无关，但也可能出现这样的情况：因竞争太激烈、人际关系太恶劣，个人非得逢事必争，逢人必争，目标才能得以实现，愿望才能达成，所以在此条件下，两者可能呈高的负相关。但思维上的矛盾和变化性为何与低要求显著正相关，则比较难以解释。未来研究有必要进一步探讨目标追求的动机系统和人之思维特征的关系。

有关道家思想之消极和积极之争，本研究提供了来自实证层面的初步解答。从道家人格与超脱及目标追求之各维度的关系来看，本研究为老庄道家思想包含着积极与消极的层面、是两者二合一的整体这一论断，提供了初步的证据支持。研究发现，在一维的超脱价值观量表上，其与道家人格各维度的相关表现出共变的特征，也即道家人格某一维度与超脱价值观量表的各维度在相关系数的性质上，具有共同的正负性质。另外，在目标追求的出入世中，出入世本身就是两个独立的维度。编制者认为，"入世、出世心理是相对独立的成分，入世心理的强弱并不必然意味着出世心理的多寡，它们既可以在一定条件下相互排斥，也可以在一定条件下彼此共存"（杨宏飞，2006）。在具有二维特征的出入世心理量表上，道家人格的许多维度出现了正负二极分化的特征。表现为一者与出世心理特征显著正相关时，则会与入世心理特征显著负相关；反之，当一者与出世心理显著正相关时，另一者则与入世心理显著负相关。很显然，在目标追求的动力系统中，道家人格各维度也显现出了积极消极二分的动力特征。

与性别角色

道家人格所有的 11 个维度中，有近 8 个维度与女性正性高相关，而另外 3 个维度也与女性正性的相关系数接近显著。这无论是以所有女性，还是所有男性为被试，结果大体仍是如此。譬如，当所有被试均为男性时，道家人格十一维中仍有 7 个维度与女性正性显著高相关，这初步说明由道家思想引申出的，并由"自上而下"建构的道家人格量表，其各维度具有很强的"女性"色彩，它与道家思想本身的女性色彩相一致，也表明道家人格具有好的聚合效度。同时，道家人格量表各维度与男性负性或女性负性间，无论是在男性被试、女性被试和所有被试中，均只有极个别的维度的相关显著，这表明道家人格具有一定的区分效度。既然道家思想具有女性崇拜或对女性特质极为推崇的特色，那么，从理论上推断而言，道家人格与女性正性相关显著的个数就应比其与男性负性和女性负性的个数要多，而研究结果发现事实也确实如此。

但研究结果发现男性正性与道家人格多个维度（6 个）的相关也显著。无论是在男性、女性还是全部被试中，结果均都是如此。道家思想既然是一种带有女性色彩的哲学，充满着对女性的崇拜，就应该与男性正性间不太可能在如此多的维度上均有显著相关。可能的解释在于：在中国传统社会中，在儒家文化的主导下，中国文化就形成了一种以男性为主导的特征。《易经》中以阴阳表女和男，其所谓"乃生男子，在寝之床，在衣之裳，在弄之璋；乃生女子，载寝之地，载衣之裼，载弄之瓦"（《诗经·小雅·斯干》)。这表明在很早以前，男性就已经居于金字塔的顶端，高高在上（胡俊修，2003）。而自宋明清之"三纲五常"和"夫为妻纲"时，这种男性主导的文化就发挥到了极致。在儒道互补的历史流变中，道家思想本身就受到了儒家思想的影响，并且颇具讽刺意味的是，道家之主要创始人老庄也是男性，而且道家道教的各主要代表人物，也以男性居多。因此，在一个由男性主导的社会中，身处儒家文化主导下的人，往往也会表现出男性角色的显著特征。另外，从道家思想本身，尤其是道家道教中有关神仙信仰中，女神仙所占的比例及成仙的缘由来看，不但女仙数量特别少，而且女仙的成仙过程往往都有一个男性的背景（陈静，2003）。在历史的流变中，自汉武帝以来，儒家就成为了官方的统治思想，几乎占据了绝对的主导地位。在一个由儒家之阳性文化占据主导地位的社会中，作为群体人的人格特征，自当显现出比较明显的男性性别角色特征。而道与儒的对立和互补，反映在中国人的性别角色和气质上，往往就可能会表现出明显的男性性别角色特征。在具有典型道家人格的人群中，在显现出比较明显的女性性别角色特征的同时，也会表现出比较明显的男性性别特征。由此一来，道家人格的多个维度与男性正向间有显著相关也就不足为奇了。

在春秋战国这样一个战乱不断，并且崇尚武力、权力，由男性主导的社会中，道家老子所反对者，正是基于男性主导的社会的典型特征。如对物质欲望不择手段的永不满足，面对"服文彩，带利剑，厌饮食，财货有余"的"盗夸"。老子发出了这样的感叹："名与身孰亲？身与货孰多？得与亡孰病？是故甚爱必大费，多藏必厚亡"（《老子》四十四章），并痛批了那些站在一己之私的立场上的无义之争、无义之战，一针见血地指出"不自见，故明；不自是，故彰；不自伐，故有功；不自矜，故长"（二十二章）。他还告诫人们：在面对外界之名利物或人事等诱惑时，需"致虚极，守静笃"（十六章），以防止所引发的内心躁动不安导致人失去本真自然之性，从而远离道之真谛，陷入无尽无穷的苦痛之中。具体就道家人格与性别角色的关系来看，其也正与此相符。就男性而论，男性负性得分高者，往往在思维上矛盾冲突不断，于物之欲极强，并且囿于一己之私、一孔之见，行为上也略好争执并且内心有些躁动不安。就女性而论，女性负性得分高者，往往内心躁动不安，并且思维上也起伏不平。

道家人格各维度各自的效标关联效度
自然、本真与儒家传统价值观

本真与儒家价值观中的面子关系显著负相关,这与理论预期相符。本真是指一个人表里如一、率真、率直、自然而然,也即表现出本来面目的意思。在人际与人性心理层面,也即以自己的"原样"来对待自己和他人,不做作,不矫揉造作。但面子关系则是指谨守上下关系、注重人情世故、为了面子而保有财富。在这些情境中,人往往并非以本来面貌示人。从两者各自维度的意义来看,本就为相对之构念,研究结果发现事实也确是如此。这反映了道家人格自然、本真维具有良好的区分效度。自然维包含了对环境的顺应,而本真维则包含了个人的主体及独立性,独立性令主体可能对为人处事负责,自然让人容易赢得和谐的人际关系。前述研究表明本真维与谦退有着高的正相关,而谦让守分本身就强调个人要自守本分、与人无争,凡事要以谦退为怀,容忍别人。本真维与该维度也具有显著正相关,这反映了自然、本真维具有良好的聚合效度。但自然、本真维也与家庭主义有显著正相关,可能的解释是,道家自然本真暗含着对人性的解放,对社会束缚的解脱,以及对人性异化的反叛,其结果是还原人的本来、本真实在的状态。而还原后的此种状态,往往折射出一个具有独立性和个体性的个体,在行为与处事中,这种人可能更为负责任些,为人更真诚真实些,也更懂得调适自己。其在家庭生活中,往往也活得更为本真些,更少了些因儒家家庭伦理对家庭的束缚而导致的家庭悲剧,诚如巴金《家》中发生的那一幕。于此引发的思考是:道家人格到底和独立我、自主我有何关系?个体的独立和自主是否是一个人更为负责任或更为认真的前提?在家庭生活中,一个更为独立自主者,其家庭生活和氛围会更为温情些吗?

联系、矛盾和变化与思维之创造性

从创造性思维的内容和形式上来看,其本身就内涵了多重辩证矛盾的特性,系客观性与主观性、确定与不确定性、循轨性与越轨性、继承性与创新性、概括性与表象性等的统一(李继武,2002)。创造性思维本身就是许多相对矛盾特性的统一体。而在创造性活动中,这一矛盾统一体更是需要在思维上体现出联系性,在相对方矛盾中体现出变化性。从各相关显著的系数来看,道家人格思维领域之联系、变化和矛盾性与创造性倾向的多个维度均有显著的正相关。具体而论，道家人格思维之联系性与创造性倾向各维度均显著相关。这一结果表明，思维的联系性是创造性倾向的重要内容，思维的变化性可能对创造性具有促进作用。但思维矛盾性只与好奇与想象呈显著正相关，创造性中的好奇本身就表示个体乐于接受暧昧迷离的情境，并愿意深入思索事物的奥妙，而想象则表示个体能够超越感官及现实的界限，这两者都意味着个体需要对矛盾和冲突，有着无比的包容和容忍，并且敢于主动追求思维中的冲突和矛盾状态。而思维中的矛盾性，或者"矛盾思维本身就是一种富有创造性的思维方式"（王干才，1990）。

一般认为，创造力是指对规定的刺激产生大量的、变化的、独特反应的能力（布朗、郑日昌，1982）。道家人格之联系、矛盾和变化与创造性思维测验中的多个维度都有高的正相关，尤其是变化性维度，其内涵为以变化的观点来看待外物。从意义上来看，它应与创造性思维测验中的流畅性和变通性有高的正相关，而事实也确实如此，这体现了道家人格联系矛盾变化良好的聚合效度。而思维的矛盾性则与流畅性显著负相关，与变通性也呈负相关。矛盾性与言语显著负相关，与图形无关，可能的解释是：思维的矛盾性与创造性中的言语部分共同以语言为负载，而图形则不然。思维的联系性与创造性思维测验的各个维度均无显著相关，可能的原因是：与创造性倾向测验相比，创造性思维测验更强调实际的、操作的、现实的能力，而非人格特质层面的创造性内容。具有此特征的创造性思维测验，本身并不要求思维具有高的联系性。

静、躁与消极积极情绪和生活满意度

道家人格情绪情感之静与躁与积极和消极情感高相关。躁与积极情感高负相关，与消极情感高正相关，静则恰好与之相反，这与各维度构想的假设完全相符。表明静与躁具有良好的聚合区分效度。同时，躁与生活满意度高负相关，静则与其高正相关。这一结果逐步表明：生活的满意度在很大程度上受到了情绪情感状态的影响，内心宁静则满意幸福，否则会对生活牢骚满腹。有研究发现：情绪性不但与生活满意度高相关，而且是生活满意度各个层面的显著预测因素（田丽丽、郑雪，2007）。

柔韧与学习动机

从意志品质之柔韧与学习动机的关系来看，柔韧与深层动机和深层策

略显著正相关，而与表层动机和表层策略显著负相关。柔韧本身就表明了行为的持续性和持久性，是一种耐力的反映，其与内在动机的内涵相一致。而表层动机和表层策略，可能更多地反映了一种为外界目标而形成的权宜之计，这与柔韧的内涵不符。研究结果表明道家人格之柔韧维具有良好的聚合区分效度。

因应处世之寡欲、谦退和超脱

从因应处世的几个维度来看，寡欲与物质主义高负相关，谦退与人际领域的心理行为问题间无显著相关，这一结果表明行为上的谦退与人际交往中的问题或烦扰可能本身并无任何关联。谦退并不代表一种消极的退让。诚如许多学者所言，老子道家之"不争之德"并非一种消极的处世之道，而有其深刻的辩证法的含义。① 可能也不像某些学者所认为的那样，谦退是一种以退为进的阴谋诡计或权术，被当成一种政治权谋术。② 实际上，就谦退行为而言，其本身可能并无积极或消极之分。正所谓"过犹不及"，谦退过了头，就会失去本真之情，成为一种实用的权谋、阴谋术，当然会引起人性的"失真"，而导致心理的不健康。但谦退如果走得太远，完全远离人之社会性或人际交往的现实社会领域。如果谦退者完全不理会现实中其他人或环境中可能的竞争行为，则可能会导致完全与社会的脱离，当然最终也只是一种不良的行为。因此，有必要将谦退维在程度或性质上本身进行进一步细分，另外还要考虑到谦退本身的情境特征。在不同情境下，谦退可能会表现出极大的差异，如角色行为中的谦退、不同竞争条件下的谦退等。

超脱与自我和谐各个维度间的相关均不显著。表面看来，超脱与自我和谐测量的均是有关自我的内容，结果却无显著相关。如果仔细分析，就会发现这一结果可能反应了中西文化有关自我的看法的根源性的差异。西方由亚里士多德、洛克、休谟、康德直至詹姆斯都有将自我区分为经验自我和纯粹自我、主体我和客体我的传统（侯玉波、张梦，2009），由此而形成了主体我与客观我的主客二分的格局。自我和谐量表的编制理论基础与西方文化中有关自我的认识是一脉相承，其直接理论来源自罗杰斯有关

---

① 引自 http：//221. 204. 254. 28/resource/ebooks/newbooks/01122087. pdf。

② 引自 http：//huang. cc. ntu. tw/pdf/CCB2822. pdf。

镜中我的理论构想，以及有关自我与经验不和谐是导致心理障碍重要原因的病理学证据（王登峰，1994）。所谓自我与经验的不和谐，其实质仍然是自我主客两分间矛盾的弥合与修补的问题。但在中国传统儒家文化体系中，中国人的自我是一种"终极的自我转化"，一种"关系中的人"。各学者由对传统文化的挖掘，在社会学或心理学领域中提出了许多有关中国人自我的模型，如许烺光的心理社会图理论、费孝通的差序格局、杨国枢的社会取向论、黄光国的人情与面子论（陆洛，2009）。源于中西文化间有关自我理论的差异，反映在中西有关自我的论述上，往往在自己与社会关系等各个方面大异其趣。中国人自我之"由行到知，再由知生意的'自己'发展过程，恰与西方理论的偏重由知到意，由意生行的过程，是大异其趣的"。在个人与社会的关系上，西方之"个人定向"与中国之"社会定向"间，也在许多方面均存有差异。中国之自己与社会是一种"包含"与"合一"的关系，自己与社会的最终目的是追求秩序与和谐，靠的是修己并内化包容他人（杨中芳，2009）。而这一关系最终源自中国哲学本体中有关"天人合一"、"天人和谐"的内容（陈鼓应，1995）。

因此，源自中国传统道家思想的道家人格超脱维，与源自西方自我理论之自我和谐量表间相关不显著的结果，可能反映了中西文化有关自我的根源性的差异。尽管表面看来，道家思想与西方个体主义思想有着一定的相似性。譬如，两者均追求个体的自主与独立，但实质上却与西方的自我实现、追求个体性和独立性的理念有着根源性的不同。由道家思想本身并不能引申得到西方的个体主义思想。邓晓芒先生（1995）在《关于道家哲学改造的临时纲要》一文中就深刻地指出：一方面，真正的（西方意义上的）个体精神原则，在中国传统哲学中从未得到过根本性的确立，而个体精神的健全和发展，有赖道家对传统自然主义加以否定和拒绝，对儒道两家有关自我思想和规定性的改造。但作者同时也指出，从西方文化中超越外界自然的精神本体，即自由意志而论，由道家本义出发，似乎也能为从根本上改造道家哲学提供某种启示。这就为从哲学本体论上，对中西有关自我的差异及其可能的互通性，提供了深刻的阐释，也为本研究中为何同是有关自我的内容、相关却不显著的结果提供了一定的理论佐证。由此，未来研究需要更进一步考查道家之超脱与中国本土之自我相关量表的关系，如华人多元自尊或华人自我量表等，并在中西自我的对比中，深化对道家超脱维的认识。

　　总的来看，道家人格整体及各个维度都具有比较好的聚合与区分效度。大多数研究结果均对道家人格与各个构念间在概念与理论上的预期提供了支持，但也有极少数研究结果并没能符合理论的预期。如超脱与自我和谐等，其原因可能在于道家人格之维度的含义颇为纷繁复杂，简单的一个维度，视不同的环境与情形，往往会表现出不同的行为取向和意蕴。另外，仅仅通过对上述几个构念的一次研究，就确证某个构念丰富的意蕴，既不妥当，也不可能。道家人格这一构念的有效性，有赖于长期的、不断进行的应用研究以及长久的考查（金喻，2005）。

（三）道家人格各维度的时间变化特性

　　从自然、本真维来看，本真维在青年、中年和老年三个样本中无显著差异。但与其他两个样本相比，老年人样本的自然维得分最高，表现为随着年龄的增加，老年人变得越来越能顺任自然而不强力而为，其对环境的领悟与适应力明显增强。从认知思维的联系、矛盾和变化维来看，联系性与变化性在青年、中年与老年样本中呈逐渐增高的趋势，而矛盾性则呈逐渐降低的趋势。这表明：随着年龄的增加，人们越来越多地倾向用联系和变化的方式看待事物，而越来越不喜欢以矛盾的观念看待和处理问题。从情绪情感的静躁维来看，躁维的得分在青年、中年和老年样本中有一直下降的趋势，而静维则在三个样本中有一直上升的趋势。表现为随着年龄的增加，人们内心的情绪情感状态越趋于宁静和安详，而越发不会因外界之纷繁杂乱而内心骚扰不安了。就意志品质的柔韧而言，其得分在青年、中年和老年三个样本中呈现出先降后升的趋势，呈现出了一个倒 "U" 形的曲线。与老年人相比，年轻人在超脱维上得分更高些，而在谦退和寡欲维上得分则更低些，表明随着年龄的增加，人们变得越超脱和释然，越来越能跳开自己一己之私，并不囿于一己之观点来看待问题了。与其他两个样本相比，中年人似乎也变得越来越超脱了，但奇怪的是，他们在谦退和寡欲维上的得分和青年样本无多大差别，甚至在谦退维度上得分更低些。其可能的原因在于：与青年人相比，中年人所处的环境中，竞争更为激烈，因应环境本身要求的竞争之心日盛，几乎达到了人生的顶点。总的看来，随着年龄的增加，老年人内心变得越发宁静而不躁扰，待人更为谦退且于物之欲更淡些，看人待人也更能从联系和变化的观点看问题，越发能超脱自己，也更能顺任自然而不强作妄为了。

根据一般常识，人的年龄越大，伴随之而发生的人生挫折和失败也会越多。人之积极进取、好争好名好利之心也会日益淡泊一些，诚如常识所认为的："人年轻时是儒者，中年时是道者，待年老之时是佛者。"这一年龄变化特征反映在人性心理层面，往往就表现为：随着年龄的增长，待人会更谦退些，于物会更淡泊些，也更能懂得顺应环境、与世无争的宝贵，在认识事物时也会变得更为圆通，而不是表现出矛盾和冲突的态度，内心也变得更为安详和宁静。本研究的被试取自老年大学。一般认为，生活在"老有所为，老有所养"的老年大学中的老年人，是老年人群中的强势力量，因为他们的身体健康，心智发达，性格活跃，心理健康状况好于一般的老年人（周敏娟、姚立旗、徐继海，2002）。有研究表明，随着年龄的增加，老年人人格特征更趋于内向，性情更趋于平和（姚远、陈立新，2005），也更为"谦逊顺从"和"沉着自信"（苗茂华、曲成毅、任艳峰，2005），而且大多数老年人对待晚年生活将具有更加积极的态度，生活方式会更好些，情绪稳定且善于自我控制与调节，能较好地适应环境，自主性较强，且对自身老化有着正确的认识（王莹、傅崇辉、李玉柱，2004）。本研究的研究结果大体与此相符。

道家人格多个维度在道士与老年人样本间都有显著的差异，但在某些维度上，道士样本的得分有趋近老年样本的趋势，如寡欲、柔韧、静和自然维。与青年样本相比，道士样本在道家人格各维度上的得分，往往均比青年样本要高些。而在一些维度上则与中年样本更接近些，如联系、矛盾、变化、静、躁，在少数几个维度上则与青年大学生样本接近些，如谦退。道士样本在道家人格各维度上的得分介于青年和中年之间，且多数维度具有趋于老年样本的趋势。这一趋势既反映了道士样本的年龄特征，也是其所处的后天环境影响的结果。从道士样本的年龄来看，介于青年大学生样本和中年样本之间。因此，在道家人格多个维度的得分也介于两者之间。但道士本身所处的特殊的后天环境特征，尤其是所处的生活特征，对道士样本在道家人格一些维度上的得分产生了影响，最终导致道士样本与其年龄相差甚多的老年样本，在多个维度上也渐进趋近。从其所处的生活环境来看，道士本身的衣服装束，给人一种既约束又洒脱的感觉。衣如性格，性格也反映在穿着文化之中。而其最主要的修习功课为诵持经学，包括道家和道教特有的经典，这也就从思想和态度上影响了道士这一群体，导致其与常人相比，道家人格的整体特征可能会更明显些。除此之外，道士也经常坐圜守静、守身养性、练太极、体道悟道、琴棋书画，这些日常功课日积月累，并对心理行为层面产生影响，就会表现出静并体悟到了道之柔韧有力以及对物的淡泊。各道观大多处于青山绿水之间，在原始与半原始中，往往与大自然保持着最亲密的接触，身心上也更能宁静、平静、淡泊且顺任自然一些（吉冈义丰，1983）。因此，在道士们的体道悟道的日常活动中，就在心理行为层面突出地表现出了自然、朴素、内心平和而充实，同时也表现出了丰富的道家精神世界（周勇慎，2009）。

（四）道家人格量表题项形式的信、效度

对道家人格词汇形式部分的人格描述词，通过采取造句、网络释义及词典造句的方式，形成了道家人格量表题项形式。绝大多数维度的内部一致性系数及重测信度系数均在 0.60 以上，待人维因其所属题项仅有 3 道，其内部一致性系数和重测信度系数稍微低了一些，仅有 0.430 和 0.528。整体而言，题项形式量表有着可接受的信度，同时也提示未来研究中有必要在谦退维再增加若干道题项。道家人格量表题项形式各题项与其所属维度间，除本真维的两道题相关系数低于 0.50（但仍在 0.35 以上）外，其余各题项与其所属维度间的相关均在 0.60 以上。与道家人格量表词汇形式各维度的结果一样，尽管道家人格量表题项形式各维度的相关系数均都显著，但相关值不大，最大的为 0.444，而各相关值的分布比较广，表明量表具有较好的效度。

（五）道家人格量表题项形式与词汇形式间的关系

道家人格量表题项形式与词汇形式对应维度的相关均显著，且绝大多数对应维度的相关系数均大于 0.30，但本真维度相关系数低于 0.30。题项形式与词汇形式本真维度所对应的题项的内容如下：

　　词汇形式本真维所属题项及内容：题 5：率真的；题 12：率性的；题 17：真挚的。

题项形式本真维所属题项及内容：题 3：我看不惯别人假惺惺的；题 27：我讨厌将事物毫无根据地夸大；题 37：我非常在意别人的表扬或是批评；题 38：我时常省思自己；题 39：我讨厌我身边那些夸夸其谈之辈。

从题项形式各题的内涵来看，要求他人真实及他人言行上一致，并时常反思自己的对错与真实自我，可能并不完全就等于自己就一定是本真且真实的，而且要求别人不虚假、不虚伪也并不一定就表明自己就一定会率真或率性，自己率性或率真可能会要求别人也真实而不虚伪，但要求别人真实而不虚伪并不必然就表明自己是个坦诚、率真的人。中国传统儒家文化讲求"己所不欲，勿施于人"，尽管强调省思自己和宽容别人，但现实实践的结果，则往往是责备别人而轻易饶恕自己。因此，就两者本真维所属题项之意来看，既有关联，也有区别。另外，从各自所属题项的内容来看，自己评定自己是否本真，可能更易引起被试自然而然的社会期许性反应，而对别人的评定则不会或很少会引起此类的反应。因此，未来研究需要进一步考查题项及词汇形式之谦退维与社会期许性间的关联，并有必要进一步吸纳有关自己是否率真或本真的心理行为特征的题项。由道家人格量表题项与词汇形式之探索性因素分析结果来看，其分析结果见下：

维度 1（柔韧）：（词汇）4、13、16、22、24、26、*32*、*35*、（题项）*4*、6、11、18、*22*、32、36

维度 2（超脱）：（词汇）1、3、14、20、23　（题项）9、17、20、21、*22*、31、35

维度 3（自然）：（词汇）27、*31*、33、36　（题项）10、*15*、19、25

维度 4（谦退）：（词汇）10、15、19、*31*、*32*　（题项）1、14、*15*、24、37

维度 5（寡欲）：（词汇）7、*35*、*37*　（题项）*4*、26、27、30、38

维度 6（本真）：（词汇）5、12、17　（题项）3、*37*、39

　　就总体而言，道家人格词汇与题项形式的绝大多数题项，均负载于原始理论构想的维度上，但也有极少数题项在 0.30 的标准上有双重负荷（如黑斜体所示）。但如果将双重负荷题项，按负荷差大于 0.15 的标准，并将按负荷最高的原则，将题项归并到其原始构想的维度上，则道家人格量表词汇和题项形式中那些具有高双负荷的题项，在各自所属维度的归属上具有更大的一致性，几乎与原始理论构想完全相同。但仍有三道题发生了维度归属的变更，它们是词汇形式的题 32，题项形式的 27、38。词汇形式的题 6 和题 18 负荷均低于 0.30。由道家人格量表词汇形式与题项形式在维度上的探索性因素分析结果来看，除谦退维具有双高负荷且负荷差小于 0.15 外，其余维度均有着比较好的聚合，原始构想的对应维度均聚合在了一个维度上。

　　总的看来，据道家人格量表词汇形式编制形成的道家人格题项形式，具有良好的信、效度，符合心理测量学的要求，且在测量功效上与道家人格量表词汇形式具有大致同等的功效。但谦退维仍需补充若干新题项以增高该维度的信度，以完整包含原始词汇谦退维之内涵。未来研究中，建议研究者根据研究目的和需要，以及研究中所用相关量表的具体形式，灵活地选用道家人格量表题项形式或词汇形式进行研究。

（六）道家人格量表各维度的内涵及各维度间的关系

　　按研究逻辑，似乎更应将本部分放置在讨论的最前面或测量部分的后面，但作者在写作的过程中，按写作的内在思路将该部分一调再调、一改再改，最终该部分的位置就成了现在这个样子。根据道家人格各维度本身的内涵及其所属题项或词语的核心要义，研究得到了道家人格各维度的具体内涵。譬如，自然维按老子道家思想本义，是指自己本身如此的意思，而本真，按庄子之意，本指与伪相对，是指真实、自然、未经雕饰而如赤子之意，结合二者将其含义确定为以真、朴、实为核心，反对虚浮、修饰与不实，并且主张顺（自然）之理、因应变化和外周环境而为，反对强意妄行以及干涉、逼临他人或他物。各维度的具体含义见表 2 - 52。

表 2 - 52　　　　　　　　　　道家人格各维度的含义

领域	维度	含义	计分与解释
自然本真	自然	以真、朴、实为核心，反对虚浮、修饰与不实	七点计分，得分越高表示越自然
	本真	主张顺（自然）之理、因应变化和外周环境而为，反对强意妄行以及干涉、逼临他人或他物	七点计分，得分越高表示越本真
认知思维	联系	承认万事万物都是相互联系的，并以联系的观点来看待万事万物	七点计分，得分越高表示思维越具有联系性
	矛盾	承认万事万物均是矛盾相对的，并以矛盾的观点来看待它们	七点计分，得分越高表示思维越具有矛盾性
	变化	承认万事万物都不断变化、生生不息，以变化的观点来看待万事万物	七点计分，得分越高表示思维越具有变化性
情绪情感	静	精神上或内心上主虚、静与逍遥而游于心和凝神专注，内心宁静、平安、安详而不扰和躁	四点计分，得分越高表示内心越宁静平和
	躁	内心躁动不安、心绪不宁，情绪情感起伏不平	四点计分，得分越高表示内心越躁动搅扰不安宁
意志品质	柔韧	行事具有坚持性、持久性、灵活性和韧性，反硬、强、坚	七点计分，得分越高表示行事上越好的坚持性、持久性、灵活性和韧性
因应处世	谦退	不但不与人争，还懂得谦退和辞让，更懂得包容和宽容他人，同时也要注意敛藏自己的锋芒，而达至和光同尘之境，保持人我的和谐，反对彰扬显溢之举，不（与人）争	七点计分，得分越高表示待人越谦让不争
	超脱	挣脱社会对自我的束缚和约束，超脱于一己之私或一己之观，并在回归自然，凸显人之主体和自然性中获得以事物新的"旁观者"的批判性视角，追求独立思维、自主自立	七点计分，得分越高表示对己越不超脱，越是囿于一己之私
	寡欲	寡欲、俭和知足，反对贪、奢与不知足	七点计分，得分越高表示对物看得越淡，物欲越弱

　　就道家人格各维度的内涵及其效标关联效度来看，因应处世之谦退与超脱都包含了复杂而丰富的内涵，表现为行为的谦退，既可能反映了对社会性的背离以及与社会的远离，或尽管行为上谦退，其目标实为"以退为进"；行为表面上的超脱，既可能反映了与社会的隔离和逃避，也可能反映了个体面对人之异化和社会冲突时的短暂的权宜之计。行为表面上的柔韧，既可能是一种"刚性"的"积极有为"，具有无比灵活性的持续与持久，也可能是一种带有"自然无为"色彩的消极不作为。由此看来，这些维度似乎都具有"二合一"和"二而为一"的特征，内在地包含了

积极与消极、退与进、社会与个体、刚与柔的两极，而表征人的心理行为之积极、刚、进和社会性的内容，如果将其上升到人性论的角度，则具有了儒家思想的内核和儒家的典型色彩与内涵。由此而论，由道及儒、由道家人格及儒家人格，似乎是道家人格研究中应尽之意。因为单就个人之行为特征而论，如果某人处事很谦退、意志坚强、时有超脱，但如果不结合该人所处的具体情境以及该人行为之意图，尤其是其所持的人性论观点，旁观者可能根本无法区分其行为到底为"儒"还是为"道"。要进行有效的区分，只有将行为背后的知—情—意的特征，以及人性论的内涵分析清楚，方能有所定论。可能离人性论层面越远，儒道之心理行为差异越小。而单纯就行为层面而言，两者则极具相似性，所以已经很难区分何者为"儒"，何者为"道"。但也正因为其相似性大小的不同，进而影响了儒道互补中互补性程度的不同，差异越大，似乎越可能互补，互补性也就越强。因此，在比人性论更高的哲学本体论层面上，两者的差异会更大些。正因为差异如此之大，才在本源上具有了内在的一致性，正所谓"儒道互补"、"同源而异流"。具体而论，离人性论层面越近，其差异越大，往往就决定了两者各自的存在、相互补充与共同存在。而所处的层面越低，如人之行为，因其与外界直接接触，所以也越容易改变，也更具有变化性与灵活性。但上述假定是否确实如此？由此假定出发，将会引发进一步的思考与研究：道家人格是否能够独立存在？如果不是，对道家人格的研究与分析会自然引出对儒家人格的研究吗？如果是的话，那么两者在古代及现代社会中的存在状态如何？是否真表现出如上所假定的儒道互补人格？如果是，其内涵是怎样的？表现形式如何？内在的关系或转化机制又是怎样的？

由对道家人格各维度内涵及有关道家人格效标关联效度部分的分析，处于同一领域的不同维度间的关系，往往在性质上表现了两极相对的特性。不但维度间的含义相对，而且各自与相关变量间的相关系数会呈现出如下特征：强度相当，但正负号则恰好相反。如静与躁（相关为-0.134）、联系变化与矛盾性（相关分别为 0.257 和 0.161）、谦退、寡欲与超脱（相关分别为 -0.287 和 -0.292）。在有关心理健康变量上、在相关人格变量上、在有关各维度各自的效标关联效度的研究中，均显现出了这样的特征。但在同一领域中，各维度间除了具有相对的特征外，也紧密联系在一起，往往一者高，另一者也必然高。许多维度间也都显现出类似这样的特征。如联系与变化（相关为 0.302）、谦退与寡欲（相关为 0.355）、自然和本真（相关为 0.375）。

但无论是从二阶因素分析得到的"真"、"伪"二维结构，还是从自然本真与道家人格其他各维度均有高的显著相关来看，属于不同领域的各个维度，其关系却表现出一种层级性的特征。自然本真作为道家人性论的内核，其在道家人格各维度的关系中都应处于顶层。尽管在道家人性结构理论模型及道家人格量表的编制中，均将道家人格之知—情—意—行置于同一层面，但从各维度与各效标变量的关系来看，似乎因应处世的各个因素，如谦退、超脱和寡欲要受制于知—情—意三个领域下各个维度不同组合的制约，这突出表现在：此三个领域下的各个维度，与相关效标变量间的相关具有共变特性，往往一者与另一者有高的正相关，则另二者也与该者有高的正相关。并且因应处世之谦退、超脱和寡欲，似乎也对应了知—情—意某些特定的维度组合。譬如，内心宁静、意志柔韧、思维联系且变化者，其在因应处世上，往往也必然表现出寡欲、待人谦退且能超脱一己之私。反之，则似乎对应着与人好争、物欲不止且囿于一己之私和一己之思。而具体就道家人格与中西人格量表间的效标关联的关系而论，CPAI中与静、柔韧和联系变化性有高正相关者，其与谦退和寡欲也有高的正相关。而在 NEO 中，神经质与静、柔韧和联系变化有高相关者，其与谦退也有高相关，随和性与静、柔韧和联系变化有高相关者，其与谦退和寡欲也有高相关，这一结果均都反映了：知—情—意三个领域之维度组合，可能产生共变而影响并制约了因应处世各个维度的变化模式。

前述道家人格结构模型中，纳入了有关道家人性论的根源的论述，分析认为其根源于对"道"的认识，以及"道"本身的特性，核心是自然本真无为，反对强作妄为和伪。所追求的核心是"和谐"，包括人与人、人与己、人与自然及人与社会和团体。它是天人合一思想向人性心理领域的渗透，其核心就是"天人合一"（张岱年，1994；葛兆光，2004），也是道家思想在中国人人性心理层面一以贯之的体系和系统至为核心的部分，同时与道家人格结构模型具有内在的一致性。综上所述，研究将道家人格各维度间的关系作了进一步的梳理，其结果见图 36。

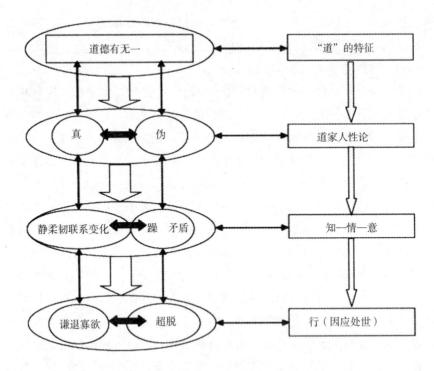

图 36　道家人格各维度间的关系

　　上图中，椭圆和方框表示圆或框中的内容是一个有机的整体，白色单箭头表示道家人格的层级关系性，而横排的黑色双箭头表示相互关联。在层次上属于同一个层级，在内涵上互通或相对，并且形成一个有机的整体。竖排的双黑色箭头表示道家人格各维度是一个由"道"之特征、道家人性论、人性心理之知—情—意、再到外显行为的一以贯之的一个有机的整体。

十一　小结

　　（1）通过对道家思想的分析，以及对道家人性论的阐释，得到了道家人格结构理论模型。根据该理论模型，研究编制形成了道家人格量表，该量表包括自然本真及知—情—意—行五大领域及十一维度，其分别为：自然、本真、联系、矛盾、变化、静、躁、柔韧、谦退、寡欲、超脱，量表有四点和七点计分，总共有 57 道题项和词汇。在不变更道家人格量表的维度与结构的前提下，研究又根据道家人格词汇形式（共 27 个），编制形成了道家人格量表的题项形式。

（2）道家人格量表具有良好的信度（内部一致性和重测信度系数），在不同样本（老、中、青年三个样本）中的验证性因素分析表明：道家人格量表具有比较好的结构效度。十一维的结构比较稳定，但在老年样本中具有轻微的变动。二阶验证性因素分析表明：道家人格十一维可以进一步附载到"真"与"伪"两个二阶因子上，其内涵与道家人性论之"自然本真"和"虚伪矫饰"相一致。道家人格量表具有比较理想的效标关联效度，其与在理论和概念上相关的绝大多数构念，在统计上也相关。

（3）道家人格各维度形成一个动态、有层次的、系统的有机整体。具体表现为：道家人格各维度的义涵具有整体性，表现为对某一维度的解释离不开对整个道家人格理论模型的理解，更无法离开对道家思想文化的阐释。从道家人格各维度的含义及相互关系出发，自然就会延伸出有关儒家人格和儒道互补人格的议题。

第三章

道家人格的功能

　　就人格心理学理论而论，各学者大体认为，有关人格的研究可以被划分为以下几个研究领域：第一，人格的实质和结构；第二，人格的发展历程及影响因素；第三，人格的动力；第四，人格的健康与改变问题（黄希庭，2002；郭永玉，2005）。而人格的功能，其实质也即是人格本身的预测和适应功能，即它对心理或行为状况的预测作用（陈建文，2001）。由对相关文献和理论的分析出发，我们认为道家人格可能具有以下三大功能，即能够缓冲负性情绪、对抗死亡焦虑和应对人生挫折。

一　缓冲负性情绪

　　就各有关人格的实证研究来看，大多数研究者均将人格作为负性事件与心理健康变量间的中介变量。譬如，人格之坚韧性就在应激事件与紧张感受之间起着缓冲作用，有时它既可以直接应对紧张感，有时也能起到中介作用，通过减少退行等失败的应对策略，和/或增加升华等成功的应对策略（邹智敏、王登峰，2007；王锋、李永鑫，2004）。陈建文（2009）明确提出了压力易感性人格这一概念，在有关这一概念的界定中，人格很显然处于压力与其他心理变量间的中介位置上，并且具有正性的缓冲作用。鉴于此，本研究将道家人格作为中介变量，以考查其在负性事件与心理健康变量间的中介作用。而与道家人格各维度之中介效应最为相关，也得到最广泛关注的是有关中国本土化心理治疗方法——中国道家认知疗法——的探讨。中国道家认知疗法（ABCDE 技术）是一种比较成熟的本土化治疗技术，其思想核心即为讲解并熟读 32 字诀（利而不害，为而不争；少私寡欲，知足知止；知和处下，以柔胜刚；清静无为，顺其自然）（张亚林、杨德森，1998）。研究表明：中国道家认知疗法能对焦虑起到标本兼治的作用（张亚林、杨德森，2000；于均涛等，2008；颜小勇，2004）；能有效缓解抑郁（王俊平、许晶，2005；杨加青等，2005；黄庆元、李建国，2005；毛希祥、熊民，2008）。不但如此，它还能够有效降低人的神经质得分，改善应对方式（黄薛冰等，2001），控制早期高血压及减少 A 型行为（王国强等，2007）。而道家人格各维度的内涵恰好与道家认知疗法中的"32 字诀"相同，并且是对这 32 字诀的简短总结和深化。道家人格之静、躁与道家认知疗法的清静无为，自然本真与顺其自然，谦退与利而不害，为而不争，寡欲与少私寡欲，知足知止，柔韧与以柔胜刚。在道家认知疗法的实施过程中，仅是对被试或患者不断讲解并熟读这 32 字诀，就能起到缓解焦虑和抑郁等负性情绪的作用。作为一种具有跨时间、跨情境稳定性的道家人格，作为一种具有使外界刺激在心理行为机能上等值的作用的人格特质，我们有理由相信：如果被试已经将这"32 字诀"内化为心理行为特征，并形成了某种稳定的、特定的特异性的人格特质，其对负性情绪的中介缓冲作用将更为明显，或者至少有着如道家认知疗法同等的功效。另外，现有有关道家认知疗法的研究，大多从实验研究的取向来证明其对负性情绪的有效作用，但其起作用的内在机制却不甚清楚。本研究以道家人格为中介变量，探讨了道家人格在外部生活事件与负性情绪（焦虑和抑郁）中的中介缓冲作用。

研究假设：道家人格在生活事件与负性情绪间具有中介作用，道家人格大多数维度都具有缓冲负性情绪的作用。但比较而言，静躁维的中介作用将更明显。

被试：951 名大学生，男 396 名，女 555 名，一年级 501 名，二年级 238 名，三年级 212 名，医科 352 名，理工科 179 名，文 192 名，管理 228 名。

工具：贝克抑郁简式（张作记，2005）；特质焦虑（张作记，2005）；生活事件：采用王滔编制的大学生生活压力事件评定量表，共有 58 道客观是否题，这些题项主要来自梁宝勇等编制的《中国大学生心理应激量表》和《心理卫生评定量表手册》（1999 年版）中的《青少年生活事件量表》，另有几道题来自国外相关研究以及开放式问卷访谈的总结。计分时回答"是"计 1 分，回答"否"计 0 分（王滔，2009）。

方法：采用 Lisrel 进行路径分析。研究采用温忠麟等人（2004，2006）推荐的中介效应检验程序来验证，先进行回归，然后进行 Sobel 中介检验。道家人格各维度在生活事件与负性情绪（特质焦虑和抑郁）之间的中介效应，可以通过结构方程模型或者三个回归模型的方法来估计其大小。为了使一个中介效应检验的第一类错误率和第二类错误率都比较小，既可以检验部分中介效应，又可以检验完全中介效应，而且还比较容易实施，温忠麟等人（2004，2006）提出了一个实用的中介效应检验程序（图37），也给出了检验中介效应的条件，即中介变量必须与自变量和因变量间的相关均显著。而 Baron 和 Kenny 在 1986 年也提出了评估中介变量的四个条件（周明建、宝贡敏，2005），这样条件包括：（1）自变量对因变量有显著影响。（2）自变量对中介变量有显著影响。（3）中介变量与因变量相关显著。（4）当中介变量被当作常量控制起来时，自变量对因变量没有影响（此时为全中介）或只有很小影响（此时为部分中介）。

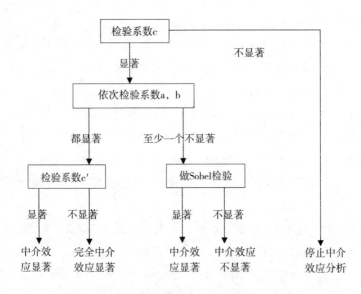

图37　中介效应检验程序（温忠麟等，2004）

具体说来，该程序遵循如下过程：

1. 检验回归系数 c，如果显著，继续下面的第 2 步。否则停止分析。
2. 做 Baron 和 Kenny 部分中介检验，即依次检验系数 a，b，如果都显著，意味着 X 对 Y 的影响至少有一部分是通过了中介变量 M 实现的，第一类错误率小于或等于 0.05，继续下面第 3 步。如果至少有一个不显著，由于该检验的功效较低（即第二类错误率较大），所以还不能下结论，转到第 4 步。

3. 做 Judd 和 Kenny 完全中介检验中的第三个检验（因为前两个在上一步已经完成），即检验系数 c'，如果不显著，说明是完全中介过程，即 X 对 Y 的影响都是通过中介变量 M 实现的；如果显著，说明只是部分中介过程，即 X 对 Y 的影响只有一部分是通过中介变量 M 实现的。检验结束。

4. 做 Sobel 检验，如果显著，意味着 M 的中介效应显著，否则中介效应不显著。检验结束。

这个程序有可能只需要依次检验，即使需要 Sobel 检验，用公式 $z = \hat{a}\hat{b} \big/ \sqrt{\hat{a}^2 s_b^2 + \hat{b}^2 s_a^2}$（$s_a$，$s_b$ 为 $\hat{a}$，$\hat{b}$ 的标准误）直接计算即可。

如果使用 LISREL 进行分析，输出结果中可以找到本检验程序所需的全部检验统计量的值和检验结果。检验统计量是 $z = \hat{a}\hat{b} \big/ \sqrt{\hat{a}^2 s_b^2 + \hat{b}^2 s_a^2}$ 只有一个中介变量的情形，LISREL 输出的间接效应的标准误与使用这个公式计算的结果一致，在输出指令 OU 中加入 EF 选项，会输出包括间接效应在内的效应估计，相应的标准误和 t 值，这个 t 值就是 Sobel 检验中的 z 值（温忠麟、张雷、侯杰泰、刘红云，2004）。

由于涉及参数的乘积分布，即使总体的 X、M 和 Y 都是正态分布，并且是大样本，$z = \hat{a}\hat{b} \big/ \sqrt{\hat{a}^2 s_b^2 + \hat{b}^2 s_a^2}$ 还是可能与标准正态分布有较大的出入。MacKinnon 等人（1998）用该统计量但使用不同的临界值进行检验。在他们的临界值表中，显著性水平 0.05 对应的临界值是 0.97（而不是通常的 1.96，说明中介变量有更多的机会被认为是显著的，从而检验的功效提高了，但第一类错误率也大大增加了）。

对道家人格各维度之中介效应的检验，按下述思路来进行。首先考查各自变量、中介变量及因变量间的相关，为进一步的中介分析提供基础，随后以道家人格之五大领域的各个维度以及道家人格词汇形式部分的六大维度，就特质焦虑、抑郁和两者合并形成的负性情绪变量，分别进行中介效应分析。具体而言，研究就特质焦虑、抑郁及负性情绪（将特质焦虑与抑郁分数加总），按自然和本真、静与躁、联系矛盾变化、柔韧及道家人格词汇形式（自然、本真、谦退、超脱、寡欲和柔韧）的顺序，依次进行中介效应检验。中介效应检验中，如果仅有一个中介变量，则按三次回归的方法进行中介效应检验。如果有一个以上的中介变量，则先通过 LISREL 建构结构方程模型，来验证该几个维度在生活事件影响特质焦虑中的中介作用，然后利用 LISREL 输出的数值对路径的效应进行分解和检验。在 LIS-REL 运算的结果中，具体给出了三个值：第一个数值是参数估计值，代表列变量对行变量影响的总体效应或间接效应值；第二个数值是标准误，一般标准误越小越好；第三个数值是 t 值，一般大于 2，就可以认为效应显著。生活事件、道家人格与焦虑、抑郁间的相关系数矩阵见表 3 - 1。

表 3 - 1　　　　生活事件、道家人格与焦虑抑郁间的相关系数矩阵

	1	2	3	4	5	6	7	8	9	10	11	12	13
2	0.311**												
3	0.364**	0.629**											
4	0.250**	0.608**	0.423**										
5	-0.156**	-0.575**	-0.355**	-0.569**									
6	-0.102**	-0.403**	-0.319**	-0.220**	0.275**								
7	0.229**	0.421**	0.278**	0.351**	-0.198**	0.061							
8	0.046	-0.012	0.041	0.062	0.037	0.084*	0.103**						
9	-0.111**	-0.329**	-0.256**	-0.212**	0.275**	0.342**	-0.193**	0.032					
10	-0.104**	-0.415**	-0.295**	-0.254**	0.358**	0.435**	-0.120**	0.029	0.610**				
11	0.106**	0.157**	0.149**	0.185**	-0.116**	-0.268**	0.091**	0.018	-0.239**	-0.161**			
12	-0.073*	-0.199**	-0.145**	-0.154**	0.312**	0.400**	-0.020	0.077*	0.441**	0.469**	-0.291**		
13	-0.121**	-0.220**	-0.115**	-0.197**	0.344**	0.227**	-0.069	0.057	0.210**	0.226**	-0.195**	0.384**	
14	-0.002	-0.213**	-0.138**	-0.113**	0.231**	0.298**	-0.044	0.065	0.305**	0.351**	-0.102**	0.277**	0.223**

注："1"：生活事件；"2"：焦虑；"3"：抑郁；"4"：躁；"5"：静；"6"：联系；"7"：矛盾；"8"：变化；"9"：柔韧；"10"：自然；"11"：超脱；"12"：谦退；"13"：寡欲；"14"：本真。

（一）自然本真——自然、本真维的中介效应检验

因本真维与自变量生活事件间的相关不显著，因此删除后，再就自然维在生活事件与焦虑、抑郁和负性情绪间的中介作用进行分析。道家人格自然维在生活事件与特质焦虑间的中介效应依次检验结果，见表 3 - 2，其中介效

应检验结果见图 38，中介效应的分解见表 3-3。

表 3-2　　　　道家人格自然维在生活事件与特质焦虑间
中介效应依次检验结果

生活事件	特质焦虑			
	非标准化回归系数	SE	标准化回归系数	t 值
	0.329	0.035	0.311	9.498**
生活事件	自然			
	非标准化回归系数	SE	标准化回归系数	t 值
	-0.063	0.021	-0.104	-3.051**
生活事件	特质焦虑			
	非标准化回归系数	SE	标准化回归系数	t 值
	0.286	0.032	0.270	8.981**
自然	-0.682	0.053	-0.386	-12.830**

表 3-3　　　　　生活事件对特质焦虑影响路径的效应分解

效应	标准化效应	占总效应的比例（%）	非标准化效应	标准误	t 值
直接效应	0.27	87.10	0.29	0.03	8.98**
间接效应	0.04	12.90	0.04	0.01	2.97**
总效应	0.31	100.00	0.33	0.03	9.50**

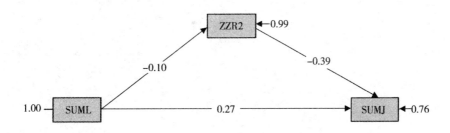

图 38　道家人格自然维在生活事件与特质焦虑间中介效应结果

　　总效应大小为 0.31，其中自然维的中介效应大小为 0.04，占到总效应的 12.90%，由于前面四个 t 值检验均显著，所以自然维的中介效应显著，系为部分中介效应。

　　道家人格自然维在生活事件与抑郁间的中介效应依次检验结果见表 3 - 4，其中介效应检验结果见图 39，中介效应的分解见表 3 - 5。

表 3 - 4　　　道家人格自然维在生活事件与抑郁间中介效应依次检验结果

生活事件	抑郁			
	非标准化回归系数	SE	标准化回归系数	t 值
	0.246	0.022	0.364	11.357**
生活事件	自然			
	非标准化回归系数	SE	标准化回归系数	t 值
	- 0.063	0.021	- 0.104	- 3.051**
生活事件	抑郁			
	非标准化回归系数	SE	标准化回归系数	t 值
	0.228	0.021	0.337	10.874**
自然	- 0.292	0.035	- 0.259	- 8.370**

表 3 - 5　　　　　　　　生活事件对抑郁影响路径的效应分解

效应	标准化效应	占总效应的比例（%）	非标准化效应	标准误	t 值
直接效应	0.34	94.44	0.23	0.02	10.88**
间接效应	0.03	8.33	0.02	0.01	2.87**
总效应	0.36	100.00	0.25	0.02	11.36**

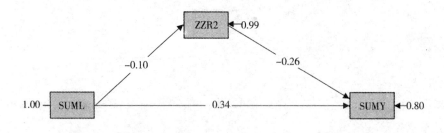

图 39　道家人格自然维在生活事件与抑郁间中介效应结果

　　总效应大小为 0.31，其中由自然维的中介效应大小为 0.03，占到总效应的 8.33%，由于前面四个 t 值检验均显著，所以自然维的中介效应显著，系为部分中介效应。

　　道家人格自然维在生活事件与负性情绪间的中介效应依次检验结果见表
3-6，其中介效应检验结果见图40，中介效应的分解见表3-7。

表3-6　　　　　　　　　道家人格自然维在生活事件与负性情绪间
中介效应依次检验结果

	负性情绪			
生活事件	非标准化回归系数	SE	标准化回归系数	t 值
	0.584	0.049	0.364	11.988**
	自然			
生活事件	非标准化回归系数	SE	标准化回归系数	t 值
	-0.063	0.021	-0.104	-3.051**
	负性情绪			
生活事件	非标准化回归系数	SE	标准化回归系数	t 值
	0.530	0.045	0.331	11.78**
自然	-0.957	0.073	-0.369	-13.157**

表3-7　　　　　　　　　生活事件对负性情绪影响路径的效应分解

效应	标准化效应	占总效应的比例（%）	非标准化效应	标准误	t 值
直接效应	0.33	91.67	0.28	0.045	11.78**
间接效应	0.03	8.33	0.06	0.02	2.79**
总效应	0.36	100.00	0.34	0.05	12.02**

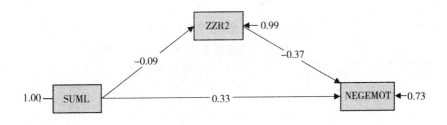

图40　道家人格自然维在生活事件与负性情绪间中介效应结果

　　总效应大小为0.36，其中由自然维的中介效应大小为0.03，占到总效应
的8.33%，由于前面四个 t 值检验均显著，所以自然维的中介效应显著，系为
部分中介效应。

(二) 认知思维——联系、矛盾与变化维的中介效应检验

就道家人格思维之矛盾联系和变化维进行中介效应检验,因变化维不符合中介效应检验的条件,遂予以删除后再进行中介效应的检验。按上述方法,道家人格认知思维矛盾和联系维在生活事件与特质焦虑间的中介效应检验的具体过程见表3-8,中介效应检验结果见图41和表3-9。

表3-8　　　　　道家人格联系矛盾维在生活事件与特质焦虑间
中介效应依次检验结果

生活事件	特质焦虑			
	非标准化回归系数	SE	标准化回归系数	t 值
	0.329	0.035	0.311	9.498**
生活事件	联系			
	非标准化回归系数	SE	标准化回归系数	t 值
	-0.113	0.036	-0.103	-3.174**
生活事件	矛盾			
	非标准化回归系数	SE	标准化回归系数	t 值
	0.246	0.033	0.240	7.566**
生活事件	特质焦虑			
	0.190	0.029	0.176	6.562**
联系	-0.386	0.025	-0.394	-15.137**
矛盾	0.413	0.028	0.393	14.739**

表3-9　　　　　道家人格联系矛盾维在生活事件与特质
焦虑间的中介效应检验结果

自变量		因变量 (内生变量)					
		Y_{13} 联系性 SL		Y_{14} 矛盾性 SM		Y_2 焦虑 SUMJ	
		标准化效应	t 值	标准化效应	t 值	标准化效应	t 值
外源变量	X_1 生活事件 SUML						
	直接效应					0.17	6.54
	间接效应					0.13	7.10
	总效应	-0.10	-3.21	0.24	7.60	0.31	9.91

续表

自变量		因变量（内生变量）				
		Y_{13}联系性 SL		Y_{14}矛盾性 SM		Y_2焦虑 SUMJ	
		标准化效应	t值	标准化效应	t值	标准化效应	t值
内生变量	Y_{13}联系性 SL						
	直接效应						
	间接效应					0.039	3.08**
	总效应					−0.39	−15.23
	Y_{14}矛盾性 SM						
	直接效应						
	间接效应					0.093	6.65**
	总效应					0.39	14.95

注：t值大于1.96时，p<.05；大于2.58时，p<.01；大于3.29时，p<.001。下同。

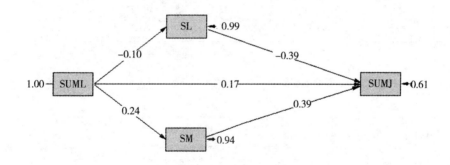

图41 道家人格联系矛盾维在生活事件与特质焦虑间的中介效应检验结果

标准化总效应大小为0.31，其中直接效应为0.17，占54.84%，间接效应为0.13，占41.94%，而道家人格联系维在生活事件与特质焦虑间的中介效应大小为0.039，占总效应的12.58%，占总间接效应的30.00%。道家人格矛盾维的中介效应大小为0.093，占总效应的30.00%，占总间接效应的71.54%。由于间接效应的各t值检验均显著，所以道家人格联系与矛盾维的中介效应显著。

就生活事件与抑郁，按上述方法对道家人格联系和矛盾维的中介效应进行检验，其中介效应检验的具体过程见表3-10，中介效应检验结果见图42和表3-11。

表 3 - 10　　　　　　　　道家人格联系矛盾维在生活事件与抑郁间
中介效应依次检验结果

生活事件	抑郁			
	非标准化回归系数	SE	标准化回归系数	t 值
	0.246	0.022	0.364	11.357 **
生活事件	联系			
	非标准化回归系数	SE	标准化回归系数	t 值
	−0.113	0.036	−0.103	−3.174 **
生活事件	矛盾			
	非标准化回归系数	SE	标准化回归系数	t 值
	0.246	0.033	0.240	7.566 **
生活事件	抑郁			
	0.191	0.020	0.278	9.556 **
联系	−0.178	0.018	−0.287	−10.146 **
矛盾	0.162	0.019	0.243	8.391 **

表 3 - 11　　　　　　　道家人格联系矛盾维在生活事件与抑郁间的
中介效应检验结果

自变量		因变量（内生变量）					
		Y_{13}联系性 SL		Y_{14}矛盾性 SM		Y_2 抑郁 SUMY	
		标准化效应	t 值	标准化效应	t 值	标准化效应	t 值
外源变量	X_1 生活事件 SUML						
	直接效应					0.28	9.59
	间接效应					0.09	6.22
	总效应	−0.10	−3.20	0.24	7.61	0.37	12.02
内生变量	Y_{13}联系性 SL						
	直接效应						
	间接效应					0.029	2.99 **
	总效应					−0.29	−10.21
	Y_{14}矛盾性 SM						
	直接效应						
	间接效应					0.058	5.61 **
	总效应					0.24	8.47

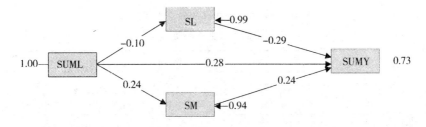

图 42　道家人格联系矛盾维在生活事件与特质焦虑间的中介效应检验结果

　　标准化总效应大小为 0.37，其中直接效应为 0.28，占 75.68%，间接效应为 0.09，占 24.32%，而道家人格联系维在生活事件与抑郁间的中介效应大小为 0.029，占总效应的 7.84%，占总间接效应的 32.22%，而道家人格矛盾维的中介效应大小为 0.058，占总效应的 15.68%，占总间接效应的 64.44%。由于中介效应检验中的各个 t 值均显著，所以道家人格联系和矛盾维的中介效应显著。

　　将特质焦虑与抑郁得分加总后，作为单一的负性情绪变量，就生活事件与负性情绪总分。按上述方法，对联系矛盾维的中介效应进行检验，其中介效应检验的具体过程见表 3-12，中介效应检验结果见图 43 和表 3-13。

表 3-12　　　道家人格联系矛盾维在生活事件与负性情绪间
中介效应依次检验结果

生活事件	负性情绪			
	非标准化回归系数	SE	标准化回归系数	t 值
	0.575	0.050	0.365	11.403**
生活事件	躁			
	非标准化回归系数	SE	标准化回归系数	t 值
	0.079	0.010	0.255	8.081**
生活事件	静			
	非标准化回归系数	SE	标准化回归系数	t 值
	-0.046	0.009	-0.165	-5.133**
	负性情绪			
生活事件	0.380	0.042	0.237	8.954**
联系	-0.564	0.037	-0.387	-15.076**
矛盾	0.576	0.041	0.368	13.984**

表 3－13 道家人格联系矛盾维在生活事件与负性
情绪间的中介效应检验结果

自变量		因变量（内生变量）					
		Y_{13}联系性		Y_{14}矛盾性		Y_2负性情绪	
		标准化效应	t 值	标准化效应	t 值	标准化效应	t 值
外源变量	X_1 生活事件						
	直接效应					0.24	9.53
	间接效应					0.13	6.83
	总效应	− 0.10	− 2.99	0.24	7.61	0.37	12.25
内生变量	Y_{13}联系性						
	直接效应						
	间接效应					0.042	3.07 **
	总效应					− 0.42	− 17.32
	Y_{14}矛盾性						
	直接效应						
	间接效应					0.091	6.58 **
	总效应					0.38	15.07

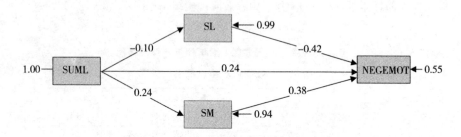

图 43 道家人格联系矛盾维在生活事件与负性情绪间的中介效应检验结果

标准化总效应大小为 0.37，其中直接效应为 0.24，占 64.86%，间接效应为 0.13，占 35.14%，而道家人格联系维在生活事件与负性情绪间的中介效应大小为 0.042，占总效应的 11.35%，占总间接效应的 32.31%，而道家人格矛盾维的中介效应大小为 0.091，占总效应的 24.60%，占总间接效应的 70.00%。由于间接效应 t 值检验均显著，所以道家人格躁与静维的中介效应显著。

（三）情绪情感——静、躁维的中介效应检验

静躁维在生活事件与特质焦虑间中介效应检验，其中介效应检验的具体过程见表3-14，中介效应检验结果见图44、表3-15。

表3-14　　　　道家人格静躁维在生活事件与特质焦虑间
中介效应依次检验结果

生活事件	特质焦虑			
	非标准化回归系数	SE	标准化回归系数	t 值
	0.329	0.035	0.311	9.498 **
生活事件	躁			
	非标准化回归系数	SE	标准化回归系数	t 值
	0.079	0.010	0.255	8.081 **
生活事件	静			
	非标准化回归系数	SE	标准化回归系数	t 值
	- 0.046	0.009	- 0.165	- 5.133 **
生活事件	特质焦虑			
	0.170	0.026	0.157	6.400 **
躁	1.331	0.103	0.383	12.966 **
静	- 1.275	0.112	- 0.330	- 11.387 **

表3-15　　　　道家人格静躁维在生活事件与特质焦虑
间的中介效应检验结果

		因变量（内生变量）					
自变量		Y_{11} 情绪躁 SS		Y_{12} 情绪静 SJ		Y_2 焦虑 SUMJ	
		标准化效应	t 值	标准化效应	t 值	标准化效应	t 值
外源变量	X_1 生活事件 SUML						
	直接效应					0.17	6.35
	间接效应					0.16	8.62
	总效应	0.26	8.09	- 0.17	- 5.18	0.33	10.84

自变量		因变量（内生变量）					
		Y_{11}情绪躁 SS		Y_{12}情绪静 SJ		Y_2焦虑 SUMJ	
		标准化效应	t 值	标准化效应	t 值	标准化效应	t 值
内生变量	Y_{11}情绪躁 SS						
	直接效应						
	间接效应					0.107	6.74**
	总效应					0.41	15.56
	Y_{12}情绪静 SJ						
	直接效应						
	间接效应					0.060	4.66**
	总效应					−0.36	−13.89

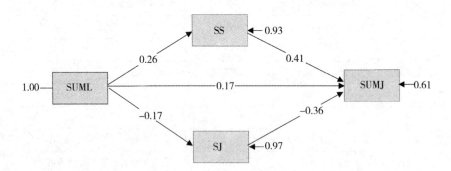

图44　道家人格静躁维在生活事件与特质焦虑间的中介效应检验结果

标准化总效应大小为 0.33，直接效应为 0.17，占 51.52%，间接效应为 0.16，占 48.48%。道家人格躁维度在生活事件与特质焦虑间的中介效应为 0.107，占总效应的 32.42%，占总间接效应的 66.88%，t 值为6.74，在 0.001 水平上显著。而道家人格静维度的中介效应大小为0.060，占总效应的 18.18%（0.060 除以 0.33），占总间接效应的 37.5%（0.060 除以 0.16），t 值为 4.66，在 0.001 水平上显著。各 t 值均显著，所以道家人格躁与静维的中介效应显著。

就生活事件与抑郁，按上述方法对静躁维的中介效应进行检验，其中介效应检验的具体过程见表3 - 16，中介效应检验结果见图45、表3 - 17。

表 3 - 16 道家人格静躁维在生活事件与抑郁间
中介效应依次检验结果

生活事件	抑郁			
	非标准化回归系数	SE	标准化回归系数	t 值
	0.246	0.022	0.364	11.357**
生活事件	躁			
	非标准化回归系数	SE	标准化回归系数	t 值
	0.079	0.010	0.255	8.081**
生活事件	静			
	非标准化回归系数	SE	标准化回归系数	t 值
	-0.046	0.009	-0.165	-5.133**
生活事件	抑郁			
	0.185	0.020	0.270	9.391**
躁	0.595	0.076	0.270	7.800**
静	-0.406	0.083	-0.165	-4.879**

表 3 - 17 道家人格静躁维在生活事件与抑郁
间的中介效应检验结果

自变量		因变量（内生变量）					
		Y_{11} 情绪躁 SS		Y_{12} 情绪静 SJ		Y_2 抑郁 SUMY	
		标准化效应	t 值	标准化效应	t 值	标准化效应	t 值
外源变量	X_1 生活事件 SUML						
	直接效应					0.28	9.29
	间接效应					0.10	7.27
	总效应	0.26	8.09	-0.17	-5.17	0.38	12.43
内生变量	Y_{11} 情绪躁 SS						
	直接效应						
	间接效应					0.0728	5.56**
	总效应					0.28	9.39
	Y_{12} 情绪静 SJ						
	直接效应						
	间接效应					0.0289	3.53**
	总效应					-0.17	-5.94

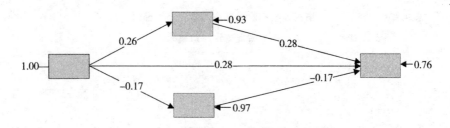

图 45 道家人格静躁维在生活事件与抑郁间的中介效应检验结果

标准化总效应大小为 0.38，其中直接效应为 0.28，占 73.68%，间接效应为 0.10，占 26.32%，而道家人格躁维在生活事件与抑郁间的中介效应为 0.0728，占总效应的 19.16%，占总间接效应的 72.80%，而道家人格静维的中介效应大小为 0.0289，占总效应的 7.60%，占总间接效应的 28.9%。由于各个中介检验的 t 值均显著，所以道家人格躁与静维的中介效应显著。

将特质焦虑与抑郁得分加总后，作为单一的负性情绪变量，就生活事件与负性情绪总分，按上述方法对静躁维的中介效应进行检验，其中介效应检验的具体过程见表 3－18，中介效应检验结果见图 46、表 3－19。

表 3－18　　　道家人格静躁维在生活事件与负性情绪间
中介效应依次检验结果

生活事件	负性情绪			
	非标准化回归系数	SE	标准化回归系数	t 值
	0.575	0.050	0.365	11.403**
生活事件	躁			
	非标准化回归系数	SE	标准化回归系数	t 值
	0.079	0.010	0.255	8.081**
生活事件	静			
	非标准化回归系数	SE	标准化回归系数	t 值
	－0.046	0.009	－0.165	－5.133**
生活事件	负性情绪			
	0.355	0.040	0.221	8.910**
躁	1.925	0.154	0.373	12.482**
静	－1.683	0.168	－0.293	－9.999**

表 3 - 19　　　　　道家人格静躁维在生活事件与负性

情绪间的中介效应检验结果

自变量		Y_{11} 情绪躁 SS		Y_{12} 情绪静 SJ		Y_2 负性情绪 NEGEMOT	
		标准化效应	t 值	标准化效应	t 值	标准化效应	t 值
外源变量	X_1 生活事件 SUML						
	直接效应					0.18	12.47
	间接效应					0.12	4.12
	总效应	0.09	2.83	-0.17	-5.20	0.29	9.40
内生变量	Y_{11} 情绪躁 SS						
	直接效应						
	间接效应					0.075	6.68 **
	总效应					0.83	58.85
	Y_{12} 情绪静 SJ						
	直接效应						
	间接效应					0.041	4.55 **
	总效应					-0.24	-16.71

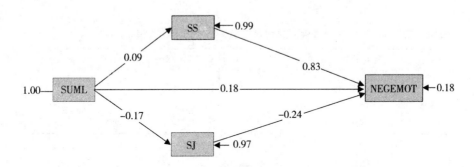

图 46　道家人格静躁维在生活事件与负性情绪间的中介效应检验结果

　　标准化总效应大小为 0.29，其中直接效应为 0.18，占 62.07%，间接效应为 0.12，占 41.38%，而道家人格躁维度在生活事件与负性情绪间的中介效应为 0.075，占总效应的 19.16%，占总间接效应的 62.5%，而道家人格静维度的中介效应大小为 0.041，占总效应的 14.14%，占总间接效应的 34.17%。由于中介效应检验的各个 t 值均显著，所以道家人格联系和矛盾维的中介效应显著。

（四） 意志品质——柔韧维的中介效应检验

道家人格柔韧维在生活事件与特质焦虑间的中介效应依次检验结果见表 3 - 20，其中介效应检验结果见图 47，中介效应的分解见表 3 - 21。

表 3 - 20　　　道家人格柔韧维在生活事件与特质焦虑间
中介效应依次检验结果

生活事件	特质焦虑			
	非标准化回归系数	SE	标准化回归系数	t 值
	0.329	0.035	0.311	9.498 **
生活事件	柔韧			
	非标准化回归系数	SE	标准化回归系数	t 值
	- 0.093	0.029	- 0.111	- 3.242 **
生活事件	特质焦虑			
	非标准化回归系数	SE	标准化回归系数	t 值
	0.294	0.033	0.278	8.873 **
柔韧	- 0.376	0.039	- 0.299	- 9.539 **

表 3 - 21　　　　　生活事件对特质焦虑影响路径的效应分解

效应	标准化效应	占总效应的比例（%）	非标准化效应	标准误	t 值
直接效应	0.28	90.32	0.29	0.03	8.87 **
间接效应	0.03	9.68	0.04	0.01	3.07 **
总效应	0.31	100.00	0.33	0.04	9.50 **

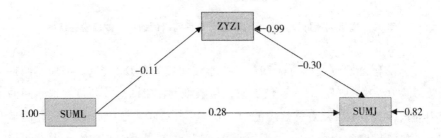

图 47　道家人格柔韧维在生活事件与特质焦虑间中介效应结果

总效应大小为0.31，其中由柔韧维中介的效应为0.03，占到总效应的9.68%，由于前面四个t值检验均显著，所以柔韧维的中介效应显著，系为部分中介效应。

道家人格柔韧维在生活事件与抑郁间的中介效应依次检验结果见表3-22，其中介效应检验结果见图48，中介效应的分解见表3-23。

表3-22　　　道家人格柔韧维在生活事件与抑郁间

中介效应依次检验结果

生活事件	抑郁			
	非标准化回归系数	SE	标准化回归系数	t 值
	0.246	0.022	0.364	11.357**
生活事件	柔韧			
	非标准化回归系数	SE	标准化回归系数	t 值
	-0.093	0.029	-0.111	-3.242**
	抑郁			
	非标准化回归系数	SE	标准化回归系数	t 值
生活事件	0.230	0.021	0.340	10.829**
柔韧	-0.175	0.025	-0.218	-6.939**

表3-23　　　　生活事件对抑郁影响路径的效应分解

效应	标准化效应	占总效应的比例（%）	非标准化效应	标准误	t 值
直接效应	0.34	94.44	0.23	0.02	10.83**
间接效应	0.02	8.33	0.02	0.01	2.94**
总效应	0.36	100.00	0.25	0.02	11.36**

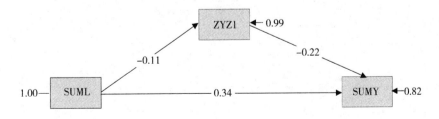

图48　道家人格柔韧维在生活事件与抑郁间中介效应结果

总效应大小为0.36，其中由柔韧维中介的效应为0.02，占到总效应的8.33%。由于前面四个t值检验均显著，所以柔韧维的中介效应显著，系为部分中介效应。

道家人格柔韧维在生活事件与负性情绪间的中介效应依次检验结果见表3-24，其中介效应检验结果见图49，中介效应的分解见表3-25。

表3-24　　　　　道家人格柔韧维在生活事件与负性情绪间
中介效应依次检验结果

生活事件	负性情绪			
	非标准化回归系数	SE	标准化回归系数	t 值
	0.584	0.049	0.364	11.988**
生活事件	柔韧			
	非标准化回归系数	SE	标准化回归系数	t 值
	-0.093	0.029	-0.111	-3.242**
生活事件	负性情绪			
	非标准化回归系数	SE	标准化回归系数	t 值
	0.531	0.047	0.332	11.425**
柔韧	-0.559	0.054	-0.298	-10.276**

表3-25　　　　　生活事件对负性情绪影响路径的效应分解

效应	标准化效应	占总效应的比例（%）	非标准化效应	标准误	t 值
直接效应	0.33	91.67	0.28	0.47	11.43**
间接效应	0.03	8.33	0.05	0.02	2.24*
总效应	0.36	100.00	0.34	0.05	12.01**

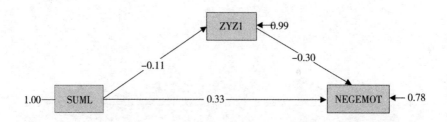

图49　道家人格柔韧维在生活事件与负性情绪间中介效应结果

总效应大小为 0.36，其中由柔韧维中介的效应为 0.03，占到总效应的 8.33% 。由于前面四个 t 值检验均显著，所以柔韧维的中介效应显著，系为部分中介效应。

（五）因应处世——谦退、超脱与寡欲维的中介效应检验

道家人格因应处世之谦退、超脱和寡欲维，在生活事件与特质焦虑间的中介效应依次检验结果见表 3 - 26，其中介效应检验结果见表 3 - 27、图 50，中介效应的分解见表 3 - 28。

表 3 - 26　道家人格谦退、超脱与寡欲维在生活事件与特质焦虑间中介效应依次检验结果

生活事件	特质焦虑			
	非标准化回归系数	SE	标准化回归系数	t 值
	0.329	0.035	0.311	9.498**
生活事件	谦退			
	非标准化回归系数	SE	标准化回归系数	t 值
	- 0.040	0.019	- 0.073	- 2.132*
生活事件	超脱			
	非标准化回归系数	SE	标准化回归系数	t 值
	0.070	0.023	0.106	3.104**
生活事件	寡欲			
	非标准化回归系数	SE	标准化回归系数	t 值
	- 0.055	0.016	- 0.121	- 3.527**
生活事件	特质焦虑			
	非标准化回归系数	SE	标准化回归系数	t 值
	0.296	0.034	0.280	8.690**
超脱	0.112	0.054	0.070	2.084*
谦退	- 0.209	0.069	- 0.108	- 3.047**
寡欲	- 0.306	0.081	- 0.131	- 3.780**

表 3 - 27　　　道家人格谦退、超脱与寡欲维在生活事件与特质

焦虑间中介效应检验结果

自变量		因变量（内生变量）							
		Y_{15}谦退		Y_{16}超脱		Y_{17}寡欲		Y_2焦虑	
		标准化效应	t 值	标准化效应	t 值	标准化效应	t 值	标准化效应	t 值
外源变量	X_1 生活事件								
	直接效应							0.28	8.69
	间接效应							0.03	3.69
	总效应	- 0.07	- 2.13	0.11	3.10	- 0.12	- 3.53	0.31	9.60
内生变量	Y_{15}谦退								
	直接效应								
	间接效应							0.007	1.73
	总效应							- 0.11	- 3.40
	Y_{16}超脱								
	直接效应								
	间接效应							0.007	1.71
	总效应							0.07	2.19
	Y_{17}寡欲								
	直接效应								
	间接效应							0.016	2.54 **
	总效应							- 0.13	- 4.11

表 3 - 28　　　生活事件对特质焦虑影响路径的效应分解

效应	标准化效应	占总效应的比例（%）	非标准化效应	标准误	t 值
直接效应	0.28	90.32	0.30	0.03	8.69 **
间接效应（谦退）	0.007	2.26			1.73
间接效应（超脱）	0.007	2.26			1.71
间接效应（寡欲）	0.016	5.16			2.54 **
总效应	0.31	100.00	0.33	0.04	9.50 **

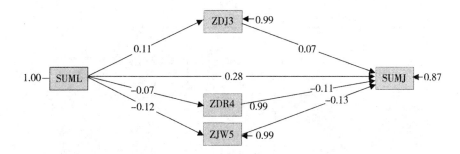

图 50　道家人格超脱、谦退和寡欲维在生活事件与特质焦虑间中介效应结果

　　总效应大小为 0.31，谦退、超脱和寡欲维三者中介效应的总和为 0.03，占总效应的 9.86%，三者的中介效应分别为 0.007、0.007 和 0.016，分别占到总效应的 2.26%、2.26% 和 5.16%。谦退及超脱维的中介效应检验不显著，但寡欲维的中介效应显著，系为部分中介效应。

　　道家人格因应处世之谦退维、超脱维和寡欲维，在生活事件与抑郁间的中介效应依次检验结果见表 3 – 29，其中介效应检验结果见表 3 – 30、图 51，中介效应的分解见表 3 – 31。

表 3 – 29　　**道家人格谦退、超脱与寡欲维在生活事件与抑郁间**
中介效应依次检验结果

生活事件	抑郁			
	非标准化回归系数	SE	标准化回归系数	t 值
	0.246	0.022	0.364	11.357 **
生活事件	谦退			
	非标准化回归系数	SE	标准化回归系数	t 值
	- 0.040	0.019	- 0.073	- 2.132 *
生活事件	超脱			
	非标准化回归系数	SE	标准化回归系数	t 值
	0.070	0.023	0.106	3.104 **
生活事件	寡欲			
	非标准化回归系数	SE	标准化回归系数	t 值
	- 0.055	0.016	- 0.121	- 3.527 **

续表

生活事件	抑郁			
	非标准化回归系数	SE	标准化回归系数	t 值
	0.234	0.022	0.346	10.792 **
超脱	0.085	0.034	0.083	2.478 **
谦退	− 0.107	0.044	− 0.086	− 2.443 *
寡欲	− 0.035	0.052	− 0.024	− 0.680

表 3 – 30　　　　　道家人格谦退、超脱与寡欲维在生活事件
与抑郁间中介效应检验结果

自变量		因变量（内生变量）							
		Y_{15}谦退	t 值	Y_{16}超脱	t 值	Y_{17}寡欲	t 值	Y_2焦虑	t 值
		标准化效应		标准化效应		标准化效应		标准化效应	
外源变量	X_1 生活事件								
	直接效应							0.35	10.79
	间接效应							0.02	2.56
	总效应	− 0.07	− 2.13	0.11	3.10	− 0.12	− 3.53	0.37	11.40
内生变量	Y_{15}谦退								
	直接效应								
	间接效应							0.0063	1.59
	总效应							− 0.09	− 2.72
	Y_{16}超脱								
	直接效应								
	间接效应							0.0088	1.93
	总效应							0.08	2.60
	Y_{17}寡欲								
	直接效应								
	间接效应							0.0024	0.66
	总效应							− 0.02	− 0.74

表 3 - 31　　　　　　生活事件对抑郁影响路径的效应分解

效应	标准化效应	占总效应的比例（%）	非标准化效应	标准误	t 值
直接效应	0.35	97.22	0.23	0.02	10.79 **
间接效应（谦退）	0.0063	1.75			1.59
间接效应（超脱）	0.0088	2.44			1.93
间接效应（寡欲）	0.0024	0.67			0.66 **
总效应	0.37	100.00	0.25	0.02	11.36 **

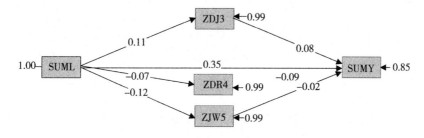

图 51　道家人格超脱、谦退和寡欲维在生活事件与抑郁间中介效应结果

　　总效应大小为 0.37，谦退、超脱和寡欲维三者中介效应的总和为 0.0175，占到总效应的 4.86%，三者的中介效应分别为 0.0063、0.0088 和 0.0024，分别占到总效应的 1.75%、2.44% 和 0.67%。除超脱维的中介效应边缘显著外，谦退维与寡欲维的中介效应检验均不显著。

　　道家人格柔韧谦退、超脱和寡欲维在生活事件与负性情绪间的中介效应依次检验结果见表 3 - 32，其中介效应检验结果见表 3 - 33、图 52，中介效应的分解见表 3 - 34。

表 3 -32　　道家人格谦退、超脱与寡欲维在生活事件与负性情绪间
中介效应依次检验结果

生活事件	负性情绪			
	非标准化回归系数	SE	标准化回归系数	t 值
	0.575	0.050	0.365	11.403 **
生活事件	谦退			
	非标准化回归系数	SE	标准化回归系数	t 值
	- 0.040	0.019	- 0.073	- 2.132 *

续表

生活事件	超脱			
	非标准化回归系数	SE	标准化回归系数	t 值
	0.070	0.023	0.106	3.104**

生活事件	寡欲			
	非标准化回归系数	SE	标准化回归系数	t 值
	− 0.055	0.016	− 0.121	− 3.527**

生活事件	负性情绪			
	非标准化回归系数	SE	标准化回归系数	t 值
	0.530	0.050	0.337	10.652**
超脱	0.197	0.079	0.083	2.507*
谦退	− 0.316	0.100	− 0.110	− 3.151**
寡欲	− 0.341	0.118	− 0.099	− 2.885**

表 3 - 33　　道家人格谦退、超脱与寡欲维在生活事件与负性情绪间

中介效应检验结果

自变量		因变量（内生变量）							
		Y_{15}谦退		Y_{16}超脱		Y_{17}寡欲		Y_2焦虑	
		标准化效应	t 值	标准化效应	t 值	标准化效应	t 值	标准化效应	t 值
外源变量	X_1 生活事件								
	直接效应							0.34	10.65
	间接效应							0.03	3.58
	总效应	− 0.07	− 2.13	0.11	3.10	− 0.12	− 3.53	0.37	11.51
内生变量	Y_{15}谦退								
	直接效应								
	间接效应							0.0063	1.75
	总效应							− 0.11	− 3.51
	Y_{16}超脱								
	直接效应								
	间接效应							0.0088	1.93
	总效应							0.08	2.63
	Y_{17}寡欲								
	直接效应								
	间接效应							0.0024	2.21*
	总效应							− 0.10	− 3.14

表3-34 生活事件对负性情绪影响路径的效应分解

效应	标准化效应	占总效应的比例（%）	非标准化效应	标准误	t值
直接效应	0.34	94.44	0.53	0.05	10.65**
间接效应（谦退）	0.0077	2.14			1.75
间接效应（超脱）	0.0088	2.44			1.93
间接效应（寡欲）	0.0012	0.33			2.21*
总效应	0.37	100.00	0.58	0.05	11.40**

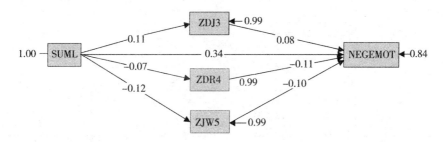

图52 道家人格超脱、谦退和寡欲维在生活事件与负性情绪间中介效应结果

总效应大小为0.37，其中由谦退、超脱和寡欲维中介的效应分别为0.0077、0.0088和0.0012，分别占到总效应的2.14%、2.44%和0.33%。寡欲维的中介效应显著，超脱维的中介效应边缘显著，谦退维的中介效应检验不显著。

（六）词汇形式——自然、本真、柔韧、谦退、超脱与寡欲维的中介效应检验

就道家人格量表词汇形式部分的自然、本真、柔韧及谦退、超脱和寡欲各维度，进行中介效应的检验。因生活事件对本真维的效应非常小，其值为-0.01，t值为-0.39，小于1.96，结果不显著。遂将该变量删除后再按同样的方法，进行中介效应的检验。按上述方法，道家人格自然、柔韧及谦退、超脱和寡欲维，在生活事件与特质焦虑间的中介效应检验的具体过程见表3-35，中介效应检验结果见图53、表3-36。

表 3 - 35 　　　　道家人格自然、柔韧及谦退、超脱和寡欲维的

中介效应依次检验

生活事件	特质焦虑			
	非标准化回归系数	SE	标准化回归系数	t 值
	0.329	0.035	0.311	9.498 **
生活事件	柔韧			
	非标准化回归系数	SE	标准化回归系数	t 值
	- 0.094	0.028	- 0.110	- 3.402 **
生活事件	自然			
	非标准化回归系数	SE	标准化回归系数	t 值
	- 0.057	0.020	- 0.092	- 2.828 **
生活事件	超脱			
	非标准化回归系数	SE	标准化回归系数	t 值
	0.070	0.022	0.105	3.245 **
生活事件	谦退			
	非标准化回归系数	SE	标准化回归系数	t 值
	- 0.049	0.018	- 0.087	- 2.665 **
生活事件	寡欲			
	非标准化回归系数	SE	标准化回归系数	t 值
	- 0.060	0.015	- 0.128	- 3.960 **
生活事件	特质焦虑			
	非标准化回归系数	SE	标准化回归系数	t 值
	0.274	0.031	0.254	8.927 **
柔韧	- 0.131	0.046	- 0.104	- 2.859 **
自然	- 0.580	0.064	- 0.333	- 9.079 **
超脱	0.106	0.048	0.065	2.213 *
谦退	0.188	0.066	0.098	2.832 **
寡欲	- 0.264	0.071	- 0.114	- 3.744 **

表 3 - 36　　道家人格自然、柔韧及谦退、超脱和寡欲维在生活事件

与焦虑间的中介效应检验

自变量		因变量（内生变量）							
		Y_{15} 柔韧 ZYZ1		Y_{16} 自然 ZZR2		Y_{17} 超脱 ZDJ3		Y_2 焦虑 SUMJ	
		标准化效应	t 值	标准化效应	t 值	标准化效应	t 值	标准化效应	t 值
外源变量	X_1 生活事件								
	直接效应							0.26	8.88 **
	间接效应							0.06	3.92 **
	总效应	-0.11	-3.42 **	-0.09	-2.86 **	0.10	3.23 **	0.31	10.14
内生变量	Y_{15} 柔韧 ZYZ1								
	直接效应								
	间接效应							0.011	2.17 **
	总效应							-0.10	-3.67
	Y_{16} 自然 ZZR2								
	直接效应								
	间接效应							0.031	2.72 **
	总效应							-0.34	-11.92
	Y_{17} 超脱 ZDJ3								
	直接效应								
	间接效应							0.006	1.81
	总效应							0.06	2.27

自变量		因变量（内生变量）					
		Y_{18} 谦退 ZDR4		Y_{19} 寡欲 ZJW5		Y_2 焦虑 SUMJ	
		标准化效应	t 值	标准化效应	t 值	标准化效应	t 值
外源变量	X_1 生活事件 SUML						
	直接效应						
	间接效应						
	总效应	-0.09	-2.71 **	-0.13	-3.99 **		
内生变量	Y_{18} 谦退 ZDR4						
	直接效应						
	间接效应						-0.009	-1.97 **
	总效应						0.10	3.40
	Y_{18} 寡欲 ZJW5						
	直接效应						
	间接效应						0.016	2.72 **
	总效应						-0.12	-4.07

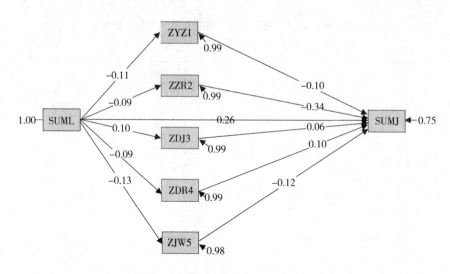

图 53 自然、柔韧及谦退、超脱和寡欲维在生活事件与焦虑间的中介效应检验结果

标准化总效应大小为 0.31,其中直接效应为 0.26,占 83.87%,间接效应为 0.06,占 19.35%。道家人格柔韧维在生活事件与特质焦虑间的中介效应为 0.011,占总效应的 3.55%,占总间接效应的 18.33%。而道家人格自然维的中介效应为 0.031,占总效应的 10.00%,占总间接效应的 51.67%。道家人格超脱维的中介效应为 0.006,占总效应的 1.94%,占总间接效应的 10.00%。道家人格谦退维的中介效应为 -0.009,占总效应的 2.90%,占总间接效应的 15.00%。道家人格寡欲维的中介效应为 0.016,占总效应的 5.16%,占总间接效应的 26.67%。除超脱维中介效应边缘显著外,其余各个维度中介效应检验均显著。

按上述方法,对道家人格自然、柔韧及谦退、超脱和寡欲维在生活事件与抑郁间的中介效应进行检验,检验的具体过程见表 3 - 37,中介效应检验结果见图 54、表 3 - 38。

表 3 - 37   道家人格自然、柔韧及谦退、超脱
和寡欲维的中介效应依次检验

生活事件	抑郁			
	非标准化回归系数	SE	标准化回归系数	t 值
	0.246	0.022	0.364	11.357**

续表

生活事件	柔韧			
	非标准化回归系数	SE	标准化回归系数	t 值
	-0.094	0.028	-0.110	-3.402**

生活事件	自然			
	非标准化回归系数	SE	标准化回归系数	t 值
	-0.057	0.020	-0.092	-2.828**

生活事件	超脱			
	非标准化回归系数	SE	标准化回归系数	t 值
	0.070	0.022	0.105	3.245**

生活事件	谦退			
	非标准化回归系数	SE	标准化回归系数	t 值
	-0.049	0.018	-0.087	-2.665**

生活事件	寡欲			
	非标准化回归系数	SE	标准化回归系数	t 值
	-0.060	0.015	-0.128	-3.960**

生活事件	特质焦虑			
	非标准化回归系数	SE	标准化回归系数	t 值
	0.227	0.020	0.331	11.247**
柔韧	-0.092	0.030	-0.115	-3.064**
自然	-0.226	0.042	-0.204	-5.378**
超脱	0.066	0.031	0.065	2.117*
谦退	0.072	0.044	0.059	1.655
寡欲	-0.025	0.046	-0.017	-0.537

表 3-38　道家人格自然、柔韧及谦退、超脱和寡欲维
在生活事件与抑郁间的中介效应检验

自变量		因变量（内生变量）							
		Y_{15} 柔韧 ZYZ1		Y_{16} 自然 ZZR2		Y_{17} 超脱 ZDJ3		Y_2 焦虑 SUMJ	
		标准化效应	t 值	标准化效应	t 值	标准化效应	t 值	标准化效应	t 值
外源变量	X_1 生活事件 SUML								
	直接效应							0.33	11.15**
	间接效应							0.04	3.34**
	总效应	-0.11	-3.42**	-0.09	-2.85	0.10	3.24**	0.37	12.21

续表

自变量		因变量（内生变量）							
		Y_{15}柔韧 ZYZ1		Y_{16}自然 ZZR2		Y_{17}超脱 ZDJ3		Y_2焦虑 SUMJ	
		标准化效应	t 值	标准化效应	t 值	标准化效应	t 值	标准化效应	t 值
内生变量	Y_{15}柔韧 ZYZ1								
	直接效应								
	间接效应							0.013	3.34**
	总效应							-0.12	-3.97
	Y_{16}自然 ZZR2								
	直接效应								
	间接效应							0.019	2.52*
	总效应							-0.21	-7.07
	Y_{17}超脱 ZDJ3								
	直接效应								
	间接效应							0.006	1.77
	总效应							0.06	2.20

自变量		因变量（内生变量）					
		Y_{18}谦退 ZDR4		Y_{19}寡欲 ZJW5		Y_2焦虑 SUMJ	
		标准化效应	t 值	标准化效应	t 值	标准化效应	t 值
外源变量	X_1 生活事件 SUML						
	直接效应						
	间接效应						
	总效应	-0.09	-2.70	-0.13	-3.98		
内生变量	Y_{18}谦退 ZDR4						
	直接效应						
	间接效应					-0.005	-1.40
	总效应					0.06	1.99
	Y_{18}寡欲 ZJW5						
	直接效应						
	间接效应					0.003	0.54
	总效应					-0.02	-0.60

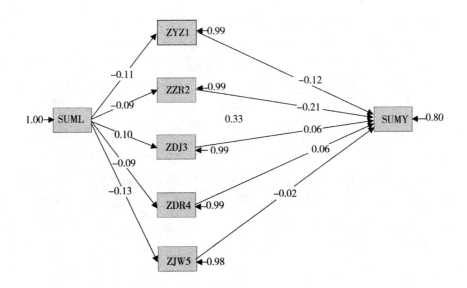

表54　自然、柔韧及谦退、超脱和寡欲维在生活事件与抑郁间的中介效应检验结果

　　标准化总效应为 0.37，其中直接效应为 0.33，占 89.19%，间接效应为 0.04，占 10.81%。而道家人格柔韧维的中介效应为 0.013，占总效应的 3.94%，占总间接效应的 32.50%，t 值为 3.34，在 0.01 水平上显著。道家人格自然维的中介效应为 0.019，占总效应的 5.14%，占总间接效应的 47.50%，t 值为 2.52，在 0.01 水平上显著。道家人格超脱维的中介效应为 0.006，占总效应的 1.62%，占总间接效应的 15.00%，t 值为 1.77，不显著。道家人格谦退维的中介效应为 -0.005，占总效应的 1.35%，占总间接效应的 12.50%，t 值为 -1.40，不显著。道家人格寡欲维的中介效应为 0.003，占总效应的 0.81%，占总间接效应的 7.50%，t 值为 0.54，不显著。由 Sobel 中介效应检验的 t 值来看，道家人格自然、柔韧中介效应显著，系为部分中介效应，而谦退、寡欲和超脱维的中介效应不显著。

　　按上述方法，对道家人格自然、柔韧及谦退、超脱和寡欲维在生活事件与负性情绪间的中介效应进行检验，具体的检验过程见表 3-39，中介效应检验结果见图 55、表 3-40。

表 3 - 39 **道家人格自然、柔韧及谦退、超脱和寡欲维的**
中介效应依次检验结果

生活事件	负性情绪			
	非标准化回归系数	SE	标准化回归系数	t 值
	0.575	0.050	0.365	11.403 **
生活事件	柔韧			
	非标准化回归系数	SE	标准化回归系数	t 值
	- 0.094	0.028	- 0.110	- 3.402 **
生活事件	自然			
	非标准化回归系数	SE	标准化回归系数	t 值
	- 0.057	0.020	- 0.092	- 2.828 **
生活事件	超脱			
	非标准化回归系数	SE	标准化回归系数	t 值
	0.070	0.022	0.105	3.245 **
生活事件	谦退			
	非标准化回归系数	SE	标准化回归系数	t 值
	- 0.049	0.018	- 0.087	- 2.665 **
生活事件	寡欲			
	非标准化回归系数	SE	标准化回归系数	t 值
	- 0.060	0.015	- 0.128	- 3.960 **
生活事件	特质焦虑			
	非标准化回归系数	SE	标准化回归系数	t 值
	0.501	0.045	0.312	11.157 **
柔韧	- 0.222	0.067	- 0.118	- 3.298 **
自然	- 0.809	0.094	- 0.312	- 8.637 **
超脱	0.171	0.070	0.071	2.454 *
谦退	0.260	0.097	0.091	2.682 **
寡欲	- 0.290	0.103	- 0.084	- 2.806 **

表 3 - 40 **道家人格自然、柔韧及谦退、超脱和寡欲维在生活事件**
与负性情绪间的中介效应

自变量		因变量（内生变量）							
		Y_{15} 柔韧 ZYZ1		Y_{16} 自然 ZZR2		Y_{17} 超脱 ZDJ3		Y_2 负性情绪 negemot	
		标准化效应	t 值	标准化效应	t 值	标准化效应	t 值	标准化效应	t 值
外源变量	X_1 生活事件 SUML								
	直接效应							0.32	11.08 **
	间接效应							0.05	3.90 **
	总效应	- 0.11	- 3.42 **	- 0.09	- 2.86 **	0.10	3.23 **	0.37	12.23

续表

自变量		因变量（内生变量）							
		Y_{15}柔韧 ZYZ1		Y_{16}自然 ZZR2		Y_{17}超脱 ZDJ3		Y_2负性情绪 negemot	
		标准化效应	t 值	标准化效应	t 值	标准化效应	t 值	标准化效应	t 值
内生变量	Y_{15}柔韧 ZYZ1								
	直接效应								
	间接效应							0.013	2.36 *
	总效应							− 0.12	− 4.26
	Y_{16}自然 ZZR2								
	直接效应								
	间接效应							0.029	2.71 **
	总效应							− 0.32	− 11.36
	Y_{17}超脱 ZDJ3								
	直接效应								
	间接效应							0.007	1.94
	总效应							0.07	2.53

自变量		因变量（内生变量）					
		Y_{18}谦退 ZDR4		Y_{19}寡欲 ZJW5		Y_2负性情绪 negemot	
		标准化效应	t 值	标准化效应	t 值	标准化效应	t 值
外源变量	X_1生活事件 SUML						
	直接效应						
	间接效应						
	总效应	− 0.09	− 2.71	− 0.13	− 3.99		
内生变量	Y_{18}谦退 ZDR4						
	直接效应						
	间接效应						− 0.008	− 1.91
	总效应						0.09	3.22
	Y_{18}寡欲 ZJW5						
	直接效应						
	间接效应						0.012	2.30 *
	总效应						− 0.09	− 3.06

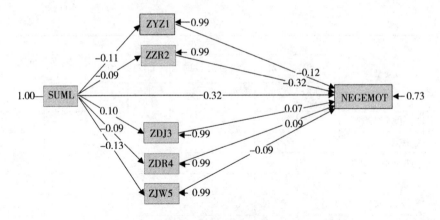

**图 55　自然、柔韧及谦退、超脱和寡欲维在生活事件
与负性情绪间的中介效应检验**

标准化总效应为 0.37，其中直接效应为 0.32，占 86.49%；间接效应为 0.05，占 13.51%。而道家人格柔韧维在生活事件与负性情绪间的中介效应为 0.013，占总效应的 3.51%，占总间接效应的 26.00%；t 值为 2.36，在 0.05 水平上显著。而道家人格自然维的中介效应为 0.029，占总效应的 7.84%，占总间接效应的 58.00%；t 值为 2.71，在 0.01 水平上显著。而道家人格超脱维在生活事件与负性情绪间的中介效应为 0.007，占总效应的 1.89%，占总间接效应的 14.00%；t 值为 1.94，边缘显著。道家人格谦退维在生活事件与负性情绪间的中介效应为 -0.008，占总效应的 2.16%，占总间接效应的 16.00%；t 值为 -1.91，边缘显著。而道家人格寡欲维在生活事件与负性情绪间的中介效应为 0.012，占总效应的 3.24%，占总间接效应的 24.00%；t 值为 2.30，在 .05 水平上显著。

分析与讨论

在对道家人格各维度的中介效应检验中，研究结果发现，无论是对特质焦虑还是抑郁，道家人格之自然、联系与矛盾、静与躁、柔韧的中介效应均显著。除此之外，在对特质焦虑的中介作用中，寡欲维的中介效应也显著，谦退及超脱维边缘显著。在对抑郁的中介作用中，仅有超脱维接近显著。从各中介效应的大小来看，就特质焦虑而言，道家人格各维度中介效应的大小及占总效应的比例依次如下：

自然：0.04，12.90%；联系与矛盾：0.13，41.94%；联系性：0.039，

12.58%；矛盾性：0.093，30.00%；静与躁：0.16，48.48%，躁：0.107，32.42%，静：0.060，18.18%；柔韧：0.03，9.68%；谦退、超脱与寡欲：0.03，9.86%，谦退：0.007，2.26%，超脱：0.007，2.26%；寡欲：0.016，5.16%。

就抑郁而言，道家人格各维度中介效应大小及占总效应的比例依次如下：

自然：0.03，8.33%；联系与矛盾：0.09，24.32%，联系性：0.029，7.84%，矛盾性：0.058，15.68%；静与躁：0.10，26.32%，躁：0.0728，19.16%，静：0.0289，7.60%；柔韧：0.03，8.33%。

尽管研究无法在一次中介效应分析中分别比较各自中介效应的大小，但在因变量由特质焦虑变为抑郁，而其他变量均不变且中介变量均相同的中介效应分析中，研究仍然发现，道家人格各维度在生活事件与特质焦虑间的中介效应，均高于其在生活事件与抑郁间的中介效应，而且几乎每个维度均是如此。由此推测，在缓冲焦虑与抑郁等负性情绪中，尽管道家人格多个维度对抑郁的缓冲作用均显著，但道家人格在缓冲焦虑中的作用要强过其对抑郁的缓冲作用。而将特质焦虑与抑郁间的得分合并加总后，再进行中介效应分析，其结果仍是如此。道家人格之自然、联系与矛盾、躁与静、柔韧及寡欲维在生活事件与负性情绪间具有显著的中介效应，而谦退与超脱维的中介效应接近显著。道家人格各维度中介效应值及其所占总效应的比例依次如下：

自然：0.03，8.33%；联系与矛盾：0.13，35.14%，联系性：0.042，11.35%，矛盾性：0.091，24.59%；静躁：0.12，41.38%，躁：0.075，25.86%，静：0.041，14.14%；柔韧：0.03，8.33%；谦退、超脱和寡欲：0.03，8.11%，谦退：0.0063，1.70%，超脱：0.0088，2.38%，寡欲：0.0024，0.65%。

这一结果再次表明：在儒家之积极进取与现实客观环境发生冲突，并导致人之内心苦痛不安之时，源于道家思想并与道家人格疗法之内涵具有一致性的道家人格，确实能够起到缓冲内心苦痛的作用，并在调适因儒家志不得显及内心的郁闷和苦痛中具有强大的功效，并由此成为中国古代知识分子心理平衡的一道保护屏障。本研究表明：道家认知疗法具有针对焦虑与抑郁适应症的功效，而且道家人格在焦虑适应症方面要好过抑郁适应症。

从中介效应的大小来看，无论是就生活事件与特质焦虑、抑郁还是两者加总后形成的负性情绪，道家人格中介效应的大小都呈现出了如下的特征：情绪情感和认知思维领域的静、躁及联系和矛盾性，其中介效应都最大，几近占到了总效应的一半。而人性论层面的自然、意志品质领域的柔韧及因应处世的谦退、超脱和寡欲几个维度，其中介效应只占到了总效应的 8% 左右。由此可以看来，就道家人格各维度来看，情绪情感领域的静与躁及认知思维领域的联系与矛盾性，在生活事件与负性情绪间具有最大的缓冲作用。其原因可能在于，静躁与负性情绪本身就同属于情绪情感心理领域，同一领域的心理变量间，其中介缓冲作用也会更大些。而从道家老庄思想的内核来看，从思想上"明道"，并在心灵深处保守"道"之"静根"，以及保持对外界物质的克制和"少私寡欲"，这些都具有应对心理问题或压力的功效。而其"顺应自然"的主导精神价值，能够涵化到其处理心理问题的各个层面，其手段则主要包括认识转换和控制方式等（景怀斌，2002）。其所谓的认识转换，也即是上述道家之认知思维特征："体道"、"悟道"，懂得"道"之运行的规律，以"道"之运行的思维特征来看待万事万物，从思想上与"道"接近。而其所谓的"控制方式"，实质也既是由"清静无为"、"心斋"与"坐忘"等求得心灵宁静、内心安适的方法。这些"静修"之法不但有生理方面的作用，还能促进人心理的放松，预防人情绪的不稳定及心理冲突的发生（郭永玉，2002）。除此之外，道家所谓"少私寡欲"之辩证"得""失"观，本身就具有自我超越的意蕴，在压力与心理健康间也具有一定的调节作用（李虹，2006）。

相对静、躁与联系和矛盾性而言，意志品质之柔韧、人性论层面的本真及因应处世的三个维度，其中介效应都比较小而且大体相当。这一结果无论是在将各个维度按领域分别进行中介效应检验中，还是就道家人格词汇形式部分的几个维度整体进行的中介效应检验中，仍是如此。它们的中介效应的值比较小，而且多个维度的效应均不显著。对此可能的解释为：意志品质与负性情绪分属不同的心理领域，而且柔韧本身具有量度大小的适宜性，柔韧中积极有为增加，则其会由柔韧变为刚强，在与社会现实发生矛盾冲突时，很容易引起内心的不适；当柔韧中积极有为不足，而权变灵活性或主观不作为有余时，则柔韧会变为消极不作为，当然也会影响问题的解决，进而影响人的心理健康。另由道家人格各维度的关系来看，人性论层面的自然维，其内涵已经渗透到了道家人格的各个领域和层面之中，这一情形可能导致自然维这一维度的中介效应就会小些。而就因应处世领域而言，因其主要为个人行为层面的特征，与情绪情感也具有领域差异性；并且从理论建构来看，知—情—意所处的层面要高于道家人格因应处世之行为层面，可能这也影响了其中介效应的大小。

　　各中介效应除大小与强度的区别外，还有性质的差异。其性质主要有两类：一类为自变量负向作用于中介变量，中介变量又负向作用于因变量，中介变量最终表现为一种正性的缓冲作用；另一类为自变量正向作用于中介变量，而中介变量又正向作用于最终的因变量，中介变量最终表现为一种负性的作用。前一类性质的中介变量有：自然、联系性、静、柔韧、谦退与寡欲，后一类性质的中介变量有：矛盾性、躁、超脱。尽管生活事件引起人情绪不安，引致神经质性的焦虑与抑郁，但尝试着保持内心的宁静与安适，并以相互转化、不断流变的思想来看待所面临的困难，在困境中信守自然顺任无为之理，同时保持对机会来临前的高度准备状态，积极积蓄力量与资本，暂时淡化自己的欲望及对目标追求的强烈动机，为人不过于争执好强，这些心理行为特征，将能够十分有效地降低自己的焦虑、抑郁等负性情绪的水平，并在自我情绪的调整中，迎来人生转机与机会。这一过程也与"时进时退"、"时儒时道"行为作风的内涵相一致。儒者：积极有为而力求有所作为，但当现实条件不允许或现实社会太过于黑暗之时，个人强作妄为，只能是取死之道，当其时，取道家推崇之行为方式，方是权宜且适宜之策，也正是"儒道互补"在人性心理行为层面的显露。其与《易经》之"坤卦"之义也恰相吻合，坤象征母马，为地，为大地之母，象征起源，强调顺任、隐藏，且暗藏事物变化之理（傅佩荣，2007；高亨，1998；周振甫，1991）。

　　上述中介效应检验中，道家人格中起到负性作用的各个维度，本质上反映的是道家积极推崇的处世风格，是道家全身保性之道，是道家之"体道"、"顺道"的举措，是老庄道家思想的智慧和精华在人性心理行为层面的展露和体现；相反地，当理想与现实发生冲突，内心郁闷不安而焦虑万分之时，内心如果骚扰不安，同时圄有一己之私或一孔之见，思想表现出极大的矛盾和冲突。这些举措和心理行为特征，将进一步加剧内心的抑郁与焦虑等负性情绪，而这又将进一步为问题的解决设置人为的障碍。这也正是正向作用的各个维度所起的作用，其从本质上所反映的是道家极力反对的处世之道。由此，本研究再次从道家人格各维度，在负性情绪上中介效应的性质的差异，从内在过程与机制层面说明了道家人格各维度二阶二因素模型的可靠性与有效性。总的看来，在人与环境的交互作用中，在顺应与同化势均力敌或同化之力不足时，由源自道家思想的各人性心理行为特征，也即道家人格之各个维度中，同属道家之推崇的人性之"真"的各个维度，将能够十分有效地提供个体应对环境危险的力量，从而起到了有效的缓冲作用，而同属道家反对、告诫、劝诫之"伪"的各个维度，将不利于个体在逆境中度过难关，并可能加重个体的负性情绪。由此看来，道家所推崇之"真"的各个维度，似乎表征了人在逆境中的可能获得成长的内容，这一推测自然也就引出了有关道家人格与心理成长间关系的问题，下文中将对这一问题进行进一步的探究。

　　但在将道家人格词汇形式的 6 个维度均纳入分析时，结果却发现：尽管生活事件负向作用于待人之谦退，但道家人格之谦退维却正向作用于特质焦虑、抑郁和负性情绪。这一结果表明：在无数生活事件面前，人们似乎学会了更加敛藏自己，不轻易显露自己，在待人时往往变得更为谨慎而谦逊有礼，于人于物不好争执。从常识可知，当人经历的世事越多，挫折越多，年龄越大时，其为人之智慧往往也日盛，突出体现在待人更为圆融有礼些。但为何越是谦退，其特质焦虑、抑郁和负性情绪反向越高呢？其解释可能还得从中国传统文化说起。有关中国传统哲学和文化的内核，各学者都提到了"天人合一"（张岱年，1985）。"天人合一"在中国文化的传承中，逐渐成为了中国人的一种集体潜意识，它融入了中国社会、文化、组织形态、个人成长的方方面面，反映在人性心理层面，往往表现为在竞争并保持人与自然、人与人、人与己的和谐的情形下，进而塑造了人们在待人时，十分谨慎小心并十分谦逊、谦退的性格，但导致了缺少敢讲敢说的灵性（柏杨，2008），凡事也不怎么会生气的性格（龙应台，1988），害怕撕破脸、也怕打官司的心理（林语堂，2009）。但在客观现实名利面前，由文化型塑的"谦退"与"和谐"，却与不能不伸张自己的利益和诉求的情境产生了剧烈的冲突，由此而形成一种表面上维持和谐，但台面下却暗藏着不和的"虚性和谐"。面对名利，不能不争，但又害怕撕破脸，并且还天天都得面对，身处此环境中，个体也只能在行为上采取有限地"区隔"或"隐抑"的方式（黄囉莉，2007）。无论是"区隔"还是"隐抑"，都暗含了对矛盾冲突对象小心谨慎地对待，同时也必须对自己内心情绪不安（抑郁、焦虑或其他负性情绪）加以隐忍的事实。行为上谦逊有礼、谦退有加，但内心深处则矛盾冲突不断，情绪不宁，这就好比小孩子一样，当其看到令自己十分害怕的动物一样，内心越是害怕，其行为上往往越表现出退后，而越是退后，可能越是伴随着内心深处的恐惧。在这种条件下，谦退的行为就具有了心理上神经质性的特性，不妨被称为一种"神经质性的谦退"，也即外在的谦退行为往往伴随着内心极度的焦虑、抑郁或其他令人不安的负性情绪。

　　道家思想本身就暗含着在乱世中如何全身保性的精要，以及如何应对人世之变迁、人生之苦难的妙法，其中也蕴涵着丰富的心理健康及保健的知识。这些知识渗透到了各个领域，如道教之养生之法，中医之治病之要，平民百姓的疾病观、治病之法及日常饮食，由此成为中国人日常身心保健的重要内容。哲学、历史及其他人文科学的研究者们，都就道家思想可能对人心理健康的作用进行了深入地阐释。但在心理学研究领域，有关道家思想对人心理的保健或可能的积极作用，以有关道家认知疗法的研究为最，这些研究不但有理论的依据与深度，并结合了具体的实证研究。研究者通过几十年的心理临床治疗，最终提炼出了一套具有中国传统道家文化背景的本土化的治疗方法，并就其原理、治疗过程、疗效、适应范围及可能的不足进行了全面且深入地研究。本研究在上述研究的基础上，为从理论上分析道家认知疗法的有效性，提供了内在机制的阐释，并于心理咨询与心理健康具有重要的启发意义。研究结果表明，但凡世事不顺、事多且烦，乃至身陷困境时，保持内心的宁静和自适、思维上取开放并持联系的观点，为事保持适度且灵活的坚持性，于物不过于执著与追求，待人谦让有礼，不急于争执，都将有利于个体度过心理的危机期，并顺利解决所遇到的难题；反之，如若内心浮躁不安、思维上矛盾冲突不断，重于一己之利，将适得其反。更有甚者，可能进一步背离人之本真之性，从而失去"真我"，而陷入心理困扰中不得自拔。这一结论告诉我们：当面对困难、问题或心理烦扰之时，应对人性之变化、心理行为的改变持有层次的整体观。心理不健康、适应不良，可能具有人性的根源，并在多个方面都会表现出来，其变化有赖于人心理行为之整体的知—情—意和应对行为的整体配合与相互协调，有些变化与改变可能更为重要些，如一个人内心的情绪情感状态及对事物的看法；有些变化与改变则次要些，如行为特征的变化；有些改变可能进而会引发另一者的正向或负向的变化，如情绪的躁、可能伴随着思维的矛盾冲突，并影响到待人、接物与对己的行为；有些改变或变化可能更直接具体些，对行为的改变更为直接些，而由行为之改变又进而可能引起个体内心情绪情感和思维方式的变化，并影响到个体"本真"之性显露的程度。这一取向和观点，将有助于心理治疗者重新认识西方有关心理治疗基本思路的局限性。如人本主义往往更关注"自我实现"、"人的需要"、"高峰体验"等有关人之"本真"之性的内容，行为主义者则更关注对人之病态行为的改变与塑造，理情疗法更关注的是对人之思维中不合理信念的排查、分析、解释、纠错等。尽管精神分析有明显的人性论及心理治疗理论假设，但其也过分关注人之"潜意识"的"释放"与"解密"，往往都或多或少地忽略了下述这一观点：心理问题的产生、治疗过程等，本身就反映了由人性、知—情—意和行为特征建构而成的有层级的、动态的、互动的、整体而有机的体系，它是一个有机的系统性的整体，这一思想对人们日常身心保健与调养也无不具有极大的启发意义。

上述研究围绕着道家人格在生活事件与负性情绪间的中介作用展开，而负性情绪选取了特质焦虑与抑郁，但除了此两种负性情绪外，还有一种似乎更具根源性的、具有哲学本性意蕴的负性情绪——死亡焦虑。

二　对抗死亡焦虑

对死后无知的恐惧历来都是哲学家、文学家们热衷探讨的话题。如魏晋文人之养生思想、西方存在主义哲学等，都对死亡及人之生存或存在的意义进行了本体论的阐释。而有关死亡焦虑或死亡恐惧的内容，近来又得到了心理学者的积极关注。在心理学研究领域，一般认为，死亡焦虑是指当死亡必然性被提醒时，个体的内心深处受到死亡威胁而产生的一种带有惧怕或恐惧的情绪状态（张向葵、郭娟、田录梅，2005）。日常生活中，人们很少感受到死亡的压力，但与死亡有关的特殊情景，如局部战争、恐怖袭击、暴力事件等，能引发人们对死之后因担心自己的无知和无意识而派生出恐惧与害怕，尤其是对自己死后在人间还有未完成的责任而产生强烈的焦虑（赵树雕、陈燕，2008；郑晓江，2001）。临床上，当个体面临死亡焦虑时，往往会表现为"一产生与死有关的念头或接触与死有关话题便心跳剧烈、浑身发抖、心背冒汗"，或者"一想到死了没有意识，就会感到特别可怕"，重度死亡焦虑者会导致人际关系变差，甚至弄得周围环境鸡犬不宁。而在治疗中，治疗师无一例外地都会从"存在主义理论"出发，对当事人就死亡的认识加以干预和影响，让其认识到"死亡恐惧"是每个人都有的，死亡能够激励人更完整地生活，抓住每一个机会做一些有意义的事情，对死亡的意识是生活和创造的热情来源等本体、认识论的说明，其中有关人之生存价值与死亡之意义的论述，无一不牵涉到有关死亡之哲学本体的意涵。道家思想中恰蕴涵着丰富的有关生死之哲学本体论的阐述，以及人之如何对待生死、生存之意义的论述，这些思想，在一定程度上能够有效缓解人对因死后无知所带来的恐惧和焦虑。

道家思想之哲学本体及道家之生死观，均提供了有效应对和缓冲死亡焦虑的内容。就道家思想本身而论，道家这一流派本身就尤以哲理（包括自然观、宇宙论、认识论、辩证法等哲学思维）见长，其深邃的哲理、缜密的思维、新奇的道论、卓异的境界说和高超的辩证法从来都是其他任何思想学派无法企及的（白奚，2000）。哲学从本质上是关于存在的学说，其关注的层面是人生宇宙万事万物的本体、本源。面对春秋战国时人世的动乱和人世命运的不可捉摸，人们往往极易陷入虚无之中，表现为对人世的悲观、失望和不可名状地恐惧。针对这一社会现实，老子给出了自己的答案，即从本体论上，由"道"之实体存在上来化解人类生存的危机，获得人生的意义与存在的理由。而这与孔子之道不同，孔子儒家力求从现实社会行为层面，试图通过"援仁入礼，以礼释仁"来重构整个社会的伦理常范。针对本体的虚无，老子提出了"道"的概念，这是从本源上对存在的肯定，而孔子则主要是针对价值层面的虚无，提出了人生行事的好坏对错与伦理正义道德。尽管共同身处虚无主义盛行之乱世，但老子与孔子针对虚无的存在与价值层面给出了不同的答案（傅佩荣，2006）。道家老子从存在而非价值观水平给出了有关人存在、生死和人生意义的根源性回答，这也就从本体论上对消解虚无主义起到了根源性的作用。

生命意识或生死观是指人对生和死的认识和体验，具体就道家生死观或生命意识而论，相比较而言，儒家特别重视生命的社会意义和道德价值，孔子只谈生而不论死；其之所以不谈死，乃是将死之价值与意义寓于生之中，儒家并不重视生命本身，但重视生命本身存在的价值与意义，具有"轻生重义"的倾向（詹福瑞，2003）。因此，在儒家看来，仁、义、道、忠、信之实现是比物质之生与死更为重要的东西。为义而可以舍生，尽管死了，但实现了生的意义。道家却秉持着齐生死的生命观，道家贵生、重生，也注重养生，反对生命自身受到外物的异化，是一种守性保真养生的生死观。生不受外物的异化，死也属自然之事。由此，道家重生死之自然，追求生命之淳如，与儒家重生死之社会伦理意义恰好形成了生死意义的两端。两端之互补，形成了中国古代生死、生命意义的独特内涵。因生死观和生命论的差异，由此而引发了两者命运论的差异。就命运论而言，儒家主张"知命"，而道家主张"安命"。儒家之"命"，实指为"天"。孔子云："死生有命，富贵在天。"（《论语》）"天"可以被理解为世、遇、时，实指一种人力所无法控制而不得不受其支配的力量。用现代之意义来讲，也即周遭的环境，如社会环境、社会机遇等。儒家讲"知命"，实出于其成贤成圣之理想，受制于现实的客观环境之影响而不能实现所发出的感叹。儒家之"知命"，并非消极待"命"，而是"明知不可为而为之"后，事已至此而不能成之的感叹与无奈。"命"在儒者心中，只是积极进取之后不得已的临时选择，其以积极进取并高度的主观能动性来应对不可测知的"命"，并能以坦然心态来对待努力之后的成败，其对待命运之态度是积极有为的。反观道家之命运论则不然，道家认为人应从主观及精神上，对个人所遭遇到的一切不幸和命运泰然处之，也即"知其不可奈何而安之若命"。对不如意之事采取自然如此的态度。因此，对世事表现出了一番豁达之态。"安之若命"既包含着对自然之理"被动"的应变，也包含着对世事的达观、淡然而超脱之意，更有一抹消极悲观的色彩。

总的看来，道家既重视个人肉身生命的生存和存在，同时又将人之生死看成是与"道"一样的、循环运动的自然物质过程。既然与"道"同，那么人之生死也就应当"自然"，而不应当执著于肉体之生死，或者为生而喜，为死而忧。在大"道"面前，生与死都是一样的。既不能重生轻死，也不可轻生重死。生死在道家眼中，也就成为一个被极其淡化了的问题。当人面临死亡，其死亡焦虑和恐惧被激起之时，这种对肉体的生死无所执著的生死态度，将能够有效应对人之生死可能带来的痛苦，因此能够令人平静且淡定地走完人生的最后一程（郑晓江，2001）。道家之对抗死亡焦虑的功效，也在相关研究中得到了初步的证明（郑晓江，1996；周敏娟等，2002）。本研究拟首先通过相关法来对该假设进行检验，以考查道家人格是否具有对抗死亡焦虑的功能。

研究一　道家人格与死亡焦虑的关系

研究假设：道家人格各维度与死亡焦虑显著负相关，但对己维却显著正相关。

被试：136 名大学生，平均年龄和标准差为 20.32 ± 1.04。男 52 名，女 84 名。一年级 33 名，二年级 103 名。理工 44 名，文科 80 名，管理 12 名。

工具：大学生死亡焦虑量表（刘娇、郑涌，2002）。

量表说明：大学生死亡焦虑量表。量表采用 5 级评定法计分，共有 5 个维度，包括不确定焦虑（7 道）、自控丧失焦虑（7 道）、情感冲击焦虑（5 道）、自我实现焦虑（5 道）、人际负担焦虑（4 道），共 34 道项，包括 3 对测谎题。以 861 名大学生为被试的研究表明，该量表具有良好的信效度。各维度代表的意义如下：对未知和不确定的焦虑（如不知道死亡会发生在何时、何地、以何形式、不知自己死前的态度以及身体可能会承受的疼痛、发生的变化等）、对失去自我控制能力的焦虑（如丧失自我支配能力和对外界事物的控制能力、无法随心所欲地爱人和被爱）、对自我实现的焦虑（如是否实现了人生价值、自己的能力是否充分发挥或价值得到认可）、对死亡给生者与死者之间的人际关系造成的影响的焦虑（包括在情感方面的影响：如亲人离去后留给自己的孤独感、自己的死给亲人带来的伤痛，以及在非情感，如物质、经济方面的影响，如自己不能供养家庭、死前身体的衰弱给家人造成的时间和经济上的负担）。

大学生在死亡焦虑量表上的得分见表 3-41。道家人格量表各维度与大学生死亡焦虑的关系见表 3-42。

表 3 - 41 　　　　　　　　　　　大学生死亡焦虑各维度的得分

	DD1	DD2	DD3	DD4	DD5
平均数	17. 4198	18. 3817	18. 6870	15. 8550	. 2901
标准差	5. 92771	6. 14374	3. 80098	3. 18439	. 45554

　　注：DD1：不确定焦虑；DD2：自控丧失焦虑；DD3：情感冲击焦虑；DD4：自我实现焦虑；DD5：人际负担焦虑。下同

表 3 - 42 　　　　　　　　　　　道家人格与死亡焦虑的关系

	躁	静	联系	矛盾	变化	柔韧	自然	超脱	谦退	寡欲	本真
DD1	0. 109	- 0. 159	- 0. 232 **	0. 210 *	0. 175 *	- 0. 286 **	- 0. 222 *	0. 154	- 0. 142	- 0. 093	- 0. 083
DD2	0. 108	- 0. 026	- 0. 061	0. 214 *	0. 140	- 0. 234 **	- 0. 105	0. 169	- 0. 086	- 0. 059	- 0. 064
DD3	0. 172	- 0. 012	- 0. 245 **	0. 309 **	0. 072	- 0. 116	- 0. 140	0. 028	0. 064	0. 025	0. 054
DD4	0. 001	- 0. 016	- 0. 193 *	0. 112	0. 138	- 0. 085	0. 025	0. 062	- 0. 011	- 0. 058	0. 061
DD5	0. 087	- 0. 134	- 0. 028	0. 257 **	0. 080	- 0. 155	- 0. 078	0. 195 *	- 0. 066	- 0. 113	0. 006

分析与讨论

　　对死后无知的焦虑与道家人格之思维、意志品质及人性论的自然维有显著相关。具体表现为：死亡焦虑越高者，其思维的阻滞程度也会越高，这种人往往在思维上执著于人之生死问题而不得解脱，而且在思维上也很难用联系的观点来看待人之生死。也正因为执著于生死问题，因此内心有关生死的冲突不断，于是难以平复由死亡问题引起的思维上的波动。意识到死亡或对死亡的恐惧，可能也意味着人之行事意志的消解。常识告诉我们，看破看透生死者，往往并不追求积极有为，或者"明知不可为而为之"。反过来，那些执著于己而不得脱者，其往往无法解脱由死亡带来的阴影。研究发现：反映道家人性论的自然维，与不确定性焦虑显著负相关，这初步表明：道家人格具有应对或消解人之死亡焦虑的作用。另外，从情绪情感之静躁维来看，尽管两个维度均与死亡焦虑各维度间的相关不显著，但对死亡的焦虑似乎伴随着内心的搅扰不安，而内心宁静与安适者，如果将死亡问题淡化一些，其死亡焦虑得分会更低些。

　　死亡焦虑与道家人格之反映人性论、意志品质与认知思维的各维度间相关显著，这本身就反映了这样一个事实：由死亡焦虑所引起的人性心理层面

的变动，具有整体协动的特性。对死亡的焦虑可能首先反映在道家人性论层面，表现为无法做到顺任人之有生有死的自然变化之理，无法承认在客观上、肉体上自己必有一死的事实。其次反映在知—情—意各个层面，尤其是认知思维层面，表现为无法用联系的观点看待人之生死的自然变化之理，也即庄子所云"方生方死，方死方生"，"生死乃自然之理"，系"道"之运行规律的体现。同时也表现为在思维上纠结于生死问题，在生与死之间，在怎么死、何时死之实现客观现实与不愿死之后无知无觉之间，思虑重重。而个体意识到生死问题，尤其是对死后无知觉状态的觉知，确实会影响到个人积极有为之举，从而淡化个人的奋斗意识，并对意志具有消解的作用，在内心深处也会因为生死问题，被搅扰得不安而难以平静。在因应处世之对己层面，个体于己无法解脱之举，将加重其有关自身生死的焦虑。

本研究的研究结果为如何应对死亡焦虑，提供了一些有益的启发：就道家人性论而论，人之肉体的生死是一个自然运行的过程，从本质上是物质性的、自然的，生与死是一个物质的自然过程，诚如"道"之生万物，万物灭而"道"存一样。这一思想与老庄之对"道"的体认与解释，在内涵上是相符的。在知—情—意层面上，首先应该认识到，当个体面对死亡的事实时，定会伴随着内心思想上的冲突与情绪情感上的不安，还可能意味着在各个方面都失去奋斗的激情，导致奋斗意志的消沉，这些都是人之应对自身和亲人死亡的自然之举，是极为正常的反应；反之，在面对死亡时，个体寻求可能的"有所作为"，在力所能及的范围内"积极有为"，从思想上对生死持联系变化的观点，内心保持着对死亡的平静与淡化的心态，就能够十分有效地缓解由死亡带来的思维上的冲突及内心的不安。就因应处世之行为层面来看，不囿于自己之所得所失，适当超脱对自己的过分关注，并寄情于外界自然之山水之中，也将起到缓冲死亡焦虑的作用。而从谦退、寡欲维与死亡焦虑多个维度均呈负相关（尽管相关系数不显著）来看，与人保持适度的竞争，哪怕是有限的争吵或争执，于物有或多或少的兴趣，可能也将起到缓冲并消解死亡焦虑的作用。而这一应对死亡的态度，究其本质而言，是积极而有益的，因为其将"死亡看做是生命中自然存在的一部分"，是一种有意义的"死亡接受"（陈四光、金艳、郭斯萍，2006）。同时，如果能以坦然的态度对待生与死，心情平静地接受死亡，并在可能活着的日子里保有着"坚定的信念，追求自己事业的成功，努力实现自己的人生目标"，更不失为是一种"乐观开朗型"的死亡态度（周德新，2008）。

从道家人格各维度与死亡焦虑量表各维度的关系来看，它们的相关系数的绝对值都比较小，并且相关系数显著的个数也不多，仅占到总相关系数个数的21.82%。由此看来，仅由此相关研究的结果，似乎并不足以为道家人格具有对抗死亡焦虑的作用提供十分确切的证据，也并未为假设提供十分切实的证据。道家人格与死亡焦虑两者间的相关之所以呈现这样的情形，其原因可能在于：本研究所指的死亡焦虑，与道家人格一样，均是从特质论的角度出发的，所测得的是一种稳定的、具有跨时间和跨情境一致性的人格特质。尽管人之生死具有纵贯一生的意义（路晓军、路小燕、田根胜，2004），但人的一生不可能无时无刻地都在思考生死问题，只有在面临死亡问题或处于死亡提醒状态时，个体才会对来自死亡后无知的焦虑与恐惧有深刻的感知，并采取世界观的防御策略（张阳阳、佐斌，2006）。而当面对来自死亡的直接威胁时，如癌症，个体才会在人性论、人生观、价值观、情绪、意志及其他心理行为特征上，显现出对抗死亡焦虑的典型的心理行为特征（晋向东，2008）。就道家思想本身而论，其有关生死或死亡问题的论述，往往都是针对具体的、现实的、活生生的生死情境，并非就一般或特质意义而言的。如庄子"鼓盆而歌"，所面临的是其妻的身死，而有关"在上为乌鸢食，在下为蝼蚁食。夺彼与此，何其偏也"的阐释，也是其将死之时的论述。其余有关生死的论述，也多是由纷乱社会中无故的杀戮所引发。由此看来，个体只有在面临一些死亡提醒的情境，并由此而被激起自身具有状态特性的死亡焦虑或死亡意识，并借此展开对有关生死的议论与有关生死的态度、意义，人之生存价值的论述时，也即是一种具有特定死亡情境特征的，具有情境和状态特征的死亡焦虑的状态性质的死亡焦虑（孙义元，1999）时，两者间的关系才可能会具有高的相关。如果研究能够启动当事人的死亡焦虑，则有理由认为：道家人格量表各维度与特质死亡焦虑及状态死亡焦虑两者间的关系将可能会显现出差异来，表现为道家人格各维度与状态死亡焦虑的相关系数值不但会更高些，而显著相关的系数将会更多一些。为此，我们又进行了下述研究，以考查在启动与未启动条件下，配对样本组中道家人格与死亡焦虑间的关系及其比较的情形。

研究二　启动与未启动条件下道家人格与死亡焦虑的关系及比较

研究假设：与未启动死亡焦虑条件相比，在启动条件下，道家人格与死亡焦虑不但显著负相关的维度更多，而且其相关系数的绝对值也会更大些。

被试：启动条件：某大学金融专业某班 54 名大一学生，其中男 20 名，女 34 名，其平均年龄及标准差为 19.13 ± 0.848 周岁。未启动条件：某大学金融专业某班 54 名大一学生，其中男 14 名，女 40 名，其平均年龄与标准差为 19.02 ± 1.016 周岁。

启动与不启动条件下的两个班，同为一个院，同为一个专业，同为一个年级，人数也相等。独立样本 T 检验结果表明，年龄无显著差异，t (106) = 0.102，p = 0.919。Crosstab 检验结果中，性别与年级的 $\chi 2$ 值为 0.120，p 为 0.214。表明两个班具有同质性。启动与未启动条件下，不同被试道家人格与死亡焦虑间的关系，分别见表 3 - 43 和表 3 - 44。

表 3 - 43　　　　　道家人格与死亡焦虑的相关（启动条件）

	躁	静	联系	矛盾	变化	柔韧	自然	超脱	谦退	寡欲	本真
DD1	0.262	-0.007	-0.358 **	0.436 **	0.112	-0.382 **	-0.267	0.211	-0.176	-0.160	0.051
DD2	-0.016	0.197	0.029	0.132	-0.215	-0.112	0.092	0.042	0.150	-0.014	0.172
DD3	0.224	-0.014	-0.009	0.068	0.190	-0.045	-0.224	-0.086	-0.032	-0.099	0.121
DD4	0.044	0.011	-0.144	0.464 **	-0.106	-0.195	-0.076	0.042	-0.098	-0.176	-0.099
DD5	-0.038	-0.017	-0.155	0.186	0.121	-0.253	-0.076	0.204	-0.049	0.144	-0.063

表 3 - 44　　　　　道家人格与死亡焦虑的相关（未启动条件）

	躁	静	联系	矛盾	变化	柔韧	自然	超脱	谦退	寡欲	本真
DD1	0.372 **	-0.466 **	-0.023	0.246	-0.063	-0.302 *	-0.351 **	-0.116	-0.176	-0.313 *	-0.198
DD2	0.168	-0.203	0.111	0.266 *	-0.035	0.044	-0.138	0.184	-0.165	-0.289 *	0.051
DD3	0.248	-0.246	0.213	0.435 **	-0.135	-0.095	-0.106	-0.103	-0.093	-0.301 *	-0.027
DD4	0.218	-0.116	0.039	0.055	0.096	0.024	0.008	0.095	-0.080	-0.196	-0.112
DD5	0.216	-0.306 *	0.271 *	0.136	-0.043	0.034	-0.057	-0.101	0.046	-0.242	-0.231

　　由两表的可知，在启动条件下，道家人格各维度与死亡焦虑相关显著的系数更少，启动条件下为 4 个，而在未启动条件下为 11 个。具体而言，仅有柔韧维与不确定焦虑的相关系数，在启动条件下的值增高了，其由原先未启动条件下的 – 0.351 变为了 – 0.382。未启动条件下死亡焦虑与道家人格静、躁、自然及寡欲维间的相关。在启动条件下，则由显著变为了不显著。而死亡焦虑与思维联系维的相关，则由不显著变为了显著。死亡焦虑与思维矛盾维的相关发生了维度的变化：未启动条件下，自控丧失、情感冲击焦虑分别与思维矛盾维间相关显著，但在启动条件下，不确定性焦虑、自我实现焦虑分别与思维矛盾维相关显著。

　　因此，从研究结果来看，有关在启动条件下，道家人格将有更多维度与死亡焦虑多个维度相关显著，且其相关系数的值将比不启动条件下更高的假设，并未得到研究结果的完全支持。其原因可能与道家人格本身的特性有关。在前面有关道家人格的界定部分中，已将道家人格操作化为特质。而人格特质均具有极强的稳定性，并具有跨时间和跨情境的一致性（黄希庭，2002），而且"特质所标识的是那些一致的、相互关联的行为模式和可辨别的、稳定的个体差异"。其背后的假设是个体的行为是由"这些稳定的而且或多或少独立于它们的刺激情境的普遍倾向所决定"（杨子云，郭永玉，2004）。因此，哪怕是在施加外界刺激（启动死亡焦虑）的条件下，道家人格作为一种特质，其稳定性或独立性仍可能会表现出独立于外界刺激的特征，而使其保定了一定的稳定性。研究对道家人格各维度在两个配对样本中的差异进行了检验，结果（见表 3 – 45）确也发现：除本真维的均值差异非常显著外，其余各维度的均值差均无显著差异。道家人格的两个高阶维度：道家正性和道家负性在启动与未启动条件下，其均值差也无显著差异。这一结果也进一步表明，在启动条件下，道家人格作为一种特质具有极强的稳定性。

表 3 - 45 启动与未启动条件下道家人格各维度的
配对样本 T 检验结果

		Mean	Std. Error Mean	t	df	Sig. (2 - tailed)
Pair 1	躁 1—躁 2	0. 32000	0. 42708	0. 749	49	0. 457
Pair 2	静 1—静 2	0. 08000	0. 37671	0. 212	49	0. 833
Pair 3	联系 1—联系 2	- 0. 86000	1. 29961	- 0. 662	49	0. 511
Pair 4	矛盾 1—矛盾 2	0. 46000	1. 53867	0. 299	49	0. 766
Pair 5	变化 1—变化 2	0. 66000	0. 78226	0. 844	49	0. 403
Pair 6	柔韧 1—柔韧 2	- 1. 62000	1. 15807	- 1. 399	49	0. 168
Pair 7	自然 1—自然 2	- 0. 18000	0. 83088	- 0. 217	49	0. 829
Pair 8	超脱 1—超脱 2	0. 94000	0. 75831	1. 240	49	0. 221
Pair 9	谦退 1—谦退 2	- 0. 12000	0. 62899	- 0. 191	49	0. 849
Pair 10	寡欲 1—寡欲 2	0. 38000	0. 62980	0. 603	49	0. 549
Pair 11	本真 1—本真 2	- 1. 78000	0. 50571	- 3. 520	49	0. 001
Pair 1	道家负性 1—道家负性 2	1. 72000	1. 89716	0. 907	49	0. 369
Pair 2	道家正性 1—道家正性 2	- 3. 44000	3. 40086	- 1. 012	49	0. 317

注：配对比较中，按启动与未启动的顺序进行比较。

除此之外，这一结果也可能与启动死亡焦虑的时间特性有关。死亡唤醒研究发现，在死亡唤醒的瞬间，被试对死亡的思考被抵制了，过大约 5 分钟后，死亡唤醒效应才会出现（张向葵、郭娟、田录梅，2005）。本研究中，在给予被试启动刺激后，需要马上填答道家人格问卷，需时 8 分钟左右。而且在集体集中填答中，每个被试回答启动问题时的完成时间也不一样。这样一来，可能会使被试在正式接触到死亡焦虑问卷时，已经大大超过了离启动死亡焦虑效应所需的 5 分钟了。而在超过死亡唤醒效应的时效期间内，死亡唤醒效应到底会出现怎样的变化却无从得知。可能的情形是：在启动死亡焦虑的条件下，被试在对道家人格各维度进行评定的时间内，就已经使其死亡焦虑水平有所降低，或者在启动死亡焦虑条件下，在对道家人格各维度的评定中，被试就已经在知、情、意、行的各个层面，对所产生的死亡焦虑进行了应对或对抗，从而产生了缓冲作用，而这种缓冲作用对在尾随道家人格量表之后，对死亡焦虑量表所作的评定产生了滞后的缓冲效应，导致死亡焦虑各维度的得分降低。而由对死亡焦虑各维度的对比（见表 3 - 46）来看，事实也似乎确是如此。

表 3 - 46   启动与未启动条件下死亡焦虑各维度的配对样本 T 检验

		Mean	Std. Error Mean	t	df	Sig. (2 - tailed)
Pair 1	DD1—DD12	1. 15686	1. 05992	1. 091	50	0. 280
Pair 2	DD2—DD22	0. 27451	0. 91526	0. 300	50	0. 765
Pair 3	DD3—DD32	- 1. 56863	0. 67461	- 2. 325	50	0. 024
Pair 4	DD4—DD42	0. 72549	0. 43574	1. 665	50	0. 102
Pair 5	DD5—DD52	0. 66667	0. 64999	1. 026	50	0. 310

注:配对比较中,按未启动与启动的顺序进行比较。

但在启动死亡焦虑条件下,启动组被试的情感冲击焦虑显著高于未启动组,这表明由死亡焦虑所带来的情感冲击,在被试完成对道家人格的评定后仍然在起作用。据此,研究推测在应对或对抗死亡焦虑的各个领域,情绪情感领域的应对可能具有时间变化的特异性,这一特异性表现为:当其他各个维度在对抗死亡焦虑中已经开始起作用并开始有效缓解死亡焦虑时,由死亡焦虑所引起的情感冲击可能仍然十分强烈,而且需要很长时间才能得到缓冲。研究表明:历经患者死亡的青年护士,其 SCL - 90 中的抑郁和焦虑等负性情绪显著高于常模,并且是所有显著维度中 t 值最大的维度(胡健美、刘仁莲、张海燕,2009;叶丽花、韩蔚,2009;晋向东,2008)。这一结果也表明,在面临死亡事件时,当事人将有最强烈的情绪情感反应。另外,研究还发现在面对亲属急性死亡的家属中,女性家属的应激性情绪反应最激烈,而且其心理健康水平最差(陈冬冬、刘旭峰,2009;赵树雕、陈燕,2008)。本研究中,绝大多数被试(近85%)均为女性,女性样本占优势,可能也部分解释了为何其余几个死亡焦虑维度得分低的情况下,情感冲击仍会非常高。

最后,从上述两个样本相关系数的对比来看。在启动死亡焦虑条件下,被试所激起的状态性的死亡焦虑,首先将反映在认知思维和意志方面,表现为思维的联系性受阻,矛盾性被激发,坚韧的意志力被消解。而在死亡焦虑未被启动的条件下,被试特质性的死亡焦虑,则在知、情、意、行等各个方面均有体现,表现为内心躁而不静、思维的矛盾性、意志的消解和物欲的降低。两相对比就会发现,当面临眼前现实发生的死亡提醒线索,当事人意识到死亡所带来的威胁而感觉到不安时,其可能首先从思维和意志上加以应对，思维上尽量用联系的态度来对待死亡，以缓解由意识到死亡问题带来的有关生死或人生意义的思维冲突，进而在意志上暂时或长久地放松对身边人、事、物的固执追求或"我执"，以此消解因意识到死亡带来的威胁和不安。但从人格特质的稳定性所暗含的时间长远性来看，除思维和意志方面的应对外，个体内心平静而不躁动，能够顺任生死的变化之道，并减低对物欲的追求，也能够有效地缓解由死亡所带来的长期性的焦虑。因为毕竟"要真正坦然面对死亡，以高境界超越死亡是需要时间和生活经历磨炼的"（高钰琳、傅义强、陈佩云，2010）。由此一来，通过对不同样本中，道家人格与死亡焦虑间相关系数的对比，本研究就不但通过对道家思想、道家人格各维度的分析，理解了道家自身在对抗死亡焦虑中的作用，而且还从启动与未启动死亡焦虑的条件出发，分析得到了道家人格在对抗死亡焦虑中的可能的时间变化历程。

本部分的研究假设道家人格具有对抗死亡焦虑的功能，这种假设暗含了道家人格是因、死亡焦虑是果的前提假设。但实际上，由上述本质上系相关的研究并不能得到任何有关因果关系的结论。由此，研究需要进一步采取点探测的实验范式，以考查道家人格词汇、儒家人格词汇及中性词汇成对出现时，在启动死亡焦虑或不启动的条件下，点探测速度的易化程度。

研究三 启动与否和不同性质词汇的点探测任务

研究目的

采取点探测的实验范式，以考查在启动死亡焦虑或不启动的条件下，道家人格词汇、儒家人格词汇及中性词汇的反应时差异，以验证道家人格词汇在对抗死亡焦虑中的作用。

研究假设

在点探测任务中，词汇性质及启动的主效应显著。无论词汇性质如何，启动条件下的词汇反应时均短于未启动条件下的反应时。无论道家人格得分如何，在启动死亡焦虑条件下，被试对道家人格词汇的反应时更长。词汇性质与启动的交互作用显著。在启动条件下，道家人格词汇的反应时显著高于中性词汇的反应时，但儒家词汇与道家词汇同中性词汇的反应时差异不明确。在未启动条件下，不同词汇间的反应时差异不显著。

在词汇自由回忆任务中，启动的主效应显著。启动条件下词汇回忆的数量显著低于未启动条件下词汇回忆的数量。词汇性质的主效应显著。无论启动与否，对道家和儒家词汇的回忆数量都会显著高于中性词汇。启动与词汇性质的交互作用显著。启动条件下，对道家人格词汇的回忆数量显著高于对中性词汇的回忆数量。儒家词汇与道家词汇同中性词汇的回忆数量间的差异不明确。在不启动条件下，不同性质词汇间的回忆数量无显著差异。

研究方法
实验设计

2（启动与未启动）×3（道家人格词汇、儒家人格词汇及中性词汇）混合实验设计，启动死亡焦虑为组间变量，2个水平，即启动与未启动，不同性质词汇为组内变量，3个水平，即儒家、道家和中性。因变量为不同性质词汇的反应时。

被试

在某大学招募28名大学生被试，其中男生6名，女生22名，一年级9名，二年级11名，三年级8名。平均年龄及标准差为20.13 ± 0.87周岁。专业为经贸、管理、法学。在开始实验之前，要求被试先完成道家人格量表，并留下具体的联系方式，同时交代后继还有一项研究，并在这项研究完成之后，将赠送礼品并反馈人格测量的结果。间隔三周后进行点探测任务，并在任务完成后，再进行词汇自由回忆任务，最后向被试反馈道家人格测验的结果。

实验材料

儒家、道家及中性词汇各30个（见附录八）。儒家词汇来自杨波（2005）的研究。有关古代传统人格部分，首先选择所有的词汇，然后再请五位（包括二名人格心理学专业博士研究生和三名历史学专业博士研究生），就上述词汇中哪些词语最能够描述一位典型的儒者进行评定，选择其中评定一致性最高的30个词汇。道家词汇来自道家人格量表词汇形式部分，因词汇形式部分共有37个词汇。因此，根据前面探索性因素分析的结果，按道家人格各维度选取了其中因素负荷最高的30个。中性词汇来自陈少华（2005）的研究，对所选取的中性词汇，请二名心理学专业二年级学生，就该词是否可用来描述人或者与人的性格或人格的相关程度进行了评定。最后保留了其中 30 个与人格或性格无关的词汇。然后将三组词汇随机配对，形成三个词汇组（儒—道，道—中和儒—中，见附录九）。因不同组的词汇所包含的字数不同，所以在配对中让字数相等的词语随机成组。在《现代汉语常用词词频词典》中查阅每个词语的词频，对每类词对的词语频度作独立样本 t 检验，结果发现均无显著差异（p > 0.40）。

实验程序

研究分两个阶段：阶段一：要求招募来的被试填答道家人格问卷，并留下联系方式，并告知被试在本次实验结束后的第四周时，另有一项研究需要他们的参与。在完成此项研究后，将反馈给他们道家人格测验的结果，并赠送小礼物一份。阶段二：被试正式参与试验。本研究采用点探测视觉搜索任务，并借鉴了陈少华（2005）的做法。具体流程如下：对招募来的被试，随机分配到启动死亡焦虑或未启动组。就启动条件组被试，首先在电脑屏幕上呈现启动条件（见附录十）：包括 6 道与死亡有关的问答题，而对未启动条件组呈现 2 道与感觉或体验有关的中性题。紧接着，在屏幕上呈现"提醒您注意，现在开始进入正式实验"的提醒语句。然后屏幕上呈现实验的指导语，接着是实验练习，一共 5 个 Trials，只要出现错误，就再练习一次，一般被试在经常 1 到 3 次练习后，就能进入正式实验。每一个 Trial 的顺序是这样的：实验首先在电脑屏幕出来一个红色的"＋"号注视点，字体为一号宋体，时间为 500ms（毫秒），空屏500ms，再随机呈现按上下格式排列的实验材料（由二字、三字或四字组成的配对词构成，大小为宋体四号，词组中每个字的宽高为 60×85，呈现时间为 1000ms），紧接着，在上述词对出现的某个位置（或者上、或者下）上，随机出现一个屏蔽该词的小黑圆点，高度与所呈现的词汇相同，只要被试按"F"或"J"键作出反应或在 1500ms 内无反应，随即进入下一个 Trial。在点探测任务结束完成后，要求被试"请尽可能多地回忆在刚才实验中见过的刺激词语，并将所回忆起来的刺激词语记录到一张空白纸上，时间为 5 分钟"。整个实验耗时约 22 分钟。

数据处理

采用 SPSS11.5 对实验数据进行分析和处理。

结果与分析

在正式分析之前，以年级和性别为自变量，分别以儒家、道家和中性词汇的反应时为因变量，进行一元方差分析，结果表明性别的主效应显著，但年级的主效应不显著，两者的交互作用也不显著。因男生人数太少，遂在后继正式分析中，只纳入了实验中 22 名女性大学生被试。启动与不同词汇性质水平下 RT 的平均数及标准差，见表 3-47。

表 3-47　　　　　点探测任务中启动与否与不同词汇性质
条件下的 RT（M±SD）

启动与否	词汇性质	M（毫秒）	SD（毫秒）
启动	儒	460.09	120.878
	中性	440.95	106.705
	道	469.07	110.800
不启动	儒	487.38	112.182
	中性	478.55	101.274
	道	473.35	107.775

对数据进行重复测量的方差分析，Leven 方差齐性检验不显著，$F_{(5, 1678)} = 1.583$，$p = 0.162$。启动的主效应显著：$F_{(1, 5)} = 18.108$，$p < 0.001$。表现为启动条件下的反应时显著短于不启动条件下的反应时。词汇性质的主效应接近显著：$F_{(2, 5)} = 2.621$，$p = 0.73$。以 Bonferroni 法进行矫正，进行平均数的比较，道家与儒家均值差不显著，但道家与中性（均值差为 11.12，$p = 0.73$），儒家和中性（均值差 12.20，$p = 0.74$）接近显著。

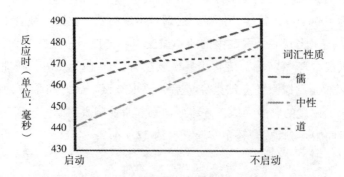

图 56　启动与词汇性质的交互作用

启动与词汇性质的交互作用显著，$F_{(2, 5)} = 3.733$，$p = 0.024$。在不启动条件下，词汇性质的简单效应不显著：$F_{(2, 1679)} = 0.35$，$p = 0.702$。在启动条件下，词汇性质的简单效应显著。$F_{(2, 1679)} = 5.42$，$p = 0.005$。进一步进行平均数的比较发现：在启动条件下，道家词汇显著高于中性词汇 $F_{(1, 1678)} = 10.08$，$p = 0.002$，Cohen's $d = 5.81$，effect – size $r = 0.95$。儒家词汇也显著高于中性词汇 $F_{(1, 1678)} = 5.36$，$p = 0.021$，Cohen's $d = 1.88$，effect – size $r = 0.68$。但道家词汇与儒家词汇的差异不显著 $F_{(1, 1678)} = 0.48$，$p = 0.489$。

在分别依次加入道家人格各维度的得分及二阶道家正性与道家负性因子后，按上述方法重新进行 2×3 协方差分析，在对各协变量回归系数的检验中，F 值均显著，表明协方差分析有效。协方差分析结果发现，在控制协变量躁、静、联系、矛盾、变化、柔韧、自然、超脱、谦退、寡欲和本真后，启动与词汇性质间的交互作用变得不显著，但启动的主效应在加入协变量自然、躁后仍然显著，其值分别为：$F_{(1, 5)} = 7.214$，$p = 0.044$；$F_{(1, 5)} = 8.456$，$p = 0.033$。

在自由回忆任务中，重复测量方差分析结果表现，球形检验 Mauchly's W 的值为 0.709，p 为 0.038，故球形假设不成立。从 Greenhous-Geisser、Huynh-Feldt、Lower-bound 三个指标的校正值来看，词汇性质的主效应显著，$F = 4.539$，p 值分别为 0.026，0.022，0.046。Leven 方差齐性检验中，儒家词汇数量（$F_{(1, 20)} = 3.904$，$p = 0.062$）及道家词汇数量（$F_{(1, 20)} = 0.024$，$p = 0.877$）均未违背方差齐性假设。不论启动与否，道家词汇的回忆数量都显著高于中性词汇数量，均值差为 1.991，p 为 0.046。道家词汇数量与儒家词汇数量、儒家词汇数量与中性词汇数量间的均值差均不显著。被试间变量启动的主效应显著。$F_{(1, 20)} = 5.536$，$p = 0.029$，表现为启动条件下，自由回忆的词汇数量显著低于不启动条件下，均值差为 0.939。词汇性质与启动的交互作用不显著。

小结与讨论

在启动死亡焦虑的条件下，被试由此激起的对死亡未可知、丧失与世界的连接以及丧失生活的机会等，令其产生了对死亡的惧怕感，而这种感觉将弥散到个体心理的认知、思维和情绪情感的各个层面，并最终激起有关文化认同、自我超越和宗教（约翰逊、麦吉，2005）及本源性的分离情感（王益明，2003）。而在心理层面被激活的情形下，个体的注意等认知资源将更为集中，并高度组织起来以用于对外界刺激作出的反应上（张积家、贾春娟，2008），而对外界刺激的高度激活状态，自然也就会导致被试在启动条件下，对词汇的反应时显著缩短。

　　词汇性质的主效应接近显著，平均数比较中，道家和儒家人格词汇的反应时均长于中性词汇。这一结果可能与启动死亡焦虑本身的时间特性、被试的心理状态有关。在启动死亡焦虑的条件下，被试心理将出现非常复杂的过程。一方面，死亡焦虑引起被试内心的不安和认知思维方面的思考，甚至人生意义和存在价值的考虑；另一方面，它又会极力通过认知思维、情绪情感的应对方式来缓解因意识到死亡而带来的害怕。这一矛盾和复杂的心理过程，在许多针对濒死者或护理濒死者的质性研究或临床的心理咨询中，甚至对有关死亡过程详加描述的小说中，已经得到了非常细腻的描述（江维，2008）。在缓解因启动死亡焦虑所引起的害怕情绪中，似乎儒家和道家人格词汇均起到了一定的作用。因为研究发现，被试在启动死亡焦虑条件下，在呈现的道—儒、道—中及儒—中的配对词语中，当探测点出现在对应的儒家或道家词汇处时（相对于中性词汇），其反应时明显变长。这表明道家和儒家词汇在点探测任务中起到了惰化的作用，它阻止了被试对后续探测点的易化。根据点探测任务的逻辑，如果被试在儒与中或道与中的配对词呈现中，给予儒家或道家词汇更多的注意（在本研究中，因呈现时间为1000ms，理论上认为是在意识层面），则会在其后的点探测中出现易化的结果（戴琴、冯正直，2008）。但本研究并未发现探测易化的结果，由此推测认为，被试在配对词呈现中，似乎有意或无意地忽略了道家和儒家人格词汇。而被试之所以有意或无意地忽略这些词汇，由此产生了明显的回避效应，其可能的原因就在于这些人格词汇所负载或激活的人格特征，在启动死亡焦虑的条件下，在应对死亡焦虑中具有应对或对抗的功能。

　　在启动与词汇性质的交互作用中，这一假设得到了进一步的验证。在未启动的条件下，不同性质的词汇反应时无显著差异。但在启动条件下，儒家和道家人格词汇的反应时显著长于中性词汇的反应时，但儒家和道家人格词汇的反应时无显著差异。这一结果似乎表明，在对抗死亡焦虑中，由道家人格和儒家人格词汇负载或激活的人格特征，具有相似的对抗功能。但从交互图来看，在启动条件下，道家人格词汇的反应时还是长于儒家人格词汇。这似乎表明：至少就本研究的样本而论，在对抗死亡焦虑中，道家人格词汇的对抗作用大过儒家词汇。

我们可以从理论层面对此结果进行进一步的解释与说明。在老子看来，人、天、地、道均秉承"自然无为"的核心特质，人之生死也是自然之事，老子认为在与"天道"合一中，能够超越人对死亡的执著和恐惧。而庄子提出"齐生死"的观点，更是进一步消解了由死亡带来的焦虑。庄子讲："方生方死，方死方生"（《齐物论》），认为"生也者，死之徒，死也者，生之徒"、"死生为昼夜"，其追求一种"不知悦生，不知恶死"的境界，要求人们能够顺任自然"安时而处顺"、"奈何不可而安之若命"。这一由对"道"的领悟而得到的有关人之生死的智慧，令得道者能够既不漠视生命的价值，也不过于执著于人之生死，而是由对生命真谛、人生价值及人之生死的认识中，坦然面对生死，超脱生死而至精神自由之境，这样一种齐生死的生死之道自然能够有效化解生死之结、消解死亡焦虑。而由源自道家老庄经典的道家人格词汇，其与道家有关"道"及以"道"来体认生死的思想是一脉相承的体系，自然也就具有了对抗、化解或消解死亡焦虑的功效。而由选自对典型儒者进行描述的儒家人格词汇的研究结果来看，儒家思想中，向死而生的积极进取的生活态度，似乎也具有消解死亡焦虑的作用（唐明燕，2010）。在儒家看来，人固有一死，死对于个人无甚大的意义，只有有益于理想的实现、有益于国家、人民和历史使命时，生死才会有意义。正所谓"世俗以形骸为生死，圣贤以道德为生死。赫赫与日月争光，生固生也，死亦生也。碌碌与草木同腐，死固死也，生亦死也。"（汪汲《座右铭类编·摄生篇》）由此可见，儒家之处理死亡问题，就在于实现人生的理想和抱负，就在于创造人生的价值，就在于要好好地活着，并做出有意义的事来。儒家通过实现"立德，立功，立言"的理想而超越肉体的死亡，最终达成"青史留名"、"身虽死，但精神长生"的愿望。除此之外，儒家也建构了一套有关族类不朽——种族永恒延续的观念，以对抗死亡意识的巨大威胁，并以"孝"的观念，通过个体生命向族类生命的转化，从而超越了死亡而求得了个体生命的永生（李文倩，2007）。

既然儒家和道家人格均有对抗死亡焦虑的功能，只是方式不同而已。一种是自然"齐生死"的"天道"论，其对死亡焦虑的对抗作用侧重于领悟和思维领域。另一种则是通过个体理想的实现及种族的延续，以求得由死向长生的转化。由此而带来了另一个问题：儒家人格和道家人格各自在对抗死亡焦虑中有着怎样的关系呢？在面对死亡时，个体是会变得更加积极有为，并在思维上更加明了生死自然流变的规律，还是变得更加消极无为，并在认识上执著于死亡及其带来的焦虑而不得脱呢？就现实的观察来看，当面临死亡问题时，有些人似乎变得更加汲汲于自己的事业而不得自拔，显现出明显的儒家刚进而积极有为的色调以及典型的儒家人格特征，并力图以青史留名来缓解对死亡的焦虑，有些人则慢慢松懈了下来，不再执著于己、物、人和事，而是顺任生死的自然变化之道，表现出了道家所推崇的"自然无为"的色彩和道家人格的典型特征。

在纳入道家人格各维度及其高阶因素后，协方差分析结果发现，除启动变量在道家人格个别维度仍显著外，人格词汇性质及其与启动的交互作用，在道家人格各个维度上均不再显著。这表明道家人格是对不同性质词汇的反应时产生影响的重要变量。但因被试量的限制，本研究并未在大范围调查的基础上，通过道家人格各维度高低得分组的划分，来考察道家人格、启动死亡焦虑及词汇性质对反应时的影响。未来需要考查被试的道家人格对因变量的影响，而非只是作为协变量加以考察。目前该项研究正在进行之中。

在词汇回忆任务中，启动死亡焦虑条件下的被试，因意识到死亡问题及其引起的情感不安，这可能影响了被试对词汇的回忆量，并由此而对记忆产生了干扰作用。但在未启动条件下，对具有描述性格特征的词汇的回忆，因其与自我的密切相关性，所以回忆量会更多些。研究发现，无论启动与否，被试对道家人格词汇的回忆量均高于中性词汇的回忆量，而且启动与词汇性质的交互作用不显著。其原因可能在于道家人格问卷中道家人格量表中词汇评定部分，与实验研究中道家人格词汇点探测部分有重复，因此影响了被试的回忆量，进而影响了实验的结果。

本研究中，尽管每组被试人数仅 11 人，但从效应量的值来看，按 Cohen 等提出的标准（效应量等于或大于 0.08 为高的效应、介于 0.05 到

0.08 之间为中等效应、小于或等于 0.02 为小的效应）（科恩，2011）。本研究所得到的在启动条件下，道家词汇反应时和儒家词汇反应时显著短于中性词汇反应时的结论，尽管面临着样本不大的问题，结果仍是可靠的。但因统计的需要，只选取了女大学生被试，因此在外部效度上具有一定的局限性。未来研究中，可以采用先测道家人格，甚至儒家人格，再抽取道家人格或儒家人格得分高低者，选择不同组的被试，并将被试在性别上平衡后，再考查道家人格、儒家人格、启动与否及不同性质词汇，在对抗死亡焦虑中的可能作用。而有关儒道人格在对抗死亡焦虑中的具体作用机制及相互关系，则要借助于若干质性研究。

三 应对人生挫折

入道者，往往多生于或生逢乱世，身世孤苦，命运多舛，往往一生都充满了苦痛与无奈，充满着对世事不平的批判、愤怒和逃避。据此，研究试图通过对历史上公认的道家道教典型人物的身世作一分析，从而为道者所表现出来的典型的道家人格特征是否真是人生挫折的结果，或者是否正因为是人生挫折经历的结果导致这些人更具耐挫折的能力的假设提供支持。研究从道家发展史中找出了众多道家人格代表人物，包括老子、关尹、杨朱、庄子、郭象、竹林七贤、陶渊明、李白、慎到、彭蒙、田骈、王充、葛洪、成玄英、司马承祯、陈抟等人，并以如下三个标准进行了进一步的筛选，研究剔除那些没有显著表现出道家人格的人物，剔除了那些过度被神话或被理想化的人物，剔除了那些传记资料不丰富的人物。最终选出四名历史资料相对充分，比较典型的人物作为研究对象。研究对象的基本材料如下：

庄周，战国时宋国蒙邑（今河南商丘东北）人，世界古代思想史上最具自由民主性的思想家，与老聃、孔丘同样博学的学者，是中国古代独树一帜、影响深远的庄子学派的祖师。

阮籍，字嗣宗，因做过步兵校尉，习惯称他阮步兵。他 3 岁丧父，父亲是"建安七子"之一，曾在曹操手下做官。他与母亲相依为命，家境凄惨。年少时，他好诗书，擅弦歌。

陶渊明，一名潜，字元亮，私谥靖节，浔阳柴桑（今江西九江西南）

人。晋宋时期诗人、辞赋家、散文家。做过江州祭酒，刘裕幕下镇军参军、彭泽令，时官时隐，后因时局动荡，官场腐败，毅然辞官归隐。

李白，字太白，号青莲居士，祖籍陇西成纪（今甘肃秦安东），生于碎叶城（当时属安西都护府），幼时随父迁居绵州昌隆县（今四川江油）青莲乡，25 岁起"辞亲远游"，仗剑出蜀。天宝初供奉翰林，因遭权贵谗毁，仅一年余即离开长安。有《李太白文集》30 卷行世。

对上述四位人物的传记略作分析，结合对上述几位人物性格形成产生影响的因素进行初步的总结和归纳，结果如下：

所处时代环境特征：社会时局动乱，政治权力黑暗腐败，人民流离失所，个体对自身命运几无任何掌控力。

儿时所受教育情况：尽管身处儒家文化的大背景下，但个人局部环境中往往受到了多种教育的影响，尤其是道家思想本身的影响。

独特的性格特征：因儿时生活凄苦，或者家世败落，或者幼时无父母，自小饱受折磨，养成了孤立、孤傲、独立自主，极具批判和反叛的精神，略带放荡不羁的性格特征。

人生的阅历经验：自视甚高或本就有才，但因人正身洁，再加上性格独立孤傲而不受儒家世俗礼俗的约束。因此，在黑暗社会的政治权力格局中，无法得志亦无法行事，郁郁而终。

心理与行为特征：寄情于山水之中，通过与世隔离而逃避苦闷和不快，并在保持与世俗的距离中，通过对世俗政治的批判来反思或给现世政治提供指导。

总之，一位具有道家人格特征的典型道者往往有着不同于常人的人生挫折的经历，或者有着比普通人更高的领悟、反思和悲天悯人的气质，再加上自己特立独行、独具慧眼的批判精神和敢做敢为的勇气。因此，研究将道家人格的形成从理论上作如下的假定：典型的道者，或具有典型道家人格特征的人，其心理行为的道家特征形成于自身"苦难的人生的历程——经历持续的压力与挫折——对生活事件的持续应对，这些人生的经历、经验、教训、错误，在个人的反思、领悟或观察中升华成人生的智慧，并表现为人心的成长。如果将人生的智慧与人心的成长下降到心理行为层面，则会表现为道家人格所描绘的典型心理行为特征。这种形成于人生挫折经历中的心理行为特征，当然反过来会具有应对挫折的功能。"据此，研究假设认为道家人格各维度与心理成长具有显著的高相关。

研究假设：道家人格多个维度与成长具有高的正相关，但对己维与成长各个维度呈负相关。

被试：178 名大学生被试，平均年龄和标准差为 20.51±1.46。男 106 名，女 72 名；一年级 48 名，二年级 28 名，三年级 92 名；理工 96 名，文科 82 名。

工具：创伤后成长量表修订版（涂阳军、郭永玉，2009）。本研究中，因子 1：能力与机会因子（F1），Cronbach α 系数为 0.685（8 项），因子 2：命名为人际与自我因子（F2），Cronbach α 系数为 0.721（7 项），而总量表的 Cronbach α 系数为 0.800（15 项）。

大学生被试在创伤后成长量表各维度的得分，见表 3 – 48。道家人格各维度与创伤后成长各维度的关系，见表 3 – 49。

表 3 – 48　　　　　大学生被试在创伤后成长各维度的得分

	F1	F2	SUMG
平均数	24.3875	22.5250	46.9125
标准差	5.82014	5.56375	10.00716

注：F1：能力与机会因子；F2：人际与自我因子；SUMG：创伤后成长量表总分。

表 3 – 49　　　　　道家人格各维度与创伤后成长的相关

	躁	静	联系	矛盾	变化	柔韧	自然	超脱	谦退	寡欲	本真
F1	-0.018	0.265**	0.274**	0.219**	0.118	0.275**	0.382**	-0.124	0.250**	0.214**	0.196*
F2	-0.041	0.137	0.323**	0.131	0.123	0.327**	0.358**	-0.210**	0.303**	0.233**	0.187*
SUMG	-0.033	0.231**	0.339**	0.201*	0.137	0.341**	0.421**	-0.189*	0.313**	0.254**	0.218**

分析与讨论

从研究逻辑上来看，道家人格之具有应对人生挫折的功能这一命题，实际上包含着两个子命题：其一为道家人格具有成长的本质，其二道家人格之人性心理行为特征是应对人生挫折而形成的人生智慧。从研究结果来看，道家人格多个维度与创伤后成长各维度及总分均显著相关，体现了道家人格的成长本质。其具体表现为：内心越是宁静安适者，认知上越是持联系态度，懂得顺任周围环境，并且意志坚强而具有灵活性，性情越是率真，待人越为谦退不争，于物之欲越淡，越能超脱自己一己之私。在应对人生挫折的过程中，越是能获得人心的成长，在逆境中更能获得新的机会与转机，在挫折中更能获得对自我的体认，增进自己对人生意义、价值和人生目标的认识，也越发重视并珍视现存的人际关系及人际关系的呵护与成长。但成长与思维的矛盾性显著正相关，意味着成长伴随着矛盾与冲突，而且至少是内心思维方面的冲突。这一结果与创伤后成长的内涵相一致。创伤后成长是指在与具有创伤性质的事件或情境进行抗争后所体验到的心理方面的正性变化 (Tedeschi & Calhoun，2004)。心理的抗争本身就意味着个体在面对有挑战性的创伤性事件时，随之会产生内心的冲突与纠结不安，而且成长往往本身就伴随着心理痛苦 (Tedeschi & Calhoun，1996)。有关创伤后成长如何发生的理论解释模型假定：当个体面临创伤事件时，事发前的世界假设及有关自我、他人的信念等都将受到地震般的撼动，这促使当事人对该事件为什么会发生以及该如何应对等加以沉思 (rumination) 和解释。与此同时，个体的认知和情绪等会不断受到创伤信息反复闯入 (intrusion) 和回避 (avoidance) 的影响，此时个体有可能会显现出心理成长的迹象，但同时饱受心理的痛楚。随着成功应对的发生、社会支持的增强以及新的适应行为的出现，尤为重要的是与创伤性事件相适应的新认知图式的建立，创伤信息自动化的闯入过程会不断减弱，而积极主动地对创伤事件的反思会得以增强。于是，由创伤性事件所引发的个体全新的心理图式，也即成长，表征了个体机能更高水平的发展，以及对未来类似创伤的有效应对或免疫 (Tedeschi & Calhoun，2004)。由对创伤后成长如何产生的理论解释来看，似乎成长的历程中也必定伴随着认知图式或世界观等的反复冲突与动摇，只有如此，人心才能获得成长。

　　但有关道家是应对人生挫折的智慧这一命题，本研究未能给出直接的证明。未来研究中，对该命题的检验须纳入有关生活事件、挫折和压力事件变量，考察当挫折之客观程度与主观程度不同时，个体道家人格各维度得分的差异，并同时考察道家人格各维度与成长的关系。有关创伤后成长与创伤程度间关系的研究发现：那些评估事件具有中等程度以上的威胁以及适度挑战性和严重性的被试，其在与压力相关的成长量表上会得高分 (Armeli，Gunthert & Cohen，2001)。就可控事件而言，对不可控事件采取情绪中心的应对方式导致发生更多的成长（Goral, Kesimci & Gencoz, 2006）。感知到的事件的威胁程度对创伤后成长的三个维度有预测作用（Maguen, et al., 2006），但癌症的客观严重程度与创伤后成长无关（Barakat, Alderfer & Kazak, 2006）。另外，创伤后成长与事件的严重程度可能为曲线关系。研究发现，与处于不太严重或非常严重程度的癌症患者相比，处于中等严重程度癌症患者报告出更多的益处寻求（Lechner, et al., 2003）。Tomich 和 Helgeson（2004）推测认为，疾病太过于严重可能完全耗尽创伤后成长所赖以生长的心理资源，而太轻的疾病却不足以对创伤经历者的认知图式等产生震撼性的影响，因此成长都不易发生。我们据此可以假设认为：当挫折之客观程度变化时，道家人格各维度之得分可能变高或不变。而当挫折之主观严重程度变高时，道家人格各维度可能出现变高、变低或不变的情形。但随着时间的慢慢推移，研究极有可能考察到道家人格各维度得分变高的情形。

未来研究也可以采取前后测的研究设计，考察一定时间间隔内，如一年内，被试之挫折或生活事件发生的多寡及严重程度，与前后测中道家人格各维度变化间的关系。有关创伤后成长的许多研究表明，成长既具有积极的、对心理健康具有良性作用的一面，也有幻想的、无益的一面（Zoellner, et al., 2008；Sumalla, Ochoa & Blanco, 2009）。为区分两者，需要在研究设计中避免直接以"是否获得了成长，成长体现在什么地方"进行开放式访谈；反之，应该以"发生某事件后，你觉得自己发生了哪些变化"为题进行质性研究，以考察成长是否真实存在。而对道家人格之挫折应对假设的考察，也需借鉴类似的解决方法，在质性访谈中，以对开放式问题的答案进行内容分析，由内容分析之结果与道家人格各维度进行对照，方能知晓道家人格各维度是否真具有挫折应对的功能，或者是否是人生挫折后智慧的结晶。另一区分两者的方法即为考查随时间的流逝，被试所使用的不同认知策略重要性的相对变化（Zoellner, Maercker, 2006）。因此，对道家人格之应对挫折功能假设的证实仍有赖于纵向研究的开展；对道家人格各维度随挫折发生所形成的变化轨迹的确证，尤其是研究中结合对特殊群体，如癌症患者、重大自然灾难后的群体，仔细考虑其人格及心理行为的变化的质性资料，将更能有效地确证道家人格之应对人格挫折的具体功能。

四 小结

（1）道家人格多个维度在生活事件与负性情绪（特质焦虑与抑郁）间的中介效应显著，这一结果为道家人格具有缓冲负性情绪的假设提供了支持。但与抑郁相比，道家人格各个维度对特质焦虑的缓冲作用更大些、也更强些。

（2）研究结果未能很好地支持道家人格具有对抗死亡焦虑的功能，其原因可能与焦虑本身的性质及研究的具体方法和实验设计有关。

（3）初步研究表明道家人格具有心理成长的本质，道家人格各个维度的心理行为特征与人生的挫折经验有关。

第四章

道家人格的反思

——兼论儒道互补人格

在对道家人格各维度的义涵部分，本书已经在分析结果中提出过儒家人格及儒道互补人格的问题。本部分则力图通过对前述道家人格研究的反思，进一步回答前面部分中所提出的有关儒道互补人格的问题，并借由反思进而提炼出后续研究的假设及方向。此处反思的内容是道家人格的历史与现在的存在形态，核心问题是道家人格是否能够独立存在的问题。儒道两家在思想上原本就互补融通，形成了一种以儒道互补为主干的中国传统文化的核心结构特征，而现时中国人之人性心理层面的许多特征，仍然还是基于此儒道互补为主干的传统文化的影响，并由此形成了一种儒中有道、道中有儒的儒道互补人格。本部分首先从理论上分析儒道思想互补的内容及表现形式，并通过对道士和儒道两位人物的传记分析，借此对儒道互补之人格的特征和内容作出初步的探索。

一 儒道互补的理论背景

无论是就中国哲学的特性，还是就中国思想的主流而言，都具有儒道互补的特性。中国哲学明显具有"入世而又出世"，是"最理想主义的，同时又是最现实主义的"的特征（冯友兰，1996），它们是"中国人灵魂的两面"（林语堂，2005），两者不但"仍然是笼罩中国人思想的两大主流，相信将来还有很长的一段时期会是如此"（李约瑟，1990年）。李泽厚先生认为：中华民族文化心理结构是由儒家和道家思想同时构成的。从孔子开其端，至孟子而成的儒家学说构成了中国文化强大的理性精神，它以"外王"的功利策略使人进取济世，但儒家同时又强调"穷则独善其身，达则兼济天下"，这就为非理性的道家出世哲学留下了滋生的地盘，这两种表面对峙的儒道思想，同时结合在传统的中国知识分子身上，表面对立而实则互补，成为中国历代知识分子的常规心理及其艺术意念。而这种儒道互补而对立的格局，"相反相成地在塑造中国人的世界观、人生观、文化心理结构和艺术理想、审美兴趣上，（道家）与儒家一道，起了决定性的作用"。庄子哲学中的"泛神论哲学思想和对待人生的审美态度充满了感情的光辉，恰恰可以补充、加深儒家而与儒家一致。所以说，老庄道家是孔学儒家的对立的补充者"（李泽厚，1981）。表面看来，儒道互补是以儒补道，或以道补儒，但两者实际上是在共同的理论基础上，共同构成了中国天人系统之中的有机整体结构。儒道两家思想犹如中国传统文化的两翼，是缺一不可的，它们两者之间起到了相互补充和互相促进的作用。互补格局的形成，其根本原因在于两家思想自身的独特特征。儒道互补并非单指两者的对立，更为重要的是对两者差异性的认识。所谓互补，并非通常所指的"相互补缺"，而是指双方的融会贯通。儒道自其诞生之时起，就开始了漫长的互补和融通的过程。两者之所以出现互补和融通，一方面反映了儒道间互补具有可能性，另一方面也更有其内在的深刻的原因。这种互补最终又具体表现在了人生观、价值观等方面，尤其是人性心理行为层面，体现为儒道互补人格中人性心理行为层面的诸多特征（陈明，1989）。

（一）儒道互补的可能

只有在本质上具有相同或一致性的文化，或者具有同源性特征的文化，才有实现互补的可能，儒道两者之互补也正是如此。其互补根源于两者深刻的同源性。它们都源自中国古代文化，尤其是夏、商、周三代文化，皆起源于发达的农业文化，两者有着共同的文化基因，共同表现出中国古文明的独特特征。如天人一体、人际和谐，都重人道而轻神道，都追求高尚的内心精神世界。在产生之初，两家的代表人物孔子与老子，都对现世的混乱局面有着深刻的体察和关心，只是在如何解决和应对这一纷乱的世局中，两者各自有着不同的解决之道和途径。实际上，儒道两家真正可谓是同体而异用，同源而异流。但具体到老庄道家思想，有学者认为，它直接受到长江流域楚文化的影响，无论是从楚人生活的政治生活、地理环境、生活习俗、审美情趣等，都与老庄哲学的尚柔、崇水气、散文式的哲理体裁、崇巫和信奉上皇和太乙等有关，楚人习俗中的尚左、尚赤、喜音乐善操琴等，也对道家庄子产生明显的影响，可以认为老庄哲学是楚文化各种因素的提升，甚至可以认为它是楚文化的核心（张智彦，1990）。

孔子与老子大体生活在同一时代，他们面临相同的社会背景（礼崩乐坏，社会动荡，人民流离失所，宗法制度开始动摇，奴隶制向封建制过渡），在此相同的社会背景下，必然也会产生相同或相近的社会现象。尽管如此，老子和孔子二者对社会背景的理解以及所提出的改造方式却有所不同。孔子遵循着改良和重建的路线，他向往西周的礼乐文化，希望能够重振礼乐，用仁去重建社会的伦理道德秩序，用礼制来恢复社会的政治秩序。究其本质而言，这是一种价值观的重建。但老子则奉行消解的策略，主张用"自然"和"无为"的原则，从否定方面来达到对社会的消解。老子从对宇宙自然的体认出发，认为只有遵循自然无为的政治原则，方能回归到清静自然的社会，才是解决社会的真正之道。基于二者之出发点的不同，两者在理论关注面和实现途径上也就由此产生了巨大的差异，进而也在社会政治主张、人生观、行为方式和处事之道等方面产生了较大的差异。尽管如此，两者的最终目标仍是一致的，都希望社会朝向幸福的方向发展，都希望国家稳定、人们幸福、社会和谐，这是两者能够互补的重要前提。

除此之外，老子与孔子也都面临着共同的历史文化知识，两者共同接触到当时流传于世的典籍。三代文化是两者共同的思想源头，只是"孔子是三代文化的总继承者，而老子则是三代文化的批判者"（张岱年，1988）。共同的知识来源和文化积淀使得两者具有了共同的思考基础，受共同文化知识传承的影响，两者也必然在思想上会表现出很多相同的成分，这是两者思想相通的一个重要基础。李泽厚（1994）先生认为，儒道之所以能够互补，"是因为二者虽异出却同源，有基本的共同因素而可以相连接相渗透，相互推移和补足。所谓'同源'，即同出于原始的'巫术礼仪'"，"巫术礼仪不仅是儒道两家，而且还是整个中国文化的源头"。

(二) 儒道互补的原因

居于封建社会之统治地位的儒家,因其内在缺陷与不足,尤其是在面对社会现实的冲突而导致人情绪失衡时,就内在地需要道家的调剂与补充。而封建历朝历代统治者们,也在不断探索中寻找到了一条具有儒道互补特征的最佳统治之道。作为封建社会知识分子阶层,其在人生的进退之间,往往也需要儒道间在心理层面保持一定的平衡。

儒家思想本身的局限性 儒家讲究内圣外王,其将"人的社会责任感、使命感和人优于自然等方面,提到了本体论的高度,空前地树立了人的伦理学主体性的庄严伟大"(李泽厚,1994)。这种内圣外王"立德、立功、立言"的"三不朽"的终极追求的精神境界,其后便日渐成为了中国人人格追求的主流精神,它集刚毅、勇敢、忠信、仁义、无私、宽容、智慧于一身。在孟子笔下则成为了具有远大政治抱负和个人道德情操的二位一体的圣人:"居天下之广居,立天下之正位,行天下之大道;得志,与民由之;不得志,独行其道。富贵不能淫,贫贱不能移,威武不能屈,此之谓大丈夫"(《孟子·滕文公下》)。在如何实现理想人格的践行中,儒家提出了"仁"和"礼"的思想,认为"仁"的修为需要靠自我道德的修养,人要有美好和高尚的道德品质,不但需要内心的自律,还需要"礼"来加以外塑。但在由礼所规定的名分定位的等级社会里,每个人及其行为都被限定了确定的位置和作用,由此而使主体性的道德由自律变成了他律,这就进一步导致在人性的追求中自律与他律间的矛盾,成为了道德伦理实践中根深蒂固的二律背反。儒家以"仁"和"内圣"为目标,体现出了自律的原则,而以"礼"为他律原则,则期望在达到"外王"的践行中,形成内外两种机制相结合又相冲突的道德模式。因为毕竟以"仁"来自律究其本质而言是以主体性为出发点的,而以"礼"来他律则会对主体性产生束缚和制约。在践行中,后者往往导致强调人之社会性,忽略个体的主体性,这也就形成了儒家人格理想的内在矛盾性:在追求主体性中违背并束缚了主体性,在肯定个体性中否定了个体性,使得以主体性为特征的人格追求,走上了一条个体不断异化的不归路。在此过程中,入世的知识分子将自律与他律的内在矛盾与冲突集于一身,由此而形成了一种悖论性的双重人格,它在人的心理结构层面形成了一个两难的心境，也即"道"与"势"的情结、入世与出世的困惑等，其核心本质则是围绕着个体与群体、社会与自然、异化与本真之间的矛盾展开的。

尽管在儒家人格理想的践行中有着其固有的矛盾，但也不能就此否认儒家人格理想的追求会自然而然地表现出其自有的圆通性，譬如"穷则独善其身，达则兼济天下"，"君子之守，修其身而平下"。但这种由他律向自律的转化，本身也包含着对个体主体性自律的异化。因为在儒家看来，只有通过"内圣"才能"外王"，由自己修身养性，才能实现外王之道，儒家"内圣外王"的整体就此变成了"内圣"只是手段，"外王"才是目的格局。因此，无论是就现实还是理想而言，不管"外王"实现还是未能实现。从根本上来看，"内圣"都只具有手段的功能，是一种实现更高层次理想的工具而已，自律的道德修养只是为了实现现实社会的名分等级秩序罢了。因此，儒家人格理想的追求被打上了一层主体异化的色彩。在不断践行中，往往会僵化得否定掉了人的主体性。这一冲突与矛盾在面对客观的现实时，往往会表现得更为突出。尤其是一旦面对社会政治现实时，就可能显现出无法克服的矛盾和冲突，尤其是作为士阶层的知识分子。在进与退、出世与入世如何取舍间则更是如此。这种内在的冲突，突出地体现在：在封建专制社会中，并非人人都能为统治者所用，就算能为其所用，也不一定就能施展心中的抱负。面对前者，会郁郁而不得志；面对后者，则会心灰意冷。当面对此情此境时，儒家提供给知识分子的选择，无非是简单地"以道事君，不可则止"、"邦无道""卷而怀之"，儒家志士实现心中之抱负和理想，在实践中往往与对封建专制和皇权的维护和支持为依归。这样一来，黑暗的政治体制、儒家知识分子的志向理想以及现实的生存环境就会出现极大的裂痕。但儒家所提供的选择之道，尤其是针对失意情绪的调控非常缺乏和简单，这也就在儒家内部打开了与道家互补的缺口，这也为与道家的互补融通建立了接口。因为道家学说所具有的独特特征以及所提供的处世之道，恰好可以为缓解此一人生的冲突提供良药和解决之道。

道家人生哲学以回归自然、任性逍遥、追求本真为价值取向。在礼远离仁或志不得以实现的现实处境中，这就为儒家知识分子提供了精神和心灵的寄托，并为缓解内心的现实冲突提供了解决之道。其具体表现在：道家追求自然和本真，对虚饰的"仁"和"礼"对人内心本真自然之情的束缚深恶痛绝，对人在社会中的异化现象提出了尖锐的批评。老子讲：
"大道废，有仁义；智慧出，有大伪；六亲不和，有孝慈；国家昏乱，有
忠臣"（《老子》十八章）。这就为知识分子提供了对现实的批判视角。哪
怕在社会最黑暗，人性和人的价值被严重异化的时代，知识分子仍能够在
对社会的批判中，找寻到自己人生的价值和意义，找到自己作为一个个体
的独特性和人生的意义。因为道家为知识分子所提供的、从反面来否定和
批判整个社会的视角，其与儒家从正面建设社会的视角，都具有重大的实
质意义，尤其是在社会无法让人作积极的正向回应时。另外，在道家看
来，儒家所倡导的积极入世、刚进有为、以促成国家社会进步的力量，其
实质只会导致人的价值失落。从某种意义上来讲，其实前进就是后退。老
子讲："故失道而后德，失德而后仁，失仁而后义，失义而后礼。夫礼
者，忠信之薄，而乱之首"（三十八章）。人生的意义，并不像儒家所言
的那样，非得将个体命运融入历史之中，非得在历史政治中才能实现其价
值，道家肯定人的生命价值本身。作为一个人，其本身就因为有生命而具
有价值，并不需要在历史王道中实现。个体能回归自然本真之态，能像一
个人本来如此那样为人，就是人世间最大的幸福，就是人生命意义的体
现。在"独与天地精神往来"中，生命在自身的超越中，就获得了精神
和心灵的安慰。这样一来，道家就提供了完全不同于，但又可补充和缓解
儒家内在冲突的人生价值体系。在此一价值体系中，人应该追求自己本身
如此的状态，而且这正是生命的意义和价值本身，外在的一切"礼"及
对"仁"的规定性，都是对人本身生命的束缚，人的快乐和精神家园，
只有在人与自然的逍遥之中，也只有在人复归于人性之自然本真状态时，
在与自然的逍遥中，才能快乐和安适。道家为儒家知识分子在面临儒家固
有的内在矛盾和冲突时，提供了另外一条完全不同的，但可供选择和借鉴
的人生价值实现之道，也提供了对现实独特的批判眼光，并在不得志、礼
违背仁的黑暗社会中，提供了一种表面"逃避"的、临时的、能在自然
中寻找到精神和心灵安慰的自适之道。总之，道家为儒家知识分子提供了
在面临社会现实困境时的一条全新道路，它包括人生价值的本质，价值如
何实现的途径等。由此而形成儒道两者在人生哲学上的互补，就此成为中
国文化、乃至中国知识分子最重要的调适系统。

　　统治阶级政治权力平衡的需要　儒道间的互补与合流，也是现实政治

需要和历史不断选择的结果。春秋战国时期，儒道法各家均提出了自己的治世主张，而尤以法家适应了时代的需要，而取得了暂时的优势，各国变法者，如商鞅等均为法家人士。其间因应政治的需要，纷纷采用了阴阳五行家、纵横家等多家的政治策略。待秦统一中国后，听从了法家派李斯之建议，对儒家实行"焚坑"政策，儒家的地位跌落到了谷底。在"灭二周而亡诸侯"、"横扫六合、混一宇内"的进程中，秦的法家学说思想起到不可替代的作用，但秦的迅速灭亡给后世之君提出了警示：秦之法家，只讲刚和法、术、势，以"权"和"力"而霸行天下的策略，实不可取。汉在吸取前世教训的基础上，力图以改造后的黄老道家学说为治世之要，主张"无为而治"，以"柔"为先，以"弛"为要，宽刑薄敛，与民生息。汉既继承了秦之法政，又主张无为而治，其实质是一种"黄老行政、申韩用刑"的治世机制。但长远看来，道家的治世思想仍与政治权力扩张的本质，以及"治人"、"治心"、"治德"以控制社会意识形态方面的政治要求不相合。尤其是与汉武帝年轻气盛、血气方刚、积极有为之性格不相符合，举凡年轻为政者，大抵都希望能积极有为。如若一切都顺其自然，皇帝个人自己又有何作用呢？而与此相对，儒家在树立君主权力的至高无上，在理顺社会等级秩序上，有着无比强大的功效。在历史政治的发展中，在对各家治世思想的选择中，历史最终在不断淘汰与选择中，得到了"王天下"之最佳配方："以黄老行政，以申韩用刑，以儒术饰太平。"后来遂成为了历朝历代的治世之则，其主要表现为：在逐鹿中原之时，用黄老申韩之兵家阴谋之术，其目的是取天下；待其取得天下后，则用黄老自然无为之术恢复生产，积累国家财富；待其成熟之时，则以儒家来粉饰太平，维护国家的大一统及国家权力的稳定。因此，就政治需要而言，历史在不断淘汰和选择后形成了杂用各家霸王之术的策略，同时历史政治的统治也要求儒道间形成互补的格局。另外，儒道两者在为君为人南面之术也提供了指导，只是各有其不同的价值。这本身就为两者的互补或合抱提供了可能。"天下同归而殊途，一致而百虑。"（《易大传》）所有阴阳、儒、墨、名法、道德，此务为治者也，有省与不省耳。诸家均有治世之策，均为政治服务，但"治道"各不相同。就治者个人而言，就算你是统治者，或者只是简单地想出仕，也得杂用各家之术，以儒家来修身，以儒家来治事，以道家来获得精神和心灵的快乐，以法家和道家之阴谋术来躲避政治权术的伤害。同时对那些为政不善者主动出击，以在政治斗争中取得胜利。因此，杂用儒道，或儒道互补，也是知识分子或统治者，在为政或为人处世方面的现实需要。总的看来，儒道的结合与互补融通，是适应现实"大一统"的政治统治的需要。两者在对立互补中，在现实政治体制的选择中，并最终在相互吸引和相互补充中，成为了一个共同的整体并长久生存了下来，一直成为中国传统文化和中国人心理结构的主体意识。

知识分子安身立命的需要 知识分子们纷纷入世以外王为目标来治世，并内化了儒家"学而优则仕"的思想，纵使求得了一官半职，也可能因种种原因而郁郁不得志。纵使得志而能一展抱负，但明枪易躲，暗箭难防。在世俗权力的交割中会不断面临着失去和无奈，施展抱负时也会遇到很多挫折、失败、磨难和不快。此时，道家所提供的审美情趣、知足常乐、乐天知命、因时处世、急流勇退、不争谦让的观念和处世行为，恰好调剂和缓和了知识分子为政时的内心冲突和心灵的焦虑和煎熬，也为后来可能有的挫折和失败提供了暂时可以缓冲和积蓄力量的空间。

（三）儒道互补的本质

儒道互补，究其本质而论，也即是阴阳、虚实、群体与个体间的互补。

儒家继承了传统夏、商、周文化中刚进有为、积极进取的精神，表现为一种带有明显父系宗法氏族社会的典型特征，是中国传统文化中阳刚的一面。儒家文化中的"刚健中正"、"天行健，君子以自强不息"、"仁以为己任，死而后已"、"富贵不能淫，贫贱不能移，威武不能屈"以及"为天地立心，为生民立命，为往圣继绝学，为万世开太平"的思想，无一不显现出儒家的阳刚之气。而道家则贵柔，称颂水德、坤德，以柔弱不争、顺应自然为典型特征，是一种带有明显女性阴柔之气的思想，它继承了中国传统文化中母系氏族社会的女性气质和精神，这样一种哲学和人生态度恰好可以补充儒家的刚进之态，并能有效调节男性中的阳刚之气。诚如古语有云："一阴一阳之谓道"，儒家的阳和道家的阴构成了一个有机的整体，成为儒道互补的一个重要特征。

虚实或形上形下互补。所谓实，是指儒家非常讲究践行，讲究知行合一，讲究为道在于行和实践。儒家"内圣外王"理想的现实，也突出体现在人的实践活动中，内圣需要修道、敬德，这些都需要践行，并在实践中不断领悟和理解。而外王之道，更是需要积极有为，要在现实世界中不断努力，为志向的实现矢志不移，方能成圣成王。正因为其具有现实实践的特征，所以与形而上的宇宙自然观和人生论相比，它是形而下的。但与此不同的，道家的眼光在非世俗社会的自然之中，更加关注人生宇宙的自然规律。他们并不是世间的积极践行者，而是人世间的隐者。与儒家务实的作风相比，道家人物玄虚的精神思想境界以及不务人世事务的作风，以及追求超越和长生永存的行为，都是虚和形而上的。

群体性与个体性的互补。人作为一种存在，必然既具有群体性，也具有个体性。在儒家孔子看来，人之群体性主要表现为其倡导的仁、忠、孝、义等伦理道德，包含着对他人、国家和社会的关怀和时局动乱之时的忧虑之情。而在道家老子看来，个体性则表现为个体自身的自我意识、情感欲望和思想思考方式等，两者的矛盾性突出体现在：在中国这样一个封建专制的大一统的社会中，封建制度和儒家礼义本身就作为一种调节人社会性的原则，慢慢僵化为了束缚和制约人个体性的牢笼。但道家追求逍遥及个体自适的理想，能在封建社会最为压抑个性和个体性的黑暗时代中，在儒家所强调的人之社会性之外，提供一种对精神的追求和隐逸自然的生活方式。在接近山水中，个体往往能感受到自己难能可贵的个体性，并获得世俗社会之外难得的精神的逍遥。

（四）儒道互补的内容

从历史发展来看，儒道互补的格局，其表现主要有两种形态："一是儒道两家思想之间的互相渗透、互相吸取，以丰富完善各自的思想；一是儒道两家各自以救弊的形式出现，互相揭露和批评对方的弊端，克服对方的偏颇，在历史上形成儒道两家互相交替递补的过程，即儒家衰弱补之以道，道家衰弱补之以儒的历史进程。前者可以称作两者思想的融合，后者则是两种思想的逆向的互救。"（许抗生，1994）在儒家未取得独尊地位之前，儒道两家处于相互争斗，由争斗和批评中相互吸引。儒家以伦理道德思想见长，而道家则以宇宙论为特色，两者在相互吸引的过程中，使得儒家的哲学思蕴变得更深，道家的入世之情益浓。但在儒家确立独尊地位以来，两者的互补突出表现在以道补儒之缺和偏。同时，儒家也借由道士世俗生活的经验，借助于统治集团的支持，不断向道教和道家思想扩张。就两者思想体系的内涵而论，儒道互补在内容上表现为儒中有道、道中有儒，但研究仍然力图从儒道思想的最大差异之处着手来进行论述，并尽量理清两者思想在各个层次可能的细微差异。尽管下面的论述似乎是将儒道两家截然划分为对立二分的两极来加以比较，但也仅仅只是为了分析的必要性、便利性和简易性。

就共同的方面而论，儒道两家思想均有着共同的历史时代背景，两者学说的出发点都是基于对现实社会和制度的不满，两家都面临着共同的历史任务，也即认识人心、探索生命的价值与意义、消除异化现象以维护人的主体性，力图为乱世社会提供可资借鉴的解决之道，只是两者所提供的救世之道不同而已。尽管儒家强调有为，而道家强调无为，但道家强调无为的目的仍是"无不为"。因此，就为事的目的而言，两者是统一的，只是方式方法不同。儒道两家也都对人性和人格持赞美的态度，在如何对待人欲和对人性的维护方面也极为一致。孔、庄两家均重视生命的价值，其哲学体系的核心问题是：人生命的价值是什么，如何实现生命的价值，人安身立命之道为何。两者也都十分关注人生论与政治秩序，两者都具有中国哲学的典型特征。也即天道与人道实为一个道，其根本点都在于人道，自然观、宇宙观、人生观与对现实政治的关系是一体的。其人生哲学的核心仍然是"知行合一"。诚如张岱年先生所言，无论儒还是道："中国哲学在本质上是知行合一的。(张岱年，1982) 儒道两者还有着许多相通一致的思想观念，如人的行为必须顺应自然，谋求和谐之境；人性是善的；世界是一重，并未承认在此岸世界之外，还有一个彼岸的宗教世界等。(吴重庆，1993)

就相异之处而言，儒道两家之由对"道"的不同理解出发，进而由此引申出了人生态度和价值观等各个方面的差异，并在人心行为层面上表现出差异来。就"道"而论，孔子所主张的是人之伦理道德，乃是天道和人道，试图以仁释礼，以礼德来治国。而老子所主张的是天之道。人之道以自然无为为特征，它是超体验、超现实的，追求的是精神的超脱。但孔子之道是体验的、实在的，以务实为要；老子以"无"为核心展开"道"的体用说，而孔子则以"有"为道之用；老子的道带有明显的女性气质，贵柔、主静、不争，而孔子之道则有明显的男性气质，贵刚、主动、讲争。（詹栋梁，1967）尽管如此，仍不能就此否认老子之"道"与孔子之"道"的若干相似之处。譬如，两者都以"道"为万物的准则，皆重视"道"的价值，并将"道"最终落脚到了人生哲学和政治哲学上，其关注点是人的价值。

对"道"的理解的差异，直接影响了儒道两家有关"和谐"、"有无"观以及天人关系的理解。尽管儒道两家都十分强调"和谐"的理念，并在对待人与自然的关系问题上，均主张"天人合一"，但儒家所讲之天是主宰之天，是有意志，有讲究德性的，天是以人事为要的，天也是有好坏的。但道家之天则是自然之天，是自然无为的，是无为而无不为的，它无人的意志，也无人的情欲和价值判断。儒家之"天人合一"，核心在于人之心性，其以人喻天，又以天来制约世俗政治和警示众人，其天多从伦理来立论，而道家之天则多从自然来立论。具体就天人关系而论，儒家强调尽人事，听天命。其实质，所谓的天命也即是人事，其强调人的有为性和有意志性，认为天命的实现要靠人的不断努力和奋斗；道家所强调的天，是指自然之天，是具有自然规律和本来面貌的意思，讲究顺天而为，不强作不妄为，也即庄子所谓的"知其不可而安之若命"。除了这些之外，在如何实现和谐的途径上，儒道两家也各不相同。儒家要求发挥人的主观能动性，通过积极入世来达到和谐。孔孟在政治上，则主张"德治"、"仁政"和"王道"，主张用"礼乐"、"忠恕"、不偏、不倚、无过无不及的"中庸"之道，即通过对人的教化，发挥人的主观能动性来实现社会的和谐。道家强调"道法自然"，认为人只有皈依自然，回到自然本真的状态，才能达到和谐。儒道两家都触及或直接论述到了"有"、"无"的问题，但儒家讲究实有和刚健有为，在有无的理解上是形而下的，整体持肯定的思维方式；道家以无为核心，以无为本，认为"有"生于"无"，他们的有无范畴才真正是形而上的。

正是上述对"道"的理解不同，导致在由"道"下降至人性心理的各个层面，如人生态度、价值观以及人的生存环境（与人、与自然和与自己）等各个方面，儒道两家都表现出了极大的差异。

就人生观或人生哲学而言，儒家孔子所解决的是人如何安身立命的问题，以及人的价值该如何实现的问题，其所涉及的是人与人、人与群体的关系，以及当面临社会困境时该如何度过的问题。儒家是社会伦理价值取向的，追求人与历史政治和宇宙的合一，讲究知性、知命、知天，其以"仁"为核心，力图通过修身养性而扩及至社会、历史与政治。儒家以"仁"释"礼"，以"内圣外王"为人生的最高理想，但"仁"与"礼"、"内圣"与"外王"却在现实中经常相互冲突而无法整合。在封建专制社会中，尤其是乱世里，"礼"会变得越来越僵化，也越来越脱离实际，最终会离"仁"越来越远，"内圣"成为不得志的标志，"外王"则成为遥遥无期的空中楼阁。这一矛盾实质反映的是群体与个体、社会性与自然性的问题。

就生死观来看，儒道两家均对死亡有着一种自然、达观的态度，往往都从死亡这一角度阐发其各自的思想主张和精神旨趣，也十分注意将生与死联系起来，整体看待整个人生和生命。但儒家之死亡观以礼义为先，死的是形体，不死的是精神和事业；道家之死亡观以自然的道为精要，死的只是形气的消散，不死的大道则永存。儒家敬鬼神，但敬而远之；道家无鬼神，鬼神即自然。儒家之死与生都是伦理意义上的，生要有所作为，死亦得其所，亦得死得"重如泰山"；道家之死则是自然性质的。从自然角度而言，人之生死只是一个简单的过程而已。儒家对死之"终极关怀"，主要体现在"三不朽"上，表现为一种伦理至上的生死观，其本质是个体生命与历史进程的融合。将个体生命价值湮灭在历史中，名垂青史即生命不朽；道家对死的终极关怀，力图复归自然，庄子认为"死生存亡之一体"，提倡"坐忘"使人与自然相融合。（冯天瑜，1995）

在人我间的社会关系问题上，儒道两家都认识到个体和群体、我与他人之间密不可分的社会联系，都不同程度地意识到人人都有"类"的特性，但两者所指的"群"的本质和功能等，则大相异趣。儒家的群体是君臣有分、夫妇有别的讲差等的群体，儒家讲究"礼"和"孝"，讲究血缘和血亲关系，人与人之间的关系由此形成了一种以血缘亲属远近的差序格局，尊宗敬祖，并在以男性主导的社会中，形成以"礼"为核心建构起的社会伦常秩序之群体；道家的群体是每一个自然本真之个体所组成的自然本真的群体，道家既不反对个体，也不反对群体，但追求一种朴素之态。儒家的个人为伦理道德而存，但不是完全忽略个体；道家之个体是为了自己而自己，但不是自私地为了自己。儒家追求社会稳定的政治秩序，道家追求个人的自由与逍遥。在社会理想上，孔子推崇小康社会的理想，核心在于重建周礼，并以"仁"入"礼"，赋予礼特别重要的内涵，力图在乱世中建立起整个社会的伦常和政治生活秩序；老子主张建立小国寡民的社会，力求建立一个朴素且混沌未开的原始状态的社会，人性的自由在原始社会中呈现出自然无干扰之态，人人都讲究仁、义和孝，但人人却都未知其为何物。人人都在既定的社会秩序内活动，但感觉不到统治的压力。

（五）儒道互补的嬗变

儒道两家自老子与孔子接触（有学者认为是孔子问礼于老子一事）之时，就开始了漫长的互补历程。在互补的过程中，两者也越来越注重相互的吸引和借鉴，两者的特色也变得越来越明显了。在历史流变中，此二者历经了老庄之学、黄老之学和魏晋玄学。尽管魏晋之后，道家作为一个单独的学术派别已基本消失，但其精神为道教所承继，并通过对佛教的影响，间接或直接对宋明新儒家产生了影响。尤其是在宋明理学之时，更是如此。冯友兰先生（2007）认为：在三四世纪有些道家的人试图使道家更接近儒家（实指魏晋玄学）；在十一二世纪也有些儒家的人试图使儒家更接近道家（指宋明道家）。前者被称为新道家，而后者则被认为是新儒家。自佛学传入后，佛学一方面积极吸收道家思想，并为儒家本体形而上学论提供支持。而道教也对新儒家的产生提供了丰富的营养。

孔孟与老庄

据《史记》记载，孔子曾问礼于老子，并同老子一起助葬了巷党。老子告诫孔子要"去子之骄气与多欲，态色与淫志"。由此可知，老子并不反对礼义和仁，只是看到人的自然真性为仁和礼所束缚，而变得极为虚假，而大声批判，老子也讲"与善仁，言善信"（《老子》八章）。而庄子也讲："德无不容，仁也；道无不理，义也"（《缮性》）。《论语》中所提到的"君子无所争"和"无为而治"之举，可能也受到了老子思想的影响。孔孟之积极进取的态度中，也无时不隐含着退的思想。老子讲"天下有道则见，无道则隐"（《论语·泰伯》），并且十分推崇"无为而治"。孟子也借鉴道家有关宇宙本体论的学说，引入气之概念，形成了浩然之气的理论，其"浩然之气"的思想其实较早就已经在黄老学派的著作中得到了论述。《管子·内业篇》中就写道："精存自生，其外安荣。内藏以为泉原，浩然和平，以为气渊。"孟子也借鉴了老子"少私寡欲"的思想，提出"清心寡欲"的思想（《孟子·尽心上》）。荀子思想中也渗透了老子思想的影响，如其著作《天论》中提到的"天行有常，不为尧存，不为桀亡"。荀子所指的天，是老子的自然之天，而通常儒家孔子所指的天是天命，天意，均是指有意志的气。但稷下道家则有吸收儒家思想的明显的痕迹。《管子·心术》篇讲"礼者，因人之情"，也即礼要合乎人之情，倘若果真如此，则"谓有理也"。

黄老之术

在庄子之后，道家思想明显杂取了其他许多家的学说，如法家等，其中尤其以儒家的学说思想为最，由此成为秦后汉武帝之前的主要统治思想。《论六家要旨》中提到道家"因阴阳之大顺，采儒墨之善，撮名法之要"。司马迁所记的正是汉之黄老之道，可见此时的道家，已经与原始老庄道家有所不同，它善于积极采纳儒家之治世思想，并积极向世俗生活靠拢，其也一度成为了统治阶级的治政纲领。董仲舒之儒学与黄老思想的渊源也极深，在整个董氏阴阳五行的思想体系中，阴阳思想明显受黄老之道的影响。在董仲舒的理论体系中，他力图从阴阳思想出发来建构封建社会的伦理政治秩序，并以德配天，以天明德，用道家之宇宙本体论来说明社会的男尊女卑等社会政治秩序，甚至以天之气候来因应刑杀主张，表现出明显的以天人合一、以天配德、用宇宙天之各个特征，用以说明、解释和建构人世间政治及日常生活的特点。在黄老之学的代表著作《淮南子》一书中，尽管以道家"无为"为宗旨，但明显也带有各家、尤其是儒家的痕迹，其讲究清静无为，又以儒家仁义礼为要。哲学思想上明显为道，而在治世之上，则是以道统儒。

玄学——儒道互补的新道家

魏晋玄学，围绕着名教与自然、道与儒之间的关系展开了讨论。有学者主张以自然为本，以名教为末之学，史称为"崇本举末"，其以"无"为体，以"有"为用，它属于有形有象的"有"的范畴，"有"依赖着"无"而存在，以此而成的名教，只有依赖于本体无形、无为的"道"才能生存。圣人只有实行反映了本体的道"无"的无为政治，才能使真正的礼义仁爱得以实现。名教是出于宇宙本体的道，道即为"自然"。这些学者将名教与自然、道与儒结合了起来，并建构了一个严格的整体的思想体系，各学者将这一思想总称为名教出于自然论。

玄学之新，就在于其从更高的哲理层次上来接纳儒学，其中心要旨是"有"和"无"的关系，以及"名教"和"自然"的关系。前者是用，后者是体，前者是后者的哲学表现，"有"即为现实世俗政治世界。在世俗社会中，玄学家主张名教，并认为应将"有"建立在"无"的基础上。"无"即本体，也即自然真性，也即是道家的核心宗旨。而"有"，也即是儒家的治世之理念，王弼认为"将欲全有必反于无"（王弼：《老子注》四十章），由此而将道家的出世超脱的精神与世俗政治完全从哲理的高度有机结合了起来。郭象主张用"无心玄应，唯感是从"，并最终达到内心至圣之境，以"戴黄屋，佩玉玺"、"历山川，同民事"来反映外王之道。这样的人，尽管在庙堂之上，但又无异于身处山林之中。玄学力图用道家学说来提升人的精神境界，从哲理上来融通儒道两家的分野，并用儒家礼学来治世。其后的嵇康和阮籍等人则提出"越名教而任自然"的口号，将名教与自然对立起来，推崇老庄而贬孔子儒家，其后郭象又提出名教即自然的思想，重新将前一阶段儒道的对立融合了起来。总之，魏晋玄学突出表现在儒道及名教与自然的关系上，其力图将道家的宇宙哲学本体论与儒家的政治伦理思想及经世致用之学结合起来，以求形成一个有机的新体系。

佛道合流中的儒道互补

魏晋以来，道家思想作为一种文化思潮和一个学派，已经不再具有独立存在的意义，其思想大抵已经为道教所继承，并在后期与儒释的交流中走出了一条新的儒道互补之路。在早期道教经典《太平经》中，道教的神仙学说就渗透了儒家的伦常思想，其突出表现为：在将儒家的忠孝等伦理品德纳入自己的体系之中，以作为道教人士修身养性、得道成仙的重要条件。葛洪更是提出了儒道本末关系论，认为道为儒之本，儒为道之末。他说"欲求仙者，要当以忠孝、和顺、仁信为本，若德行不修，而但务方术，皆不得长生也"（《抱朴子·内篇》）。其思想也带有典型的儒道互补的特征，他自觉地主张"尚博"，自觉做到儒道兼采，认为儒道两家各有分工，也各有利弊。认为两家必须互相补充，将儒家思想运用于社会领域之中，才能使社会安定、国泰民安，这也是他追求的目标。（蔡德贵，

2007）而后的隋唐宋明时期，道教更是将儒家的伦理道德规范内化为道教修行的戒条，并在道士修行中严格予以贯穿执行，儒家的伦理道德成为道教修身养性成仙之道。而庄与佛自有相通之处，表面破我执，泯灭主客及齐生死，反对认识，重领悟及亲自然等多个方面，特别是在艺术领域，常常在审美上浑然一体。在儒释道合流中，道家首先表现出了对佛学的"接引之功"（陈鼓应，1990），并进而影响了儒道间的互补和融通。

宋明理学

一般认为，宋明理学是三教（儒释道）合一的产物，但其中的"程朱理学主要吸引的是道家道教的宇宙论哲学……其哲学思想的主要思想来源于道家（道教）的宇宙论学说"（许抗生，1994）。宋明儒学一方面承继了来自传统道家学说和道教学说中有关"道"之本体的学说。另外，佛在吸引道之学说后，也对宋明新儒家学说产生了影响。宋明理学对道家哲学思想的吸引主要体现在以下几个方面：老子提出的"道"成为宋明理学的最高概念，以前的儒学以"仁"为最高概念，但宋明理学却以"道"为最高哲学本体。宋明理学以道为体，以器为用，或者以理为体，以气为用，提出了自己独特的体用论。这一体用思想明显来自老子道家的道之有无的观念。宋明理学中的心学一派，更是高扬主体意识，赞美人之纯真本性，追求精神的超脱与自由，显现了庄子道家学说的特色。

纵观整个儒道互补的历史，每次儒道互补的高峰时期，其社会往往具有如下一些典型的特征：社会动荡不安，世风日下，儒家伦理遭到严重破坏，时局难测而人的命运如浮萍，封建专制统治权力集中且高压，人性受到严重的束缚和桎梏。在此情形之下，往往道家批判之风兴盛，对自然的向往剧增，道家人士的数量则猛涨。在对自然的歌颂和赞美之中，知识分子表现出了对山水自然的无比热爱。此时，诗词和画的创造又会达到了一个至极点。而从社会思想的流变来看，儒道互补的高峰往往也受到外来思想的影响，当佛教传入我国，并不断深化、深入日常老百姓的日常生活之中时，儒道佛之间，出现了相互间非常复杂的相互吸引和相互补充的格局。但此时的互补明显表现出以儒道两家为核心的特征，两者之互补在历史的流变中，又不断渗透并相互作用于中国文化的各个领域。其在不断向各个领域渗透的过程中，也使得这些领域染上了极浓的儒道互补的色彩，这在审美、伦理政治教育及文学创伤中表现得极为绚烂。

儒道的审美思想和审美趣味相异而又互补,异趣之源起于儒家追求"善",而道家讲究"真"。两者在美的本质(善与真)、美与艺术的社会教化作用(善与美、真与美)、美的道德观念和自然属性(比德与畅神)、作家艺术家创作个性(法度与韵味)、艺术表现形式(繁与简、浓艳与淡雅)及审美鉴赏(以意逆志与虚实生白)等多个方面都相互对立而互补。但两者的互补,又成为了中国两千多年来古代美学思想的主线,形成了古代审美思想中既重思想内容又重艺术表现和艺术鉴赏、既重道德又重情感愉悦的传统(黎孟德,1994)。但就儒道在中国古代美学中的互补机制而言,其对立或差异首先表现在以下几个方面:审美功能——政教为先与虚无为本;审美判断——道德理性与自由精神;审美心理——言意之表与无言无意之域;审美趣味——人工雕琢与自然天成。儒道两家在中国古代美学思想中的互补,主要体现在审美功能中,从功利目的向超功利的审美境界的拓展;审美判断中从道德理性到自由精神的延伸;审美心理活动中,言意的认知和无言无意的心理妙趣的结合。也就是我国古代美学中说的理在趣中,理趣结合;审美趣味中的人工雕琢与自然天成的结合,也即华与实的结合,巧与拙的结合(张文勋,2008)。除此之外,儒家因在伦理道德、政治及教育思想等诸多方面得到了官方的支持,其影响也就主要在经世致用的治世之道上得到了很好的体现。而道家思想则以宇宙论、个人精神修养为特色,对中国哲学、文学、美学等产生了很重要的影响。

儒道互补成为两千多年来中国思想的一条基本线索,而中国的艺术精神当然也具有了孔子儒与老子道的典型特征。孔子的艺术精神是与道德的当然之则和谐统一所获得的一种道德境界的自由,体现了"为人生而艺术"的典型。而庄子的艺术精神则是与自然和谐统一而获得的一种精神上的大解放、大自由,体现了"为艺术而艺术"的纯粹的中国艺术精神。一般说来,当儒家思想在社会意识形态中占主导地位的时候,该时代的文学艺术作品在内容上便呈现出一种注重群体实践的、干预或美化现实的功利主义倾向,在形式上便呈现出一种注重形式、注重规则的纷繁而华丽的美。相反的,当道家思想在社会意识形态中占主导地位的时候,该时代的文学艺术创作在内容上便呈现出一种尊重个体价值的、渴望或美化自然的非功利主义倾向,在形式上便呈现出一种强调自由、蔑视法则的清新而淡泊的美(赵潇,2007)。

　　庄子哲学影响了中国文学审美的许多方面，并在审美态度、审美认识方面产生了深远的影响。在文学写作上，庄子以寓言的方式独创了中国文学独特的言意关系。庄子主张"得意忘言"，而后进一步发展为"言有尽而意无穷"。先秦以来，讽刺及比兴的文学写作手法无不表现出此一特征：从不一览无余，而是不断暗示和寓言，而"一切中国艺术的理想，诗歌、绘画以及其他无不如此"（冯友兰，1996）。在现实与浪漫之间，庄子哲学对中国文学中的浪漫主义情调及写作手法产生了巨大的影响，形成了历朝历代浪漫主义的写作风格，成为了与儒家现实主义不同的文学风格取向。就小品文而言，无论是创作主体的心理结构抑或是作品的文学品格，都明显受到传统文化儒道互补结构的深刻影响。在小品文中，这种儒道互补的心理结构成为了中国文人的人格基础，并表现出了一定的普遍性。在内容与题材方面，小品文也呈现出"儒道互补"的文学品格，其在晚唐和晚明的小品文创作中表现得尤为典型（刘松来、郭辛茹，2009）。

（六）儒道互补文化熏陶下中国知识分子的群体性格

　　总的看来，儒家之积极入世、顽强奋斗的精神，恰可以补道家无为之不足。而道家的艺术审美心态则恰好可以调剂儒家的伦理绝对主义，其开放而自由的心灵境界以及主体性的觉醒，又恰好可以冲破儒家所设的社会性政治人际体系的束缚。道家之天道自然观，恰与儒家天命论交相辉映……两者的互补互融，形成了中国传统文化的特色，并且也是现实政治社会生活和人生理想之路的需要。更为重要的是，儒道思想的互补在历时态与共时态的"沉淀"中，最终反映在了中国人人性心理层面上。儒道两家的人生、社会和政治智慧，通过社会士之阶层而逐渐扩散至中国社会各个阶层，逐渐形成了以士为主体的、具有中华民族典型人格特征的国民性格。与儒道思想"亲密"接触的士人知识分子，因其从小就接受儒家传统教育，在人生价值取向上深受其影响，往往都有着深重的历史使命感和社会责任感，以"内圣外王"为人生的最高理想，并采取积极入世的态度，在世间积极作为。但另一方面又受到了道家思想的影响，表现出了适时的超然和通达，顺应自然而不强求，在进退之间能自动地调适并安适于其中，形成顺境逆境、出世入世、自然和人文间交互作用的处事处世风格，由此而最终形成了一种具有特殊形态的、体现出了儒道互补思想特征的儒道互补人格。其具体表现，一方面为典型的受儒家文化影响的心理行为特征，如重孝守义、仁而爱人、坚强刚毅、淡于名利、不计较个人的安危得失、严于律己、宽以待人；而另一方面则为典型的受道家文化影响的心理行为特征，如柔弱、坚韧、超脱、自然本真、谦让不争等。更为重要的是，儒家两家为出入世提供了可供选择的多层级、多结构的人格形态和类型，而这一复杂的人格结构形态具有了儒道互补的特征，并在出入世的人生进退之间彰显出了中国人人格的灵活性。儒道两家人生哲学既对立又相互补充的这种关系，使中国文化和中国人的心理结构形成了一个层次完整的人生观思想体系（刘方，1995）。它们所倡导的各自不同的人生态度，组成了一个在人世间不同境遇下的不同人的不同心境，以及同一个人在不同境遇下的不同的心理状态和行为选择。

这些封建社会的士人知识分子，当他们身处顺境时则儒，处于逆境时则道。或儒或道，或进或退，灵活自如。其作为一种文化心态和群体的人格特征，最终形成了一种儒道互补的人格心理特征，并且深入中国人的日常行为处世之中，表现出刚柔相济、张弛有度、外圆内方、外柔内刚的特征，显现了文人知识分子处世的政治智慧。他们一方面秉承着"事在人为，莫言万事皆由命"、"知其不可而为之"的进取精神，另一方面又内含着"境为心造，退一步天高地阔"的超然态度。如诸葛孔明之流，身处隆中之时，"苟全性命于乱世，不求闻达于诸侯"，是何等的超然和适意，但待其出山后，却以匡复社稷、统一中华、拯救黎民百姓为终生的志向，鞠躬尽瘁、死而后已，又是何等的气概。其儒道互补的精神境界，在范仲淹之《岳阳楼记》中可见一斑："不以物喜，不以己悲，居庙堂之高，则忧其民；处江湖之远，则忧其君。是进亦忧，退亦忧，然则何时而乐耶？其必曰'先天下之忧而忧，后天下之乐而乐'乎"。文中忧喜、进退、有为与无为间的互动奏响了儒道互补的优美旋律。

但需要指的是，自汉代独尊儒术之来，儒家思想就成为了官方思想，得到了政治权力的支持。其在士人知识分子人生道路的选择中，相对道家而言，具有了几乎是占据绝对的主导优势，儒道所倡导的内圣外王的理想，投身社会、立志报国、光宗耀祖、名垂青史的人生之路，也由此在知识分子的进退之道中占据了主导的显著地位。而道家的人生模式，往往同

道家一样，走向了潜伏，并扮演了非主导的角色。但在对占据主导地位的
儒家之人生观和人生处世态度，道家则扮演了非常重要调节和补充者的角
色，其补充主要体现在以下三个方面：超越、适足、自由（张梅，
2003）。超越让人脱离了世俗的社会政治，不为外物所累，内心也能宁静
淡泊。在接近自然的过程中，获得一种审美的情趣，并暂时达到忘我的境
界，对调节世俗生活中挥之不去的烦恼、忧愁和失意不得志，起到了暂时
的缓冲作用。适足也即因时处顺，"奈何不可而安之若命"，足即满足，
因时处顺，就能减少为外界所伤的频率，满足知足则会更加珍惜生命和生
活中的一切，获得心灵的快慰。自由，则是指人性对自然本真，对原本是
怎样就是怎样的复归，暗含着个体性的独立及对社会性束缚的解放，在山
水中得其自然本性，能使心灵得到安慰。

而就士之知识分子的整个生命历程而论，儒道人格之互补，也表现出
了较明显的时间和年龄特性。年轻时，往往血气方刚，积极有为，努力向
社会索取，发奋图强，自强不息，为远大的人生理想和志向奋斗不止，此
时当为具有典型儒者性格者。待其年岁日高，历经世事越多，对人生沧桑
之情与日俱增，而志向一再受挫，或者志向已经大体实现，但对人生别有
一番感悟。此时游情于山水虫鱼之中，享受生命的快乐和逍遥而乐不思
蜀，人生于是渐入"道"境，人格也凸显出了典型的道者的特征。待屡
受打击，或人生不断面临失去，志向已经实现，心思已空，身体机能日益
衰败，人生也万念俱空，心身俱静时，唯有打坐修身，方能排遣死亡威胁
的恐惧及对痛苦的深化。纵贯人的一生，似乎带有明显的由儒及道再入佛
境的轨迹，但就每一个体而言。很显然，儒道佛在任一时空中，都在每一
个人的内心深处，形成了一个内在的有机整体。无论是就人生观、世界
观，还是就人的人格而言，都是如此的。

但这种"共时态"或"历时态"的儒道互补人格，自儒道思想互补
之源始，就"遗传"了儒道思想互补中根深蒂固的矛盾性及互补的悖论。
一方面，儒家型塑了中国人出仕、有为、积极进取、兼济天下、乐观的人
生之道和积极应世的心理行为特征，而道家则影响了中国人出仕退隐、独
善其身、消极退避、追求精神逍遥与内心宁静的处世之道，这种既儒又
道、既道又儒的互补特征，也就由此在中国知识分子身上埋下了根深蒂固
的两重性，形成中国传统的双重矛盾冲突性人格。既要自主、独立，又想

合于伦理化的名分等级秩序；既欲求功利实惠，又想合乎道德规范……这样一来，儒家传统社会里的人格楷模或理想人格，就都带上了儒道思想互补中固有的两重性和矛盾性。其两重性，如嵇康式的刚毅与峻疾，山涛式的世故与圆通；既有李密（晋）、陶潜式的淡泊与自持，还有冯道那种谨守儒道性的"失节"。而其矛盾性，如阮籍般狂放不羁又善于机敏避祸，如岳飞，既勇猛善战，刚毅果敢，又逆来顺受，委屈受辱。两重性即是矛盾性，矛盾性决定了两重性，这也就成为了中国人身上的一种独特的传统文化心理结构。它以两重矛盾性为特征：既尚玄虚，又务实求真；既讲调和尚中庸，又尽性穷理十分较真儿；既崇尚清静无为，又讲积极进取、刚健自强；既忍辱负重，又不畏强暴；既讲"天道莫违"，又讲"人定胜天"；既尊伦理法度，又任自然讲超脱。这种文化心理结构，正是脱胎于正统的儒家，由儒家的内在矛盾所规定和制约。儒家在克服和补充自身的缺憾中，自然而然地走到了与道家共荣存在的道路上，呈现出了一种两重冲突矛盾性的群体性格特征，其实质也即儒道互补人格。

　　这种矛盾和冲突，其本身就起源于儒道思想间的互补性和矛盾性。而当儒道思想的互补表现在人性心理行为层面时，其冲突性在本质上会集中体现在以下三大问题上：其一为人性问题，也即先天和后天的关系问题。人性是被后天型塑而成，还是应顺其自然之性而为，对人性的预设，就直接影响到两者对人生观、世界观和人生价值态度，以及该如何在世上作为的问题。很显然，道家老子主张由自然出发寻找人的本真之性，而由人之性并最终回归到自然本真。而儒道孔子也力倡人性的可塑性，正所谓"人之初，性本善；性相近，习相远"、"皆可以为尧舜"；其二为内圣与外王的关系问题。很明显，老庄哲学是不太讲外王的。而儒家之讲内圣，也是为实现外王之理想而设的。因此，道家之形而上，就极易对儒家之伦理的是非价值观采取否定的态度。道家老庄在超脱社会和个体中，力图将人间的秩序和尊卑完全恢复至自然的状态，而只剩下自然性质的世界和人。在道家看来，老子所谓的内圣外王都是异化的结果，积极有为反而会无所为。只有自然而然，尊重人和社会的本来面貌，通过无为而达至无不为的境界，也即通过尊重自然之本性而达到可能"内圣外王"的目标。但道家遵循的是"无为"和"自然"的原则，儒家在追求这一目标时则是"积极有为"，不考虑人和社会的自然之性，甚至是极度违背人之本真之性的。这样一来，儒家力图建立的以伦理道德为是非准则的社会秩序，在道家看来就应该是要反对和加以唾弃的了。其三，儒道互补是对人性心理各个层面的反映。其反映在社会态度上，儒家主张积极用世，道家则采消极避世；儒强调"有为"，道重视"无为"。在认识论上，一是可知论、绝对论，一是怀疑论和相对论。一者肯定传统文化，但赋予传统文化以新的内涵，立足于"立"；一者否定传统文化，对现实采取否定和批判的态度而立足于"破"。

尽管儒道两家在人性心理行为层面的互补有着不可回避的矛盾性，但也不尽如此。其实两者均包含有积极用世和超然通达的内涵，只是其侧重点、特色、为人理解的层面或对人产生影响的领域不同。孔子也追求精神的快乐和自适，孔子云："饭疏食饮水，曲肱而枕之，乐亦在其中矣。不义而富且贵，于我如浮云"，"有朋自远方来，不亦乐乎"，"天下有道则见，无道则隐"，"道不行，乘桴浮于海"，孟子也讲"穷则独善其身，达则兼济天下"。而老庄也并非无出仕之心，只不过无出仕之行为罢了，其心却在政治之中，在对社会的指责、愤愤不平和绝望中，以退隐离开政治权力的方式来表达着对天下无道、命运和仕途多舛的批判。

为解决此一矛盾以及儒道思想互补在人性心理层面的冲突和问题，历史上有许多知识分子在乱世中都或多或少地闯出了一条儒道互补在现实社会中的践行之道，表现出了极大的智慧。

在东汉末年这样一个极其黑暗的时代里，张衡将道家自然、安于命运的处世哲学和儒家建功立业的人生观在社会实践中有机地统一了起来。在一个险象环生的时代里，他并没有心灰意冷并放弃儒家之理想，他最终实现了自己的人生价值，同时也保全了自己的性命。并将儒道互补的思想在现实生活中进行了提升，现实化为一种功利性的策略——"朝隐"，亦即隐于朝。既可以为加官晋爵，为东山再起作准备，也不至于退隐至山林之中，而将人生价值全部抹去。时局变清，有利于我时，即积极有为，时局变浊，而不利于身时，则利用职务之便，进行科学等方面的发明，以待时机，并能在等待时机中有所作为，这既是对道家避世退隐人生哲学的一次积极改进，更是将其向入世方向拉进了一步。同时，这也是对儒家积极入世哲学的一种补充和调剂，并将其向出世方向拉了一程。这一"朝隐"的策略，实质上是对儒道互补的人生处世之道在现实生活中的实现和改造，其实质是利用道家以追求自我解脱，以实现在黑暗现实中人生的自我价值。道家之人生价值观的作用，就在于当人性受到压抑而产生极度烦闷和不安情绪时，心灵能得到某种程度的缓解，为继续实现儒家之理想人生价值提供现实的心理力量提供保证。同时也在等待和积蓄力量中，为时机的转变作准备。但是它也必须与儒家积极有为的人生观相结合，并以积极有为为主导和内核，甚至还必须接受儒家天道人为观的制约，才能在黑暗时代中重新把握个人的主动性和积极性，充分实现人生的价值。张衡之所以能常常从道家消极人生观的命题中引申出积极的意义，原因也就在这里。在最为黑暗的时代中，张衡以儒家为内核，以道家为外辅和调节策略的"朝隐"之策，为其心理提供了可以平衡和缓和的机制。在极其黑暗的时代里，在极大限度地实现了儒家外王之志，也极大限度地保全了自己的性命，确实是儒道互补之思想在现实政治生活中智慧的结晶（刘周堂，1989）。

《三国演义》这部著作中包含了儒道互补的许多内容，集中体现在天人关系、人生哲学和人格取向以及著作所反映的社会风尚等方面。不仅如此，甚至连著作者本人的人生际遇及创作个性，都深具儒道互补的特征（鲁歆恺，2007）。而就《三国演义》中的典型人物诸葛亮而言，其人生智慧或人生哲学，也具有一种典型的儒道互补的文化特征。在其人性心理层面上，也是如此。毛宗岗曾这样评价他说："其处而弹琴抱膝，居然隐士风流，出而羽扇纶巾，不改雅人深致。在草庐之中，而识三分天下，则达乎天时；承顾命之重，而至六出祁山，则尽乎人事。七擒八阵，木牛流马，既已疑鬼疑神之不测；鞠躬尽瘁，志决身歼，乃是为臣为子之用心。比管、乐则过之，比伊、吕则兼之。"终其一生，体现出了儒家之志，道家之超脱。儒道之内涵已经在其一生中浑然一体，已然无法区分了。他以天下苍生为念，为伸张社会正义，重新建立混乱社会的社会秩序，让社会稳定，人民安居乐业，始出茅庐，并对刘备晓以天下三分的隆中之策。他也在多次战争中，将兵家、阴阳家、道家之学说发挥得淋漓尽致，其力战群雄，结成联孙抗曹联盟，临危受命托孤，纵使阿斗如何扶之不起，诸葛能尽忠臣之职，而尽儒家伦理之道。其志向，其作为，其忠，其道德之高尚，实为世间之大儒。在卧龙山之时，其居中于高山流水、柴木竹林之处，每与书琴相伴，而于万马军中，独坐小车，羽扇纶巾，指挥若定，不改雅志，其所施之空城计，更将道者之风范挥洒得无比精要（王群力，1995）。

总的看来，无论从历时态还是从共时态方面而论，儒道思想都极具互补性。就共时态而论，儒道两家之差异源起于各自对解救危世的不同理解，以及思想体系中有关"道"之内涵的不同。进而引发了两家在其他思想内容上的差异，以及在人生哲学、人生态度、天人关系、生死观等各个方面的不同。而正是因为其思想体系上的差异性，以及两家内在的同源异流的特征，也就从根本上框定了历时态中儒道互补的整体局面，其表现为自儒道诞生孔老相会之时起，儒道思想体系间在各个层面就交互交融到了一起。在历朝历代中的各个时期里，或者以道补儒，或者以儒补道，或者间接相互补充，呈现出你中有我、我中有你、密切而不可分的局面。儒道思想体系间的互补，不断渗透到了中国文化的各个层面，从而使中国的审美艺术、文学等领域也表现出明显的儒道互补的典型特征。尤为甚者，以儒道互补为主干的中国传统文化对中国人，尤其对那些主动吸收接纳并不断研习儒道思想的中国知识分子的人性心理行为特征产生了重要影响，并塑造了儒道互补的心理行为特征，也即儒道互补人格。

在中国士人人格中，沉淀了源自儒道思想互补中的矛盾性，也表现出了两面性。一方面或者表现出了明显的儒家典型的人格特征，另一方面又时时显现出了道家的典型人格特征。这一互补的特征不但表现在共时态中，并且就历时态来看，个人自青少年至中年而后老年，也显现出了此一由儒及道的特征。但现实中是否真是如此呢？儒道互补人格是否真实存在呢？如果儒道互补人格存在，那么道家人格是否能独立存在于现实中国人的心理行为层面呢？其与儒道互补人格又有着怎样的关系呢？一般认为，人格会受到后天环境的影响，而后天所受的教育及所习得的知识体系也会对人格产生重要的影响。一个经常研习道家著作和道家思想的人，其认知态度层面往往发生向道家思想靠拢的迹象，久而久之，在不断学习和不断内化中，往往也就在行为层面表现出典型的道家人格特征。但又因为中国传统社会历来以儒家思想占据绝对主导的地位，尤其是自汉"罢黜百家，独尊儒术"以来，更是如此。身处以儒家思想占据主导的社会中，不论你愿意不愿意，接受不接受，或者被动或者主动，都一定会或多或少地表现出儒家思想所倡导的人性心理行为特征。由此，研究试图通过传记的方式对此一假设进行确证。首先，通过传记的方式对道家道教的典型的传统代表人物进行性格评定，而后通过人格问卷调查的方式，对现代道士群体进行测查。研究理论假设认为：无论就传统典型道家道教人物，还是就现代道士群体而论，都会既具有儒家人格特征，也会具有道家人格特征。但相比较而言，道士群体受道家思想的影响会更大一些。因此，在其人格特征中，道家人格特征可能会更显著些，更多也更典型些。

二　道家道教代表人物的传记分析

历史心理学或心理历史学（Psychohistory）是研究历史上的个体心理和社会心理，及其对历史事件、历史进程影响的一门交叉学科，它探讨人类心理的发生、发展及变化规律，探讨历史个体心理、群体心理与历史事件的关系（郑剑虹，1997）。美国历史心理学家 DeMause 将其划分为三个研究领域：心理传记、群体心理和童年史。传记研究是指搜集及运用个人的生命文件或描述生活转折点文件的研究形态，这些文件包括自传、传记、日记、信件、著作、生活史、生活故事、个人经验故事等。传记研究的焦点主要在个人的生命经验，通常用于进行发展历程的研究（穆肃、丁新，2007）。其最早始于弗洛伊德对达·芬奇的心理分析。而在国内，我国著名心理学家林传鼎，在 1939 年就对唐代以来的 34 位历史人物的心理特征进行了研究，而新近郑剑虹等也以传记研究法，对历史及现代人物的人格心理特征进行了深入的研究。

本研究以道家道教典型人物为对象，以其传记著作为内容，进行传记分析，以考查道家道教典型人物的性格特征。传记分析者为 5 名中文系三年级学生，材料为赵立纲主编的《历代名道传》（山东人民出版社 1996年版），从该书中节选出老子、庄子、王重阳和张道陵四位人物的传记材料。由六位评定者（包括作者本人），在阅读这些传记材料后，选出了材料中对几位人物加以直接描述的人格特征，以及材料中间接反映出来的四位人物的人格特征，另还包括传记分析者对材料中相关人物性格特征的推测和对行为的解释。初步评定的结果见附录 7。接着由 3 名中文系三年级大学生（其中一名已经参加过上述评定），将上述各评价者，就各人物人格的评定，以人格形容词的形式加以归纳和总结，总体如下：

王重阳的人格特征主要有：聪明　聪颖　勤奋　坚毅　有毅力　自制力强　孤傲不群　有志向　有抱负　有远见卓识　识实务　善于随机应变　灵活应变　顺应局势　自立自强　呆板　苛刻；

张道陵的人格特征主要有：聪明　勤奋好学　淡泊世俗　不慕虚名　超世脱俗　不图名利　毅力强　锲而不舍　孜孜以求　坚韧不拔　有恒心　有毅力　宽容　谦虚　谨慎　谦和　正直　品性纯正　仁厚善良　自信自知；

老子的人格特征主要有：博学多识　博学睿智　谦虚　谦逊　内敛　与世无争　淡泊名利　消极厌世　善于思考　批判　思维独特　冷静　内心宁静；

庄子的人格特征主要有：通达透彻　善思　有思想　批判　创造　勇于探求　安时处顺　内直外曲　淡泊名利　厌世　消极悲观　崇尚自由　理想　幻想　浪漫超然　感情深沉博大　忧患　避世。

从以上人物的主要人格特征来看，两位道教代表人物的人格特征比较相似。道教代表人物王重阳和张道陵的共同人格特征主要为：聪明、勤奋、有毅力、自立自强。而两位道家代表人物的人格特征也比较相似。道家代表人物老庄的共同人格特征主要为：有思想、聪慧透彻、批判、有创造性、淡泊名利、厌世、消极悲观。但道教和道家代表人物间，其性格特征则差异比较大。由上述道家道教人物的共同人格特征来看，道家代表人物的道家人格特征似乎更为典型些，而道教代表人物的道家人格特征则不那么典型，有些人格特征（如聪明、勤奋和有毅力）似乎也表现出明显受到儒家文化影响的痕迹，并且与儒家思想核心具有内在的一致性。对结果可能的解释在于：尽管道家代表人物的道家人格特征更为典型些，但与道教代表人物相比，他们的传记材料来自想象的成分往往更多些。而道教代表人物则更具真实性，并且有相关史料的详细记载。另外，就各位传主生活的时代来看，道教代表人物本身就生活于一个儒家思想占据主导地位的社会中，很显然，其性格也一定会受到儒家思想文化的深刻影响。总之，道教人物并非只表现出了为道家所推崇的人格特征，同时也受到了儒家文化的影响，从而表现出儒家人格的特征，只是与普通人相比，这些道教人物表现出的道家人格更为突出和典型些。

以上是对道家道教人物的传记分析，但如果以现实的典型道士为研究对象，以其人格特征为研究内容，结果又会如何呢？是否那些深受道家文化影响的典型道士，仍然既会表现出典型道家人格的特征，同时又会表现出受儒家文化影响的人格特征呢？

三 道士人格特征的测查

由于许多道士幼年就已经开始修道，而他们修持中最重要的文献经本即为老子《道德经》，其中所陈述的内容已经在他们的研习中，深深地融入到了道士的日常行为当中。而行为的沉淀与凝练，反映在人格心理层面，就会表现为道家文化影响下典型的人格特征（党圣元、李继凯，1996）。但自古为道者，往往许多都是为生活所迫，不得已而为之。或者是因为人间痛苦太多，挫折多发，看破世事，但又看不破红尘，因此遁入道门。由此而言，与普通人相比，其本身选择做道士的行为，就已经表明了道士自一开始起就是一个异于常人群体的特殊群体。因此，理论上可以假设，在他们并非道士之时，其人格特征在某些方面就已经异于常人。

研究对象为湖北武当山道教学院的 33 名学员，均为男性，文化程度为大专，平均年龄为 24.56 周岁，标准差为 8.11，年龄介于 18—50 周岁。研究采用戴忠恒等（1988）修订 16PF 调查表作为测查工具。33 名道士 16PF 的原始得分，见表 4 - 1。

表 4 - 1　　　　　　　　　　道士的 16PF 原始分

因素名	A	B	C	E	F	G	H	I
平均数	10.36	10.82	15.82	11.82	12.03	13.27	13.79	10.58
标准差	3.57	2.44	4.75	4.36	4.12	3.28	4.60	2.57
因素名	L	M	N	O	Q1	Q2	Q3	Q4
平均数	7.15	13.33	9.06	8.30	10.61	10.18	13.82	10.85
标准差	3.05	3.22	2.70	3.03	2.28	3.27	2.96	4.17

以网络上可获得的、离现在最近的 16PF 男性常模为标准。该男性常模的样本来自除天津市、西藏自治区和港、台、澳外的 28 个省市自治区外的 747 名大学男生，测查时间为 1993 年（曹晓平、任百利、赵良英，

1993)。将本研究中道士的 16PF 各维度的原始得分，与上述男性常模的平均分逐一进行单样本 t 检验，有十个维度具有显著性差异，具体结果见表 4 - 2。

表 4 - 2　　道士 16PF 各维度与男性大学生常模的单样本 t 检验结果

因素名	B	C	F	G	H	L	Q1	Q2	Q3
t 值	3.92***	2.76**	- 3.19***	2.67*	2.80***	- 3.86***	- 4.58***	- 2.91***	4.07***

注:自由度均为 32,此处只报告了检验显著的维度。

与大学生样本相比，道士能够更好地知己自律，思维更为灵动敏捷，情绪更加稳定而成熟，冷静且不易兴奋盲动，处事更为严肃负责，做事更为有恒，行事敢做敢为，少为世俗禁忌所累。为人更加随和，易与人相处。更加尊重传统，更少自立自强，更喜随群而动。总的看来，这是一群既洒脱又冷静谨慎，既随物而化又不盲目物化，意志坚韧，情感稳定，为人低调随和，知己超己，同时又能保持思维清醒和灵活的人，他们具有比较典型的"和光同尘"和"外化而内不化"的特征。以上述男性常模为标准，研究计算了 33 名道士的标准分，按标准分≤3.5、3.6≤标准分≤7.5 及≥7.6 的标准，对落入每一区间的道士的人数进行了统计，结果见表 4 - 3。

表 4 - 3　　　　　　　　　　不同标准下道士的人数

因素名	A	B	C	E	F	G	H	I	L	M	N	O	Q1	Q2	Q3	Q4
标准分≤3.5	6	3	3	9	9	2	3	4	13	11	9	6	9	10	1	7
3.6≤标准分≤7.5	23	17	19	20	24	22	20	29	18	18	21	26	22	20	21	24
标准分≥7.6	4	13	11	4	0	9	10	0	2	4	3	1	2	3	11	2

从上表可知，整个道士样本中，绝大多数人都比较谦逊、顺从和冷静，理智且随和，沉着且保守，情绪稳定且思维敏捷，意志坚毅且冒险敢为，少有顾忌，能够知己自律，这一结果与上述 t 检验结果也比较相符。唯一的区别就在于：道士在世故性（N 维度）的人数比较多，表明很多道士具有坦白、直率、天真的性格特征。

在道士 16PF 的 8 个次级因素中，对适应与焦虑型、内向与外向型、感情用事与安详机警型及怯懦与果断型四个次级因素，按得分≤3.5、3.6≤标准分≤7.0 以及≥7.1 的标准，对落入每一区间的道士人数加以计算。研究结果发现：在适应与焦虑型上，道士得分≤3.5 者有 11 人，表明大多数道士都感到比较知足。在内向与外向型、感情用事与安详机警型上，得分≥7.1 者分别为 21 名及 10 名，表明大多数道士性格开朗外倾，不受拘束，而且比较刚毅果断，但常忽视生活中的细节，有时会贸然行事而不太顾忌周围的条件。道士在创造能力因素上得分高于 7 的共有 10 人，占到总人数的 30.3%，而在专业成就因素上，得分高于 7 的有 31 名。

总的看来，道士这一特殊群体的人格，显现出了如下一些典型的特征：意志坚定且有恒，情绪稳定且成熟冷静，为人随和谦逊而易与人相处，知己且懂得律己，思维灵活且善于变通，创造能力强，尊重世俗的情感与生活规则，能够不为外界所累。之所以形成这一典型的人格特征，其可能与道士所处的生活环境有关。本研究中的道士群体，均为各地道观培养的道长，其本身的道家修持就极为深厚。尽管年龄小者只有 18 岁，但都已经有了多年的修道经历。其中有许多人自幼就已经开始修道，其修为中最重要的文献经本为《道德经》，其中所陈述的内容，已经深深地融入道士的日常行为当中。而行为的沉淀与凝练，则最终反映在人格的测查之中，最终表现为道家文化影响下典型的人格特征。尽管道士表现出许多典型的、为道家思想所推崇的人格特征。如 "情绪稳定且成熟冷静，为人随和谦逊而易与人相处"，但也表现出了一些非道家所推崇的人格特征，如 "尊重世俗的情感与生活规则"。这一研究结果再次确证了上述传记研究的假设：与普通人相比，道教人物具有更典型的、为道家所推崇的人格特征，但同时也具有一些非道家所推崇的、受到儒家文化或其他文化所影响的人格特征，也即儒道互补的人格特征。

四　儒道互补人格——基于王安石和嵇康的传记学分析

由上述对历史理论文献的分析，本研究认为：道家人格并非一种理想和现实都能够独立存在的人格，因受中国传统以儒道互补为主干的文化的影响，中国士之知识分子表现出了一种儒道互补的人格特征。这种儒道互补的人格，或者表现为既儒既道，道中有儒，儒中有道，或者时儒时道，或者儒隐道显，儒显道隐，或者道多儒少，道少儒多。通过对传统道家道教代表人物的传记研究以及对现代道士的人格测查，研究再一次发现：无论是传统道家道教人物，还是典型的道士，都既具有典型道家人格的特征，也明显具有儒家文化影响的痕迹，其最终表现为儒中有道，道中有儒，儒道浑然一体。尽管研究就此认为道家人格并非独立存在的，而是呈现出一种儒道互补的存在形态，但未论及有关儒道互补人格的具体形态、形成原因及其动力机制等内容。本部分旨在通过对一位儒家和一位道家人物传记的对比分析，拟对上述问题予以初步的回答，并据此提出进一步的研究假设和可能的研究议题。研究以传记分析的方法，并采取比较研究的具体研究策略，选取了儒家人物王安石和道家人物嵇康进行比较分析，所选材料主要包括有关王安石及嵇康的传记著作[①]和相关论文。研究的主要内容包括：王安石及嵇康的主要性格特征，其性格特征形成的原因，以及两者主要性格特征及性格成因的对比与分析。研究目的在于更进一步探讨儒道互补人格的具体形态、形成原因及其动力机制。

王安石

王安石所处的时代及特征

　　王安石生于宋真宗天禧五年（1021 年），卒于哲宗元祐元年（1086年），其人生事业的鼎盛时期主要是神宗时期，其中尤以王安石变法为后世所称道。王安石所处的时代，是一个内忧外患交织在一起的时代。宋王朝每况愈下、摇摇欲坠，自上（皇帝）至中（大臣知识分子）再至下层劳苦民众，都深感社会如果不变革，则只能灭亡。王安石就是在此历史大

---

　　① 梁启超、解玺璋：《王安石传》，陕西师范大学出版社 2010 年版；
　　邓广铭：《北宋政治改革家：王安石》，三联书店 2007 年版；
　　张祥浩、魏福明：《王安石评传》，南京大学出版社 2006 年版；
　　万斌生：《王安石》，江西人民出版社 2006 年版；
　　章强、匡亚明：《嵇康评传》，南京大学出版社 2006 年版；
　　曾春海：《嵇康的精神世界》，中州古籍出版社 2009 年版。

背景下登上历史舞台的，正所谓乱世出能臣。王安石是一个不折不扣的治世之能臣，出生于官宦世家，深受儒家传统"内圣外王"思想的影响，从小就具有远大的志向和抱负，家庭特殊的教养方式、目睹父亲的为官经历，都使王安石平添了一份少年老成之气。这也使得他与传统的儒生大不相同，少年就历经世事，更让他能够立足于世事并深思儒家教义，明了以经世致用为要务的宗旨。在多年为官的生涯中，其务实之风格变得更为突出，更善于独立思考时事，并形成了不为他人所动的性格特征，以及解决社会时局矛盾的为政原则，至其为相主持改革之时，已是其前期思考和人生经历的深度展开了。但在日益复杂和矛盾化的改革中，由权力交织起的现实让王安石的人格特征更为显明突出。至再次罢相时，王安石出入佛老，但仍心系改革，表现出了一位传统儒生的忧国情怀，其心理行为特征也显现出了儒道互补的特征。历史需要具有王安石这样性格的改革能臣，但王安石的性格特征与其所处的时代特征，以及与其所进行的改革事业则浑然一体。本研究力图通过深入分析王安石的性格变化历程，借由反思影响历史人物性格形成的原因，以及其性格变动的原因，以为深思道家人格的概念及影响道家人格形成的机制作一历史个案的剖析。

青年时期

该时期大致由安石出生至进士及第（1042 年）时止。

王安石出生于官宦世家，其曾祖父及祖父均在朝廷为官，而其叔父王贯之则官至尚书主客郎中，其父王益也在江南一带为官。安石养母吴氏系临川金溪的大族。王家世居盐步岭，其为临川最高处，隔水相望处，山峦叠翠，中有高峰山谷和飞瀑，山中也有道观。少时安石或在此游山玩水，或在观中读书，常不亦乐乎。安石每去母亲家的途中，常过柘冈和乌石冈，此处景致特别优美，有许多木兰花，每到春天，白花满枝头，令少时的安石留恋不已。

安石父王益对安石等子女的教育异于常人。王益从不体罚孩子，而是耐心地讲道理，不但言传身教，而且还在忙完公事后常与孩子们一起玩耍。王安石后来回忆说，其父从没有因发怒而体罚自己的情况。他经常在吃饭的时候和颜悦色地为孩子们讲做人为什么要孝悌仁义，讲历代兴亡治乱的缘由，讲得很动听。其养母也非一般封建女子，自小知书达理，聪明能干，喜读书，做人非常识大体，待安石视如己出。如果说常人之儒家传统知识乃大多由灌输而入，那么安石所处的以自然内化为特征的家庭教育环境，为安石将儒家思想内化提供了基础。安石所具有的典型儒家传统知识分子的特征，乃家庭环境教育中自然内化的结果，这种以自然内化为特征的家庭教育环境，也培养了安石独立自主、敢于直言、敢于坚持和果决的性格。

父亲为官十分清廉，死后未有遗产。安石回忆儿时家庭生活时道："内外数十口，无田园以托一日之命，而取食不腆之禄，以至于今不能也。"(《王文公文集》卷二) 安石家庭清贫以致"亲老口众，寄食于官舟而不得躬养，于今已数月矣"(《王文公文集》卷三)。其父王益在任内，非常关心民间疾苦，吏治严明，自律严而待人宽，注重道德礼义教育，为官很少动刑，史载其父"一以恩信治之，尝历岁不笞一人"。其父为官待人待物之道，对安石后来从官产生了非常大的影响。暂且不论安石变法之是非，但就个人道德品德而论，其为官清廉高洁及待人宽容的品德是毋庸置疑的。其父为官于名利无爱，而一直有功成身退之念，并作诗云"功成思范蠡，湖上一闲身"(《临川县志·艺文志》)。儿时父亲的身教及所处的自然环境，使得安石纵然身处尘世，却心在自然。为入世中的出世者，亦为出世中的积极入世者，惟其入世，志向远大，为事兢兢业业，死而后已。但又寄情自然，淡然处世，自然放任而无拘无束，但却心忧天下事，时时慨叹之，并心有不安。安石老时忆其父时说："先人之存，安石尚少，不得备闻为政之迹。然尝侍左右，尚能记诵教诲之余。盖先君所存，尝欲大润泽于天下，一物枯槁，以为身羞。"(《王文公文集》卷八《答韶州张殿丞书》) 安石所指的尝侍左右，大抵是指其父由蜀为官进京之时，史载"安石相年八九岁矣，侍其父行"(《王文公文集》卷七四)。而后知韶州，归临川，安石一直随行。此时的安石方年13岁，年轻气盛，聪颖过人，但又颇为自负，并不以博取功名为念。史载安石少时"好读书，一过目终身不忘。其属文动笔如飞，初若不经意，既成，见者皆服其妙"(《宋史·列传第八十六》)。安石有诗云："坐欲持此博轩冕，肯言孔孟犹寒饥。"(《忆昨诗示诸外弟》) 及15岁时，边关危急，国家临危，时安石作诗云："南去干戈何日解，东来羸骑此时奔。谁将天下安危事，一把诗书仔细论?"(《王文公文集》卷七四)。此时的安石已然不再以自身功名为念，而以国家安危为己任，其为国为天下安之志日渐成形。其常侍父左右，并有多处游历的经历，这些都让安石时时处于与自然之美的交融之中，同时也开阔他的视野，深刻了解到了民间的疾苦，增长了见识。其经世致用、学以致用的务实作风逐渐形成，这一点非常有别于当时的儒家传统知识分子。他们往往只知经，而不务实，往往流于空谈却对实时的变迁无甚助益。安石侍父于江宁时，时年正16岁，安石突然意识到时间的可贵，如果不早立志而令时光白白流逝，将是极为悲哀之事。安石作诗云："男儿少壮不树立，挟此穷老将安归？"（《王文公文集》卷四四）所以趁年少时应"材疏命贱不自揣，欲与稷契遐相睎"（《王文公文集》卷四四）。其一改以前自负之貌，而更为勤奋刻苦，直至其考取功名，开始为官生涯。

为地方官与京官（上万言书）

此段时间大体由王安石进士及第（1042年）至上万言书（1058年）时止。大体为安石为地方官和京官的时期，尚未主事和改革。但也就是在此阶段，其为人为事的风格及改革思想已逐渐成形。从其主事前为官生涯的许多轶事中，我们能够大体推测中年安石之性格的全貌。

仁宗庆历二年的考试中，安石本是状元，但无奈当朝的皇帝仁宗极为仁慈而软弱，对安石刚硬有力而大有作为之思想和文风不甚喜欢，于是改为第四名。当其友曾巩将此一消息告之安石后，安石反倒不以为意，认为以诗赋取士，中与不中，本无意义，不但无丝毫失落之情，还宽慰落榜的曾巩，并对其加以赞赏而倍加鼓励。由此可知安石于名无爱且能淡然处之，得失之间颇有沉稳的大将之风度。而对本应之事，也能宽容处之，其对待朋友也可为情真意切之至。

安石首次为官，乃一闲职"淮南签判"，也即是幕僚，所事无非是做些收发整理文件类的工作。官场的聚会和饮宴之风盛行，安石极少参加。仍旧一如既往地读起书来，而且通宵达旦。于政事敷衍而过，于衣着全然无所讲究，甚至全然不在意。既至有一次为长官所训诫，也不愿申辩，乃一笑了之。

安石讲究礼法，于女色无意，终生未尝娶妾，也未写过一首关于男女情感的诗。不但如此，还极其讨厌纳妾之事。是时，东京有召妓佐酒之俗，偶遇此事，安石当场拂袖而去，并从此再不参加此等官场聚会。对酒色，安石可谓深恶痛绝。当其夫人吴氏在安石生日之时，介绍一年轻女子，安石愤然拒绝，并痛批其妻，深述其中的缘由。安石始终认为人生在世，应做的事情太多，于男女之事费神，不值得。其坚持远大志向而务实的情怀，可见一斑。其后得知该女子的身世后，不但赠钱将其放回，让其与自己的丈夫团聚，还宽慰夫人。

待其初为县主政时，安石很少说经论道，治事也很少流于表面，而是实事求是地密集考研，对具体地区的具体情况详加分析，探寻治政之要务，并敢于任事而有所作为。其大兴水利，借贷粮食于民，并大兴教育以教化当地民众。安石为事敢作敢为，务实且实事求是，为官不好清闲。但凡有事可做，有可为民所做的事，都竭尽全力而为。其与一般儒家知识分子空谈政治的作风大不相同。安石对上敢于直言，敢于坚持自己的观点，而且能表人之所不敢表。史载安石知鄞县事时，浙东路转运司下达了一道官文，王安石随即认为不妥，并向上提出了许多反对意见，陈述其中的利弊之处。敢于为民直言，十分胆大而丝毫不顾忌自己官位的得失。《宋史·列传第八十六》载：时安石任提点刑狱，有一斗鹑少年之友在其不知情中，贸然拿走斗鹑，该少年气急追至，一时性起，误杀其友。知府判该少年死刑，安石却认为该少年之友为盗，捕盗者理所应当，不应判死。朝廷上级均认为应判死刑，安石置之不闻，御史上书皇帝，安石也不为所动。其敢于坚持自己的观点，不畏上级和权威，实乃常人所不敢为也。史载包拯有一次宴请群臣，大臣往日不饮酒者，均举杯相庆，独安石不饮。无论大家如何规劝，安石终不饮酒，包拯只好笑而解围。其固执、坚持、坚毅而不为所动由此可见一斑。

时朝廷有规定，凡任过一届地方官者，均可申请京职。举凡当时之进士，大多如此而为，独安石不如此，反而申请为知县。《宋史·列传第八十六》载：朝廷有意任命安石为中央清闲的文职官员，但安石坚决推辞，"吏置敕于案而去，又追还之"。安石之所以屡求外任而不就京职。其原因有二：一者安石为官清廉，仅靠俸禄养家糊口，但家口又众多，在京开销大，恐养家有难处。安石在《上执政书》中写道："安石无适时才用，其始仕也，苟以得禄养为事耳，日月推徙，遂非所据。今亲闱老矣，日夜惟诸子壮大，未能以有家室，而安石之兄嫂皆客殡而不葬也，其心有不乐于此。及愈思自置江湖之上，以便昆弟亲戚往还之势，而成婚姻葬送之谋。"二者自觉为地方官能做实事，而自己与京官官场氛围格格不入，感到受到排挤而不得志，而更难得的是，安石屡求外任，希望朝廷能够应其之求："东南宽闲之区，幽僻之滨，与之一官，使得因吏事之力，少施其所学，以庚禄赐之入，则进无所逃其罪，退无所托其身，不惟亲之欲有之而已。"可见，安石之志，在于为民而施其学，安民施其学乃终身之志，非后人所谓沽名钓誉，屡辞而博得高位。尽管安石身在官位，但心系人民，淡泊官场，抱儒家"内圣外王"之志，不为流俗名利所动，无论为官大小，他都是一个纯粹真实的自己，毫无矫饰。

安石非但于名无意，于利更是无好。安石时任舒州通判之时，其官俸一大半均用来补贴母亲和祖母一大家族之用，而自己家庭过得甚为清贫，可谓家徒四壁，除书之外，日常所吃也无好菜，一身官服常年穿在身上。但其手中却掌握着各个知县升迁的命运，有人送200两银子请托至自己的住处，安石不以为然，反斥其钱财来路不明，并对该官员做了个品行有瑕疵的评判，从此再无请托之事发生了。

纵观此一时段的王安石，其所喜者，乃能外任而施展其所学，以为民做些实事。正如安石所言："裁赐一州，处幽闲之区，寂寞之滨，其于治民，非敢谓有能也，庶几地闲事少，夙夜悉心力，易以塞责，而免于官谤也。"其所厌恶者，乃官场沽名钓誉之辈，逐名求利之风，官场酒色之气，人浮于事而不知所为之作风。其所愧者，乃不能为民做事有始有终。时安石任常州知州之时，为民修运河之事，因自己半途调任而不能有所成，安石耿耿于怀，并时常愧疚不安。安石在给朋友的信中写道："今劳人费财于前，而利不遂于后，此安石所以愧恨无穷也。"当朋友于事后有言，当时不该为此事时，安石断然认为"阁下乃以'初不能无为'为有憾，此非安石之所敢闻也。今方万事所以难合而易坏，常以诸公'无为'耳"。其敢为敢当而不为自己考虑，尽管身处尘世中，但却能超脱自己。其所忧者，乃人民的福祉和国家安危而已。安石在舒州任通判之时，因官事清闲，因此得以广泛接触下层百姓。作为一名旁观者，安石对民间疾苦深为不安并深感自责，作了许多反映民间疾苦的诗句。而其所绝望者，乃其《上万言书》中的建议不为皇帝所采纳。

纵观此时的王安石，已经有其父的为官风格，但其志过之。他形成了过于以为事为中心的作风，非但自己如此，认为他人也是如此的思维方式，反映出安石性格中过于固执与执拗的一面。于事灵活性不够，而于人，尤其是驾驭人臣更是经验不足，反映了其性格过于"刚"、"硬"、"毅"、"强"而柔性、韧性不足。

为相变革主事

该段时间由王安石入主朝廷主事（1068 年）至其第二次罢相（1076年）为止。

安石不谙权变的性格特征在变法受挫后以及第一次罢相后表现得更为彻底了。首颁青苗法受挫后，安石决定托病在家观察事态的发展，以此给皇帝一些压力，此事最终以皇帝向安石道歉告终。其果敢不退让而坚毅的风格由此可见。待其下属吕惠卿申言要以小人的手段整倒正直的大臣时，安石则立即予以阻止。待其第一次罢相后，吕卿出于独掌大权的目的而大肆胡作非为，安石也一一宽容之；待其落魄之时，乃深为感念和关怀。尽管司马光和苏轼等人反对变法，但安石却与上述几位私交仍是极为深厚，而且从不以小人之手段去对付反对变法的人，并且还以朋友的身份为新法作辩护。不但如此，其弟还设法营救过苏轼等人。安石为人光明磊落、大度而坦荡之处为人所罕见。

安石重情重义，至死仍与反对他变法的人私交深厚且心有灵犀。其与少年皇帝神宗的深厚君臣之义，更是一段佳话。但安石识人认人用人取人之策，实属低下。其所用的改革大将吕惠卿，终因醉心于权力而不得好果，其所推荐的谏官在皇帝面前大肆参了安石一本，安石倒是无惊无变。仅用一句："此小儿风（疯）狂，又为小人所使，不足怪也。"自我解围而去，却不太为意。待安石第一次罢相后，满怀抑郁之情而心系改革。其所忧者，非为失去权力，不在官位，而是对不得志的感叹，是来自灵魂深处的感伤，是对变法可能毁于一旦，事业将功亏一篑的担心。作为官僚，安石不为权谋所动，光明磊落，是一个真正而真实的人。但作为文人，有着先天的脆弱和敏感。许多年的改革、权力的变更，也让安石心气低沉而有些哀伤。尽管身为朝廷主事，但安石的心却在出世之自然中。当得知自己被任命为宰相时，友人均来道喜，独安石不喜不惊，也未接受祝贺，独与友在游历之处写下："霜筠雪竹钟山寺，投老归与寄此生。"尽管即将身居高位，但安石的内心深处却恬淡平静，并略带些惆怅。或者对未来之事，以及对其志是否得以实现的不确定，也略带些英雄一去不返的情怀。安石身在尘世中，但心无时无刻不在世外。待心在世间时，身又无时不喜在自然中。但终因心系人民、国家、事业及其志的实现与否。尽管身在自然中，偶尔也会逍遥自适以自得其乐，但最终却苦不堪言。在"破"与"未破"之间终无法"破"，在"坚持"与"放弃"间终无法"放弃"，在"退"与"进"之间终无法"退"。

待安石再次罢相之时，改革已经是日暮西山了，改革同盟也已然分解了。神宗也对改革心无执意，安石也心如死灰，其在回任时写了一首名为《金陵郡斋》的诗："谈经投老拼悠悠，为吏文书了即休。深炷炉烟闭斋阁，卧听檐雨泻高秋。"该首诗深切反映了此时的恬淡和无心改革、时有退意的心境。待其子王雱卷入变法而即饱受图圄之灾时，安石仍秉持公道，向皇上为其子请罪，并请求处罚自己。待其子忧懑而死后，安石心已碎，去意已决，悲伤不已，多年的伤痛令其心因痛而麻木不已。安石再次复相本为了此改革之人事残局，以期望改革能就此继续下去，岂料往日改革者却内讧而自相瓦解，其子英年早逝，令安石伤痛欲绝，对改革最终也就别无挂意了。

落相至死亡

该段时间由安石再将罢相（1076 年）至其死亡（1086 年）时止。

在历经丧子之痛、饱受非议后，安石在世事官场的权力交割中，终于回到其 20 岁时的自然之境中。安石此时似乎逐渐平复了下来。但游历山水、寄情佛道中，到底是安石无奈而逃避的权宜选择，抑或是心已"破"，终能出世了呢？

自其罢相回到江宁后，安石就开始营造半山庭园。举凡出游，安石均或骑马，或骑驴，从不坐轿，出游也随随便便，从无目的地，也无排场，随兴所去，随兴所至，随兴而归。在游历山水间，安石终于找回了儿时的感觉，精神也再次有了寄托。交游兴趣之时，无不赋诗词以言之，尤其有时甚至以歌吟之，其逍遥之状，真是无以言状。其又寄情于佛道，潜心研习佛道理论，且颇有所得。在赋闲金陵的一段时间里，安石经常听讲佛法，读经和研习佛道义理成为了安石生活中的重要内容。从佛经以及在对老庄的反思中，安石再次找到了慰藉，并在空余时间为先前著作重新进行了删定。安石晚年交友也十分广泛，大到地方官，小到隐者，还有山野村夫，也有山路佛道名士，时时与之交游和论道。更为可贵的是，以前的一些政治宿敌也尽数化解，苏轼特到金陵拜访安石，并记之："某到此时见荆公,甚喜。时诵诗说佛也。"安石对自己为政时与苏轼间的争执也付之一笑。

由上看来,安石似乎在山水、佛道、友人情谊中,忘记了过去的政事,忘记了改革,忘记了自己的志向,忘记了少时惦念的人民和国家。在历经伤痛、挫折和打击之后,其心志却已经逐渐消沉了。但事实却并非如此,由安石晚年所作的怀古诗(一去可怜终不返,暮年垂泪对桓伊)来看,似乎也并非如此。安石仍对自己的过去有所寄挂,尽管自己隐于山林中,但仍然鼓励自己的弟弟为朝廷效力,身在世外,仍未忘报效国家。

安石得知神宗逝世的消息后,黯然伤神。对神宗的知遇之恩,一起共事的友情,共同患难的感怀,更为重要的是对变法之大局可能变化的担心和忧郁。待知司马光拜相后尽改新法,安石良久不语,"愕然失声曰:'亦罢至此乎?'良久曰:'此法终不可罢。安石与先帝议之两年,乃行,无不曲尽'。"其愤懑、怨望、无奈、懊悔、悲伤之情一起涌上心头,其生命也随着自己一生事业的失败而慢慢走向了终结。由上可见,安石之隐,其实非隐也。政事疲惫而不得脱,安石无不希望能摆脱而复归山林,好好休养,平复一下自己受伤的心情。一方面身处尘世中,因变革之务而劳心劳神,急求解脱;另一方面,安石身处山林中,却忧心于政治而不得脱。寻山问水、交友游历、研习佛道、删定著作都似乎是出于一种无奈,非安石之实所愿也,乃权宜不得已而为之。无论在世间还是世外,安石所忧所系挂者,仍是为民为国之政事。儒家传统的"内圣外王"之道,在安石身上得到了淋漓的展现,对安石而言,隐与不隐,无所区分,心忧天下,施展抱负,志得以现才是终其一生的命脉。

尽管变法不为当世人所称道,但安石为人之真,品行之高,文笔之优,纵使政敌也非常推崇。司马光在给吕公著的信中说:"介甫文章节义过人处甚多,但性不晓事而喜遂非,致忠直疏远,谗佞辐辏,败坏百度,以至于此"(司马光《司马温公集》卷六三)。安石才识"名高一时,学贯千载","瑰玮之文足以藻饰万物,卓绝之行足以风动四方",其魄力"能于期岁之间,靡然变天下之俗"。世间世外,安石尽显其本真之色而无所矫饰,其提出的"天变不足畏,祖宗不足法,人言不足恤"的三无畏之精神,反映了安石儒家刚进进取的品性特征。

由对安石的传记分析来看,其性格的形成明显受到了如下一些因素的影响。家庭中父母亲创设的教养环境，尤其是言传身教的内化教育环境，家族社会地位和家族经济环境和氛围等。其所处时代的文化特征，安石所生活的朝代恰处于以儒为主，儒、道、佛三者交流的北宋时代。因此，在安石的性格特征中，我们均能看到儒、道、佛的影响。除此之外，大的时代背景和特征，也显得尤其重要，安石的性格和命运与其所从事的改革事业，与当时需要改革的时代背景有机地融为一体。除此之外，安石丰富的人生阅历和为官生涯也影响了其性格的形成。人生中每遇一事，或为官时每处理一事，都让安石的性格特征得以彰显出来。有些仅是以前性格的重复展开，有些是全新的性格特征，有些是以前性格的丰富和发展。尤其是在变法遇到挫折和二次罢相时，安石之性格特征终于得到了淋漓尽致的发挥。丰富的人生阅历和经验，所遇事情的紧急性和关切性，极大地影响了一个人一生中性格展开的丰富性、动态性和活泼性。

嵇 康

嵇康生逢乱世，其所处当时社会的伦理道德几于沦丧，社会政治层级森严，士人流于清谈而好虚夸之风，政治黑暗，正义不张。于仕者，往往成为政治权力斗争的工具，无缘无故中就可能会成为权力更迭的牺牲品。儒家之"仁"和"礼"停留在片面的虚伪层面，言行儒家仁礼者，可能实为无耻之徒。在此大的背景下，儒家再次失去了对社会伦理秩序的掌控，再也无法为社会提供稳定的局面。出世入世，往往结局都无法预料，在一个世事动乱的社会中，人的命运就像浮萍一样。儒家伦理松弛，社会动乱不安。世袭的士阶层因应着权力的交替，老庄之风日渐成行，身处世间而不务世事之人，开始重新审识老庄，尤其是庄子。并在重视认识中，试图从体用、本末的理论出发，将儒之名教与道之自然融合起来，形成了一种成体系的思想体系，世之谓玄学。尽管就理论层面而言，名教与自然在玄学中得到了比较好的整合。但在现实生活层面，尤其是人生观、世界观和现实社会的因应处世层面，仍旧矛盾重重，无法为士人在现实社会中提供切实可行的指导。

尽管如嵇康般生逢乱世者有很多，但各人之处世之道却全然不同。如与嵇康同时代"竹林七贤"的其余几位中，有人立足出世，但待机而动，时道变得明朗则入世,不明则出世游情于山水之中;有人却在出世与入世、在进退间徘徊不前,深为内心之志不施而痛心,但又无勇气为坚持正义和儒家匡扶社稷的理想而献身。因此,这种人也只好在这两者间灵活而动,但内心郁郁之情却终生不得脱。另有一种人,惧怕身死,并力求全性保身,却执著于自然之真性情。在全然不知不觉中,在与自然的逍遥中,引起当权者的仇恨,最终以身死全儒家之义。这最后一种人,人生悲壮有力。他们既是乱世中的清醒者,也是黑暗中之舞者,是儒家之正义和伦理道德在反抗专制权力中的最后一丝光亮。他们既成全了自己,也照亮了别人,而嵇康正是这其中的最为典型者。

尽管嵇康一生为人正直、讲道义,乃真性情中人,且极具自知之明,深知乱世中保全身体的重要。其为人也力求谨慎小心,但世道却是如此黑暗,年纪轻轻,即为统治者几乎以莫须有的罪名将其处死。嵇康本不必去死,但还是不得善终。其本力求保全生命,但仍然无法避免悲剧的发生;待其死之时,也似乎终如所料的一样,坦然无惧,大义凛然。嵇康为何仍无法逃避不得善终的历史命运?是个人的原因,社会的原因,或者其他什么?本研究试图从内外两个方面对嵇康的人格加以分析。其外在的心理与行为表现,突出地表现为道家之洒脱,以及自然本真之真性情;而内在则为真正的儒者,有着远大的理想和抱负,并积极关注世事,也力求积极有为。在这样一个黑暗的社会里,嵇康之内外心理与行为,有着无法克服的内在矛盾性。待嵇康身死之时,此矛盾之冲突也随即达到了高潮并最终走向了消失。

外在心理与行为特征

嵇康外表英姿挺秀,气度不凡。《世说新语·容止》中载:"嵇康身长七尺八寸,风姿特秀。见者叹曰:'萧萧肃肃,爽朗清举。'或云:'肃肃如松下风,高而徐引。'山公曰:'嵇叔夜之为人也,岩岩若孤松之独立;其醉也,傀俄若玉山之将崩。'"嵇康自幼就十分聪颖、勤奋好学。《嵇康传》中载嵇康"少有俊才,旷迈不群,高亮任性,不修名誉,宽简有大量。学不师授,博洽多闻"。而《晋书》亦称嵇康"幼有奇才,博览无所不见"。嵇康自称:"老子、庄周,吾之师也。""读《庄》、《老》,重增其效,故使荣进之心日颓,任实之情转笃。"《嵇康传》中也谈道:

"长而好老庄之业，恬静无欲。"老庄思想对嵇康之影响，极为深远。待友邀其出仕时，嵇康不但不应承，反而还愤然认为，其友不知己，所以与之绝交，以表明其志。嵇康在《与山巨源绝交书》中说："吾倾学养生之术，方外荣华，去滋味，游心于寂寞，以无为为贵。"在嵇康看来，嗜欲过盛则伤害人的本性，名位只不过是无谓的诱惑罢了。君子贵身，则当不慕荣华，去口舌之滋味，游乎物外。心存玄远，不为外物所动，并坚守此志。

嵇康在《大人先生传》中写出了自己的理想生活："有宏达先生者：恢廓其度，寂寥疏阔。方而不制，廉而不割。超世独步，怀玉被褐。交不苟合，仕不期达。常以为忠、信、笃、敬，直道而行之；可以居九夷，游八蛮，浮沧海，践河源。甲兵不足忌，猛兽不为患。是以机心不存，泊然纯素；从容纵肆，遗忘好恶。以天道为一指，不识品物之细故也。然而大道既隐，智巧滋敏；世俗胶如，人情万端。利之所在，若鸟之逐鸾。富为积蠹，贵为聚怨。动者多累，静者鲜患。尔乃思丘中之隐士，乐川上之执竿也。"也就是在《大人先生传》中，作者以宏达先生的口气写出了自己对人生的选择与感悟，面对现实中的许多困惑：是做刚直诤臣，还是做庸碌之士；是无私还是趋利；是推至诚，还是慕虚名，是刚正不阿，还是挟智圆通；将与何人为友；行事是隐匿还是外显；行为与内心将如何相处；是寂寞闲逸还是应该大有作为；是声色犬马还是少私寡欲；是赞同而趋于现实政治，还是嘲讽并远离世俗政治；是隐德潜让，还是唯义而争；是崇老子还是慕庄周……嵇康一口气提出了许多有关人如何立生行事的重大问题。在一个极为黑暗的社会中，这些原本看来并不突出的矛盾，在现实处世中却变得十分尖锐和关键。而且上述关于人生的许多诘问中，如行事之隐与显、行为与内心的冲突和矛盾等问题，实际上也正是儒道文化影响下的士人，在现实处世中不得不面对的难题，可以说是儒道互补的文化在知识分子身上特有的写照和反衬。面对如此多的人生难题，嵇康最后终于表达了自己的理想："此谁得谁失？何凶何吉？时移俗易，好贵慕名；臧文不让位于柳季，公孙不归美于董生；贾谊一当于明主，绛灌作色而扬声。况今千龙并驰，万骥徂征；纷纭交竞，逝若流星。敢不惟思，谋于老成哉！"嵇康终于选择了以超脱的态度来看待世间的一切，努力摆脱传统伦理观念的羁绊，追求精神的自由与逍遥，从而达到生命和宇宙的道之真谛。但嵇康的超脱，则明显以现实为起点，因此终不能真正地超脱世间。在对现实的追问和选择中，他即表现出了对理想的追求，也表现了对现实生活的肯定与执著。嵇康之不慕富，不好利，希望能以道为旨，过一种恬静、淡然的超越世俗的生活理想，明显受到了老庄道家，尤其是庄子思想的影响。从其后的生活来看，也确是如此。"竹林七贤"的举止也大体如此，游情山水，讨论学术观点，相互对辩，谈笑于自然之中，而不慕富贵名利与政治权力。史载："康性绝巧，能锻铁。家有盛柳树，乃激水以圜之，夏天甚清凉，恒居其下傲戏，乃身自锻。家虽贫，有人说锻者，康不受直。唯亲旧以鸡酒往与共饮啖，清言而已。"自孔子以来，知识分子集团对农业生产形成了不屑一顾的传统，作为当时的名士，居然干些锻铁的活，而从中自得其乐，时人常笑之，而嵇康也不以为然。可见其性格中的刚直与独立孤傲，并且安于贫穷，乐于以自力劳动为快，并以会友饮酒清谈为乐，是何等的逍遥与自适。时政治名人、权臣钟会来访，而嵇康则忙于锻铁，"旁若无人，移时不交一言"。其不拘礼节、不慕权势、性直任性及独立耿介之真性情由此可见一斑。

内心的理想与行为

人到方死之时，其言才善，其言才真。从嵇康所写的《家诫》一文来看，嵇康居然一反常态，反对儿子学自己，并希望其子最好不要像自己。从其对儿子的教导和训诫中，可以看出：实际上他所反对的，是自己自然本真之性情，而其所赞成的，正是儒家传统的人格理想。嵇康教导儿子说："不须行小小束修之意气，若见穷乏，而有可以赈济者，便见义而作。"嵇康教导儿子为人不必为小事计较，要守义而善于与人相处，不宜完全拒绝人情的往来。又告诫儿子不要闲谈，说："人有相与变争，未知得失所在，慎勿预也。且默以观之，其是非自可见。"不但如此，还要求他们"若志之所之，则口与心誓，守死无贰"，坚守其志，矢志不移，显然是儒家极力倡导的。嵇康还要求儿子守义而谨守忠节："不须作小小卑恭，当大谦裕；不须作小小廉耻，当全大让。若临朝让官，临义让生，若孔文举求代兄死，此忠臣烈士之节。"嵇康还告诫子女要谨守为人处世之道，告诫子女当以道义为之，要做一名君子："若见窃语私议，便舍起，勿使忌人也。或时逼迫，强与我共说，若其言邪险，则当正色以道义正之，何者？君子不容伪薄之言故也。"为何一位坚持不仕而纵情于山水自然之中者，为何对其子女却反倒教之以礼，并希望子女成为一个完全不同于自己的人？诚如明人张溥所言："嵇中散任诞魏朝，独《家诫》恭谨，教子以礼。"对此，鲁迅先生给出了详细的解释：

"我看他给他的儿子看的《家诫》——当嵇康被杀时，其子方十岁，算来当他作这篇文章的时候，他的儿子是未满十岁的——就觉得宛然是两个人。他在《家诫》中教他的儿子做人要小心，谨守一条一条的教训。有一条是说官长处不可常去，亦不可住宿；官长送人们出来时，你不要在后面，因为恐怕将来官长惩办坏人时，你有暗中包庇的嫌疑。……我们就此看来，实在觉得稀奇；嵇康是那样高傲的人，而他教子就要他这样庸碌。因此我们知道，嵇康自己对于他自己的举动也是不满足的。所以批评一个人的言行实在难，社会上对于儿子不像父亲，称为'不肖'，以为是坏事，殊不知世上正有不愿意他的儿子像自己的父亲哩。试看阮籍嵇康，就是如此。这是，因为他们生于乱世，不得已，才有这样的行为，并非他们的本态。但又于此可见魏晋的破坏礼教者，实在是相信礼教到固执之极的。"（鲁迅，1927）

所谓"不得已，才有这样的行为"，也即是放荡不羁、不入现实政治，追求潇洒的行为。而所谓的"他们的本态"，当是儒家传统典型人物之态，修身、出仕为官、积极有为，讲究忠孝节义，大义凛然，为道义和伦理而死身不顾的典型的儒家传统知识分子人格。一般而言，在封建社会里，父亲对子女的告诫往往是自己的人生理想和抱负，往往正因为自己没有机会或没有能力去实现这一理想，所以希望其子女能够完成，子女成为父母亲的继承者。而对子女的最后告诫，往往是自己内心深处的理想和价值观的写照，是自己想实现但却又无法实现的人生的返照。而接受告诫的子女往往以继承父亲之志为自豪，在这一点上，我们从其子嵇绍的遭遇即可看出。尽管其父为朝廷所害，但嵇绍后仍为官，且为官之朝廷即为当时害其父之朝廷，时世人多有非议。单从其冒着非议出世来看，显然此举可被视为是儒家所倡的外王之志。而其死，则更显儒家伦理正义和忠节，史载"绍以天子蒙尘，承诏驰诣行在所。值王师败绩于荡阴，百官及侍卫莫不散溃，唯绍俨然端冕，以身捍卫，交兵御，飞箭雨集，绍遂被害于帝侧，血溅御服，天子深哀叹之。"嵇康之子嵇绍终能承其父志，也终于完成了其父嵇康想为而未能为的事业。其出仕为官，言行谨慎，恪守伦理大义，仁、义、礼及忠诚均显于嵇绍一生，其以道义为先，忠君爱国，舍身而取义，舍身成仁。嵇绍的一生，是儒家主导的一生，与其父与道家主导的一生一起，终于通过父子二代人间的交替，完成了跨时代的儒道互补。

　　尽管如嵇康一样，所处同一时代的"竹林七贤"的其他几位均以放达追求自然之美、不慕政治和权力富贵为要，但其放达之处，也都渐显出谨慎之儒家风范。譬如，阮籍口不臧否人物，谨言慎行。尽管有丧在身，虽食肉饮酒，却为母之丧吐血不止，以致身体严重受损，其内在精神仍实为儒家名教。而嵇康则认为理想人物应该："内不愧心，外不负俗。交不为利，仕不谋禄"，至于其"忠信笃敬，直道而行之"，则比较符合儒家所倡导的立身行事之准则。尽管嵇康在细枝末节上，行为举止不合礼俗，并且明显还具有反儒家之礼俗，但在内心深处，其在对社会、人生、道德和传统方面，仍然是十分严肃认真的，不失为一位真正的内在的儒者。

人格的冲突

　　在理想与现实的对抗中，在封建专制权力对士人无限的压迫之中，在一个社会性与个体性极端冲突而压抑个体性的社会里，嵇康最终不得善终。他的死，既是对政治黑暗的控诉，又是对个体生命价值的张扬。在一个黑暗的社会中，他最终以身死成全了儒家之大义。嵇康之死有多方面的原因，既有个性的，也有社会现实政治的，还有人为的原因。嵇康个性孤傲而刚直，不能委曲而求全。关于嵇康之死，《康别传》云："君性烈而才俊。"而张骘在《文士传》中也讲嵇康："生而有光，而不用其光，……今子才多识寡，难乎免于今之世矣!"尽管当时政治氛围已经对隐士极为不利，其时司马氏急于禅代，禅代非常需要赢得当时士人的支持，尤其是对当时政治态势表示支持。尽管时局还不明朗，那些采取观望态度的名士以及那些已经对现实政治极其绝望，无意于仕途的名士，却仍然在高压之下，采取了委曲求全的态度。而嵇康仍坚持自己不出仕的志向，不顾当时社会政治氛围的转向，毅然如此。当时其好友山涛极想利用自己离任之便，推荐嵇康为官，但嵇康不但断然拒绝，还坚持认为自己"循性而动，各附所安"，认为自己自小就任性不羁，习性疏懒，情意懒散，根本不适合做官，而只愿过平常人的生活。但这一断然的表态却仍然暗含着对当时政治的反抗，触及当时政治的禁忌。在环境不断恶化中，嵇康仍坚守其志，强调个人生命的价值："性有所不堪，真不可强"、"志气所托，亦不可夺"。其性之耿直，或者与其儿时之家族教养有关。儿时孤苦，人情冷暖自知，形成独立自主而略显孤傲之性格，无意于仕途，独享个人之价值与志愿之现实也在情理之中。母慈兄爱，不求儒家知识，不为求名逐利，加之少时少习经学，又身处玄学大兴之背景，因此，自少就形成了偏好清谈、坚持自然本真的性情。

因嵇康成名极早，而且是当时士人争相学习的榜样，引领士人社会风尚的形成，是当时士人的领袖人物。《晋纪》中有载："康有潜遁之志，不能被褐怀宝，矜才而上人。"一方面因其十分有才，而又不为司马氏所用，不但对司马氏没有表示支持，还以沉默的姿态强烈地表露出"顾影中原，愤气云踊"的情绪，而又通过好友山涛间接拒绝了司马氏为官的要求，这对司马氏而言是极为不安的。除此之外，史载钟会去拜访嵇康时，"康方箕踞而锻"。由是，钟会也可能怀恨在心，待吕安事件发生之时，钟会则向司马氏进言："'劝大将军因此除之'，遂杀安及康。"而引发嵇康遇害的直接事件则是吕安事件，本来吕安事件极小，兄弟间因嫂子的事情而不和，嵇康因人之情而加以调解，谁知反遭人诬陷，本也无事，但嵇康却坚持道义和伦理规范，极力为他人辩解，最终被司马氏找借口而加以杀害。嵇康之死，表面看来是因吕安案，因反对世俗礼义。但进一步来看，是为才高而傲，不为当政者所用，不对当时政治表示支持，为人进谗言而最终牺牲在政治权力之下。但其深层次的原因，则是因为坚持个人的价值、自主与独立性，或者说是个体性与社会性，是自然本真之性与社会性之间的矛盾，在特定时空中的表现。同为"竹林七贤"的向秀，据《晋书》载："向秀……始有不羁之志。与嵇康、吕安友。康既被诛，秀应本州计入洛。太祖问曰：'闻有箕山之志，何以在此？'秀曰：'以为巢许未达尧心，是以来见。"向秀见事不妙，选择了主动出仕，以对司马氏政权的默许挽回了自己的生命。而另一与之要好的人——阮籍，也在此事之后，通过对司马氏政权的间接赞成而得以安身。

总的看来，嵇康一方面是"高情远趣，率然玄远"（《晋书·嵇康传》）、"言论放荡，非毁典谟"（钟会语），外在行为表现出为保全肉体而恣情纵酒、退隐清谈、旷达放纵的人格特征。讲究"越名教而任自然"，追求个体精神的逍遥与自由，表现出明显的道家人格的形象。但另一方面，他又坚持"君道自然"（《释私论》）、"君静于上，臣顺于下"（《声无哀乐论》），以符合自然的儒家名教为最高理想。而在《与山巨源绝交书》中所刻画出的懒散性情、狂放的性格与"人伦有礼，朝廷有法"不和，以及在《家诫》中对子女一番儒家说教中，其思想及内心的冲突和矛盾更显露无遗，这一矛盾与冲突表现为内在人格与外在人格、理想人格与现实人格的矛盾之中。

分析与讨论

如果将王安石之性格特征与道家人格各典型特征加以比对就会发现，此二者都极具表面的相似性。但在相似的外表下，却暗藏着巨大的差异。此二者性格特征都以真实为要，无所掩盖和矫饰，都无任何刻意掩饰其性格和行为之举，两者均强调内心的宁静和临危不乱，遇事不惊不变，待人都懂得宽容和退让，于名于利都无所"执"，不争一己之私，都能超脱物质的诱惑，能超脱于自己的一己之私，都寓情于山水之中。在吟诗作画中亲历潇洒逍遥之情。如果将"内圣"理解为具有高洁的品德的话，两者则均具有"内圣"的特征。除此之外，两者间也具有很大差异。对安石而言，所谓的随遇而安，随意而行，自然而无为，似乎是不可能的。就知而言，道家之相对、矛盾、转化的自然人世之规律，于安石身上也似乎无所体现，安石一心求志能得显，事能有所成，实难体会成与不成、显与不显的相对转化之事。与典型的具有道家人格特征的人物相比，安石进取之心有余，而退让之意不足。该点并非指安石待人不知谦让和宽容，而是指在有涉其改革变法之事业上，丝毫无所退让，志成和法成是其一生的追求，其间没有丝毫的退让和妥协。安石为事意志刚毅而柔性不足，其根本点就在于有心有意而为，而且全身心地投入，其意志有着极强的主观色彩。其与儒家所言："天行健，君子当自强不息"不谋而合。儒家所谓的意志，乃有意志的意志，而道家所谓的意志，乃无意志的意志，不经意间的坚持，是自然的，非主观的。尽管两者均表现出坚忍不拔，坚持不屈，但其内涵大不相同。

究其根本，安石心有所"执"，其所"执"者，正是其所从事的改革事业及其志向的现实与否，这是安石性格与道家之典型人格特征的最根本差别之所在。正因为"执"于其志和事业，所以一意为之，意志才坚毅，于名于利才不动于心，于性格和行为才无暇矫饰，于不认同事业之人，才据理力争而不退让。正因为"执"于其志，才不念及一己之私，于事反而越挫越勇，永不言弃，永不退缩。而典型的道者，不会"执"于"外王"之道，只会更多考虑自然全性保身之道，所以才能内心宁静而不动心，事与情随意而发，随性所为，于己于人于物无所牵挂，并有许多异于常人之举。但这两者是否具有本质的区别呢？正所谓"大隐隐于市，小隐隐于林"，在当今世上，根本没有不与人世间接触的隐者，当然，在历史上也根本没有。庄子避世而作《庄子》，老子归隐而作《老子》，何尝不是对人世间怀有愤愤不平之情，而以归隐之举来入世呢？它们不正是心有牵挂才归隐的吗？尽管避世或归隐了，但哪一位道家人物不是在内心深处满怀着对人世间的不平、愤懑、忧郁、挂念和无奈呢？李白如此，嵇康如此，其他道家典型人物也复如此。人生来就具有社会性（马克思语），无论你承认也好，不承认也好，对人世间有所牵挂就是人所具有的社会性的最好体现。只要人活着，人就会对人世间有所"执"，至于具体"执"的是什么，则因人而异。对儒者而言，是"外王"之志和事业；对佛者而言，是"色"、"情"等；而对道者所言，是人世间对人性的一切束缚和羁绊，既有"外王"之志的"有为"之举，也有各种人生理的欲望和情欲。就此而言，如果人的一生本就为"外王"所"执"的话，为其所"执"本就是自然之事，安石又何尝不是一位真正的道者呢？而就一位儒家而言，如果"外王"仅表示要为社会做事，要有所为的话，那些避世的隐者，又何尝不是以一种特殊的"有为"和忧郁处世的方式而成为了一位真正的儒者呢？

就王安石与嵇康的性格对比而论，两者似乎都无意于名利。尽管一个身处庙堂，一者身处山林；一者情感躁动于外，执著于外在的事业成败，一者情感收敛于内，表现为内心的理想与外在现实的急剧冲突；一者因外部环境而志得以显，一者却因为环境恶劣而寄情于山水。表面看来，两者的性格似乎无本质的区别，行为表现却有极大的不同。一个严谨慎重于世事要务，一者游情于世俗内外。可以说王安石具有比较典型的儒家人物的特征，但也表现出了道家人格典型的行为表现，而儒似乎是更侧重于内的，处于更主要、更显要、更根本的地位。嵇康外表实为典型的道家人物，具有许多道家人格的典型特征，但在内心深处，也深受儒家人格范型的影响，表现为外道内儒，以道为典型特征。

就现实而言，我们不应寄希望于能够找到一位纯真的道者。但从文化传承来看，道、儒及佛都是作为一个整体来传承的。就文化对人的性格的影响来看，也是如此。这些明显受某一文化影响的性格特征，是与受其他文化影响的性格特征浑然一体的，并最终呈现出你中有我、我中有你、不分彼此的格局。典型的儒者可能具有许多典型道者的人格特征，反之亦如此。因此，儒道可能并非是一个维度的两极，儒高则道低，或者道高则儒低。看过《西游记》的人都知道，孙悟空师承道者，其身上具有较明显的道家本真而自然的性格特征。但另一方面，其能为天廷效力而乐于为官，并为师徒关系所束缚本身就体现了儒家的性格特征。儒道互补并未表现为儒道各自成为一个维度的某一极，而是呈现你中有我、我中有你的格局，由此，研究就可以结合有关理想人格的理论，构建一个可能整合并对儒道互补人格的整体理论提供解释的模型，以对王安石、嵇康以及儒道互补人格进行进一步的阐释。

"理想人格"也即内在的真实人格，既是理性的产物，又是人格主体自己的思维才能感知的内在形象，还是人格主体自己理想化了的一种人格。理想人格是人格的核心，表征了人格的内在动力系统，具有极其稳定的不变性。其主要内容是价值原则、道德原则等思想文化系统。作为一种观念系统，它反映了人格主体的自我设计、内在理想、内在信念以及内在的真实追求等。它仅服从理性的原则，要求人格主体依照自己的良心行动，它遵循自身的理想、信念或价值目标来参与社会生活，改造客观世界。就嵇康而言，尽管他喜老庄，但具有"家世儒学"的传统。其兄有立志为官的抱负，抱有典型的儒家之志，其子也最终实现了嵇康的遗愿，不但出仕为官，还实现了儒家之伦理道义。另外，从其著作来看，尽管嵇康将名教与自然对立了起来，但他仍在致力以自然来整合名教，以自然为特征，而以名教为最高理想。就此而言，嵇康之内在的人生理想、内在的价值观念以及真实追求，仍然是一套典型的儒家思想体系。儒家的人格理想或对人的行为心理的要求等，是其内在的、核心的、稳定不变的内容。而外在的人格，也即在现实生活中表现出的外在的、可以为公众所感知的外部行为特征，尽管受到"理想人格"的制约，时不时表现出"理想人格"所要求的行为，但它显然还受到了外在环境的支配，其服从社会政治现实的原则。嵇康的外在行为明显表现出了道家人格的典型特征，其追求精神的超脱、与人无争、于物无所爱、无名无所好、内心淡泊宁静、性情本真而任性自然。

在理想状态下，人格主体所设计的人格应该是理想人格与现实人格、内在人格与外在人格的统一。也即有什么样的理想、信念、价值目标，就应该有什么样的外在表现或外在形象，具有统一人格的主体，其心理世界就能够获得相对的平衡。但现实情况并非如此，究其原因，至为重要的就是现实的社会政治环境和世道的真实状态。在一个高度专制、权力无限滥用、儒家伦理道德几近沦丧、社会以虚伪的正义掩盖着杀戮的时代里，纵使嵇康有凌云之志，有不世之才，其内在的儒家理想、信念、价值及内心的伦理正义观，恐怕也是难以实现的。强力而为，只可能性命不保。因此，在社会环境的高压之下，嵇康内心的理想人格就以扭曲的形式表现于外了，其表现出了对社会礼俗的批判否定和不屑一顾。通过否定、有时甚至是直接对抗的形式，将内心的理想以曲折的形式表现了出来。而就外在行为而论，这些都是道家人格的典型的外在行为表现。外在社会环境、理想人格或现实人格间的关系用图可以表示为：

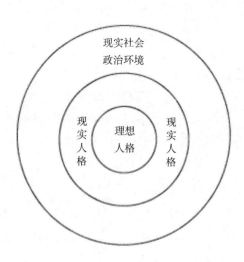

图 57　儒道互补人格的理论模型

在现实人格与理想人格、现实理想人格与外界环境的冲突中，往往存在着几种不同的、但具有一定典型代表性的解决之道：其一，重视和强调灵魂的价值，将人格主体之独立理想的实现当做唯一的、至高无上的目标，从而表现为在与现实的严重对抗中永不妥协。其实质就是在个人发挥个体的主观能动性上，对社会加以改造，并力图改变当时社会之黑暗现实。如孔子之"知其不可为而为之"。尽管孔子也有"道不行，乘桴浮于海"的退隐思想，但纵观其一生，尽管落魄时如丧家之犬，但却仍坚持自己的理想，矢志不渝，终其一生都未真正向现实妥协过，最终在与现实的对抗和斗争中，实现了人格内外或理想与现实的统一。因此在孔子身上，也并未表现出明显人格冲突。此种人秉持"天行健，君子当自强不息"的理念，往往"越挫越勇"，坚持自己的人格理想，与黑暗现实抗争到底。其二，从根本上放弃原来的理想，走一条与现实完全妥协的道路，选择一条苟且偷生、寡廉鲜耻之路，为生存不讲道义，最终改变自己最初的理想人格或内心的核心价值，为求得生存和世俗功名而无所不用其极。正所谓"识时务者为俊杰"，这些人放弃了自己的人格理想，追逐并顺应了现世。其三，将精神价值与肉体价值放在等价的天平上，在保存肉体的前提下又不放弃自己的理想。这种人，或者因其性格的软弱，在保全肉体的目标中，最终得以善终，但一生却郁郁寡欢而不得志，或者以大无畏的勇气，不惜牺牲自己的生命来捍卫自己内心的理想、精神的价值和个人的独立。这样一来，第三种类型的人就最终实现了向第一种类型人的转化。但如果他们既想坚持并极力捍卫自己的人格理想，却又不愿或不忍放弃现世，又无力或不具备与现世抗争的条件，则具备了道家人格的典型形态。其四，有人既放弃了自己的人格理想，也一并放弃现世，选择"遁入空门"而成为佛者。其五，有些人在坚持人格理想中选择了逃避现世，采取与现世完全不合作的态度，或者只为一时权宜之计，而隐于山林之中。

安石的一生当属第一种类型，而嵇康的一生当属第三种类型。嵇康所抱持的儒家理想、信念和价值构成的理想人格，因外在社会政治环境的黑暗，两者间发生了剧烈的冲突，表现为个人儒家式的人生价值和人生理想无法实现，也无法与理想人格一致地表现于外。为保全性命或基于其他原因，所以只能以对现实反抗或反叛的形式来曲折地加以表现，而曲折地表现于外的人格形象，尤其是外在的行为特征，也即放荡不羁、纵情饮酒、不务世事的外在行为等，也因其是曲折，与人格主体内心的理想人格会发生剧烈的冲突。当嵇康感受到外在形象与内在核心价值的冲突，或外在人格与理想人格冲突时，其异己、非我、假我的感受会更加强烈，内心也会在不断的痛苦中饱受煎熬。

从与嵇康同时代的"竹林七贤"其余几位的人生选择来看，嵇康实质上是选择了一条非常独特的冲突解决之道，也体现出了其儒道互补人格的独特机制。如山涛者，尽管世道黑暗，但仍坚持心中之理想，其所隐，乃是一种权宜之计，待时局明朗，则入世为官而极尽所能而为，此实为第一种解决之道。在权宜之计中，坚持彰显自己内在的价值，所以在山涛心中，仍无冲突可言。如阮籍者，一方面对名教过于执著，永不放弃心中之理想，永不向现实妥协。但或者是因为社会极度的黑暗和无奈，或者是因为其软弱的性格特征，阮籍又往往在不断调整自己的外在形象，并将其外在行为与内心的理想严重地对立了起来。一方面既想超世又想入世，既至慎又对虚伪之人疾恶如仇，既崇礼又违礼，甚至毁礼，其内心之真实意图和理想与外在之行为。在社会的无限压抑中，在个人性格的软弱中，成为了一个以喜剧结束的悲剧：尽管阮籍得以善终，但一生都活在内心的痛苦之中。嵇康却选择了一条完全不同的道路，在坚持自己理想和个体独立性中，在宣布与现实的决裂中，则以自己的死来捍卫了自己内心的正义和儒家的信念，最终通过流血实现了人格的统一。他的死，是以悲剧结尾的一场喜剧，身虽死，但道却永存。

如果历史可以假设的话，不妨假设一下：如果现实社会为知识分子之有志者积极有为提供了可以实现的条件，或许他们内心的冲突，儒道互补人格中的矛盾性也许能就得到有效的缓解，甚或根本就不会存在。在"竹林七贤"中，嵇康之性情尤为爽直刚烈。史载嵇康"尚奇任侠"（《三国志·魏志·王粲传》），其在《与山巨源绝交书》中也言自己："真性狭中，多所不堪"，并对阮籍之性格特别推崇，并力求学习以致"口不论人过，……至性过人，与物无伤。"因其性格刚烈而爽直，又有一股侠气，对社会之不平激奋更大且难以扼制，积聚而成的情感力量也会更加强烈，其行事也会更加无所顾忌。正如自己说自己"刚肠疾恶，轻肆直言，遇事便发"。嵇康人格与行事中给人一种酣畅淋漓之感。但也正因此，在与现实的决裂中，在对现实的否定，或与社会政治权力不合作中，嵇康表现得更为彻底和激烈。但也正因为如此，一件简单的小事，因敢于维护正义和道德而最终将自己送上了断头台。《世说新语·雅量》中载："嵇中散临刑东市，神气不变。索琴弹之，奏《广陵散》。曲终曰：'袁孝尼尝请学此散，吾靳固不与，《广陵散》于今绝矣！'"嵇康坦然接受了生命中的突变和莫须有的死刑，用自己的生命保全了自己内心的信仰和观念，维护了正义，并最终实现了"志士仁人，无求生以害仁，有杀身以成仁"的儒家之理想。

纵观嵇康一生的矛盾与冲突，稍加分析就会发现：矛盾与冲突的背后是更深层次的个人与社会、个体与群体、理想与现实、人性的自然与雕塑、人的个体性与社会政治权力的专制性之间的冲突。这也就决定了其人格冲突和矛盾，在古代知识分子中具有典型性与普遍性。他怀抱着坚定的理想，在理想与现实、肯定与否定的冲突中，力求赋予生命以真实的意义，通过对这种否定性的质疑，终于实现了对生命的肯定，但付出了生命的代价。这种纯粹的、超然的、对个人生命价值的坚持，最终在恶劣的政治环境中遭到了无情的打击和毁灭。尽管精神和理想在与现实严酷的斗争中，因形体的毁灭而"消失"了，但也就是身死的一瞬间，嵇康对个人生命价值的珍视和坚守自己志向的理想，也终于在毁灭中重新获得了现实性。嵇康以他对理想的坚定执著，终于将人生境界推向了新的高度，树立了非常崇高的儒道互补的人格形象。

总之，在理想人格与现实人格、理想和现实人格与社会环境的冲突和矛盾中，儒道互补人格显现出了自身的张力和内在动力过程。在一个社会安定、政治清明、权力运行相对比较公正的社会里，理想人格与现实人格将会具有比较理想的一致性。而在一个社会动乱不安、政治黑暗、权力腐化的社会中，理想与现实将会呈现出急剧的冲突。而身处其中之人，在不断摸索中践行出了许多不同的人生之道。而对理想的无比坚持以及与现实的不断抗争，反过来也会对所处之时势环境产生深远的影响，并有利于加速昏乱社会的崩溃。在那些坚持理想却逃避现实或无力与现实抗争的人，以及那些在"现世"中逃避"现世"者，则表现出了明显的儒道互补的人格特征。在他们身上，儒道之人格特征，往往表现得更为典型，其理想与现实人格的内外冲突也往往表现得益发明显。此种互补，并非如许多学者所言的，如外儒内道或外道内儒那样简单，而是儒道一体，儒中有道，道中有儒。不管是就理想人格而论，还是就现实人格而言，王安石与嵇康两者都具有儒道之典型人格特征。如具有"外王"之志，都积极想要有所作为，这是两者理想人格中的儒之成分。而安石处事之坚韧、内心之淡定而不为名利所动，嵇康之直爽率性，是为两者理想人格中道之成分。安石之寄情山水，嵇康之游山玩水，也当属现实人格之外在行为的道家成分。安石之刚毅果断、明知不可为而为之，嵇康之与现实的不合作态度，并对现实的批判与不满，也当属现实人格之儒之成分。由此而言，结合对道家道教传统代表人物的传记分析及对现代道士的人格测查结果。就儒道互补的人格而论，其存在形态表现为儒道间形成了一个有机的整体，可能表现为极儒则极道，极道则极儒，儒道一体而不可分。两者间的内在矛盾、冲突和动力机制则直接来自现实社会政治权力环境的格局和现状。个体在社会现实环境中儒道人格间的冲突和矛盾，又通过个体的行为和力行，对现实社会环境产生了深远的影响，并在社会环境的改变中最终达成理想人格与现实人格的统一。儒道互补人格的可能、形式、内容及表现形式等，反映了中国传统儒道互补文化的主干格局在中国人人性心理层面的沉淀，由此沉淀而成的儒道互补人格反过来又对儒道互补的文化的吸收、传承、阐释、内化、践行、感召产生了重要影响，并最终实现了现实社会经济基础、上层文化建筑及人性心理行为特征的动态一致。

五 小结

（1）道家人格并不能单独、纯粹地存在，其与儒家人格一道形成了儒道互补人格，儒道互补人格是道家人格研究的自然衍生。

（2）儒道互补人格型塑于中国传统社会以儒道互补为主干的文化，具有文化及现实的适应性，简单地以儒多道少或道表儒内等来概括儒道互补人格，并不能有效地描述儒道互补人格的丰富内涵。儒道互补人格在个体外在行为表现、内在心理特征及外部社会文化政治环境三者间的矛盾与互相促动中，形成了一个动态平衡的有机系统。典型儒道互补人格心理行为特征的形成，可能与高度黑暗动乱的社会政治环境、个人自小受到的特殊的家庭教育所形成的孤傲、执著的性格特征及内心的理想三者间互动有关。

第五章

综合讨论

一 市研究的总体思路及各部分的内在联系

由对西方心理学在中国本土适用性的不满，以及中国心理学研究本身实力的增强，心理学本土化运动逐渐兴起，并历经了由保守到激进的本土化研究阶段（葛鲁嘉，2002）。这一运动也得到了许多心理学者的呼应和推崇（黄希庭，2002；郭永玉，2005）。其研究涵盖了相当广泛的课题，如社会取向、关系取向、权威取向、家庭主义、集体主义、面子、人情、缘分等，并创刊了《本土心理学研究》杂志（张亚林、林克明，1995）。但关于如何开展本土心理学研究，本土心理学研究的标准何在，却未能达成一致性的标准。杨中芳认为：心理学研究需要把文化、历史放到研究的思想架构中去，然后再去考察中国人的具体心理行为，并以之引导一系列连贯的研究，最终建立中国人自己的心理学知识体系（杨中芳，1993）。而杨国枢则以"本土契合性"的内涵作为判断标准（杨国枢，1993）。在本土化运动的系列研究中，逐渐形成了将"自下而上"与"自上而下"的研究路径结合起来的研究取向。这里所谓的"自上而下"和"自下而上"主要是指研究本身是由理论驱动的，还是研究之始并无明显的理论支撑，最后由质性研究等资料来建构理论，其研究过程总体主要是由质性材料驱动的。如杨国枢之有关个体自我与社会自我自我现实者的心理特征的研究，其研究脉络则主要由对中国传统文化之"君子"原型的描述和西方人本主义心理学有关自我实现者之描述来建构理论，并以该理论来指导后续的资料收集和量表的编制等研究，同时又通过质性资料的收集来确证、修改该理论，并进一步考查原始理论模型的合理性及有效性。在本土心理学运动中，此类研究非常多，包括黄光国之人情与面子、杨国枢之中国人的关系取向等。但在这一研究取向的大框架下又有些细微的差异。具体表现在各个研究中"自上而下"与"自下而上"的成分或侧重程度的不同，有些完全是由理论驱动的，有些尽管有理论基础，但未有明显的理论模型或框架，有些则完全是由质性资料来建构的，有些则在研究中非常注重质性资料与所建构理论间的互动历程。

本研究以中国传统道家思想和文化为理论背景，具有浓厚的本土色彩。研究基于道家思想中本身蕴涵的人性论思想及有关心理行为的描述，结合西方人格心理学中有关人格理论背后必蕴涵着人性论假设的思路，在中西有关人的心理活动描述的知—情—意—行的理论架构下，建构了道家人格的理论模型，并由此给出了道家人格的初步界定。在此理论框架的指导下，编制形成了道家人格量表，通过在不同样本中的考察，对道家人格各信效度的深入研究，进一步确证了前述理论框架与界定的合理和有效性，并结合哲学、文学和历史学领域中有关道家思想研究的相关结论，对道家人格的功能进行了初步的研究。最后，研究结合由道家人格量表各维度本身的内涵及相互间的关系，并基于儒道互补的理论，提出了儒道互补人格这一概念，并对其进行了初步的研究。这一研究思路契合了本土心理学研究学者们倡导并推荐采用的研究路线，凸显了本土化理论在整个研究中的中心地位和指导作用。在具体的实证研究中，又非常注意研究结果与理论间的动态的互动历程。因此，就整体研究思路而论，本研究不但基于中国本土的历史、文化背景，同时也兼顾了理论与实证、传统与现代、自上而下与自下而上的要求。

本研究包括相互关联的三个主要部分，研究首先以人格心理学之理论为指引，以道家人性论及理想人格为理论背景，结合中西描述人心理的知—情—意—行的四个框架，形成了道家人格理论结构模型，并由此自然引申出了对道家人格的初步界定，此为本研究的第一部分。以第一部分的理论模型及界定为依据，编制形成了道家人格量表，并对其功能进行了初步的研究，此为本研究的第二部分。接着，研究由道家人格量表各维度的内涵及相互关系，自然引申出了儒道互补的人格，进而对儒道互补的理论进行了分析，并通过传记及其他研究方法，对儒道互补人格的形成及变动的内在机制进行了初步探索。本研究各部分的内在联系及内在的脉络过程，见图58：

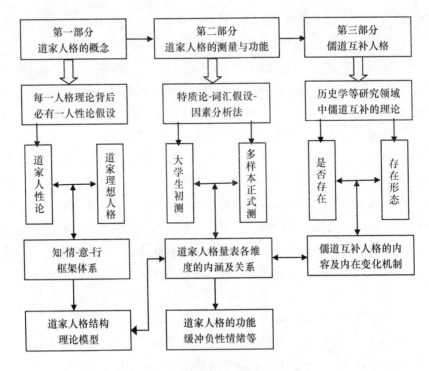

图 58   本研究的脉络及各部分的关系

　　上图中，单箭头表示具有单向的内在联系，双箭头表现有双向的内在联系。本研究各部分的一个重要的内在脉络是：道家人格是什么，即对道家人格的界定，由理论分析得到的道家人格结构理论模型，以及由此而自然引申的道家人格的概念，这成为了所有后续研究的逻辑起点。道家人格的测量或量表的编制直接受到了这一界定的理论指导，而道家人格的功能也是测量本身内在包含之义。由道家人格结构理论模型及道家人格实证研究部分各维度的关系，又自然引申出了有关儒道互补人格的探索与思考。无论是道家人格的概念界定部分，还是有关道家人格测量及功能论述部分，以及有关对儒道互补人格的探讨，均以道家思想研究中的相关理论成果为依据，在形式上保持了理论先导的优势和统一性。

二　道家人格的理论结构模型与界定

　　将原始理论构想的道家人格理论结构模型与实证所得的模型相比较，

就会发现两者既有相同之处，也有相异之处。相同之处表现在：实证模型基本上保留了原始模型的人性论层级结构，各维度不但数量相同，内涵也大体相同，原始构想的各维度在实证模型中也具有比较一致的归属。相异之处主要在于：实证模型中因应处世的行为层级，已经从原始的知—情—意—行的模型中脱离了出来，成为了一个独立的层级。由此确证最终模型是一个与原始二层级不同的三层级模型，实证模型在人性论层面有着比原始模型更清晰的"真""伪"二分的结构。总的看来，实证模型有着与原始模型相同的内核，但对前者作了一些改变，也对前者提供了来自实证研究的支持，而前者原始模型也为实证模型的建构提供了指导与理论依据。

在道家人格之测量部分，基于以下两个方面的考虑，研究将因应处世行为层面的三个维度独立了出来，并作为道家人格理论模型中的最底层：其一，从对道家人格效标关联效度的研究来看，道家人格之知—情—意三个领域的各个维度似乎具有某种共变关系，三者与某个变量的关系呈现出了一种一致性的变化。一者与某一变量显著正相关时，另一者也是如此。其具体表现为，当某人内心平静之时，其意志往往也非常柔韧，于思维上也很少有太多矛盾冲突的地方。而知—情—意三者又与因应处世行为领域的各个维度具有内在的一致性关系。其具体表现为：当一个人内心宁静安适、意志柔韧、对人事物持联系变化的观点时，其待人往往也是谦退有礼，于物之欲比较平淡，也能够超脱自己来体察周围的事物。其二，从知—情—意与行各自的性质来看，前面三者除了具有典型的行为特征外，往往还带有直接且明显的动力特征。譬如，认知图式作为一种认知结构，在选择和组织信息方面具有显著的影响（林升栋，2006），其本身就会对问题的解决产生重要的影响（郭永玉、王伟，2005），而情绪则更是具有直接且强烈的动力作用（孟昭兰，2005）。相比较而论，道家人格因应处世之行为的待人谦退、于己超脱及对物的少私寡欲，更多反映的是对相关行为特征的描述，其具有对人之行为特征进行归纳总结的描述特征。相对于知—情—意的各个维度而言，因应处世的各个维度，往往更具有灵活变动性。在应对外界环境中也更具应对的性质，并受到人的情绪情感特征、意志程度及认知思维方式的影响、调节和驱动。其三，知—情—意与行两分的结构，在有关中国人孝道的研究中已经得到了比较好的证实，作者认为该结构在中西文化中都得到了比较好的认可（叶光辉、杨国枢，

2009）。实证研究发现的"真""伪"两分的结构，贯穿到了道家人格各个领域的各个维度，其将道家人格结构最终明晰为一种"真""伪"二分、两两相对的层级结构体系。尽管原始模型中，并未明确包含有"伪"的内容，但由对道家人性论的论述来看，"自然本真"与"人性之伪"是人性论中两两相对、不可或缺的内容。

本研究从人格心理学的视野出发，围绕着"道家人格"展开了比较系统的研究。而"道家人格"这一研究主题本身就暗含着以下两个假设：其一，本研究要将范围限定在"道家思想和文化"的范围内（但为了实现这一目的还得考虑到其他流派的思想和文化）。这一限定实质上也就预示着此种人格特征受到了道家思想文化的影响。其二，正因为受到了道家思想文化的影响，而此种影响反映在人性心理行为层面上，就一定是可以加以测量的，因此也就表明道家人格不但存在，而且是可以加以测量和实证研究的。在如何界定道家人格的问题上，研究有两种选择，或者文义性定义，或者操作性定义。但文义性定义大都用于以操作性定义界定一个新概念或变量之前，并且是一个实证性的概念是否算是一个科学概念的重要标准，即要视其是否具有操作性而定。但操作性定义因其本身就规定了所研究的变量或事项的采用的工具、方法及程序，可以防止所用实证性概念的模糊与暧昧，并能够有效地指导研究者获得清晰而明确的思路（杨国枢等，2006）。实际上，上述第二个前提就已经决定了本研究只能且必须给出什么是道家人格的操作性定义，否则无法对道家人格进行实证研究，也无法进行测量，后续研究也因此将完全无法进行。

有关道家人格的操作性界定，首先遇到的问题就是道家人格到底是一种人格类型，还是人格特质呢？如果是一种人格类型，则暗含着具有典型的代表性群体，其在该类型上不但得分高，而且非常典型。这同时也意味着，其他人可能并不属于该人格类型，而合乎逻辑的研究就是将研究对象划分为：属于道家人格类型或不属于道家人格类型。由上述第一个研究前提来看，既然中国人都身处儒释道传统文化的影响下，当然也直接或间接受到了道家思想文化的影响，在其人性心理行为层面自然就会"沉淀"此影响的印记，表现出受道家思想文化影响的典型心理行为特征。而在这些典型心理行为特征上，某些人可以得分高些，某些人可能得分低些，但不至于出现非此即彼或在某个方面得零分的结果。另外，从有关人格类型论的实际研究来看，譬如气质类型说，尽管在理论构想上将其作为某种人格类型，但从计分及解释方法来看，许多研究仍然将其当成连续性的变量。这些研究通过确定划分的标准，人为地将其划分成各个不同的类型。另外，在 AB 型人格的研究中，似乎也是如此，不但不加以划分，而是直接将其作为连续变量来本加以研究（狄敏、黄希庭、张永红，2004；张锋、毕重增、陈本友，2005）。因此，从统计方法来看，对人格类型得分也似无必要将其作为类型变量处理。而从根本上讲，研究之所以将道家人格作为特质，仍然是力求与道家思想文化、尤其是其自然本真人性论内涵具有一致性，将其作为一种特质，也为对道家人格以词汇假设及因素分析法进行测量提供了合乎逻辑的前提和依据。

　　研究中将道家人格的各个特质划分为知—情—意—行四个领域，但这种划分是否过于绝对化？如此划分是否合理呢？中西文化似乎都对知—情—意—行的四分框架体系比较认同，其框架结构体系也表现出了跨文化的普遍性，只是其中的内涵及划分的细节或侧重处有细微的差异，西方文化可能更强调意志与行为，而中国传统文化更强调知与行（燕国材，2005）。因此，用如此宽泛的框架来建构道家人格结构，应该不会从理论上约束、限制到道家思想中有关人的描述的内容。但将某一特质硬性划分为某一领域，确实存在主观性。很难想象，一个内心平静如镜者，其在行为特征上不表现出谦退与寡欲的行为特征。但纵使其他研究者不认同将某维度划分到某一领域，其结果也对本研究无实质性的影响。因为毕竟道家人格的各个维度是确定无疑的，是经由理论与实证研究而得到最终确证的。对维度归属某一领域的不认同，并不构成对该维度合理性及该维度内涵的质疑与否定。从研究的便利性、思路的清晰性、理论的指导性来看，将维度作知—情—意—行的领域划分，确实带来了许多研究上的益处。但也正因为如此，可能也就会由此带来道家人格各维度究竟归属哪一领域的主观争议。

三　道家人格量表的编制及各维度的关系

　　借由对道家思想及人格心理学领域相关理论的深入分析，研究建构了道家人格理论结构模型，并据此编制了道家人格量表，这一研究思路为该量表具有良好的内容效度提供了保证。但以探索性因素分析法，按共同度、因素负荷进行题项的初步删减时，发现某些原始构想的维度中删减掉了一些重要的内涵。如谦退维，按原始构想，其本身就有在与人发生利益冲突或其他冲突时不但容忍不争，还谦让和谦退的含义。在因素分析中，却只能保留谦退维中谦让与谦退的内容，而其中所包括的与人不争的内容非常无奈地被删减掉了，其实它也是道家思想有关人的描述的重要内容。这一无奈包含了因素分析方法本身的局限性，它"把人视为由一些不能以有意义的方式与个体相联系的抽象单元组成的"，因此有可能由此"忽视了人的复杂性、独特性以及人格的动态过程"（李红菊、郭永玉，2002）。

　　在不同样本中进行的一阶和二阶验证性因素分析的结果，也都表明该量表具有比较好的结构效度。从对道家人格各维度在老、中、青三个样本得分上的变化及其差异的研究来看，其结果也得到了与假设相符的内容，从而进一步确证了该量表的有效性。由对道家人格总体与人格、价值观，以及道家人格各维度各自与相关变量的效标关联效度来看，该量表整体及各维度的内涵与效标变量的关系，与假设的预期和构想大体相符，研究结果也对道家人格量表的效标关联效度提供了支持。总体而论，道家人格量表符合了心理测量学的要求，可以作为后续相关研究有效的测量工具。根据道家人格量表词汇形式形成的道家人格量表题项形式，由其编制的思路和过程以及验证性因素分析的结果来看，也都具有了较好的信、效度。而其与道家人格量表词汇形式，无论是就对应维度间的相关系数而言，还是就所有题项和维度间的分析来看，两者具有相当大的一致性，只是在个别维度（如本真）上，道家人格题项形式之题项并不能完整包含词汇形式量表中人格描述词中应有之全部意涵。这是未来研究需要注意和进一步改进的问题。未来研究中，应根据研究的目的、需要和研究所采用量表本身的形式特征，灵活作出选择。

　　本研究并未重新编制专门用于测量道家人格量表之认知思维方式的工具，而是借用了中国人整体思维量表。这一作为暗含着这样的假设：中国人的思维方式主要是在道家思想文化影响下形成的，或者中国人的思维方式与道家思想文化具有内在的一致性。而从中国人整体思维量表本身的特征来看，联系、矛盾与变化，尤其是以辩证为核心的二级因子结构，与道家思想中"道"之运行的规律以及以"道"来体认世界的方式，确实在内涵上具有很强的一致性。因此，本研究将中国人整体思维方式问卷作为对道家认知思维方式的测量，从理论角度来考量是合理可行的，但同时也必须注意到，除以辩证为核心的思维方式外，道家思想本身还蕴涵着其他多种思维方式，如形象思维（谢清果，2002）、直觉思维（杜道明，2003；王红蕾、李玲，2002）、追溯思维（李堆尚，1995）、太极思维（刘明武、李材尧，2002）及圆道思维（刘长明，2007）等。除此之外，儒家和佛家思想中也蕴涵着丰富的认知思维思想，如儒之"中庸"思维（游唤民，1988），释家之"中道义"（漆侠，1999）等。未来研究应考虑将道家思想中蕴藏的认知思维特征，重新进行理论的归纳与梳理，并形成专门的道家认知思维方式量表。形式并不一定局限于自评量表，可借鉴相关智力测评中具有实操性质的相关测题。

四 儒道互补人格

儒道互补人格的提出，不但是对本研究前面部分有关道家人格研究进行反思的结果，也是对前面有关道家人格研究的自然延伸。现有有关中国人人格的研究中，均得到了与本研究之道家人格相类似的人格维度，如王登峰中国人"大七"人格之"淡泊"、杨国枢社会关系取向自我实现及自我实现者之人格特征研究的"简朴知足与淡泊名利"及"超脱世俗与忠于自我"，而这些研究均是在以儒家文化占主导地位的大背景下，甚至是直接对儒家理想人格之"君子"原型进行的研究，这也就初步支持了"儒中有道"、"儒家中包含有道家人格"的假设。自中华传统文明之始，儒道就具有了同源异流的根本存在特征。儒道两家在作为一种学术或思想流派产生之始，甚至在产生之前，就开始了相互影响、相互补充的历程。对道家人格之道家思想和文化的论述，离不开对与之息息相关的儒家的阐释，因为"两者构成了中国传统文化阴阳互济、共生共存的圆融式的发展格局"（张刚、吴光章，2003）。从对道家人格量表各维度之内涵的分析来看，儒道两家所推崇的人性心理行为特征之差异，最初可能源自对"道"和"天命"的体认，这种体认进而与各自的倡导者所处的时代环境以及对此环境的思考相结合，由此形成了各自对人性心理行为特征不同的看法。但就人性心理的各个层面来看，儒道互补又表现出了一定的独特性，往往越接近人性论层面，其相似性越少，而差异也越大，由此而导致两者间互补的可能也越大；但越往行为层面，其相似性则越大，而差异也越小，由此而引导互补的可能也变小。譬如，就因应处世之行为层面而言，儒道两者都具有了相对的一致性和相通性。就"正言若反"或程度差异而论，道家之谦退、寡欲与超脱与儒家思想中所推崇的心理行为特征，也具有一定的相似性。如果谦退是为了积蓄力量并积极有为，超脱是为了更好地完成人生的历史使命，寡欲是为了暂时忘记自己的目标，以获得暂时的宁静，则这三者显然亦是为儒家思想所推崇之心理行为特征。如果内心的平静是"乐天知命"的结果，如果意志的"柔韧"主要表现出刚强的一面，如果思维之矛盾表现在"知其不可为而为之"之"勇"，则其也与儒家之思想内核将无甚差异了。如果将"修身、齐家、治国、平天下"之社会历史使命加以内化，并与个人的人生轨迹紧密结合在一起，则也不失为一种具有"自然本真"之特征的人性实存状态。从某种意思上来讲，这也就意味着社会性成了人之"自然本真"之性，也即人性之本质是社会性。从对传统道家道教人物的传记分析结果，以及对现代道士所作的人格测量分析来看，哪怕是深受道家思想熏染者，其心理行为层面仍会表现出明显的、为儒家所推崇的人格特征，如刚进有为等，这也就为儒道互补人格的存在提供了有力的证据。

从对儒道两位人物的传记分析结果来看，儒道互补人格可能表现出如经验观察的类似"儒主道辅"、"儒外内道"、"儒内外道"、"时儒时道"、"时道时儒"的概貌，或者表现出年轻时为儒、中年为道、老年为释的时间变化特性，但这种经验观察的结果似乎也存在着将儒道互补人格过于简单化和片面化的危险。儒道互补人格就静态的表现而论，在浅层面的行为特征上可能具有明显的一致性，单从行为方式上来看，可能无法有效地将儒和道区分开来。但如果考查行为者个人的理想、价值观、抱负和人生价值等深层次的"理想人格"成分，儒道间的区分则会变得简单明朗起来，在一个真正的道者看来，作为一个人以及作为一个身心健康且独立自主的人，自身就是其本身存在的全部理由。从本质上论，这是一种"注目于保身养生"的"一人"建构（孙隆基，2004）。而在一位真正的儒者看来，须守"孝悌忠信礼义廉耻"之德，有"内圣外王"、"修齐治平"、"为天地立心，为生民立命，为往圣继绝学，为万世开太平"之志。其本质上一种"仁者人也"的二人建构（孙隆基，2004）。但如果就动态机制而论，儒道互补人格则有着内在的复杂的形成与变动机制，儒道互补人格的形成，既受儿时教育环境、父母亲教养态度及教养方式等影响下形成的个体独特性格特征的制约，同时也是个体所处社会环境，尤其是社会政治环境的反映。当社会安定团结、政治清明、人民安居之时，个人之儒家理想在现实生活中往往能得到有效地伸张，并能够得到比较好的满足。而在外显行为上，也会表现出与内在儒家理想相一致的格局。但当社会动乱不安、人民朝不保夕、人命如草芥之时，社会现实就会对个人之儒家理想产生严重的桎梏，面对如此之现实，无论个体坚持理想或选择逃避现世，或者以"郁郁不得志"、"内心痛苦不堪"之态与现实达成无可奈何的妥协选择，其心理行为都将表现出典型的道家人格的特征，如超脱、静、寡欲、不争等。反之，当其永不放弃心中的理想，与现实永远抗争到底而不妥协时，就会表现出"明知不可为而为之"的勇气，为"仁义"伸张而表现为意志刚强不屈，最终可能以身死来成全人生的意义或历史的使命。很显然，在这种人身上，将表现出典型的儒家人格的特征。因此，儒道互补人格的形成和表现形式是个人自身所形成的独特性格与个人所处的社会环境互动作用后的结果，其发展变化的历程也是两者互动的过程。从研究方法来看，本部分仅采用了传记分析的方法，该方法本身就暗示了对儒道互补人格的研究，只能是初步的探索，只能是为后续进一步的研究作准备，以质性研究作探讨，而后可以结合量的研究进行深化（陈向明，2008）。未来量化实验中，可以考虑引发儒道互补人格变动的典型情境，儒家力倡将个人命运与社会历史使命相结合，而实现这一过程的最重要的途径就是"学而优则仕"。因此，在竞选中失败、评优中落选等这样的冲突情境中，儒道互补人格将展现出其独特的动态特征：有些人可能越挫越勇、越挫越有智慧、越挫折越接近成功，而有些人却会越挫折越怕事、越挫越消极、越挫离志向的显达越远。前者表现出典型的为儒家所推崇的心理行为特征，而后者则似乎与道家思想有暗合之处。

五　统计方法与样本

中介效应的存在需要满足以下几个条件：三个相关显著（即自变量、

因变量和中介变量间两两相关显著）和两个回归方程（先做因变量对自变量的回归；然后在它们中间加入中介变量做回归，若因变量与自变量的回归系数明显降低，则认为中介效应显著，系为部分中介作用，回归系数降低到零就是完全中介作用）（温忠麟、张雷、侯杰泰等，2004）。本研究严格遵循上述中介效应检验的程序，并在中介效应检验之前删除了不符合上述条件的变量。

本研究并未和其他有关人格量表编制的研究一样，通过项目分析或题总相关的显著性来作题项的删减。一方面是因为项目分析的结果，本身就在心理测量学规定的可接受的范围。另一方面，在许多研究中，当有清楚明晰的理论建构时，项目分析或题总相关似乎也并不是必然的程序；当项目分析的结果与理论建构不相符时，研究者反而仍会采信理论建构的结果。

在因素旋转的方法上，本研究选择了正交旋转法，尽管"正交旋转人为地设置了多余的限制"，而且"整个模型的拟合度都要比相同条件下斜交旋转的结果要差"，但能够使旋转后的因素负荷矩阵更具有"简单性"、"清晰性"和"易解释性"（范津砚等，2003）。从验证性因素分析的结果来看，尽管本研究采用了正交旋转的方法，但各拟合指数仍是可以接受的，也并没有因采用正交旋转而导致拟合变差或结构变化。另外，尽管本研究理论上假定道家人格各个维度是一个有机的整体，采用了斜交旋转的方法，仍无法为"道家人格是一个有机的整体"提供比正效旋转更多的解释与说明，并且在进一步的实际应用中，也无法像正交旋转那样，各个维度都能保持一定的独立性和完整性，在计分及解释上反而更具灵活性与独立完整性。相反，纵然使用斜交旋转，在计分上仍不能将各个维度得分简单加总而得到总分，在解释上也并不能对总分进行解释，并且由简单加总得到的部分也无法得到很好的解释，还是只能就自然本真及知—情—意—行各个领域的各个维度进行维度的解释，只能就理论上说明和解释道家人格的有机整体性。由此，本研究仍然采用了正交旋转的方法，这既保证了道家人格各维度理论上的整体性，又确保了实际应用中的独立完整与灵活性。而且从道家人格各维度具有中等程度的相关来看，也为道家人格具有完整性提供了一定的支持。

本研究选取的中年和老年样本仍然稍显少，按发展心理学之青年、中年和老年的划分，尽管本研究之中年、老年样本的平均年龄基本符合了发展心理学年龄阶段划分的标准，但还是有少数样本（在平均数 1 到 2 个标准差之间）不完全符合该标准，因受限于中年样本本身的特征：在事业、家庭、生活的几重压力之下，在调查中该样本更少配合，所以对该样本的选取仍稍少了一点。道家人格之认知思维部分借用了中国人整体思维量表，并未编制全新的、特定的道家思维量表。在编制形成道家人格量表的选词上，仅选取了道家经典著作《老子》与《庄子》书中的人格描述词汇，而道家人性心理行为的描述词显然并不完全局限于此。

六　研究意义与启发

本研究以道家思想文化为理论背景，从人格心理学的视野出发，编制形成了道家人格量表，并对道家人格的功能进行了初步研究，也对儒道互补人格进行了初步探索，其研究意义与启发可从对道家思想研究的深化、对中国人人格研究的推进以及实际应用价值三个方面进行阐述。

（一）道家思想研究的深化

道家为中国传统文化的主干之一，其对中国古代科学、文学、艺术、审美等产生了重大影响，并型塑了中国人人性心理方面的许多典型特征。在哲学、历史、文学等领域内，各学者对道家思想和文化进行了深入地研究与阐释。但本研究从人格心理学的视域出发，以道家思想为背景和前提，对有关道家思想文化对中国人人性心理行为形成的影响，进行了比较深入的理论分析和实证研究，不但建构了一个可以实证的、具体形象的道家人格结构理论模型，并形成了可测量的道家人格测量工具。通过实际的测量深入分析了道家人格各维度的内涵及其相互关系，进而结合对道家思想保健养生之理论研究的成果，探讨了道家人格的具体功能。将道家人格置于儒道互补的文化背景下，研究接着又对儒道互补人格进行了初步探索。研究对道家思想影响人之心理行为的理论论述、道家之全性保身的功效、中国传统文化以儒道互补为主干的理论观点，进行了实证的、量化的研究。研究又从道家之人性论出发，探讨了道家人格的特征及其功能，并对儒道互补人格进行了初步探索。这进一步扩展了本研究的广度和深度，也从心理学、尤其是人格心理学的视角出发对道家思想研究进行了深化和扩充。

（二）中国人人格研究的推进

自西方列强用坚船利炮打开国门以来，中国无数仁人志士就对中国日渐衰落的原因及如何变强大的理由进行了深入的反思，并不断探索如何走出一条"救亡图存"、"富国强民"的道路。这一探索经历了"中体西用"、"西体中用"的阶段，进而深化到对中国人之人性的反思与批判。如鲁迅之"阿Q精神"、柏杨之"丑陋的中国人"等。自改革开放以来，对中国人人性及人格心理特征的探讨，则少了一些批判，多了一些冷静，并以前期中西学者对中国人之人性的批判与反思为基础，进行了初步的具有量化性质的研究。而这一时期的研究主题则集中在国民性或民族性上。如沙莲香有关中国人之民族性的研究等。在此之后，中国人格心理学研究者开始借鉴西方的相关研究方法，进行本土化的中国人之整体人格特征的实证的量化研究。从历时态来看，对中国人之人格特征的研究方法走过了由纯理论思辨、带量化色彩的理论研究再到纯实证的量化研究的过程。其内容则由对中国人人格某一方面的具有片面性的批判，再到具有一定的综合性的研究，终至对中国人之整体特征的研究过程。由此趋势而论，未来对中国人人格的研究似乎需要进一步加以细化，并坚持纯实证的量化研究，并在进一步的细化研究中更多地运用与因素分析不同的实验研究法。本研究既承继了人格心理学中实证研究的理路，也对上述中国人人格研究中发现的与道家思想文化紧密相关的人性心理特征（如淡泊、知足、退隐等）进行了细致的深入研究，是对上述整体中国人人格特征研究的进一步细化与深化。由此进一步推进了有关中国人人格的研究，顺应了对中国人人格进行研究的整体趋势。

（三）实际应用中的价值

在道家老庄看来，"道"之运行规律贯穿于人、自然界，其根本特征为"自然无为而无不为"，其内含着二而为一的相对方相互运动及循环往复的过程，这样一种动态平衡的观点在临床心理治疗领域具有重要的启发意义。道家人格的测量研究结果进一步表明：道家人格各维度实质上是一个成系统的、有层次的有机整体，内心之骚扰不安、心绪不宁，可能反映了行为层面的好争喜斗、欲望太盛、眼中只有自己而无他人，意志上表现出与现实不相适合的过于刚强态，思维上往往矛盾冲突不断。究其本质而言，这种人的人性有"倒悬"之危，反映了其人性更深层次的异化与"失真"。无论采取存在的、认知、情绪、理性的治疗方法，往往都只具有单一的针对性，也只能是"见木不见林"。但道家人格各维度所体现出的一种动态的、平衡的、有机的、互动的、整体性的特征，为心理咨询与治疗提供了一种有益的视角和启发。研究发现，要保持人性之"自然本真"，如何保持内心的宁静与安适，并在处事时保持柔韧的意志力，对问题持联系变化的态度，将显得尤为重要。但究竟如何在纷扰不断的世事面前保持上述状态呢？其诀窍可能还在于行为处事上不要将外物（如名利或人生的理想或目标等）看得太重，以致为达成心愿或获得占有外物而与人争斗不断，处处防着别人，同时又通过处处打击和打压别人而获得对自我的保护与目的的达成，为人为事为物都离不开个"己"字，由此非弄得心绪不宁方可。从对道家人格功能的初步研究来看，当面对压力或挫折时，要成功应对压力并获得人生和人心的成长，保持适当的、长期且灵活的意志力就显得极为重要，在压力与挫折面前淡定而从容，了解该问题的过去、现在和未来，以及过去自己的人生经历，并在行事上保持低调，具有不争而谦让的务实作风，将有利于压力的应对，并十分有利于反思以获得人心的成长。

　　老子之"自然无为"的思想对企业管理也具有一定的启发意义。一是表现为其思想本身就要求企业管理者懂得并顺任管理规律而为（赵靖，1999），另外也暗含着许多权变与"柔弱胜刚强"的转变之道（舒默，1996），而道家所倡导的"慈"、"俭"、"后"和"信"也对企业的管理理念都有一定的启发（何维达，2000）。在政治上，老子奉行"无为而治"的政治理论和治世之道，主张"处无为之事，行不言之教"（《二章》）、"为无为，则无不治"（《三章》）。因为"为者败之，执者失之"，"无为"、"无执"，故"无败"、"无失"（《二十九章》）。反观历史，无数政治改革者怀着一心为民、富民强国的理想，只争朝夕地奋发图强，但"为事"之后落得个惨淡收场。但一些不求有功、但求无过的碌碌无为者，其反倒能够安享太平。因此，在为政上，如何真正做到"为无为"

而终"无不为"，如何真正做到按自然规律办事而不任意妄为，就成了为政者需要慎思的难题。但不管"无为"或者"无所作为"，老子"无为而治"中均包含有为政不能彰显自己功名之心、需按客观规律行事而不强作妄为之意（葛荣晋、李伟波，2005），而这也不能不引起国家执政者们的警觉。

七 本研究的创新

具体而论，本研究的创新之处有以下几点：

1. 以往有关传统文化中人格成分或类型的研究，往往更多地从单一传统文化的视角出发，忽略了心理学乃至人格心理学的研究视角。这样的研究，其立足点仍然停留在理论思辨层面上，而与心理学本身的契合性较差。类似上述的就中国传统文化来对中国人人格进行探讨的理论与实证研究历来看就不少见，但往往会遇到难以逾越的瓶颈：或者单纯停留在传统文化层面，只作理论的思考、总结和归纳分析，或者在研究中不经意地抛开传统文化背景和传统文化本身的脉络体系，单就为了实证而实证，或者兼顾了传统文化与实证研究两个方面，但无法将传统文化作深入地挖掘，因此导致实证研究因缺乏扎实的理论指导而显得有些力不从心，其研究结果也就如昙花一现。本研究在总结并深入思考前人研究（有关儒家人格研究等）的基础上，围绕道家人格这一主题，以中国传统儒释道文化、尤其以儒道互补为主干的中国文化为大的背景，在宏观上对道家思想文化进入了深入的分析和思考，同时也从人格心理学有关人格以人性论为出发点的思考逻辑出发，将传统道家文化对人性的预设和有关人格理想的追求，以及人格心理学领域内以人性论为基点的研究方法有机结合了起来，并依据词汇假设——特质论——因素分析研究分析思路来展开研究。这既凸显了道家传统文化对中国人人格产生影响的研究主线，同时也将道家人格置于人格心理学研究领域进行了比较好的把握。这一思路不但贯穿于如何探究道家人格的概念和结构之中，而且也体现在道家人格的功能，以及有关儒道互补人格的分析部分。研究将传统道家文化的特征与人格心理学的研究理路有机结合了起来，对道家思想文化的深入阐释及对人格心理学理论和研究方法的有效把握，是对道家思想中有关人的描述以及人格心理学中有关传统文化人格如何研究的一次大胆尝试和突破。

2. 本研究编制形成了道家人格测量工具，并在对道家人格各维度的分析中，提出了道家人格"道"—"德"—"性"—"一"——道家人性论（"真"与"伪"）——知（联系矛盾与变化）—情（静与躁）—意（柔韧）—行（因应处世：待人谦退、对己超脱、接物寡欲）的有系统的、有层次的、动态、互动的道家人格的整体模型。这一模型对如何看待道家人格的形成、变化及心理疾病的产生、变化与治疗均有重要的现实启发意义。而在道家人格的功能研究部分，对道家人格各维度之中介效应的分析，也为中国本土化的心理治疗方法——道家认知疗法的有效性提供进一步的证据支持，研究结果也对其有效性的内在机制给予了初步的解释：内心宁静安适、保持灵活且适当的意志力，以联系和变化的视角看待问题及人生的挫折，于物之欲保持淡泊、与人谦让、于己适当超脱，这些都将有利于化解现实和心理的困境。研究也对道家人格对抗死亡焦虑及应对挫折中道家人格具有心理成长的本质进行了初步的探析，这是对有关道家之养生全性之说的进一步深化，也是对道家人格之功能进行实证研究的初步探索。

3. 本研究的第三个创新之处在于对儒道互补人格的阐释。这既体现在本研究是以传记分析的方法来探讨儒道互补人格的产生和存在形态，也表现在本研究是以对道家人格的研究为基础来自然衍生出对儒道互补人格的研究，这也就使得对儒道互补人格的研究成为了道家人格研究的自然延伸、扩展和深化，为后续以中国传统文化为背景，如对儒家人格及释家人格，以及从文化影响人格的视角来探讨中国人的人格，甚至是中西人格的整体对比，都提供了一个可以进一步加以研究的切入点、起点以及可供思考的内容。另外，与以往有关儒道互补之研究仅停留在理论思辨上不同，本研究借由传记及测量的方法，进一步地挖掘了儒道互补人格的形成与变化的内在机制以及变化的动态历程，并在形成与变化中，为现代社会之现代人如何处理理想与现实的关系提供了切实可行的建议。

八　本研究的局限与不足

本研究有以下几点局限与不足。

本研究将对道家思想分析所得之人格量表施测于现代中国人，所基于的理论假设是：传统道家思想和文化将影响现代人的心理行为特征，并在现代人身上依然存在，而且会显现于人格层面，表现为心理行为方面具有道家思想文化推崇的典型特征。因此就整体而言，研究的立足点仍然是过去，对道家人格各维度内涵及关系的解释仍然源自传统道家思想，对儒道互补理论及儒道互补人格的分析仍限于传统文化、传统社会。这一"过去取向"或"过去人取向"的人格心理学研究结果，在现代社会中可能要冒被"束之高阁"的危险，而突破此一局限并化解可能危险的途径，就在于需要把研究的视角和立足点置于现代社会、现代中国人、现代中国之时事之上。也即面对现时之变革与竞争，道家"谦退"的内涵是怎样的？产生了怎样的变化？其结果如何？面对社会人生之挫折与无奈，外界的极度诱惑，人们是如何处理对物的欲望的？又是如何超脱自己的？内心保持"静"的要领何在？如何达至这一境界？更根本的是，在快速变动的当代中国，人们是如何在追求"名利"、实现其理想而又得以保全自我"本真"之性的？在现代社会中，道家人格经历了怎样的变化？它与当代中国社会中发生的冲突和矛盾现象又有着怎样的关联？又是如何在变化中融入当代中国社会生活之方方面面的，如企业、教育、心理咨询与保健？道家人格的典型心理行为特征为中国现代社会的转型提供了哪些便利？又有哪些阻碍作用？未来又会作怎样的变化呢？……这所有的问题，都是本研究之视角未能涵盖之处，为本研究的一大遗憾与不足。

在对应该如何研究道家人格的初步思考中，研究者反思得到了两条研究路径：其一为本研究的研究思路，即通过理论建构道家人格结构模型，再就道家经典著作中有关人的心理行为描述的词语来编制形成道家人格量表。其二为在确定道家人格结构模型后，借由对道家道教典型代表人物的访谈及现场观察等质性研究方法，来进一步确认、修正、深化对道家人格及其结构模型的理解，并由此形成道家人格最终可供实测的框架。研究之所以未选择第二条研究取向，主要是基于以下思考：在现实生活中，寻找典型道家道教代表人物非常困难。纵使寻找到了，是否真的具有典型代表性，真的就是典型道家人格心理行为特征的"负载者"，也是十分可疑的。另外，在短短的一篇博士论文中，对典型道家道教代表人物的访谈、观察等，会使得本研究的工作量剧增，并最终可能使得整合来自质性与量化资料的结果显得非常困难。尽管如此，从本研究整个研究过程及研究结果来看，研究中纳入对典型道家道教代表人物的质性研究不但是适合的，也是需要如此的。很明显，这些质性材料能够对本研究所认为的"传统道家思想文化影响了现代中国人之人性心理行为特征的形成与表现"的假设提供进一步的支持，也能够进一步深化对本研究结果的理解。未纳入质性研究的结果，为本研究的第二大遗憾。

在道家人格的界定部分，本研究只给出了操作性的定义，但操作性定义局限性十分明显，只能为本研究之实证量化研究提供指导和依据，界定中仍无法涵盖道家人格之道家思想背景，以及道家思想对中国人人性心理行为影响的过程、机制等内容。从长远来看，给出道家人格非操作性的文义性定义仍然是非常需要的。本研究建构了一个整体性的道家人格结构模型，并由此编制形成了道家人格量表，但对各维度的内涵并未进行深入的研究，如谦退似乎有几种不同的类型，超脱的表现形式是怎样的？超脱是否有质的变化？是否与西方的个体独立自我仍有本质的不同？为何认知思维方式中的矛盾、联系与变化维间的关系似乎是相对二分的？道家之辩证思维与矛盾辩证思维是否有本质的不同？道家意志之柔韧似乎在行为层面的某一方面与儒家之"积极有为"、"明知不可为而之"具有一致性，而在现实生活中就人的行为特征而论，对此二者又该如何区分呢？对于道家人格各维度的关系，本研究仅根据研究结果提出了一个动态的、有层级的有机整体的模型，但确证该模型仍需进一步的来自实证研究的证据。

九　研究展望

未来研究亟须就上述道家人格结构模型及道家人格量表作进一步的质性访谈或个案研究，以对该模型提供进一步的说明与阐释，并深化对道家人格量表各维度及其关系的理解。

未来研究需要以情境实验等方法对道家人格各维度的内涵进行细化研究。譬如，道家意志之柔韧的程度、表现形式等，谦退的类型与作用，寡欲的表现及作用，超脱的本质内涵及其在现代社会中的意义，认知思维中联系变化与矛盾间关系的内涵等。

未来研究中需要重新编制具有特定针对性的道家人格认知思维方式量表，也需对道家人格的功能，如道家人格与死亡焦虑间关系的内在机制和过程，道家人格与竞争失败、挫折和压力间的关系，以及其具有成长性质的条件进行进一步的研究。

未来需对儒家人格进行研究。因为由对道家人格研究而衍生出儒道互补人格后，对儒家人格的研究也似乎是其应有之意。未来对儒家人格的研究可以借鉴道家人格研究的思路和方法，并在研究中吸收道家人格研究中，有关儒道互补人格的初步研究结果。待儒家人格研究初步完成后，可以就儒道互补人格进行更加深入而有针对性的研究，尤其是本研究中有关儒道互补间的内在机制与过程的研究，可以借由儒家人格研究的成果进行更加深入的研究。

在现代社会及中西文化的剧变与冲突中，中国社会发生了许多矛盾冲突的现象，这些现象中可能包含着许多与中国人之人性心理行为特征相关的内容，尤其是与中国传统儒道互补文化有关的部分。对这些矛盾冲突现象加以分析，并抽取该现象中矛盾冲突的人性心理行为层面的本质要素，借由访谈、个案、尤其情境及实验室实验法，以对该现象背后的人格因素进行深入地探究，将为道家人格、儒家人格及儒道互补人格的利与弊、好与坏、适应与不适应现代中国社会之发展及其内在运作的原因给予很好的说明与解释。最后，对基于中国传统文化所形成的道家人格及儒道互补人格，还可以作进一步的跨文化比较研究。

十　总体结论

（1）道家人格结构理论模型是一个由道、道家人性论再及人之心理行为特征的、三层次的、有机的结构。道家人格可被操作化定义为：道家人格是指在道家思想文化的影响下，与道家人性论之"自然本真"的内涵一致并表现在知—情—意—行层面的典型的人格特质。

（2）道家人格量表包括五大领域及十一维度，按四点、七点计分，共57道题和词汇。其具有比较好的信、效度。各维度的内涵、各维度间的关系及二阶因子的义涵均与道家人格结构理论模型比较一致。

（3）道家人格具有缓冲负性情绪的功能并具有心理成长的性质，研究对道家人格具有对抗死亡焦虑的假设提供了初步的支持。

（4）儒道互补人格是道家人格的自然引申，其内在变动的机制与社会环境、个人独特的性格特征及内心理想三者间的互动关系有关。

参考文献

安东尼·华莱士（曹茂译，1998）：人格特征的文化分类。西南民族学院
　　学报·哲学社会科学版（增刊），第 165—178 页。

白奚（2000）：孔老异路与儒道互补。南京大学学报（哲学·人文科学·
　　社会科学），第 5 期，第 92—99 页。

柏杨（2008）：丑陋的中国人。北京：人民文学出版社。

布朗，郑日昌（1982）：创造力及其测量。心理科学，第 3 期，第 50—
　　52 页。

蔡德贵（2007）：葛洪思想的儒道互补特征。社会科学研究，第 6 期，第
　　134—138 页。

蔡华俭，林永佳，伍秋萍，严乐，黄玄凤（2008）：网络测验和纸笔测验
　　的测量不变性研究——以生活满意度量表为例。心理学报，第 2 期，
　　第 228—239 页。

曹晓平，任百利，赵良英等（1994）：卡氏 16PF 中译本常模 20 余年的变
　　化趋势。心理科学，第 3 期，第 184—186 页。

曾红（1994）：儒、道、佛理想人格的融合及其对国人的影响。江西师范
　　大学学报（哲学社会科学版），第 4 期，第 62—73 页。

陈鼓应（1990）：论道家在中国哲学史上的主干地位。哲学研究，第 1
　　期，第 100—107 页。

陈鼓应（1994）：《象传》中的道家思维方式。道家文化研究（第五辑）。
　　上海：上海古籍出版社。

陈鼓应（1995）：道家在先秦哲学史上的主干地位（上篇）。中国文化研
　　究，第 8 期，第 1—16 页。

陈鼓应（1995）：道家在先秦哲学史上的主干地位（下篇）。中国文化研

究，第 9 期，第 1—10 页。

陈鼓应（1996）：《象传》中的道家思维方式。道家文化研究（第五辑）。上海：上海古籍出版社。

陈鼓应（2007）：老子今注今译。北京：商务印书馆。

陈鼓应，白奚（1998）：孔老相会及其历史意义。南京大学学报（哲学人文社会科学），第 4 期，22—26 页。

陈鼓应注译（2009）：老子今注今译。北京：商务印书馆。

陈建文（2001）：青少年社会适应的理论与实证研究：结构、机制与功能。西南师范大学博士学位论文。

陈建文（2009）：人格与社会适应。合肥：安徽教育出版社。

陈静（1998）："真"与道家的人性思想，道家文化研究（第十四辑）。北京：生活·读书·新知三联书店。

陈静（2003）：道教的女仙——兼论人仙与神仙的不同。道教研究，第 3 期，第 33—39 页。

陈丽英（2006）：庄子的理想人格刍议。理论界，第 5 期，第 144—145 页。

陈明（1989）：儒道互补人格结构的可能、必然与完成。北京社会科学，第 2 期，第 4—12 页。

陈默，金艳滨（2005）：论庄子的理想人格及其文化意义。北方论丛，第 1 期，第 55—58 页。

陈少华（2005）：人格与认知。北京：社会科学文献出版社。

陈四光，金艳，郭斯萍（2006）：西方死亡态度研究综述。国外社会科学，第 1 期，第 66—68 页。

陈向明（2008）：质性研究的新发展及其对社会科学研究的意义。教育研究与实验，第 2 期，第 14—18 页。

陈耀庭（2004）：走近全真道士的生活。中国宗教，第 8 期，第 24—27 页。

程伟礼（1988）：《老子》与中国"女性哲学"。复旦学报（社会科学版），第 2 期，第 104—110 页。

崔红，王登峰（2004）：中国人人格形容词评定量表（QZPAS）的信度、效度与常模。心理科学，第 27 卷，第 1 期：31—33 页。

[美] 大卫·理斯曼（朱虹译，2002）：孤独的人群。南京：南京大学出版社。

戴桂斌（1999）：儒道理想人格的会通互补及其启示。武汉大学学报（哲学社会科学版），第 3 期，第 59—62 页。

戴琴，冯正直（2008）：抑郁患者的注意偏向。心理科学进展，第 2 期，第 70—75 页。

戴忠恒，祝蓓里（1988）：卡氏十六种人格因素量表手册（修订本）。上海：华东师范大学出版社。

党圣元，李继凯（1997）：中国古代的道士生活。北京：商务印书馆。

邓晓芒（1995）：关于道家哲学改造的临时纲要。哲学动态，第 4 期，第 17—20 页。

邓晓芒（2005）：灵之舞——中西人格的表演性。武汉：湖北人民出版社。

狄敏，黄希庭，张永红（2004）：大学生时间管理倾向和 A 型人格的关系研究。中国临床心理学杂志，第 12 卷第 2 期，第 154—155 页。

刁生富，刁生虎（2000）：庄子的直觉思维方式及其对现代科技的方法论价值。科技技术与辩证法，第 17 卷第 6 期，第 13—16 页。

刁生虎（2002）：老庄直觉思维及其方法论意义。安徽大学学报（哲学社会科学版），2002 年第 5 期，第 14—18 页。

杜道明（2003）：从“物中之道”到“味中之旨”。中国文化研究，冬之卷，第 106—114 页。

范恩君（1996）：道教的理想人格与神和仙。中国道教，第 4 期，第 30—33 页。

范津砚，叶斌，章震宇，刘宝霞（2003）：探索性因素分析——最近 10 年的评述。心理科学进展，第 11 卷第 5 期，第 579—585 页。

冯达文（1992）：古代道家思想与现代精神文明。现代哲学，第 3 期，第 37—39 页。

冯天瑜（1995）：“终极关怀”的儒道两走向。道家文化研究（第八辑），上海：上海古籍出版社。

冯友兰（1996）：中国哲学简史·中国哲学的精神。北京：北京大学出版社。

冯友兰（2004）：中国哲学史新编（上）。北京：人民出版社，第323—329页。

冯友兰（2007）：中国哲学简史。赵复三译，天津：天津社会科学院出版社。

弗洛姆（1988）：占有还是生存。上海：生活·读书·新知三联书店。

傅佩荣（2006）：解读老子。百家讲坛。

傅佩荣（2006）：哲学与人生。北京：东方出版社。

傅佩荣（2007）：解读易经。上海：生活·读书·新知三联书店。

高晨阳（1994）：阮籍评传。南京：南京大学出版社。

高亨（1998）：周易大传今注。山东：齐鲁书社。

高觉敷主编（2005）：中国心理学史（第2版）。北京：人民教育出版社。

高尚仁，杨中芳（1991）：中国人·中国心——传统篇。中国台北：远流出版社公司。

高玉祥（1989）：个性心理学。北京：北京师范大学出版社。

高钰琳，傅义强，陈佩云（2010）：生死教育对高年级学生死亡焦虑的影响。护理研究，第5期，第453—454页。

葛晨虹（1996）：儒家理想人格境界的二级耦合。史学月刊，第4期，第2—7页。

葛鲁嘉（2002）：中国心理学化和本土化。吉林大学社会科学学报，第2期，第5—15页。

葛荣晋（1991）：道家文化与现代文明。北京：中国人民大学出版社，第249—260页。

葛荣晋，李伟波（2005）：道家的"无为而治"与企业的科学管理。中国人民大学学报，第4期：第110—116页。

葛兆光（2004）：中国思想史。上海：复旦大学出版社。

顾志坤（2007）：竹林七贤之嵇康传。北京：团结出版社。

郭川雄（1997）：和谐型思维与张力型思维：《老子》与《圣经》思维方式之比较。本土心理学研究（第七期），中国台湾：桂冠图书股份有限公司，第30—68页。

郭庆科等（2007）：验证性因素分析中模型拟合的判断。心理学探新，第4期，第83—87页。

郭永玉（1999）：孤立无援的现代人。武汉：湖北教育出版社。

郭永玉（2001）：先秦情欲论。心理学报，第 1 期，第 82—87 页。

郭永玉（2002）：静修与心理健康。南京师范大学学报（社会科学版），第 5 期：第 75—81 页。

郭永玉，王伟（2005）：心理学导引。湖北：华中师范大学出版社。

国风（2007）：德合天地·道济天下——先秦儒道思想中的理想人格。学习与探索，第 5 期，第 229—233 页。

韩石萍（1998）：荀子对君子人格的界定。齐鲁学刊，第 2 期，第 82—84 页。

何维达（2000）：华夏传统文化与企业管理现代化。当代财经，第 2 期，第 56—60 页。

侯杰泰，成子娟，马殊赫伯特（1999）：验证性因素分析：问卷题数及小样本应用策略。心理学报，第 33 卷第 1 期，第 76—83 页。

侯杰泰，温忠麟，成子娟（2005）：结构方程模型及其应用。北京：教育科学出版社。

侯玉波，张梦（2009）：对中国人自我结构的理论分析。心理科学，第 32 卷第 1 期，第 226—229 页。

侯玉波，张梦，高歌（2006）：京港中学生对压力之应对方式与其自身及父母因素的关系。北京大学—香港青年协会青少年发展比较研究系列，第 6 期，第 1—53 页。

胡孚琛主编：中华道教大辞典（1995）。北京：中国社会科学出版社。

胡俊修（2003）：文化人类学视野下的男女平等。社会，第 5 期，第 4—8 页。

黄承贵（2004）：水：老子"道"论的本喻。青海社会科学，第 6 期，第 71—74 页。

黄丽莉（2007）：华人人际和谐与冲突——本土化的理论与研究。重庆：重庆大学出版社。

黄凌云，赵冰洁（2006）：低心理健康水平华侨学生大五人格分析。中国行为医学科学，第 12 期，第 1112—1113 页。

黄庆元，李建国（2005）：中国道家认知疗法治疗抑郁症 35 例临床观察。甘肃中医，第 1 期，第 18 页。

黄希庭（2002）：人格心理学。杭州：浙江教育出版社。

黄希庭，郑涌（1999）：当代中国大学生心理特点与教育。上海：上海教育出版社。

黄薛冰，张亚森，杨德森（2001）：中国道家认知疗法对大学生心理健康的预防干预。中国心理卫生杂志，第 4 期，第 243—246 页。

吉冈义豊（余促珏译，1983）：道士的生活。中国道教，第 1 期，第 48—62 页。

江维（2009）：新女性小说中的死亡体验——以林白、陈然的小说创作为例。法制与社会，第 22 期，第 319—320 页。

金喻（2005）：心理测量学。上海：华东师范大学出版社。

晋向东（2008）：癌症病人的心理状况及心理护理现状研究。法制与社会，第 5 期（下），第 293 页。

景怀斌（2002）：传统中国文化处理心理健康问题的三种思路。心理学报，第 34 卷第 3 期，第 327—332 页。

景怀斌（2003）：孔子人格结构的心理学研究。中山大学，博士学位论文。

景怀斌（2007）：儒家的人格结构及心理学扩展。现代哲学，第 5 期，第 48—56 页。

科恩（高定国译，2011）：心理统计学。上海：华东师范大学出版社。

勒温（竺培梁译，1997）：拓扑心理学原理。杭州：浙江教育出版社。

雷雳，侯志瑾，白学军（1997）：不同年级高师学生的学习动机与学习策略。心理发展与教育，第 4 期，第 17—21 页。

黎孟德（1994）：儒道异趣与中国传统美学。四川师范大学学报（社会科学版），第 21 卷，第 1 期，第 48—55 页。

李道湘（1997）：庄子的人格理论与现代中国人格建构。中国科学院研究生院学报，第 4 期，第 85—92 页。

李堆尚（1995）：老子哲学的思维方式。延安大学学报（社会科学版），第 17 卷第 1 期，第 29—36 页。

李红（1993）：论人格理论发展史的一条重要规律。西南师范大学学报（哲学社会科学版），第 2 期，第 41—46 页。

李红菊，郭永玉（2002）：人格特质论的基本问题研究。宁波大学学报

（教育科学版），第 24 卷第 4 期，第 14—18 页。

李虹（2006）：自我超越生命意义对压力和健康关系的调节作用。心理学报，第 38 卷第 3 期，第 422—427 页。

李继武（2002）：创造性思维特点的辩证矛盾性。社会科学，第 11 期，第 35—39 页。

李静，郭永玉（2008）：物质主义及其相关研究。心理科学进展，第 16 卷第 4 期，第 637—643 页。

李静，郭永玉（2009）：物质主义价值观量表的修订。心理与行为研究，第 4 期，第 280—283 页。

李淑贞（1996）：中国传统价格观及其现实意义。福建学刊，第 5 期，第 61—64 页。

李文倩（2007）："孝"文化背后的重生祈望。华南农业大学学报（社会科学版），第 4 期，第 89—94 页。

李霞（1998）：道家与禅宗的人生哲学。安徽史学，第 3 期，第 3—6 页。

李霞（2007）：老庄道家生死观研究。安徽大学学报（哲学社会科学版），第 6 期，第 16—21 页。

李约瑟（1990）：中国古代科学思想史。南昌：江西人民出版社。

李约瑟（1990）：中国科学技术史（第 2 卷）。北京：科学出版社。

李泽厚（1981）：美的历程。北京：文物出版社。

李泽厚（1994）：中国古代思想史论。合肥：安徽文艺出版社。

李泽厚（1999）：美学三书。合肥：安徽文艺出版社。

李泽厚（2002）：历史本体论。北京：生活·读书·新知三联书店。

李泽厚（2008）：中国古代思想史。天津：天津社会科学院出版社。

梁漱溟（2005）：中国文化要义。上海：上海人民出版社。

林崇德（2005）：发展心理学。北京：人民教育出版社。

林传鼎（1939）：唐宋以来三十四个历史人物心理特质的估计。中国台湾：辅仁大学出版社。

林顿（2007）：人格的文化背景。于闽梅，陈学晶译，桂林：广西师范大学出版社。

林升栋（2006）：自我图式的重构：从两极模型到双变量模型。心理科学，第 29 卷第 5 期，第 1263—1265 页。

林幸台，王木荣（1994）：威廉斯创造力测验。中国台湾：心理出版社。

林语堂（2009）：吾国与吾民。西安：陕西师范大学出版社。

刘方（1995）：儒道互补的社会发生及其社会功能。自贡师范专科学报，第4期，第37—41页。

刘娇，郑涌（2005）：大学生死亡焦虑及其与自我价值的相关研究。重庆：西南大学硕士学位论文。

刘明武，李材尧（2002）：太极思维：中华文化的根本特征。哲学，第10期，第25—31页。

刘松来，郭辛茹（2009）：从古典小品文看"儒道互补"。中国人民大学学报，第3期，第119—124页。

刘同辉（2004）：中西人格心理学思想之比较研究。心理科学，第3期，第632—635页。

刘同辉（2006）：中体而西用，返本以开新——中西人格心理学思想之比较研究。华东师范大学，博士学位论文。

刘泽华（1992）：中国古代政治思想史。天津：南开大学出版社。

刘增惠（2000）：道家文化面面观。济南：齐鲁书社。

刘长明（2007）：圆道思维与和谐社会。北京大学学报（哲学社会科学版），第44卷第5期，第14—18页。

刘周堂（1989）：论张衡人生哲学的特色——兼论儒道互补。长沙水电师院学报（社会科学版），第1期，第105—108页。

龙应台（1988）：中国人——你为什么不生气。北京：时事出版社。

鲁歆恺（2007）：试论《三国志演义》的儒道互补思想。常熟理工学院学报（哲学社会科学版），第1期，第98—101页。

鲁迅（1976）：致许寿裳。鲁迅书信集（上卷）。北京：人民文学出版社。

鲁迅（1927）：魏晋风度及文章与药及酒之关系。广州：广州市立师范学校礼堂举行开幕式报告。

陆洛（2009）：华人自我的多元展现与综合人我关系之界定："折衷自我"的现身。载杨国枢，陆洛编：中国人的自我——心理学的分析。重庆：重庆大学出版社。

路晓军，路小燕，田根胜（2004）：中国传统文化的生死观。求索，第6期，第171—173页。

罗安宪（2007）：儒道人性论之基本差异。河北学刊，第 4 期，第 33—37页。

罗炽（1998）：《易传》与道家思维方式合论。道家文化研究（第十二辑）。上海：上海古籍出版社，第 52—67 页。

吕锡琛，邓小峰（2002）：试论庄子理想人格在科学探索中的积极意义。现代大学教育，第 3 期，第 77—80 页。

吕锡琛（1999）：道家与民族性格。长沙：湖南大学出版社。

马克斯·韦伯（2007）：新教伦理与资本主义精神。陈平译，西安：陕西师范大学出版社。

马前锋，孔克勤（2007）：文化与人格：心理人类学的解释。心理科学，第 6 期，第 1517—1520 页。

马煊等（2004）：应对方式、人格特征与应激水平的关系。中国临床心理学杂志，第 12 卷第 1 期，第 48—55 页。

毛晋平，何炎芬（2008）：大学生大五人格与学习适应性的关系研究。中国临床心理学杂志，第 16 卷第 2 期，第 200—201 页。

毛希祥，熊民（2008）：中国道家认知疗法治疗脑卒中后抑郁。柳州医学，第 1 期，第 14—15 页。

孟昭兰（2005）：情绪心理学。北京：北京大学出版社。

米德（1988）：三个原始部落的性别与气质。宋践等译，杭州：浙江人民出版社。

苗茂华，曲成毅，任艳峰（2005）：老年人人格特征与认知功能。中国心理卫生杂志，第 19 卷第 6 期，第 87—88 页。

墨菲，柯瓦奇（1980）：近代心理学历史导引。林方，王景和译，北京：商务印书馆。

牟钟鉴，胡孚琛，王葆玹主编（1991）：道教通论——兼论道家学说。济南：齐鲁书社。

穆肃，丁新（2007）：传记研究方法及其在远程教育研究中的应用。中国电化教育，第 5 期，第 37—40 页。

潘富恩（1991）：简评《从圣贤人格到全面发展》。学术月刊，第 1 期，第 89 页。

彭聃龄主编（2006）：普通心理学。北京：北京师范大学出版社。

皮特里（2005）：动机心理学。郭本禹译，西安：陕西师范大学出版社。

漆侠（1999）：儒家的中庸之道与佛家的中道义。北京大学学报（哲学社会科学版），第 36 卷第 3 期，第 78—84 页。

钱铭怡，张光健，罗珊红，张莘（2000）：大学生性别角色量表（CSRI）的编制。心理学报，第 1 期，第 99—104 页。

秦竹等（2003）：甘麦大枣配合道家认知疗法治疗考试焦虑症 68 例疗效观察。新中医，第 12 期，第 29—30 页。

曲波，郭海强，任继萍等（2006）：结构方程模型及其在医学中的应用。数理医药学杂志，2006，第 4 期，第 349—351 页。

任国华，刘继亮（2005）：大五人格和工作绩效相关性研究的进展。心理科学，第 28 卷第 2 期，第 406—408 页。

任继愈（1990）：中国道教史。上海：上海人民出版社。

任继愈（1999）：中国哲学史（第一册）。北京：人民出版社，第 51—56页。

若水（1999）：《庄子》对理想人格的塑造。道教论坛，第 3 期，第 10—14 页。

森岛通夫（1986）：日本为什么成功。胡国成译，成都：四川人民出版社。

舒默（1996）：中国传统文化中的管理谋略，中南财经大学学报，第 3 期，第 12—18 页。

宋维真，张建新，张建平，张妙清，梁觉（1993）：编制中国人个性测量表（CPAI）的意义与程序。心理学报，第 25 卷第 4 期：400—407 页。

孙隆基（2004）：中国文化的深层结构。桂林：广西师范大学出版社。

孙以楷，陆建华，刘慕方（2004）：道家与中国哲学（先秦卷）。北京：人民出版社。

孙义元（1999）：编制适合我国国情的死亡与濒死焦虑量表的研究。天津：天津医科大学硕士学位论文。

唐明燕（2010）：论先秦儒家协调人际关系的总体原则及影响。理论月刊，第 4 期，第 59—61 页。

田丽丽，郑雪（2007）：中学生五种人格因素与多维生活满意度的关系。

中国心理卫生杂志，第 21 卷第 3 期，第 165—168 页。

田录梅，张建玲（2009）：大学生外显自尊、内隐自尊、人格特质与积极情感、消极情感的关系。中国心理卫生杂志，第 23 卷第 3 期，第 196—199 页。

涂阳军，陈建文，李传玲（2008）：学习过程问卷的结构及信、效度研究。中国临床心理学杂志，第 16 卷第 2 期，第 119—123 页。

涂阳军，喻丰，郭永玉（2010）：创伤后成长问卷中国版的修订。社会心理研究，第 3 期，第 13—16 页。

汪凤炎（2003）：刍议中国文化心理学。赣南师范学院学报，第 3 期，第 29—35 页。

汪凤炎（2008）：中国文化心理学（第 3 版）。广州：暨南大学出版社。

汪向东，王希林，马弘（1999）：心理卫生评定量表手册（增订版）。北京：中国心理卫生杂志社。

王博（1993）：老子思维方式的史官特色。载陈鼓应主编：道家文化研究（第四辑）。上海：上海古籍出版社，第 46—58 页。

王登峰（1994）：自我和谐量表的编制。中国临床心理学杂志，第 2 卷第 1 期，第 19—21 页。

王登峰（2005）：解读中国人的人格。北京：中国社会科学文献出版社。

王锋，李永鑫（2004）：坚韧性人格研究综述。心理科学，第 27 卷第 3 期，第 715—717 页。

王干才（1990）：矛盾思维和创造性思维。山西师范大学学报（社会科学版），第 4 期，第 4—8 页。

王国强，张亚森等（2007）：合并道家认知疗法治疗早期高血压的随机对照研究。中国临床心理学杂志，第 3 期，第 326—328 页。

王国胜（1995）：试论庄子追求的理想人格。河南师范大学学报（哲学社会科学版），第 3 期，第 5—8 页。

王红蕾，李玲（2002）：庄子直觉思维类型论。社会科学辑刊，第 4 期，第 128—130 页。

王俊平，许晶（2005）：道家认知疗法治疗脑卒中后抑郁的临床研究。中国行为医学科学，第 6 期，第 490—492 页。

王宁山（1997）：论老庄道家的人格思想。浙江社会科学，第 4 期，第

92—97 页。

王庆节（2004）：老子的自然观念：自我的自己而然与他者的自己而然。求是学刊，第 31 卷第 6 期，第 41—50 页。

王群力（1995）：儒道互补——诸葛亮智慧的文化特征。社会科学辑刊，第 5 期，第 153—155 页。

王甦，林仲贤，荆其诚（1997）：中国心理科学。长春：吉林教育出版社。

王滔（2009）：大学生情绪应对的策略及其相关因素研究。重庆：西南大学博士论文。

王益明（2003）：透视焦虑——焦虑本质的哲学心理学探析。山东大学学报（哲学社会科学版），第 6 期，第 117—121 页。

王莹，傅崇辉，李玉柱（2004）：老年人的心理特征因素对生活满意度的影响。中国人口科学，增刊，第 75—80 页。

韦政通（2006）：传统中国理想人格的分析。载李亦园，杨国枢主编：中国人的性格。南京：江苏教育出版社，第 23—25 页。

温忠麟，侯杰泰，张雷（2005）：调节效应与中介效应的比较和应用。心理学报，第 2 期，第 268—274 页。

温忠麟，侯杰泰，张雷，刘红云（2004）：中介效应的检验程序及其应用。心理学报，第 5 期，第 614—620 页。

温忠麟，张雷，侯杰泰（2006）：有中介的调节变量和有调节的中介变量。心理学报，第 38 卷第 3 期，第 448—452 页。

闻一多（1948）：《道教的精神》。闻一多全集（第一册），上海：上海开明书店。

吴重庆（1993）：论儒道互补，哲学研究，第 1 期，第 67—74 页。

肖群忠（2002）：儒道的人生进退之道及其影响，道德与文明，第 5 期，第 50—53 页。

肖祥（2005）：道家的道德主体性及其对现代道德建设的启示。社会科学，第 6 期，第 89—94 页。

谢和耐（1995）：中国社会史。耿昇译，南京：江苏人民出版社。

谢清果（2002）：老子形象思维及其现代价值。福建师范大学学报（哲学社会科学版），第 1 期，第 28—33 页。

徐复观（2001）：中国人性论史（先秦篇）。上海：上海三联书店。

徐进，姬红艳（1995）：试析道家法律思想的积极方面。山东大学学报（哲学社会科学版），第 4 期，第 62—65 页。

许地山（1999）：道教史。上海：上海古籍出版社。

许抗生（1994）：简论中国传统文化的儒道思想互补。中国文化研究，第 4 期，第 4—11 页。

严北溟（1980）：应对庄子重新评价。哲学研究，第 1 期，第 40—56 页。

颜小勇（2004）：中国道家认知疗法对焦虑大学生干预的研究。江西师范大学，硕士学位论文。

燕国材（1996）：中国心理学史。杭州：浙江教育出版社。

燕国材（2004）：心理学思想史。长沙：湖南教育出版社。

燕国材（2005）：中国心理学史。北京：人民教育出版社。

燕国材：中国传统文化与中国人的性格。载杨国枢，余安邦编著：中国人的心理与行为：理论及方法篇（1992）。中国台北：桂冠图书公司。

燕良轼（2007）：中国传统文化中关于"君子"人格的社会建构。开封：第十一届全国心理学学术会议论文摘要集，第 75 页。

杨波（1999）：中国人的人格结构。北京：新华出版社。

杨波（2005）：古代中国人人格结构的因素探析。心理科学，第 28 卷第 3 期，第 668—672 页。

杨春福，王方玉（2008）：利益多元化与公民权利保护论纲。南京社会科学，第 3 期，第 76—82 页。

杨德森（2008）：中国人的心理解读。上海：上海科学技术出版社。

杨国枢（1993）：我们为什么要建立中国人的本土心理学，本土心理学研究（台湾），第 1 期，第 6—88 页。

杨国枢（2004）：中国人的心理与行为：本土化研究。北京：人民大学出版社。

杨国枢，文崇一，吴聪贤，李亦园（2006）：社会及行为科学研究法。重庆：重庆大学出版社。

杨海文（2000）："仁且智"与孟子的理想人格论。孔子研究，第 4 期，第 40—49 页。

杨宏飞（2006）：目标追求的出世、入世心理测评初探。心理科学，第 2

期，第 395—397 页。

杨慧芳（2006）：大学生个人奋斗与人格特质、主观幸福感的关系研究。武汉：华中师范大学硕士学位论文。

杨慧芳，郭永玉，钟年（2007）：文化与人格研究中的几个问题。心理学探新，第 1 期，第 3—11 页。

杨加青，赵兰民，买孝莲（2005）：中国道家认知疗法并用盐酸米安色与单用盐酸米安色林治疗老年抑郁症的对照研究。中国神经精神疾病杂志，第 5 期，第 333—335 页。

杨丽（2005）：大学生心理健康调查及心理干预效果评估。中国临床心理学杂志，第 13 卷第 1 期，第 102 页。

杨秀莲（2007）：西方文化与人格研究的历时态考察。学习与探索，第 2 期，第 77—79 页。

杨荫楼（1999）：道家的理想人格试论。山东师范大学学报（社会科学版），第 3 期，第 62—65 页。

杨玉辉（2004）：老子与道合一的理想人格。西南师范大学学报（人文社会科学版），第 6 期，第 10—14 页。

杨玉辉（2010）：道家人格研究。成都：巴蜀书社。

杨中芳（1993）：试论如何深化本土化心理学研究。本土心理学研究（台湾），第 1 期，第 122—183 页。

杨中芳（2009）：试论中国人的"自己"：理论与研究方向。载杨国枢，陆洛编：中国人的自我——心理学的分析。重庆：重庆大学出版社。

杨子云，郭永玉（2004）：人格分析的单元：特质、动机及其整合。华中师范大学学报（人文社科版），第 43 卷，第 6 期，第 131—135 页。

姚远，陈立新（2005）：老年人人格特征对心理健康的影响研究。人口学刊，第 4 期，第 10—15 页。

叶光辉，杨国枢（2009）：中国人的孝道。重庆：重庆大学出版社。

殷海光（1988）：中国文化的展望。北京：中国和平出版社。

尹艳秋（1997）：论道德理想人格。苏州大学学报（哲学社会科学版），第 3 期，第 26—30 页。

英克尔斯（殷陆君编译，1985）：人的现代化——心理·思想·态度·行为。成都：四川人民出版社。

游唤民（1988）：论"中庸"的产生和发展。湖南师大社会科学学报，第2期，第48—53页。

于福存（1999）：略论孔子思想中的君子及其人格修养。齐鲁学刊，第4期，第51—53页。

于均涛，邹凤，王黎黎（2008）：中国道家认知疗法治疗广泛性焦虑效果观察。中国误诊学杂志，第8期，第512—513页。

于肖楠，张建新（2007）：自我韧性量表与Connor-Davidson韧性量表的应用比较。心理科学，第30卷第5期，第1169—1171页。

余明光，谭建辉（1997）：道家文化的现代意义。湘潭大学学报（哲学社会科学版），第3期，第44—50页。

余秋雨（2008）：文化与人格。党建，第5期，第64页。

余潇枫（1998）：哲学人格。吉林：吉林教育出版社。

约翰逊，麦吉（2005）：死亡与濒死的心理层面。国外社会科学，第3期，第77—79页。

詹栋梁（1967）：老子之道与孔子之道异同比较。［中国台湾］建设，第16卷第1期。

詹福瑞（2003）：生命意识的觉醒与儒、道生命观。中国文化研究，秋之卷，第68—76页。

詹剑峰（1956）：墨家的形式逻辑。武汉：湖北人民出版社。

张秉楠（1989）：论孔子的君子人格。孔子研究，第4期，第44—48页。

张春兴（2009）：现代心理学。上海：上海人民出版社。

张岱年（1982）：中国哲学大纲。北京：中国社会科学出版社。

张岱年（1985）：中国哲学中"天人合一"思想的剖析。北京大学学报（哲学社会科学版），第1期，第1—8页。

张岱年（1988）：文化与哲学。北京：教育科学出版社。

张岱年（1994）：中国哲学大纲。北京：中国社会科学出版社。

张锋，毕重增，陈本友（2005）：自我价值感、心理控制源和A型人格对时间管理倾向的影响研究。西南师范大学学报（人文社会科学版），第6期，第6—9页。

张刚，吴光章（2003）：从祖灵意识谈儒道起源及其同流。思想战线，第29卷第6期，第109—113页。

张积家，贾春娟（2008）：感觉词素加速多词素汉语人格特质词的识别。应用心理学，第1期，第42—47页。

张建仁（1996）：儒道理想人格之比较。新疆师范大学学报（哲学社会科学版），第3期，第28—35页。

张建新，周明洁（2006）：中国人人格结构探索——人格特质六因素假说。心理科学进展，第14卷第4期，第574—585页。

张金岭（2002）：论道家人性论的实质。四川师范大学学报（社会科学版），第2期，第111—116页。

张景焕，金盛华（2007）：具有创造成就的科学家关于创造性的概念结构。心理学报，第39卷第1期，第135—145页。

张克刚（2003）：孔子"君子素质"理念及其时代价值。理论探讨，第3期，第40—41页。

张梅（2003）：论"儒道互补"现象对中国文学的几点影响。西南民族学院学报（哲学社会科学版），第3期，第57—62页。

张文勋（2008）：中国古代美学中的儒道互补。中国文化研究，秋之卷，第39—52页。

张向葵，郭娟，田录梅（2005）：自尊能缓冲死亡焦虑吗。心理科学，第28卷第3期，第602—605页。

张亚林，林克明（1995）：论心理学的本土化。中国临床心理学杂志，第3卷第4期，第217—219页。

张亚林，杨德森（1998）：中国道家认知疗法——ABCDE技术简介。中国心理卫生杂志，第3期，第188—192页。

张亚林，杨德森（2000）：中国道家认知疗法治疗焦虑障碍。中国心理卫生杂志，第1期，第62—63页。

张阳阳，佐斌（2006）：自尊的恐惧管理理论研究述评。心理科学进展，第14卷第2期，第273—280页。

张运华（1998）：先秦两汉道家思想研究。吉林：吉林教育出版社。

张智彦（1990）：楚文化与老庄哲学。社会科学辑刊，第2期，第5—14页。

张作记（2005）：16项人格因素问卷。北京：中华医学电子音像出版社。

张作记编（2005）：中国行为医学量表手册。北京：中华医学电子音像出版社。

章启群（2009）:《老子》的"自然"与"无为"义考辨。云南大学学报（社会科学版），第 8 卷第 5 期，第 34—40 页。

赵剑敏（2000）:竹林七贤。上海:上海学林出版社。

赵靖（1999）:《老子》管理哲学的启示。经济学说史，第 44—55 页。

赵树雕，陈燕（2008）:国外死亡焦虑研究概况。医学与哲学（人文社会医学版），第 29 卷第 4 期，第 48—49 页。

赵潇（2007）:儒道互补与中国艺术精神——再读李泽厚《美的历程》的一点感受。郑州铁路职业技术学院学报，第 19 卷第 4 期，第 56—57 页。

赵志裕（2000）:中庸思维的测量:一项跨地区研究的初步结果。香港社会科学学报，第 18 期，第 33—54 页。

郑剑虹（1997）:梁漱溟人格的心理传记学研究。重庆:西南师范大学硕士学位论文。

郑开（2007）:道家心性论及其现代意义，载陈鼓应主编:道家文化研究（第二十二辑）。北京:生活·读书·新知三联书店。

郑日昌（1999）:大学生心理诊断。济南:山东教育出版社。

郑日昌（1999）:人际关系综合诊断量表。北京师范大学辅仁心智心理测评系统（综合版）。

郑士民（2006）:中国传统理想人格及其现代重构。山东曲阜师范大学，硕士学位论文。

郑晓江（1996）:道家与道教精神疗法之现代价值。中国道教，第 4 期，第 44—49 页。

郑晓江（2001）:论死亡焦虑及其消解方式。南昌大学学报（人社版），第 2 期，第 11—18 页。

中国道教协会，苏州道教协会（1994）:道教大辞典。北京:华夏出版社。

钟建安，段锦云（2004）:"大五"人格模型及其在工业与组织心理学中的应用。心理科学进展，第 12 卷第 4 期，第 578—583 页。

钟年（1999）:文化:越问越糊涂。民族艺术，第 3 期，第 46—51 页。

钟肇鹏（2001）:道教小辞典。上海:上海辞书出版社。

周碧晴（2000）：孔子的君子论。南京政治学院学报，第 2 期，第 61—65页。

周德新（2008）：死亡态度论。湖南文理学院学报（社会科学版），第 33 卷第 2 期，第 21—23 页。

周亮，杨德森，裴瑜（2003）：道家认知疗法治疗焦虑性神经症的提前终止治疗。神经疾病与精神卫生，第 4 期，第 308—309 页。

周亮，杨德森，肖水源，朱金富（2003）：精神超脱量表编制的理论构思以及初步信效度检验。中国行为医学科学，第 4 期，第 465—466 页。

周亮，朱金富，肖水源，杨德森（2002）：投入超脱量表的编制与信度效度检验。中国临床心理学，第 4 期，第 300—303 页。

周敏娟，姚立旗，徐继海（2002）：道家思想对老人心理及主观幸福度影响。中国心理卫生杂志，第 16 卷第 3 期，第 175—177 页。

周明建，宝贡献（2005）：组织中的社会交换：由直接到间接。心理学报，第 37 卷第 4 期，第 535—541 页。

周勇慎（2009）：时时处处皆悟道——道士的生活与修道。中国宗教，第 7 期，第 63—64 页。

周振甫（1991）：周易译注。上海：中华书局。

朱伯崑（1992）：道家的思维方式与中国形而上学传统。道家文化研究（第二辑）。上海：上海古籍出版社，第 11—41 页。

朱义禄（1991）：从圣贤人格到全面发展——中国理想人格探讨。沈阳：辽宁教育出版社。

朱义禄（2006）：儒家理想人格与中国文化。上海：复旦大学出版社。

邹智敏，王登峰（2007）：应激的缓冲器：人格坚韧性。心理科学进展，第 15 卷第 2 期，第 241—248 页。

Barnouw，V.（1989）：人格：文化的沉淀。周晓虹等译，沈阳：辽宁人民出版社。

Benedict，R.（1987）：文化模式。何锡章，黄欢译，北京：华夏出版社。

［美］Inkeles，A.（1985）：人的现代化——心理·思想·态度·行为。殷陆君编译，成都：四川人民出版社。

Riesman，D.（2002）：孤独的人群。王崑译，南京：南京大学出版社。

Weber，M.（1986）：新教伦理与资本主义精神。黄晓京等译，成都：四川人民出版社。

Armeli, T. , Gunthert, K. C. & Cohen, L. H. (2001) . Stressor appraisals, coping, and post-event outcomes: the dimensionality and antecedents of stress-related growth. *Journal of Social and Clinical Psychology*, 20 (3), 366—395.

Barakat, L. P. , Alderfer, M. A. & Kazak, A. E. (2006) . Posttraumatic growth in adolescent survivors of cancer and their mothers and fathers. *Journal of Pediatric Psychology*, 31 (4), 413—419.

Cheung, F. , Leung, K. , Zhang, J. X. , Sun, H. & Gan Y. Q. (2001) . Indigenous Chinese personality constructs: is the five-factor model complete? *Journal of Cross-Cultural Psychology*, 32 (4), 407—433.

Costa P. T. , McCrae R. R. Influence of extraversion and neu-roticism on subjective well-being: Happy and unhappy people. *Journal of Personality and Social Psychology*, 1980, 38: 668—678.

Diener E. , Emmons R. A. , Larsen R. J. , et al. The Satisfaction With Life Scale. *Journal of Personality Assessment*, 1985, 49: 71—75.

Diener E. , Emmons R. A. The independence of positive and negative affect. *Journal of Personality and Social Psychology*, 1985, 47 (5): 1105—1117.

Goral, F. S. , Kesimci, A. & Gencoz, T. (2006) . Roles of the controllability of the event and coping strategies on stress-related growth in a Turkish sample. *Stress and Health*, 22, 297—303.

Hou Yubo, Zhu Y. , Peng K. P. , (2003) . Thinking Styles and Diseas Cognitions Among Chinese, *Journal of Psychology in Chinese Societies*, 4: 161—180.

Lechner, S. C. , Zakowski, S. G. , Antoni, M. H. , Greenhawt, M. , Block, K. & Block, P. (2003) . Do sociodemographic and disease-related variables influence benefit-finding in cancer patients? *Psycho-Oncology*, 12, 491—499.

Maguen, S. , Vogt, D. S. , King, L. A. , King, D. W. & Litz, B. T. (2006) . Posttraumatic growth among gulf war I veterans: the predictive role of deployment-related experiences and background characteristics. *Journal of Loss and Trauma*, 11, 373—388.

Pavot, W. & Diener, E.. Review of the Satisfaction with Life Scale. *Psychological Assessment*, 1993, 5 (2), 164—172.

Richins ML, Dawson S. A consumer values orientation for materialism and its measurement: Scale development and validation. *Journal of Consumer Research*, 1992, 19: 303—316.

Spencer-Rodgers J., Peng K,, Wang L., Hou Y. (2004). Dialectical Self-Esteem and East-West Differences in Psychological Well-Being, *Personality and Social Psychology Bulletin*, 30, 1416—1422.

Sumalla, E. C., Ochoa, C. & Blanco, I. (2009). Posttraumatic growth in cancer: reality or illusion. *Clinical Psychology Review*, 29, 24—33.

Tedeschi, R. G. & Calhoun, L. G. (1996). The posttraumatic growth inventory measuring the positive legacy of trauma. *Journal of Traumatic Stress*, 9 (3), 455—471.

Tedeschi, R. G. & Calhoun, L. G. (2004). Posttraumatic growth: conceptual foundations and empirical evidence. *Psychological Inquiry*, 15 (1), 1—18.

Tomich, P. L., & Helgeson, V. S. (2004). Is finding something good in the bad always good? Benefit finding among women with breast cancer. *Health Psychology*, 23 (1), 16—23.

Zoellner, T., & Maercker, A. (2006). Posttraumatic growth in clinical psychology-a critical review and introduction of a two component model. *Clinical Psychology Review*, 26, 626—653.

Zoellner, T., Rabe, S., Karl, A., & Maercker, A. (2008). Posttraumatic growth in accident survivors: openness and optimism as predictors of its constructive or illusory sides. *Journal of Clinical Psychology*, 64 (3), 245—263.

附　　录

附录一　道家人格初步词语 1

真诚　朴质　无为　不争　谦退　柔弱　虚无　清静　含藏内敛　不露锋芒　顺任自然　不强为　恃强凌弱　强悍暴戾　韧性　持续（性）自然无为　致虚守静　（生而）不有　（为而）不恃　（长而）不宰　居下　取后　慈　俭　朴　刚愎自用　自以为是　自矜　自伐　自是　自见　自彰　利物　质朴　无欲　恬淡　柔韧　坚忍负重　居卑忍辱　宁静　安足　为腹不为目　审慎　警觉　戒惕　拘谨　严肃　融和可亲　淳厚朴质　空豁开广　浑朴纯厚　少私寡欲　淡泊　厚重　静定　谷　自知　自胜　自足　强行　努力不懈　真朴　笃实　知足　适可而止　内蓄　物极必返　淳朴　包容大度　坚韧不拔　信实　讷言　专精　飘逸的

不言　不加干涉　不据为己有　不自恃己能　不自我夸耀　超越主观的执着　专断的（判断）　不恣意行事　不播弄造作　不强作妄为　不有　不恃　弗居　不标榜　不炫耀　伪诈　不敢妄为　巧伪的　巧诈　无所偏爱　不自私　不为自己　不相争　不争（功）争（名）争（利）不执持盈满　不显露锋芒　不敛财　不富贵而骄　不把持　不据有　不咄咄逼人　不膨胀自我　不自满自骄　不贪慕成果　不尸位其间　不贪位慕禄　不恃才傲物　不知退　不善让　不逐声色　摒弃物欲　宠辱不惊　不自满　能更新　不逼临　不纯厚　智辩　巧利　矫揉造作　欺诈　巧饰　虚饰　无搅扰　光耀自炫　精明灵巧　有所施展　纵情于声色货利　不自我表扬　不自以为是　不自己夸耀　不自我矜持　急功近利　不贪图眼前　不彰扬显溢　恣肆横行　轻躁的　躁进自炫　躁动的　草率盲动　轻率

躁动 不弃人弃物 不退缩回避 去除极端、奢侈的 过度的 不强行
不逞强 不得意洋洋 刚强 逞强恃暴 不贪欲 不骚扰 不侈靡 不扩
张私欲 不刻意 浇薄 虚华 薄华 不知足 贪得无厌 轻浮躁动 不
扰攘 偏执妄见 无主观成见 不主观厘定 破除自我中心 自发自主
强制 肆意作为 强意推行 狡黠 强制妄为 不松懒 精巧 智巧心机
　机巧黠猾 攻心斗智 伪饰 威势凌人 见利争先 不可逞强 不可暴
戾 不惑于躁进 迷于荣利 谬妄 不轻易断言 强悍 坚硬 不华美
不巧辩 立辞巧说

　精神凝聚 容如处女 柔美 不寓于物 心大可容 逍遥 去除成见
破除自我 （形容人的神态）如死灰 槁木死灰 忘我之境 超脱
潜藏 随物因变 悠游一生 全性保身 谨慎 专注 神往 神游 安心
适时 顺应变化 顺理 执着 违情 重生轻死 虚心安命 实 纯厚
不争 不求名好利 外貌端肃 内心谦虚 固执不化 内心诚直而外表恭
敬 成心 空明 凝静 宁静 真 自适 蓄养 天真烂漫 顺性 处事
不变 从容 超尘绝俗 安逸自得 怡悦 纯 无私 不偏袒 不强为
死生如一 安化 相忘 泰然自若 安命 不自恃成功 不强加谋虑 不
失悔 坦然 不自得 欣然 自得 心志开阔 不浮华 舒畅自适 内心
充实 面色可亲 德行宽厚 （精神）辽阔深远 超迈 不拘礼法 不
好用心机 持守 清明洞彻 体悟 不烦乱 安心适时 超然 不加修饰
　有其实 不偏执滞 心胸舒泰 纯真质朴 心若镜 虚 浑沌 恬淡
清静无为 无所依持 自得 率性任情 省察自己 自求安适 朴拙无心
　安然自适 不争 淳厚 安舒 安静 欢愉 安定 不为所惑 安居不
动 神采奕奕 不放纵 沉静缄默 从容无为 悠游自在 无所贪求 随
心所欲 无所不适 游心 随遇而安 不执滞 纯洁空明 不夸矜 精神
饱满 茫昧深远 内心纯一 自然真朴 明澈纯素 自知 自智 涵容
明静 清静 寂静 不强自 安情定性 淡然无极 朴实 性命真情 心
思宽容 敛藏 不加刻意 淡漠 和顺 独立自处 快意自适 博大 不
穷尽 不自夸 宽大 不拘束 时进时退 时屈时伸 不畏惧 幽深玄远
　清静无为 名实相副 不求划一 化物 物化 心志专一 心正气平
安处身心 深入潜藏 表露显扬 精神凝寂 安适 内心不移 外不从物
　怡然自得 不执着 不倨傲 虚己 淳真无心 纯朴平常 淡薄 因顺

率真　思虑专一　专精凝注　茫昧　收敛　不矜持　不违拒　不拘守　调和顺应　随机适应　恬淡安静　漠然清虚　调和悠闲　心无旁骛　顺物运转　内心凝静　安然顺任　安泰静定　真挚　不辩　泊然　包容　不矫饰　恬退和乐　恬淡凝寂　与时俱进/化　谦卑　不固执成见　非谋虑智巧　从顺不自执　安然自得　谦下　知足　辞让

不争辩　行为专断　显扬夸耀　不暴躁　迷乱　放荡　欺诈　花言巧语　烂漫　不自恃成功　欣然接受　无拘无束　不浮华　不拘礼法　不被物役　纷纭烦乱　不修饰　不摆弄聪明　超脱拘执　不用权谋智巧　不自专　勿独断　不用智巧　不张扬表露　扰乱　无所偏私　弃浮华　绝弃求名的（心思）、策谋的（智虑）、专断的（行为）、智巧的（作用）　不自我夸矜　矫饰　纵情　标榜　炫耀　沽名钓誉　多言诡辩　贪图富贵　喧嚣奔竞　纵逸求乐　诡伪　狡黠　胡为妄动　喧嚣　扰攘　不放纵情欲

不显耀聪明　特立独行　弃除心智机巧　不彰显炫耀　不执滞于（自己/物）　谄媚　刻意标举　刻意强加　文饰　（不用）辩说　（不用）机智　独立自处　不用心智

不要倨傲　粉饰　不妄自造作　不矜持成见　不违拒　不拘守　不妄自尊大　烦扰　缪乱　自由自在　无拘无束　搅扰　不得已　不自恃巧捷　不以色骄人　沾沾自喜　苟安自得　形劳自苦　沉溺（外物）　沉迷　不宽赦　不鲁莽　不轻薄　争攘　欺骗　不固执成见　不排拒他人（行为的）　矜持　（容貌的）机智　扰动　急躁　暴虐　强悍　假言伪行　巧诈虚伪　炫智　自以为是　固执成见　淳素自然　恬淡志远　忧劳躁动　自责　骄溢　勇猛浮动

附录二　按标准所删的词汇

非描述人的心理与行为特征的词（15）：
神往　神游　博大　不穷尽　物极必返　全性保身　死生如一　不失悔　有其实　幽深玄远　不违拒　不拘守　不求划一　体悟·欣然接受

老庄思想文化的核心要意：（49）
飘逸的　持续（性）自矜　自伐　自是　自见　自彰　利物　无所依持　自得　逍遥　（形容人的神态）如死灰　悠游一生　谨慎　安心

适时　顺理　执着　违情　重生轻死　实　外貌端肃　固执不化　真　成心　快意自适　不拘束　游心　明澈纯素　纯洁空明　神采奕奕　超尘绝俗　安逸自得　自由自在　无拘无束　苟安自得　强悍　暴虐　忧劳　警觉　戒惕　拘谨　严肃　融和可亲　居卑忍辱　不排拒他人　恣肆横行　面色可亲　德行宽厚　不畏惧　威势凌人

必须意义明晰且完整：（18）

真　实　纯　无欲　不弃人弃物　不退缩回避　适可而止　不得已　无为　虚无　自然无为　过度的　淡漠　放荡　浑沌　慈　俭　朴

生僻难懂的词：（55）

强悍暴戾　厚重　不言　不强作妄为　不有　不恃　弗居　不逐声色　不尸位其间　有所施展　不贪图眼前　去除极端　逞强恃暴　不扰攘　不主观厘定　浇薄　强意推行　强制妄为　不松懈　精巧　机巧黠滑　不可暴戾　谬妄　精神凝聚　容如处女　槁木死灰　忘我之境　清明洞彻　虚己　喧嚣奔竞　诡伪　烂漫　争攘　勇猛浮动　缪乱　不执滞　随物因变　怡悦　炫智　淳素自然　不自恃巧捷　不以色骄人　形劳自苦　凌物　为腹不为目　专精　（生而）不有　（为而）不恃　（长而）不宰　致虚守静　谷　茫昧　超迈

删除同义词：（244）

骄溢　恃强　自知　自胜　自足　不据为己有　不自恃己能　不自我夸耀　超越主观的执着　不恣意行事　不播弄造作　不标榜　不显耀　无所偏爱　不自私　不为自己　不执持盈满　不富贵而骄　不把持　不据有

不咄咄逼人　不膨胀自我　不自满自骄　不贪慕成果　不贪位慕禄　不恃才傲物　光耀自炫　精明灵巧　不彰扬显溢　不自我表扬　不自以为是　躁进自炫　信实　讷言

顺任自然　不强为　强行不加干涉　不敢妄为　不得意洋洋　偏执妄见　无主观成见　破除自我中心　自发自主　破除自我　无私　不偏袒　自适　不炫耀　不自恃成功　不强加谋虑　不自得　欣然　自得　舒畅自适　标榜　炫耀　沽名钓誉　多言诡辩　不自我夸矜　不显耀聪明　特立独行　弃除心智机巧　不彰显炫耀　不执滞于（自己/物）　谄媚　独立自处　不自夸　不用心智　不夸　外不从物　不倨傲　自知　自智　不自恃成功　显扬夸耀　策谋的（智虑）、专断的（行为）　无所偏私　不持

守　不偏执滞　省察自己　行为专断　不拘礼法　超脱拘执　不摆弄聪明　不自专　勿独断　不张扬表露　不要倨傲　不要执着　不妄自造作　不矜持成见　不妄自尊大　沾沾自喜　不固执成见　固执成见　自责　不自己夸耀　不自我矜持

摒弃物欲　纵情于声色货利　急功近利　贪得无厌　不贪欲　不侈靡　不扩张私欲　不求名好利　纵情　贪图富贵　纵逸求乐　不放纵情欲丶淡然无极　恬退和乐　恬淡凝寂　恬淡　绝弃求名的（心思）　迷于荣利　见利争先　不寓于物　不被物役　沉溺（外物）　沉迷　恬淡志远　不敛财　不放纵　无所贪求　不为所惑　安居不动　纯厚　顺性

不强行　不逞强　不刻意　虚华　薄华　不轻易断言智巧的（作用）狡黠　文饰　（不用）辩说　（不用）机智　不矫饰　非谋虑智巧　花言巧语　朴拙无心　内心纯一　自然真朴　朴实　性命真情　名实相副　淳真无心　欺诈　不用权谋智巧　不加修饰　好用心机　率性任情　不用智巧　弃浮华　不修饰　不浮华　伪诈　巧心机　攻心斗智　狡黠　伪饰　不华美　不巧辩　立辞巧说　天真烂漫　内心诚直而外表恭敬　不浮华　粉饰　欺骗　假言伪行　巧诈虚伪　（行为的）矜持　（容貌的）机智　欺诈　虚饰

柔美　强悍　坚硬

精神饱满　茫昧深远　漠然清虚　恬淡安静　思虑专一　专精凝　喧嚣　扰攘　内心凝静　清静无为　心志专一　专注　怡然自得　心无旁骛　调和悠闲　纷纭烦乱　不暴躁　心若镜　虚　清静无为　迷乱　扰乱　空明　凝静　无搅扰　内心充实　（精神）辽阔深远　不搅扰　草率盲动　不惑于躁进　烦扰　不鲁莽　不轻薄　明静　清静　寂静　沉静缄默　安静　不烦乱　欢愉　安定

不争辩　敛藏　不辩　涵容　心思宽容　宽大　心胸舒泰　心大可容　心志开阔　不相争　不知退　不善让　不自满　能更新　不逼临　不纯厚　智辩　巧利　内心谦虚　蓄养　不宽赦　不争（功）争（名）争（利）深入潜藏　居下　取后

从顺不自执　安然自得　安然顺任　安泰静定　化物　物化　因顺　调和顺应　随机适应　胡为妄动　刻意标举　刻意强加　不执着　顺物运转　和顺　与时俱进/化　安心适时　不拘礼法　自求安适　无拘无束

顺应变化　虚心安命　安化　相忘　安命　不强为　强制　肆意作为　不可逞强　不违拒　不拘守　不加刻意　不强制　悠游自在　随心所欲　无所不适

附录三　道家人格初步词语2

自夸的　从容的　妄自尊大的　坚韧的　率真的　柔韧的　善内省的　淡泊名利的　内敛的　知足的　不露锋芒的　率性的　有恒心的　浮夸的　淡泊的　坚韧不拔的　真挚的　能忍让的　少私寡欲的　骄傲自满的　收敛的　有毅力的　自以为是的　坚持不懈的　自我吹嘘的　持之以恒的　适应性强的　百折不挠的　随遇而安的　处变不惊的　泰然自若的　宠辱不惊的　顺应变化的　矢志不移的　外柔内刚的　能屈能伸的　辞让的（谦逊推让）　有贪欲的　浮躁的　奢侈的　淳朴的　质朴的　好争为人先的　自主的　审慎的　自专的　宽容大度的　谨慎的　武断的　好与人争执的　固执己见的　烦乱的　平静的　超然的　宽容的　真诚的　躁动的　争强好胜的　贪图富贵的　贪得无厌的　表里如一的　节俭的　忘我的　节制的　饱满的　自知的　与时俱进的　能容人的　矫揉造作的　故作矜持的　虚伪的　满腹心机的　谦下的　专注的　不拘礼法的　急躁的　悠游自在的　巍然不动的　刻意而为的　怡然自得的　欣然接受的　骚扰的　透澈的　心无旁骛的　华美的　巧饰的　心正气平的　破除自我的　超越主观的　空明的　纯洁的　轻薄的　无成心的　安舒的　柔弱的　喧嚣的　天真烂漫　独立自处的　主观厘定的

附录四　用于形成预测量表的词汇

自夸的　从容的　妄自尊大的　坚韧的　率真的　柔韧的　善内省的　淡泊名利的　内敛的　知足的　不露锋芒的　率性的　有恒心的　浮夸的　淡泊的　坚韧不拔的　真挚的　能忍让的　少私寡欲的　骄傲自满的　收敛的　有毅力的　自以为是的　坚持不懈的　自我吹嘘的　持之以恒的　适应性强的　百折不挠的　随遇而安的　处变不惊的　泰然自若的　宠辱不惊的　顺应变化的　矢志不移的　外柔内刚的　能屈能伸的　辞让

的（谦逊推让）　有贪欲的　浮躁的　奢侈的　淳朴的　质朴的　好争为人先的　自主的　审慎的　自专的　宽容大度的　谨慎的　武断的　好与人争执的　固执己见的　烦乱的　平静的　超然的　宽容的　真诚的躁动的　争强好胜的　贪图富贵的　贪得无厌的　表里如一的　节俭的忘我的　节制的　饱满的　自知的　与时俱进的　能容人的　矫揉造作的

故作矜持的　虚伪的　满腹心机的　谦下的　专注的　不拘礼法的

附录五　道家人格初测量表2

个 性 心 理 调 查 问 卷

亲爱的朋友：

您好！欢迎您参加华中师范大学心理学院的一项关于个性心理方面的调查研究。

各调查问卷有详细的关于如何作答的说明，请您在认真阅读这些说明后，按照要求仔细回答。在回答过程中，请您千万不要遗漏任何题目不回答，也烦请您在作答时告之我们您的真实想法和实际做法。

华中师范大学心理学院人格心理研究小组

您的基本情况：（回答指导：A—B项请在空白处填写，C—D项请在相应的数字上打勾）

A. 年龄：（　　　）周岁　B. 专业：（　　　）			
C. 性别：	1＝男	2＝女	
D. 年级：	1＝一年级	2＝二年级	3＝三年级	4＝四年级

壹：回答指导：下面每一题均有四个选项，分别以数字1、2、3、4代表："完全不符合"、"大部分不符合"、"大部分符合"、"完全符合"。请依据你平常的情绪感受，勾选你认为适当的答案。

1. 我常感心情平静而放松……1……2……3……4	5. 我常感内心平和……1……2……3……4
2. 我时常有一种超然之感……1……2……3……4	6. 我常有焦躁不安之感……1……2……3……4
3. 我常感内心宁静……1……2……3……4	7. 我的心情经常难以平静下来……1……2……3……4
4. 我常感内心烦乱……1……2……3……4	8. 我不时感觉到情绪浮躁……1……2……3……4

贰：回答指导：以下是一些描述一个人个性特征方面的词语，请您先看清每一特征的名称，然后认真考虑每个词在多大程度上适合于描述您自己，评定共有 7 个等级，各数字代表的意义如下：

1	2	3	4	5	6	7
完全 不符合	比较 不符合	稍不 符合	不能 确定	稍 符合	比较 符合	完全 符合

打分时，请把等级分数填在每个词汇后面的括号内，例如：拘束的（　　），您认为这个词语比较不符合您自己的个性特征，就在括号内填上（2）。请您明白上述指导语的意思后，再开始评定，谢谢！

自夸的（　）　　从容的（　）　　妄自尊大的（　）　　坚韧的（　）
率真的（　）　　柔韧的（　）　　善内省的（　）　　淡泊名利的（　）
内敛的（　）　　知足的（　）　　不露锋芒的（　）　　率性的（　）
有恒心的（　）　　浮夸的（　）　　淡泊的（　）　　坚韧不拔的（　）
真挚的（　）　　能忍让的（　）　　少私寡欲的（　）　　骄傲自满的（　）
内敛的（　）　　有毅力的（　）　　自以为是的（　）　　坚持不懈的（　）
自我吹嘘的（　）　　持之以恒的（　）　　适应性强的（　）　　百折不挠的（　）
随遇而安的（　）　　处变不惊的（　）　　泰然自若的（　）　　宠辱不惊的（　）
顺应变化的（　）　　矢志不移的（　）　　外柔内刚的（　）　　能屈能伸的（　）
辞让的（谦逊推让）（　）

叁：回答指导：对于下列陈述，请确定您在多大程度上同意或反对它们，并在相应的数字上打"√"。这些评价没有对错之分，仅仅代表了您的看法。各数字代表的意义如下：

　　　　　　　　　　　　　1　2　3　4　5　6　7
完全反对　　　　　　　　　　　　中立　　　　　　完全赞成

1. 每个人都有其核心的性格，它不随时间而改变 …………1……2……3……4……5……6……7
2. 大多数人的本性不随时间而改变 …………1……2……3……4……5……6……7
3. 我认为一个人的个人习惯是很难改变的 …………1……2……3……4……5……6……7
4. 我认为一个人的个性是终身不变的 …………1……2……3……4……5……6……7
5. 我的行为经常受环境的影响 …………1……2……3……4……5……6……7
6. 我常常发现自己在处理一些问题时存在着前后矛盾的现象
　　　　…………1……2……3……4……5……6……7

7. 我发现我常常会做一些自己不喜欢的事情 ················ 1····2····3····4····5····6····7

8. 我能够与同我有不同观点的人和睦相处 ················ 1····2····3····4····5····6····7

9. 维持团体内部的和谐对我来说是最重要的 ············ 1····2····3····4····5····6····7

10. 看待他人或事物时，我会从各个方面加以考虑 ······ 1····2····3····4····5····6····7

11. 我能很客观地评价自己 ·· 1····2····3····4····5····6····7

12. 我觉得帮助别人就是等于帮助自己 ····················· 1····2····3····4····5····6····7

13. 方法总比困难多 ··· 1····2····3····4····5····6····7

14. 我总是在理智与情感之间徘徊 ··························· 1····2····3····4····5····6····7

15. 我总是会做些无奈的选择 ··································· 1····2····3····4····5····6····7

16. 在遇到困难的时候，我总是会征求别人的意见
　　　　　而不会一意孤行 ··································· 1····2····3····4····5····6····7

17. 我总是需要在现实和理想之间权衡 ····················· 1····2····3····4····5····6····7

18. 我不能做到表里如一 ··· 1····2····3····4····5····6····7

19. 当成绩不理想时，我会努力寻找原因 ················· 1····2····3····4····5····6····7

20. 我认为困难永远都只是暂时的 ··························· 1····2····3····4····5····6····7

21. 我和周围的人相处很融洽 ··································· 1····2····3····4····5····6····7

22. 我很注意自己的言辞，尽量不伤害别人的感情 ····· 1····2····3····4····5····6····7

23. 处理问题时，我常常会有矛盾的想法 ················· 1····2····3····4····5····6····7

24. 我认为做事情时既要坚持自己的观点，

　　又要听取别人的意见 ······································· 1····2····3····4····5····6····7

25. 我总会碰到两难选择的情况 ······························· 1····2····3····4····5····6····7

26. 维持家庭和谐对我来说很重要 ··························· 1····2····3····4····5····6····7

附录六　道家人格量表的题项形式部分的初测量表

本真（4 道）：

1. 我看不惯别人假惺惺的

2. 我有时天真得像个孩子

3. 我做事往往随着自己的性子，不在意旁人的眼光和看法

4. 别人说我这个人待人真挚诚恳

寡欲：（4 道）：

1. 我对名利没什么兴趣

2. 我讨厌身边哪些追名逐利的人

3. 对任何事情我都看得很平淡

4. 我对自己所有的一切感到满足

自然（9 道）：

1. 面对变乱，我能镇定自若

2. 我难以根据外界环境的变化来调整自己

3. 纵使新环境不如从前，我也安于处之

4. 到一个新的环境里，我能够很快适应并安定下来

5. 我觉得自己很难适应周围的环境

6. 我时常急急躁躁的

7. 我行事总是不慌不忙的

8. 我不怎么在意/非常在意别人的表扬或是批评

9. 我觉得平白无故地受点委屈也没什么

谦退（10 道）：

1. 我外表看起来很温顺，但骨子里却透着刚强

2. 人家说我没什么个性，可我觉得我非常有个性

3. 面对别人过分的要求，我通常都能够保持自我克制

4. 别人说我锋芒毕露

5. 我为人低调

6. 我时常把什么都藏在心里而不表露出来

7. 即使是我应得的，我也会推让一番后再接受

8. 我时常省思自己

9. 我会有意掩藏自己的才能和抱负，以免引起别人的注意

10. 面对竞争或无理的冲撞时，我通常会选择退让

超脱（8 道）：

1. 谈到自己时，我总有点言不副实
2. 哪怕所取得的成绩很小，我也会向别人展示一番。
3. 我总觉得自己是对的，而别人是错的
4. 我有点爱吹牛
5. 我讨厌将事物毫无根据地夸大
6. 我觉得自己了不起，而别人不怎样
7. 一有机会，我就会讲自己是如何如何的厉害
8. 我讨厌我身边那些夸夸其谈之辈

柔韧（8 道）：

1. 无论做什么事情，我都能够坚持到底
2. 我很少能够坚持将一件事做完
3. 我一旦作了决定，就不会轻易更改
4. 一遇到困难，我就会想到放弃/遇到困难时，我常想：算了，别再坚持了
5. 就算失败或挫折再多，我也能站起来
6. 我做事经常半途而废
7. 认准了，我就从不言弃/凡已制定的目标，一般我都能达到
8. 我善于在不改变自己的情况下淡化与别人的争议

附录七　对传统道家道教代表初步评定的结果

王重阳

勤奋刻苦　坚毅上进　帅气　同情民众疾苦　未摆脱世俗名利的人　不得志　婚姻上不负责任　聪颖　孤傲不群　具有顽强的毅力　确有过人之才　慧眼识珠　重视人才　求贤若渴　广纳贤德之人　足智多谋　顺应局势　自立自强　道怀博大　兼收并蓄　固守成规　自命清高　旁征博引　难免有失误

　　王重阳自幼聪慧，年少时历经磨难，超凡脱俗。他大器晚成，勤奋俭

朴，远离世俗嘈杂。并且能识贤才，足智多谋而广纳贤才之人。具有很高深的道艺，并广为传播，以扩大其影响，对同类教化之类兼收并蓄，寻求平等和谐。虽然其对于家庭不负责任，但其功绩卓著，独树一帜以及吃苦耐劳的品质是值得大家学习的。

聪明　孤傲　勤奋好学　对自己要求高　抱负远　有骨气　有志向　心硬坚定　自制力强　不易受他人干扰　毅力惊人　冷漠　自私　有远见　有抱负　广阔的思想与胸襟　会做人　有远见卓识　明辨现实　识实务　善于随机应变　因人施教　有消极、迷信的一面

王重阳年幼时聪颖好学，孤傲不群，即使战乱连连，仍然勤奋苦学，虽然直到中年还未取功成名就，但他对自己的抱负、志向仍雄心不减。于是人到中年时，王重阳一改青年时代的倜傥尚侠、不拘小节，开始收敛性情，默默求索。顺应当时的宗教潮流，王重阳硬是抛妻弃女，以超常人的毅力苦行七年，自制力极强，后来他建立了自己的道教流派，其中称妻子父母的恩爱关系是因果报应的怨偿，可见其性格中的冷漠与自私，为成就自我可以抛弃一切。随后，王重阳又审时度势，赴东晋传教，遇佛说佛，遇道传道，遇儒说儒，体现其随机应变与审时度势的，并且他高唱"三教合一"，可见其远见卓识与聪明才智，王重阳善于从诗歌引人入道，表明他善于应变，因人施教的性格特点，他的学说也存在消极与迷信的一面，可见其思想的封建和迷信。

聪颖好学　孤傲不群　有决心　有毅力　有拿来主义　向他人学习来提高自己的"声誉"　还梦想成就功名　能知人　眼力好　聪明　懂得"拉拢"人心　而且看清当时局势　从而采用"有利于全真教发展"的战略方针　识时务者为俊杰　树立良好形象　有文化

首先，王重阳是一个聪明的人，而且博学多才。正是由于他的才学才增加其人格魅力，从而吸收了"全真七子"进入全真教，最终才使得全真教发扬光大，同时，他能审时度势，通过当时三大教间的关系制定了"三教合一"的发展战略，才使得全真教没有受到其他两大教的阻碍。

王重阳是一个想成"功名利禄"的人。他的全真教是在自己科举屡屡落第和道教地位提高的诱惑下创建的，而且因为唐玄的事例，他才去东晋布道，想以此提高声望的。

王重阳能以身作则，为徒弟树立良好形象，而且能吃苦，在传道过程

中如此辛苦却仍在努力。

年少学富五车　勤学自勉　心怀远大抱负　怀才不遇　对前途的探索精神　对未来的忧患意识　我行我素　拿得起　放得下　不怕苦　不怕累　善于利用有利条件为己所用　灵活应变　关于为己辩解　善投其所好　用人唯贤　善利用人们现有的信念为己所用　顺应时势　迎合统治者的需要

王重阳是一个聪颖好学、孤傲不群、心怀远大抱负的人，善于把握自己的命运，为达到自己的目标不怕苦、不怕累，拿得起放得下，达到了常人所不能及的境界。他还是一个有闯劲、敢于创新、善于利用外在有利条件为己所用的人，他灵活应变，善于为己辩解，投人所好拉拢人，他善于顺应时势，懂得识时务者为俊杰。当然，他还是一个对己对人要求极其严格甚至苛刻的人，有时也有点呆板，循规蹈矩。

聪颖好学　孤傲不群　兢兢业业　苦学不辍　顺应时势　聪慧　有心计　对认定的目标执着。

庄周

认识深刻　不为表面现象所迷惑　他深刻认识到君主统治的暴虐虚伪　都选择了逃避　没有试图改变或提出建议或设想　善思　恬淡　超脱　不与统治者合作　追求自然淳朴的精神　超脱　浪漫

庄子的生活环境：宋国黑暗的社会现实、贫穷的家庭生活以及绝对自由的精神世界，使得他逃避现实。他看透社会统治阶级的暴虐与虚伪，选择逃避，转而从精神上寻找寄托。绝对自由的精神世界使得他寄情于自然，养成恬淡超脱的情怀，不与统治阶级合作，而对统治者，他竟"立刻怒形于色"。

在无限的寄情自然与精神世界的绝对自由为他的世界观与人生观提供了沃土。"道"、"德"、"梦幻"等，宣扬超时空，超感知等虚无缥缈的观点。

然而，他的感情却是深沉、博大的，热爱美好事物，憎恨丑恶的事物，也因此而悲伤。我认为他对人生抱着较消极的情绪态度。

具有批判性思维　有思想　明断是非　敢于思考　接纳意见　待人真诚　思想敏锐　极端　不相信统治者的"仁政"　注重方式　易受环境

影响　浪漫　不现实　善于思考　思考面广　提倡自由　孤僻　善良　处于弱势　单纯　有创造性　浪漫　追求自然　古板　不变通　诚实　激进　崇尚真知　重内在　睿智　有尊严　贫寒　高洁　恬淡　超脱　不畏权势　不愿被束缚　崇尚自由　淡泊名利　厌世　固执　既孤傲又随俗　内直而外曲　善于观察　观察独特　消极　怯懦　中庸　厌恶世俗事物　追求自然、自由的理想生活　在处世态度上表现为超然世外　潜隐保真　安时处顺　安命无为　追求精神上的超凡脱俗　独与天地精神往来　但他在内心深处并没有忘怀世情和遗弃世人　眼极冷　心极热　无君于上　无臣于下　纯任自然性情　无拘无束　自由自在　怀疑精神　重感情　感情深沉　博大

　　庄周极推崇自然，身上、行为任何一处无不体现出自然的流露。他不苟同国家的统治专权，极具思想性，从世间万物中得到关于人生的启示，并能够深入挖掘到潜在的规律。他的思维是无人可企及的，但他的性格中保留有因崇尚自然而形成的天真和幼稚，他一味地将理想的王国构建起来，使他在现实生活中愈加痛苦。他中庸，重感情，有忧患意识，能够以天下为己任，却又消极避世，躲避政治性和功利性。

　　正直　幽默　看问题过于极端　偏激　注重对心性的培养　具有很强的探索心理　主张平等　淡泊名利　崇尚自由　不屈于权贵　不贪财　乐观　自信

　　庄子为人正直，乐观豁达，不趋于权贵，崇尚自由，是一个绝对自由的人。注重心性的培养，但对待君臣问题十分极端、偏激。淡泊名利，主张人人平等，但不敢与自然挑战，安于现状，总是幻想生活在虚构的绝对自由的空间中，主观能动性极差。

　　博学多识　风格迥异　融会贯通　乐于实践　厌恶现实　对自然兴趣盎然　勇于探求　眼界开阔　放眼自然的无限与自由　厌世俗　渴望自由　崇尚天人合一　追求理想的精神境界　提倡个性　反对整齐划一的束缚　提供保持自然　爱护自然　叹人类之渺小　思辨性强　追求人格独立、完善、避世　理想化　幻想　浪漫主义　重自然　轻人伦　尚真观念　爱真理　反对虚有其表　反抗精神　有见地　有思想　不慕名利　善用寓言　含蓄温婉　厌恶趋炎附势　蔑视君主　渴望自由的理想社会　保持真性情　精神超然　内直外曲　享受平静　善辩　自信坚持　顺任自然　安命

无为　沉痛于现实　受命压迫　内心热情　表面冷酷　爱心

对社会现实不满，厌恶专制的君主统治，厌恶趋炎附势，虚有其表；提倡绝对平等和绝对的精神自由，幻想进入理想社会。思想和文学：文学上独具思辨性，充满浪漫主义和理想主义；思想上深刻，具有朴素辩证法思想，但也提倡虚无的"道"和"虚空"，是一个典型的唯心主义者，以道的绝对自由，反对物质的客观性；提倡天人合一，爱护和保护自然，遵循自然规律，顺其自然，看透人生老病死，对于生死理智、达观消极；追求自由的独立人格，不慕名利，内直外曲，但独具反抗精神，永不妥协；对现实无可奈何，表面冷酷，但内心火热，对自己、他人和社会充满着一种无奈而痛心的希望；思想深刻、洞悉人生，影响深远。

通达透彻　避世无为　对现实社会极为消极悲观　却又不放弃心中所向往的美好生活的探索　超然世外　潜隐保真　安时处顺　明哲保身　顺应自然　安于天命　自由愉悦

我们首先体会到的是庄子的精深智慧，他的智慧支撑起《庄子》恢宏的想象力与创造力，以及其对世人的理解（或许并不完全正确，但无法否认其巨大的启迪性），再加上庄子本人的独特情感，终于成就了他的道。庄周一生都在追求对道的理解，追求自身心灵的宁静与自由，追求不断一起超越自我，以达到"神人"、"至人"的境界。

老子

博学多识　低调谦虚　气宇轩昂　德高望重　洁身自好　不贪功名
不以物喜　不以己悲　自尊心强　内心敏感　敏锐的洞察力　对现实不满
善于思考　消极厌世　敢于批判　思想保守　善于抽象思辨　思维视角
独特

为人要低调　处事要谨慎　待人真诚　为人踏实　看轻功利之位　只有当为君主赏识时才干一番事业，当君主改朝换代，不再有人赏识，就安然回乡隐居（进退得宜）　傲气　思想成熟　善于总结归纳　冷静　善于思考　思想高度　忧国忧民　勇于反映人民疾苦，不畏强权，公然指出上层阶级的过错　生性消极　批判过于激烈　全盘否定　博爱之心　理想化　局限性　辩证思想

老子是他那个时代所塑造的一个伟人，一个思想家，哲学家，他的思

想既有先进性又有局限性。他关心国事，待人真诚，勇于批评，不畏强权，有知识分子的那股浩气和尊严，可是作为小农阶级代表的他还是表现出了思想的保守性。

谦逊　内敛　博学睿智　淡泊名利　消极　人性　爱民　宁静　淳朴与世无争　缺乏主观能动性

作为道家学派创始人的老子，其不仅具有超常的智慧，更拥有着非凡的人格魅力。他饱读史论典籍，博学多闻，不仅给予他渊博的学识，也赋予了他深邃的思想。他提出了原始的唯物论和辩证法思想，很好地体现了他的博学睿智。除此之外，老子还拥有很高尚的道德品质。身为伟大的思想家，他从不高傲自负，而是很谦逊和蔼，与人为善，从不张扬炫耀，而是沉稳内敛，平易近人。他淡泊功名利禄，无所欲求，只求遵从天之道，与世无争。他向往一种宁静淳朴的生活方式，反对礼乐道德，号召统治者爱民护民。不过他对生活有着一种消极避世的态度，缺乏主观能动性，只求顺应而不求改革，这是他的个性中不可取的一面。

在礼坏乐崩、民不聊生时期，老子的思想应运而生。首先可以看到他是一个善良的老人，对天下苍生有着深深地同情。老子也是一位智者，熟悉世之兴衰和当代风云，冷眼洞察世态的动静炎凉。他主张无为而治，自然本身是一个道德高尚、以身作则的人。然而由于时代的局限性，他的思想又带有消极的一面，否定了人的主观能动作用，鄙视社会生产的发展。

一个人不要一味屈从于外界的权利、名望，要保持自己的本色，一颗清晰头脑，才是利于自己发展之道。表现其超脱于世，勇于作为的决心、勇气和气节。人不可以太张扬，要戒功利，保持自己的处事原则。表现老子对入世的担忧，主张舍名利保身心，较为保守刻板，但不乏益智益心的人性光彩。对礼乐、仁义道德的鄙夷。对事物全面把握，深刻理解并抽象出来矛盾对立统一、互相转化的规律。物极必反、以柔克刚的灵活处事风格。

老子建立哲学本体论，发展了辩证法等。老子创立"无为"思想，发扬光大，主张退隐避世，过于消极悲观。忽视了人的主观能动性，表现了对社会变革的恐惧，流露出其对现实的失望和不满，渴望建立"小国寡民"的理想社会模式，没能从整体把握社会进步的坎坷、曲折前进，一味认为应回归人类自然本性。老子过于保守及小农阶级的局限，"唯道是从"、"道法自然"。原始道教继承并发展了老子思想，形成了太平道、五斗米道。

张道陵

从侧面反映了张生性淡泊名利　不慕虚名　超世脱俗　恬然好静　正直　庄严　勇敢　坚定　使人敬畏的一面　聪明勤奋　博览群书　知识渊博　有道学的"天资"　不辞艰辛地跋山涉水　追求真谛　坚韧不拔　不怕困难　有恒心　有毅力　为人正直　品性纯正　直言不讳　待人公正　不慕虚荣　不图名利　勇于追求自己的生活　志向清高　精力充沛　敏捷轻快　意志坚定　不为俗世虚名所动　远离功名利禄　锲而不舍　孜孜以求　永不懈怠　坚持真谛　勤于学习　为人谦虚　善于学习　广泛观察　长于思考　善于在学习的基础上总结提炼出为我所用的东西　勤思苦练　为达到自己的目的　心怀慈悲　善良　乐于助人　关心广大人民的疾苦　注重自我反思　悔过　但思想有局限　迷信不科学　为人谦虚　善于吸收借鉴他人之术　善于学习　心胸宽广　不注重选择　有盲目性　自信坚定　飘逸定然　勇敢　无畏　善良　有爱心　宽容　打击邪恶势力的坚定　彻底　为百姓着想　毫不畏惧　勇于迎难而上救百姓于水火之中　谨慎　老练　慧黠

张道陵的性格有很多个层面。其一，和大多数隐士一样，他不慕虚荣，不图荣华富贵，不恋功名利实禄；而是远离世俗，淡泊恬静，隐逸于深山，好静。其二，他对道教的追求始终不渝，少时就爱读这类书，到成年拒不从官，归隐山林，游历众多名山，老年也以九十高龄入蜀创教，锲而不舍，孜孜不倦，永不放弃。其三，张道陵性格坚韧，勇于创新，毫不畏惧，正直坚定。在多年的游历修炼过程中，他遇到了很多困难，但一直坚韧不拔，不辞艰辛。特别是在创教过程中，他克服困难，在"鬼帅"面前毫不畏惧，自信勇敢，力排巫教，创立了全新的"五斗米教"。其四，张道陵聪慧、勤劳、有天资。其七岁之时便已博览群书，知识渊博；在其创教过程中，尊老子为教主，《老子想尔注》及后来收徒授业都体现了他的聪慧。其五，张道陵性格中终其一生都很善良宽容，解救老百姓于水深火热中，就连对待"鬼帅"也只是令其改过从善。

当然，作为道教创始人，他的性格中也不可避免地带有很多迷信、局限的色彩，给人印象最深的就是张道陵为人治病，先让其"思道悔过"，甚至"修复道路以解过"，"请神杀鬼"，很是愚昧。

最后，谈一点私下不成熟的见解。

我觉得张道陵的"隐逸"并不是真正意义上的"隐逸"。他所"隐去"的，只是凡世俗尘中的形式上的琐事。其实，他的内心还是有一种霸气，一种想要有所成就的欲望。只是他并没有将成就的形式定义在官场，而是转化为了道教。他依然不依不饶地在蜀中排巫创教，坚定地要做一番"功垂后世的大业"。我认为这和他在《老子想尔注》中的所说的"常清静为务"并不相符。

聪慧　涉猎广泛　在探索实践过后才真正了解自己内心的取向　有仁义之心　以惩罚的方式使民循蹈矩　心胸宽广　虚心求教　强硬　胸有成竹　仁厚善良　组织才能　自信　自知　不仅是了解他的两徒弟，更重要的是，深知自己的涵养

文中的张道陵几近完美，十分伟大，充满了传奇色彩。按气质来分，我觉得他应该是黏液质的人。他是一个十分坚定的人，经过为官的生活，他发现了自己内心真正的向往，所以我觉得用"毅力"并不合适。他的人格很稳定，他不贪慕名利却积极地传播他一生的心血。张道陵虽为圣人，但也有想得到肯定的心理。在张道陵平定巫教中可见他刚强、嫉恶如仇的一面。在探索"道"的过程上，他的内心既有温厚宽广的一面，还有改善世界强硬的一面。

聪慧　谨慎　老练　慧黠

通过这篇传记，可以看出张道陵勤奋好学、淡漠世俗，为修道穷其一生，锲而不舍，有很强的毅力。他虽然对仕途无意，对世俗漠然，却又心怀天下，悲天悯人。张道陵传道救人，革除巫教，并创建了道教。从他创立道教却奉老子为教主，七试赵升，大战鬼帅，可以看出张道陵为人谨慎、稳重又不乏心计。

道教的开山鼻祖为世代景仰，一生充满了神话色彩，相貌奇异魁伟，令人望而生畏。向受道者收取五斗米，自幼勤奋好学，于老子学说特别有缘。张道陵虽身在官府，而心在炼形轻举，后终因无意仕宦，遂隐居邛山，立志学道，绝意仕途，一心修道。高龄尚能锲而不舍，孜孜以求，的确不是常人所能做到的。到了鹤鸣山后，闭门不出，一面刻苦著述，一面

按照神人所授秘籍，勤勉修行，至诚感动了太上老君。张道陵对老子及其学说景仰和尊重，有感于百姓的苦难，便利用自己掌握的道术为人治病。张道陵恭恭敬敬地向土著人民学习，借鉴他们的宗教信仰，吸收他们的降魔驱鬼之术，使五斗米道带有浓厚的巫术色彩。

淡漠世俗　勤奋好学　喜与人交流　无意仕宦　锲而不舍　孜孜以求刻苦　勤勉　有谋略　恭敬　乐于助人　谨慎　老练　慧黠　潜心钻研善于思考　为人谦和　正直　勇敢　有远见　有谋略　慧眼识才　有领导才能和影响力。

附录八　道家、儒家人格描述词及中性词语各 30 个

道家：

自夸　从容　坚韧　率真　柔韧　内敛　知足　率性　浮夸　淡泊真挚　收敛　辞让

有毅力　能忍让　善内省　有恒心

坚韧不拔　百折不挠　随遇而安　能屈能伸　自以为是　妄自尊大处变不惊　泰然自若

外柔内刚　少私寡欲　不露锋芒　骄傲自满　淡泊名利

中性：

天气　产量　同学　尾巴　附近　作品　报纸　作物　客人　塑料宇宙　合成　石头

蒸汽机　主题词　外交官　细胞核

诸子百家　光阴似箭　密密麻麻　猴年马月　路绝人稀　摩肩接踵否极泰来　斗转星移

余音袅袅　数不胜数　万里迢迢　滂沱大雨　屈指可数

儒家：

博学　坦荡　严谨　正直　和善　理智　勤恳　审慎　正派　仁慈上进　宽厚　有为

有原则　有教养　守信用　识时务

德才兼备　严于律己　品德高尚　自我克制　不卑不亢　勤奋好学
多才多艺　刚直不阿

博闻强记　深谋远虑　平易近人　乐善好施　勤奋好学

附录九　道家与儒家、道家与中性词词对各 30 对

自夸　天气；从容　产量；坚韧　同学；率真　尾巴；柔韧　附近；
内敛　作品；知足　报纸；率性　作物；浮夸　客人；淡泊　塑料；真挚
宇宙；收敛　合成；辞让　石头；

有毅力　蒸汽机；能忍让　主题词；善内省　外交官；有恒心　细
胞核；

坚忍不拔　诸子百家；百折不挠　光阴似箭；随遇而安　密密麻麻；
能屈能伸　猴年马月；自以为是　路绝人稀；妄自尊大　摩肩接踵；处变
不惊　否极泰来；泰然自若　斗转星移；外柔内刚　余音袅袅；少私寡欲
数不胜数；不露锋芒　万里迢迢；骄傲自满　滂沱大雨；淡泊名利　屈
指可数；

自夸　博学；从容　坦荡；坚韧　严谨；率真　正直；柔韧　和善；
内敛　理智；知足　勤恳；率性　审慎；浮夸　正派；淡泊　仁慈；真挚
上进；收敛　宽厚；辞让　有为；

有毅力　有原则；有恒心　有教养；能忍让　守信用；善内省　识时
务；

坚忍不拔　德才兼备；百折不挠　严于律己；随遇而安　品德高尚；
能屈能伸　自我克制；自以为是　不卑不亢；妄自尊大　勤奋好学；处变
不惊　多才多艺；泰然自若　刚直不阿；外柔内刚　博闻强记；少私寡欲
深谋远虑；不露锋芒　平易近人；骄傲自满　乐善好施；淡泊名利　勤
奋好学；

博学　天气；坦荡　产量；严谨　同学；正直　尾巴；和善　附近；
理智　作品；勤恳　报纸；审慎　作物；正派　客人；仁慈　塑料；上进
宇宙；宽厚　合成；有为　石头；

有原则　蒸汽机；有教养　主题词；守信用　外交官；识时务　细
胞核；

德才兼备　诸子百家；严于律己　光阴似箭；品德高尚　密密麻麻；自我克制　猴年马月；不卑不亢　路绝人稀；勤奋好学　摩肩接踵；多才多艺　否极泰来；刚直不阿　斗转星移；博闻强记　余音袅袅；深谋远虑　数不胜数；平易近人　万里迢迢；乐善好施　滂沱大雨；勤奋好学　屈指可数；

附录十　启动与中性操作回答题

启动死亡焦虑问答题

在填写完基本信息，并认真仔细检查填写是否完整和无误后，请您接着认真、如实地回答如下问题，并将您的回答写到纸上。

（1）您在报纸或电视上看到过有关死亡的新闻、报导或场面吗？如果有，请简单描述一下您当时的感受和想法。

（2）您曾经看到过出殡的场面吗？如果有，请简单描述一下您当时的感受和想法。

（3）您曾经看到过严重车祸的场面吗？如果有，请简单描述一下您当时的感受和想法。

（4）您的亲人中有人从您的生活中离开吗？如果有，请简单描述一下您当时的感受和想法。

（5）当想到自己最终必然会死亡时，您的感受和想法如何？

（6）想象一下当自己死亡时，您的身体上将发生什么？

中性操作问答题：

在填写完基本信息，并认真仔细检查填写是否完整和无误后，请您接着认真、如实地回答如下问题，并将您的回答写到纸上。

（1）想象一下您看电视时的情感。

（2）当您看电视时，您的身体上会发生什么？